LE MONDE

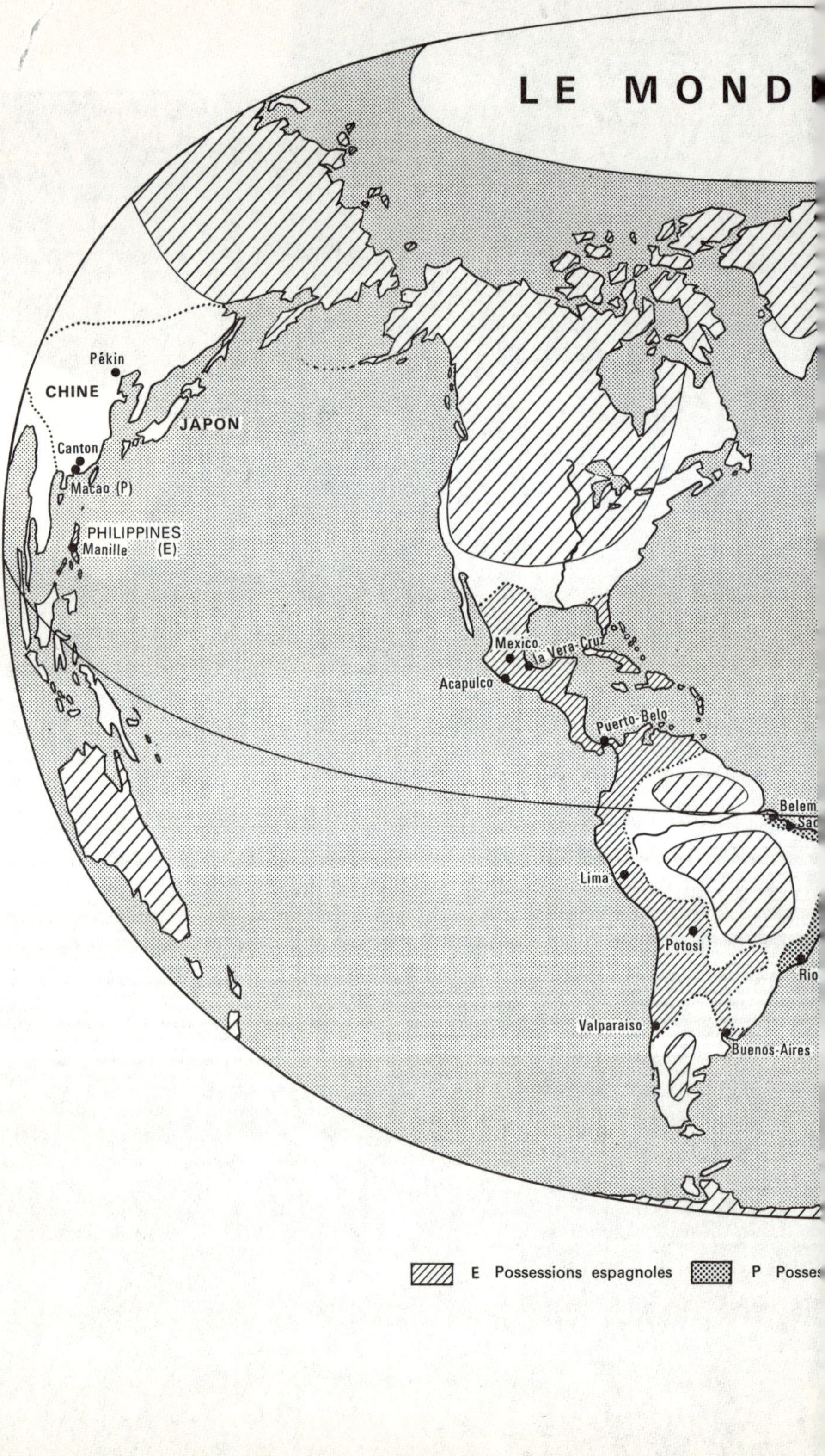
Pékin
CHINE
JAPON
Canton
Macao (P)
PHILIPPINES
Manille (E)
Mexico
la Vera-Cruz
Acapulco
Puerto-Belo
Belem
Lima
Potosi
Rio
Valparaiso
Buenos-Aires
E Possessions espagnoles
P Posses

ERS 1600

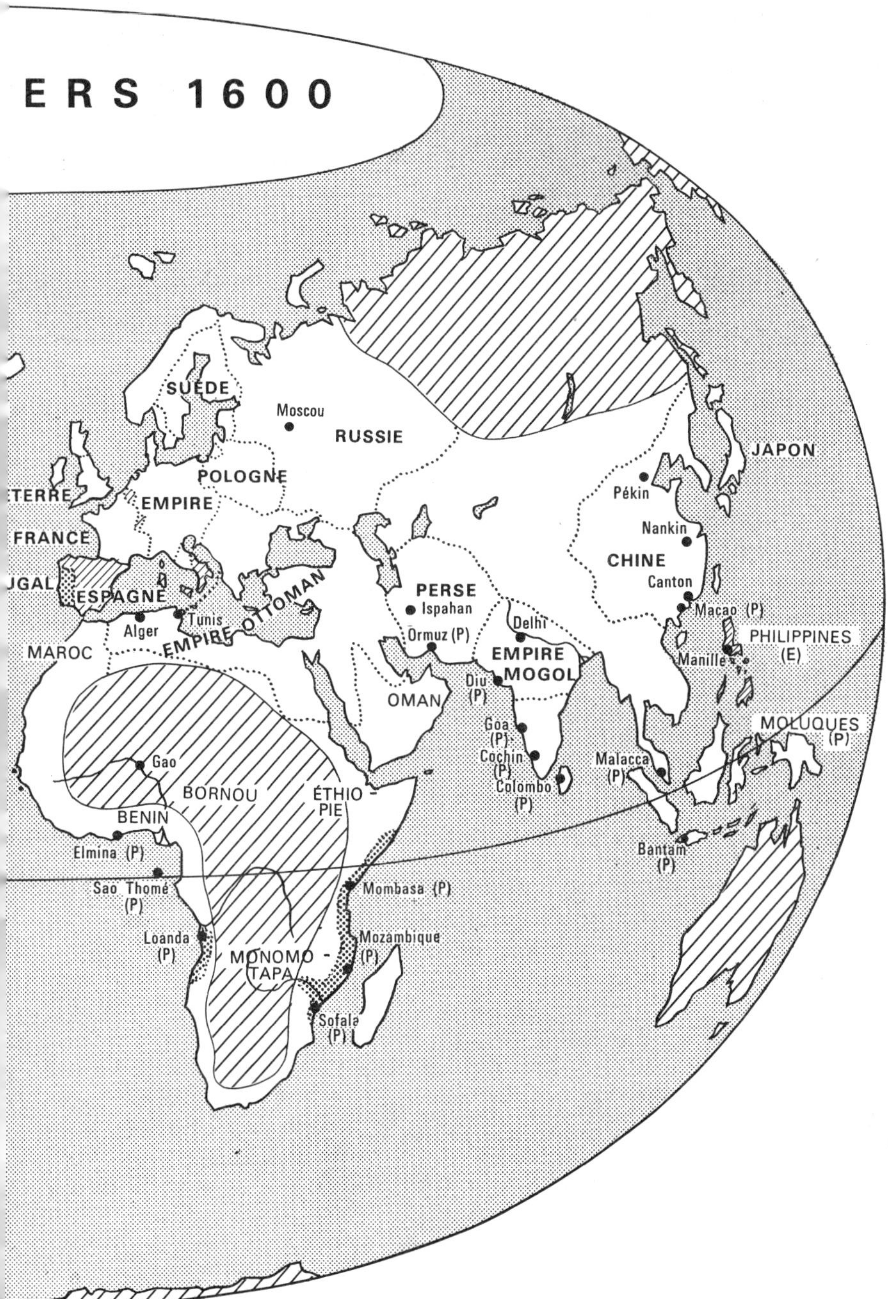

ugaises ▨ Régions inconnues des Européens

LE XVIIe SIÈCLE

Chez le même éditeur :

G. Audisio, *Les Français d'hier*. Tome 1 : *Des paysans*. Tome 2 : *Des croyants*.

G. Audisio et I. Rambaud, *Lire le français d'hier*.

B. Bennassar et J. Jacquart, *Le XVIe siècle*.

J.-M. Bizière et J. Solé, *Dictionnaire des biographies*. Tome 3 : *La France moderne*.

J.-M. Bizière, J. Bérenger et B. Vincent, *Dictionnaire des biographies*. Tome 4 : *L'Europe moderne*.

F. Braudel, *Civilisation matérielle, Économie et Capitalisme (XVe-XVIIIe siècle)*.

F. Braudel, *La Méditerranée et le monde méditerranéen au temps de Philippe II*.

G. Cabourdin et G. Viard, *Lexique historique de la France d'Ancien Régime*.

J. Delumeau, *L'Italie de la Renaissance à la fin du XVIIIe siècle*.

M. Denis et N. Blayau, *Le XVIIIe siècle*.

P. Goubert et D. Roche, *Les Français et l'Ancien Régime*. Tome 1 : *La Société et l'État*. Tome 2 : *Culture et Société*.

F. Lebrun, *La Vie conjugale sous l'Ancien Régime*.

F. Lebrun, *L'Europe et le monde. XVIe, XVIIe, XVIIIe siècle*.

J. Meyer, *L'Europe et la conquête du monde. XVIe-XVIIIe siècle*.

R. Muchembled, *Société et mentalités dans la France moderne (XVe-XVIIIe siècle)*.

R. Muchembled, *Le Temps des supplices. De l'obéissance sous les rois absolus (XVe-XVIIIe siècle)*.

A. Poitrineau, *Ils travaillaient la France. Métiers et mentalités du XVIe au XIXe siècle*.

François Lebrun

LE XVIIe SIÈCLE

ARMAND COLIN

Cet ouvrage est publié dans la collection U série Histoire moderne dirigée par Pierre GOUBERT.

ISBN : 2-200-01547-X

Masson & Armand Colin Éditeurs - 34 bis, rue de l'Université - 75007 Paris

AVANT-PROPOS

Qu'est-ce que le XVIIe siècle ? La réponse est moins facile qu'il n'y paraît d'abord. Depuis longtemps déjà, les historiens des trois siècles de l'époque moderne recherchent, au-delà des récits traditionnels de l'histoire politique, les réalités plus complexes d'une histoire totale. Totale, parce que ne se limitant plus à la seule Europe, voire à la seule France, elle veut faire leur place légitime aux autres continents étudiés pour eux-mêmes. Totale, parce que sans négliger les rois et les grands hommes, les batailles et les traités, bref l'événement, elle entend mettre l'accent sur toute la vie du passé, s'efforçant d'en éclairer tous les aspects.

De telles exigences compliquent singulièrement les découpages nécessaires. Le XVIIe siècle ? 1610-1715 bien sûr, pour une histoire de France traditionnelle, centrée sur les règnes. Mais même en restant dans cette optique, la clé ne conviendrait exactement pour aucun des autres pays européens, ni pour l'Asie, ni pour l'Afrique, ni pour l'Amérique. Et il y a d'autres difficultés : pour l'historien de l'économie, rien ne distingue vraiment au niveau des structures, le XVIIe siècle des deux siècles qui l'encadrent, cependant qu'au niveau de la conjoncture, ses trois ou quatre premières décennies appartiennent au long XVIe siècle de l'expansion et des « trésors d'Amérique », et que 1640-1730 forme un tout marqué du signe de la dépression et du marasme ; pour l'historien des mentalités, la grande coupure n'est ni en 1600, ni en 1700, mais dans ces années 1620-1640 qui voient s'opérer avec Galilée et Descartes l'éveil de la mentalité scientifique et la grande mutation intellectuelle des temps modernes ; pour l'historien des religions, la clôture du concile de Trente (1563) ou la fin de la guerre de Trente Ans, dernière des grandes guerres religieuses en Europe (1648), ont une signification et une portée que n'a au même titre aucun des événements du début ou de la fin du siècle.

Et pourtant, comme il faut bien choisir (car les découpages, pour arbitraires qu'ils soient, sont une nécessité), nous nous sommes arrêtés à des dates rondes qui n'ont d'autre valeur qu'indicative : **notre XVIIe siècle commence vers 1600 et finit vers 1700** (et même en 1714-1715 pour l'Angleterre, la France et les relations internationales).

Ainsi délimité, ce XVIIe siècle ne peut se ramener à une image simple, pas même celle du Roi-Soleil. C'est à la fois le siècle de Cromwell et de Louis XIV, des procès de sorcellerie et de Descartes, de Calderon et de Racine, de Rubens et de Rembrandt, et aussi d'Aureng-Zeb et de K'ang-hi, des « réductions » jésuites et des débuts de la traite des noirs. Siècle divers, foisonnant, complexe, comme la vie même.

N. B. Les Lectures complémentaires indiquées à la fin de chaque chapitre ne sont elles-mêmes que des compléments aux ouvrages généraux de l'Orientation bibliographique, qui se trouve à la fin du volume.

Conformément à l'usage établi les dates qui suivent le nom d'un souverain sont celles du début et de la fin de son règne. Pour tous les autres personnages, ce sont celles de naissance et de mort.

CHAPITRE I

LE MONDE VERS 1600

1 — L'Europe : le morcellement politique

Vers 1600, au-dessus des États de moindre importance, se détachent deux grandes puissances : la Maison de France et la Maison d'Autriche (celle-ci divisée en deux branches depuis 1556). Cependant, à l'est, l'empire ottoman s'étend sur toute une partie de l'Europe et continue à faire peser sur les États chrétiens une menace constante.

Les deux grandes puissances

a) **La France**, à peine sortie de la longue crise des guerres de religion, se relève rapidement grâce à la politique habile et active d'Henri IV. C'est le pays le plus peuplé de l'Europe ; c'est aussi l'un des plus riches. Parallèlement à la reconstruction matérielle, Henri IV s'est efforcé, non sans mal, de ramener la paix religieuse en accordant aux protestants un statut de tolérance (édit de Nantes, 1598) et de restaurer l'autorité royale face au clergé, aux grands, aux parlementaires ; le 7 février 1599, il adresse aux membres du parlement de Paris, qu'il a convoqués au Louvre pour leur imposer l'enregistrement de l'édit de Nantes, un discours bien dans sa manière :

> Vous me devez obéir, quand il n'y aurait considération que de ma qualité et l'obligation que m'ont mes sujets et particulièrement vous de mon Parlement. J'ai remis les uns en leurs maisons, dont ils étaient bannis, les autres en la foi qu'ils n'avaient plus. Si l'obéissance était due à mes prédécesseurs, il m'est dû autant ou plus de dévotion, parce que j'ai rétabli l'État, Dieu m'ayant choisi pour me mettre au royaume qui est mien par héritage et acquisition [...] Je suis roi maintenant et parle en roi. Je veux être obéi. A la vérité, les gens de justice sont mon bras droit, mais si la gangrène se met au bras droit, il faut que le gauche le coupe [...] Donnez à mes prières ce que vous n'auriez voulu donner à mes menaces ; vous n'en aurez point de moi. Faites ce que je vous commande au plus tôt, dont je vous prie.

A l'extérieur, le roi a forcé les Espagnols à la paix (traité de Vervins, 1598) et a renforcé les frontières de l'Est en se faisant céder par le duc de Savoie la Bresse, le Bugey et le pays de Gex (traité de Lyon, 1601). Une diplomatie vigilante, un noyau d'armée permanente lui ont permis de jouer un rôle de premier plan en Europe.

Toutefois, certains de ces résultats sont trop liés au prestige personnel d'Henri IV. De plus, en dépit des efforts de celui-ci, des menaces subsistent, à l'intérieur du royaume comme sur ses frontières. L'hérédité des offices, consacrée par l'édit de 1604 instituant la « Paulette », accroît l'indépendance des officiers, au premier rang desquels se trouvent les parlementaires qui détiennent, en plus de leurs fonctions judiciaires, le droit d'enregistrement des ordonnances et édits royaux. Les membres de la haute noblesse, princes du sang et grands, ne se sont soumis qu'en apparence et sous la contrainte ; fidèles à certaines traditions féodales, s'appuyant sur de vastes clientèles de gentilshommes et de roturiers, ils sont tout prêts à profiter des moindres faiblesses de l'autorité royale. Les protestants restent sur la défensive et entendent bien tirer parti de tous les avantages politiques et militaires que leur accorde l'édit de Nantes, pour s'organiser de façon de plus en plus forte et indépendante. Enfin, la lourdeur des impôts et les atteintes portées à certaines franchises provinciales ou municipales suscitent le mécontentement et provoquent même, ici et là, des soulèvements populaires. La disparition prématurée d'Henri IV risque de donner libre cours à toutes ces forces centrifuges.

A ces menaces internes, s'ajoute le problème de l'insécurité des frontières. Au nord et au nord-est, le royaume est particulièrement menacé face aux Pays-Bas et à la Franche-Comté espagnole ; aucun obstacle naturel ne protège le pays d'une invasion éventuelle ; la Picardie, la Champagne, la Bourgogne sont des provinces frontières ; la Somme et les villes qui la bordent défendent mal Paris, toute proche par la vallée de l'Oise ; Dijon est à la merci d'une invasion espagnole par la vallée de l'Ouche. En dépit de l'occupation de fait des Trois Évêchés (Metz, Toul et Verdun), la sécurité du côté de la Lorraine, terre d'Empire, est surtout fonction de l'humeur du duc lorrain trop prompt à s'allier aux ennemis de la France, à l'intérieur et à l'extérieur. Au sud-est, Lyon est, depuis 1601, mieux protégée qu'auparavant ; pourtant, la politique ondoyante du duc de Savoie, qui tient les cols alpins du lac de Genève à Nice, constitue un souci constant. Enfin, au sud, la plaine du Roussillon, sur le versant français des Pyrénées, est terre espagnole, et la frontière est donc de ce côté spécialement vulnérable. Cette insécurité relative est d'autant plus grave que subsiste toujours la menace que fait peser sur le royaume **la Maison d'Autriche**, en dépit de sa division en deux branches distinctes : Habsbourg de Madrid, branche aînée ; et Habsbourg de Vienne, branche cadette.

b) A la mort de Philippe II auquel succède son fils Philippe III (1598), la puissance territoriale des **Habsbourg de Madrid** reste considérable. Maître de toute la péninsule Ibérique, depuis le rattachement du Portugal en 1580, le roi d'Espagne domine en même temps tout le bassin occidental de la Méditerranée grâce à ses possessions insulaires (Baléares, Sardaigne, Sicile) et italiennes (royaume de Naples, ports toscans, duché de Milan), sans compter quelques places sur la côte d'Afrique (Tanger, Ceuta, Melilla, Oran). De l'héritage bourguignon, il conserve la Franche-Comté et la partie méridionale des Pays-Bas (Flandre, Brabant, Hainaut, Artois, Cambrésis, Luxembourg). Enfin, il possède, hors d'Europe, un immense empire colonial d'origine à la fois espagnole (Amérique centrale et méridionale, Philippines) et portugaise (Brésil, comptoirs sur les côtes d'Afrique et d'Asie).

Pour défendre ces immenses possessions, l'Espagne dispose d'une importante puissance militaire : l'armée, avec la fameuse infanterie des « tercios », et la flotte, reconstituée après le désastre de l'Armada, sont toujours considérées comme les premières de l'Europe, malgré certains échecs, devant les Provinces-Unies notamment. Par ailleurs, Philippe II a doté la monarchie d'une solide structure administrative ; Madrid devient la capitale politique et bientôt la résidence ordinaire de la cour. Grâce à ses peintres et ses architectes, ses écrivains et ses dramaturges, ses théologiens et ses mystiques, la civilisation espagnole connaît son « Siècle d'or » et sert de modèle à une partie de l'Europe. Cette puissance et ce rayonnement sont mis au service de la foi catholique, partout où elle est menacée.

Pourtant, derrière cette façade brillante, la monarchie espagnole souffre de graves faiblesses : absence d'unité et de cohésion qui se traduit par des sentiments séparatistes non seulement dans les possessions extérieures (Italie, Pays-Bas), mais à l'intérieur même de la péninsule (Portugal, Catalogne) ; faiblesse démographique qu'aggrave encore l'émigration vers les colonies ; difficultés monétaires et financières, en dépit de l'argent du Nouveau Monde ; déclin de l'activité économique. La révolte des Pays-Bas et la reconnaissance implicite de l'indépendance des Provinces-Unies en 1609 (trêve de Douze Ans) témoignent des difficultés que connaît le roi d'Espagne.

Les Habsbourg de Vienne tirent leur puissance de leurs domaines personnels, des royaumes électifs de Bohême et de Hongrie et de la dignité impériale. Les domaines personnels (ou États patrimoniaux) comprennent l'archiduché d'Autriche, les duchés de Styrie, de Carinthie et de Carniole, le comté de Tyrol, les terres du Brisgau et du Sundgau (ou Haute-Alsace). Depuis 1526, les Habsbourg possèdent, à titre électif, les « pays de la couronne de Bohême » (Bohême, Moravie, Silésie, Lusaces) et le royaume de Hongrie ; de ce dernier, situé hors de l'Empire, ils ne tiennent en fait qu'une petite partie, dite Hongrie royale, le reste du pays, avec Bude la capitale, étant aux mains des Turcs ; cette situation fait du Habsbourg la sentinelle de l'Europe chrétienne face au danger musulman. Enfin, depuis 1437, le chef de la Maison d'Autriche est choisi traditionnellement comme empereur, à chaque vacance de la couronne du Saint-Empire romain germanique. Mais la dignité impériale lui assure plus de prestige que de pouvoir réel. **L'Empire**, dont les limites rappellent la grandeur passée, englobe l'Allemagne, l'Autriche, la Bohême et ses dépendances, la plus grande partie de l'ancienne Lotharingie (Pays-Bas, Lorraine, Franche-Comté, Alsace, Savoie) et même théoriquement les Cantons suisses et une grande partie de l'Italie du Nord. Mais tout cet ensemble est morcelé en plusieurs centaines d'États, dont les princes se considèrent comme pratiquement souverains, et qui constituent trois corps ou

D'après Ch. MORAZÉ et Ph. WOLFF, *XVIIe et XVIIIe Siècles*, Paris, A. Colin, 1953, p. 14.

L'EUROPE VERS 1600

« Collèges ». Le premier comprend les sept Électeurs chargés d'élire à Francfort, sous le titre de « roi des Romains », le futur empereur ; ce sont les trois princes-archevêques de Trèves, Mayence et Cologne, le roi de Bohême (ce qui assure une voix certaine au Habsbourg), le comte palatin du Rhin (avec le Haut et le Bas-Palatinat), le duc de Saxe et le margrave de Brandebourg. Le second Collège regroupe quelque 300 principautés ecclésiastiques et laïques ; les évêchés de Liège et de Wurtzbourg, l'archevêché de Salzbourg, les duchés de Bavière et de Wurtemberg sont parmi les plus importants. Le dernier Collège comprend une cinquantaine de villes libres, notamment Hambourg, Brême, Strasbourg, Nuremberg, Augsbourg. Les représentants des trois Collèges constituent la diète germanique qui est convoquée par l'empereur mais qui a seule le droit de prendre les décisions relatives à l'ensemble de l'Empire (impôts, traités, déclarations de guerre, levées des armées, etc.) ; il est vrai que les dissensions entre ses membres vouent le plus souvent la Diète à l'impuissance.

Ainsi, la situation en Europe du Habsbourg de Vienne est-elle très particulière. Ses États patrimoniaux et ses deux royaumes constituent, certes, un ensemble à peu près d'un seul tenant et presque aussi vaste et peuplé que le royaume de France, mais sans en avoir ni la richesse, ni la cohésion : peuples, langues, religions, institutions sont profondément bigarrés ; souverain allemand, il a des sujets slaves et hongrois. Comme empereur, il jouit d'un grand prestige, mais la décadence des institutions impériales, la montée de certains États allemands (Brandebourg, Saxe, Bavière), les difficultés du statut religieux tendent à réduire à peu de chose son pouvoir réel dans l'Empire. Les querelles de succession qui marquent la fin du règne de l'empereur Rodolphe II (1576-1612) et qui opposent celui-ci à ses frères (notamment Mathias) et à son cousin Ferdinand, duc de Styrie, compliquent encore le problème.

En dépit des difficultés autrichiennes et des premiers signes de décadence de la puissance espagnole, **l'union étroite** qui existe **entre Vienne et Madrid** (malgré un certain relâchement au début du règne de Philippe III) continue à rendre redoutable la Maison d'Autriche : de fréquents mariages allient les deux branches de la famille, des contacts permettent une politique européenne commune, notamment pour la défense du catholicisme. De plus, domaines espagnols et autrichiens sont en certains points limitrophes (Franche-Comté et Alsace) ou voisins (Milanais et Tyrol), et les routes militaires espagnoles vers les Pays-Bas révoltés empruntent, au-delà du Milanais et des Alpes, les terres autrichiennes ou allemandes.

Les États secondaires

Derrière les deux grandes puissances, les autres États de l'Europe chrétienne peuvent se répartir en trois groupes : la Suisse et les États italiens, les puissances maritimes et protestantes du Nord, les États orientaux.

a) **Suisse et Italie** ne sont encore que des expressions géographiques désignant des pays profondément morcelés politiquement. L'ensemble **suisse** comprend essentiellement une confédération de treize cantons, dont les uns sont catholiques (Lucerne, Fribourg), les autres, protestants (Zurich Bâle, Berne). Tout en continuant à faire partie théoriquement du Saint-Empire (et cela jusqu'en 1648), les Cantons sont en fait des États indépendants : chacun a ses lois, ses magistrats, sa monnaie, l'organisation fédérale étant réduite à une Diète sans permanence ni périodicité. L'évêché de Bâle, les républiques de Genève, de Mulhouse et du Valais, les Ligues grises ou Grisons (dont dépend la Valteline, ou haute vallée de l'Adda) entretiennent d'étroites relations avec les Cantons suisses dont ils sont les alliés. La situation géographique de la Suisse qui commande les principaux cols alpins entre le Milanais espagnol et l'Empire est, pour les Cantons, une source tout à la fois de profits et de difficultés ; ils essaient d'échapper à celles-ci en invoquant une neutralité de fait : en 1602, ils renouvellent avec la France la « paix perpétuelle » de 1515, et en 1611 concluent une « union perpétuelle » avec la Maison d'Autriche. Par ailleurs, ils continuent à fournir à toute l'Europe des mercenaires aguerris et réputés.

Bien que l'empereur ait encore quelques droits, tout théoriques, dans le Nord de la péninsule, c'est l'influence du roi d'Espagne qui est prépondérante en **Italie.** Non seulement il est le maître de la Sicile, du royaume de Naples et du duché de Milan, mais encore il impose, plus ou moins ouvertement, sa tutelle à la plupart des autres États italiens : à Rome, capitale des États de l'Église, les cardinaux espagnols ou dépendants de l'Espagne jouent un rôle de premier plan au sein du Sacré Collège ; le grand-duché de Toscane, aux mains des Médicis, doit tolérer la présence de garnisons espagnoles sur ses côtes (les « présides » de Piombino, Orbitello, l'île d'Elbe) et ne jouit de ce fait que d'une indépendance précaire ; la république de Gênes (dont dépend la Corse) est sur la route de l'Espagne vers le Milanais et doit accepter que les galères et galéasses espagnoles relâchent dans ses ports. Quant aux petits duchés de l'Italie du Nord, Mantoue (dont dépend le Montferrat), Parme, Modène, ils s'efforcent de trouver dans l'alliance avec la France un contrepoids à l'influence espagnole. Seuls, deux États réussissent à maintenir à peu près leur indépendance : Venise et la Savoie. La république de **Venise**, dont les possessions territoriales restent considérables (une partie de l'Italie du Nord et du littoral dalmate, les îles Ioniennes, la Crète), regarde surtout vers l'Adriatique et la Méditerranée orientale. Le duc de **Savoie,** dont les terres sont à cheval sur les deux versants des Alpes (Savoie, Piémont, Nice), cherche à tirer profit de cette importante situation stratégique ; regardant tantôt vers Paris, tantôt vers Madrid, il est prêt à monnayer avantageusement son alliance. Morcelée politiquement, enjeu possible dans une lutte éventuelle entre les grandes puissances, dépossédée de son ancienne suprématie économique par les États atlantiques, l'Italie reste pourtant la « mère des lettres et des arts » et conserve dans toute l'Europe un prestige immense qu'accroît encore, en pays catholiques, le fait que Rome est le siège de la papauté.

b) Dans le nord du continent, **Angleterre, Provinces-Unies, Danemark et Suède** forment un groupe à part au sein des États secondaires : ils ne comptent chacun que quelques millions d'habitants, ils sont protestants sous des formes diverses, leurs activités sont surtout tournées vers la mer. En **Angleterre,** la mort d'Élisabeth Ire (1603) met fin à la dynastie des Tudors. Comme son père Henri VIII, Élisabeth a régné pratiquement en souverain absolu, tout en respectant en apparence les libertés anglaises et les droits du Parlement. De plus, elle a affermi la fondation de l'anglicanisme et favorisé l'expansion économique et maritime de l'Angleterre qui, en dépit de sa faible population, est en plein essor au début du XVIIe siècle. Enfin la littérature anglaise s'est enrichie, sous son règne, de l'œuvre prestigieuse de Shakespeare (mort en 1616), le plus grand représentant du théâtre élisabethain. Toutefois, l'agitation de l'Irlande, d'autant plus avide d'indépendance qu'elle est restée fidèle au catholicisme, reste une menace pour l'avenir. La reine n'ayant pas d'héritier direct, c'est Jacques VI Stuart, roi d'Écosse, fils de Marie Stuart et descendant de Henri VII Tudor, qui devient roi d'Angleterre, en 1603, sous le nom de Jacques Ier. Les deux royaumes ne sont pas réunis pour autant : ils conservent chacun, leur gouvernement et leur Parlement, sous l'autorité du même souverain.

La république des **Provinces-Unies** groupe les sept provinces du Nord des Pays-Bas qui ont constitué en 1579 l'Union d'Utrecht pour lutter contre la domination espagnole. En 1609, elle force l'Espagne à signer une trêve de douze ans qui consacre en fait son indépendance :

> ARTICLE PREMIER. — Premièrement, les susdits archiducs (Albert et Isabelle, gouverneurs des Pays-Bas) déclarent en leur nom, comme aussi au nom du Roi catholique, qu'ils sont contents de traiter avec

les susdits États Généraux des Provinces-Unies, en qualité et comme les tenant pour pays, provinces et États libres, sur lesquels ils ne prétendent rien, et de faire avec eux, ès noms et qualités susdites, comme ils font par les présentes capitulations et articles, une Trêve, avec les conditions ci-après écrites et déclarées.

Art. 2. — A savoir que ladite trêve sera bonne, stable, loyale et inviolable, et pour le temps et terme de douze années, durant lesquelles cesseront tous actes d'hostilité, en quelque manière que ce soit [...]

Toutefois, l'organisation politique du nouvel État reste précaire. Face aux sept provinces qui conservent, chacune, leur souveraineté et leurs institutions particulières, le pouvoir central est faible : il est représenté par les États-Généraux et le Conseil d'État, où siègent les députés des provinces et où les décisions importantes doivent être prises à l'unanimité. De plus, l'essor économique et le grand commerce maritime favorisent essentiellement deux provinces, la Zélande et surtout la Hollande, où une riche oligarchie bourgeoise détient le pouvoir, alors que dans les autres provinces, à prédominance rurale, une noblesse besogneuse s'appuyant sur une clientèle paysanne supporte mal la prépondérance de la bourgeoisie hollandaise. Malgré ces graves problèmes intérieurs, les Provinces-Unies, exploitant au maximum la fermeture du port d'Anvers et leur victoire sur l'Espagne, sont vers 1609 en passe de devenir la première puissance commerciale et financière de l'Europe.

Les pays scandinaves sont partagés entre les deux royaumes luthériens de Danemark et de Suède. **Le Danemark** comprend non seulement la péninsule (Jutland et Slesvig) et les îles danoises, mais aussi l'Islande, la Norvège, la Scanie (extrémité méridionale de la Suède), les îles de Bornholm et de Gotland et, dans l'Empire, le duché de Holstein. Le roi de Danemark, Christian IV (1588-1648), commande ainsi entièrement les détroits entre la Mer du Nord et la Baltique et s'assure, grâce aux droits perçus sur le Sund (à Elseneur) et à l'entrée de l'Elbe, l'essentiel de ses revenus. Mais cette situation privilégiée, qui fait de Copenhague un des grands ports de l'Europe du Nord, suscite bien des convoitises, notamment de la part des Hollandais et des villes de la Hanse. Par ailleurs, en tant que duc de Holstein, le roi de Danemark est prince d'Empire et s'intéresse de très près à tout ce qui se passe en Allemagne du Nord. **La Suède**, qui comprend aussi la Finlande et l'Esthonie, s'est affranchie de la domination danoise en 1523, avec Gustave Vasa. Pays pauvre, mais possédant d'importantes mines de fer et de cuivre très bien exploitées, la Suède regarde, au-delà de la Baltique, vers le continent : mais il lui faut compter avec le Danemark (qui n'a pas abandonné tout espoir de revanche), avec la Pologne (dont le roi Sigismond III est un Vasa qui a été dépossédé de la couronne suédoise par le parti luthérien au profit de son oncle), avec la Russie enfin. Le roi Charles IX (1604-1611) se trouve un moment en guerre avec ses trois voisins à la fois. A sa mort, il laisse la Couronne à son jeune fils de dix-sept ans, Gustave-Adolphe.

c) **La Pologne** a connu au XVIe siècle et connaît encore au début du XVIIe siècle la période la plus glorieuse de son histoire. C'est un État immense, aux frontières indécises du côté du sud et de l'est. Outre la Grande et la Petite Pologne, l'État polonais comprend le grand-duché de Lithuanie (depuis l'Union de Lublin de 1569), la Livonie, la Courlande et la plus grande partie de l'Ukraine (avec Kiev). Largement ouverte sur l'Europe occidentale, pénétrée par les grands courants de l'Humanisme, de la Renaissance et de la Réforme, exportant par la Vistule et par Dantzig ses bois et ses grains, la Pologne connaît une incontestable prospérité. Mais sa faiblesse vient de ses institutions politiques qui tiennent à la fois de la monarchie et de la république (« Le roi et la république de Pologne », dit-on officiellement en France). En effet, si la Pologne a bien un roi (c'est, vers 1600, Sigismond III Vasa, 1587-1632), ce roi est élu par la noblesse où une minorité de grands seigneurs terriens, les palatins ou magnats, domine une petite noblesse rurale, nombreuse et turbulente : la *szlachta*. Avant d'être couronné, le nouveau roi doit reconnaître, parfois augmenter les privilèges de cette noblesse, contribuant ainsi à réduire encore sa propre autorité. La réalité du pouvoir appartient à la Diète et aux assemblées de chaque province, les diétines. Diète et diétines sont formées de représentants de la noblesse qui essaient de substituer, à la règle de la majorité, celle de l'unanimité (le *liberum veto*), bien qu'une telle pratique risque de condamner les assemblées à l'anarchie et à l'impuissance. Ainsi, la noblesse polonaise non seulement rend illusoire le pouvoir du roi, mais se révèle incapable d'organiser solidement un gouvernement aristocratique.

La Russie, ou Moscovie, s'étend sur toute la plaine russe, de la Mer Blanche à la Mer Caspienne et des frontières de la Pologne aux abords de la Sibérie (l'Ob et l'Irtych sont atteints à la fin du XVIe siècle). C'est un État essentiellement continental, sans ouverture ni sur la Mer Baltique, ni sur la Mer Noire, et qui ne communique, difficilement, avec le reste de l'Europe que par le port d'Arkhangelsk. Avec la mort d'Ivan IV le Terrible en 1584 (premier prince de Moscovie à avoir pris le titre de tsar), commence pour la Russie le « temps des troubles », longue période de malheurs et d'anarchie (1584-1613) Le pouvoir suprême passe de main en main. En 1598, Boris Godounov, régent sous le fils d'Ivan IV, est proclamé tsar par le peuple ; il établit à Moscou un patriarche indépendant de celui de Constantinople et fait appel à des artistes et à des techniciens d'Occident. Mais, en 1601, une épouvantable famine accompagnée d'épidémies s'abat sur la Russie : la misère provoque de multiples révoltes. Suédois et Polonais profitent de cette situation tragique pour envahir le pays, au lendemain de la mort de Boris (1605). Une garnison polonaise s'installe même au Kremlin, en 1610, et n'en est chassée qu'en 1612, par une milice nationale levée dans les villes du Nord et de l'Est. Quelques semaines plus tard, en janvier 1613, une grande assemblée de représentants de toute la Russie proclame tsar un jeune noble de quinze ans, Michel Romanov.

L'empire ottoman et la menace turque

a) Au sud-est du continent, **l'empire ottoman** s'enfonce comme un coin dans l'Europe chrétienne et continue à la menacer directement : un pacha réside à Bude, à quelques jours de marche de Vienne. En effet, en dehors de leurs possessions asiatiques (Asie mineure, Arménie, Mésopotamie, Syrie) et africaines (Égypte, États barbaresques d'Afrique du Nord), les Turcs occupent en Europe toute la péninsule des Balkans, la plus grande partie de la Hongrie, les provinces vassales de Transylvanie, de Moldavie et de Valachie, la Crimée et le littoral de la Mer Noire jusqu'au Kouban. Ils se montrent d'ailleurs très libéraux à l'égard des peuples chrétiens (en majorité orthodoxes) à qui ils laissent leur langue, leur religion et parfois même la plus grande partie de leur organisation intérieure ; ils se contentent d'occuper militairement les points importants et surtout de prélever capitation et autres impôts.

Mais derrière cette énorme puissance territoriale apparaissent déjà des signes évidents de décadence. L'armée qui, aux deux siècles précédents, avait fondé la grandeur ottomane perd peu à peu de sa valeur ; la flotte se relève difficilement des pertes subies à Lépante (1571). L'organisation intérieure de l'Empire se détériore : les sultans, souvent trop jeunes, vivent enfermés dans leur palais de Constantinople (Stamboul), laissant la réalité du pouvoir aux grands vizirs ; mais ceux-ci doivent compter avec les intrigues du sérail et les caprices des sultans. Les gouverneurs de provinces (beys, pachas) ne cherchent qu'à s'enrichir ou à devenir de plus en plus indépendants. A tous les échelons de l'administration, la concussion et l'anarchie deviennent la règle.

b) Même affaiblie, **la puissance ottomane** reste **redoutable.** Sur le continent, l'empereur est le plus directement menacé et apparaît de ce fait comme le chef naturel de la lutte contre « l'Infidèle » (il est vrai que les Turcs sont souvent détournés de leurs efforts en Europe centrale par la guerre, presque continuelle, contre leurs voisins perses). En Méditerranée occidentale, en dépit de la vigilance des chevaliers de Malte, les pirates barbaresques font régner une constante insécurité par leurs raids, leurs rapts et leurs pillages. L'aventure survenue à Vincent de Paul, en 1607, entre Marseille et Narbonne, même si elle est partiellement controuvée, n'est pas chose exceptionnelle à cette date :

> Je fus persuadé par un gentilhomme avec qui j'étais logé (à Marseille), de m'embarquer avec lui jusques à Narbonne, vu la faveur du temps qui était ; ce que je fis pour plus tôt y être, et pour épargner ou, pour mieux dire, pour ne jamais y être et tout perdre. Le vent nous fut aussi favorable qu'il fallait pour nous rendre ce jour à Narbonne, qui était faire cinquante lieues, si Dieu n'eût permis que trois brigantins turcs qui côtoyaient le golfe de Lion pour attraper les barques qui venaient de Beaucaire, où il y avait foire que l'on estime être des plus belles de la Chrétienté, ne nous eussent donné la chasse et attaqués si vivement que deux ou trois des nôtres étant tués et tout le reste blessé, et même moi qui eus un coup de flèche qui me servira d'horloge tout le reste de ma vie, n'eussions été contraints de nous rendre à ces filous et pires que tigres [...] Ce fait, nous enchaînèrent, après nous avoir grossièrement pansés, poursuivirent leur pointe, faisant mille voleries ; et enfin, chargés de marchandises, au bout de sept ou huit jours, prirent la route de Barbarie, tanière et spélongue de voleurs sans aveu du Grand Turc, où étant arrivés, ils nous exposèrent en vente.

Ainsi le danger musulman, sous ses formes diverses, reste une réalité pour l'Europe chrétienne du début du XVIIe siècle.

2 _ L'Europe : les problèmes religieux

La Réforme protestante a été l'un des grands événements du XVIe siècle. Certes, l'existence des Églises orthodoxes, séparées de Rome (avec notamment le patriarcat de Constantinople, sous domination turque, et le patriarcat de Moscou) constituait, depuis le Moyen Age, une première déchirure de la « robe sans couture » du Christ. Mais bien plus grave par ses conséquences de tous ordres a été le schisme protestant. Si l'histoire des États européens a été dominée au XVIe siècle par les problèmes religieux issus de la Réforme, ceux-ci, vers 1600, sont loin d'être résolus.

Les progrès de la Contre-Réforme

a) La Contre-Réforme, c'est-à-dire la politique délibérée d'extirpation du protestantisme, au besoin par la force, a remporté vers 1600 d'incontestables succès. C'est le cas dans **les Pays-Bas** méridionaux. La politique d'Alexandre Farnèse, gouverneur de 1578 à 1592, puis des archiducs : Albert d'Autriche et sa femme Isabelle, fille de Philippe II, gouverneurs en 1598, a permis de détacher des provinces calvinistes du Nord, celles du Sud restées très largement catholiques, et de rétablir solidement le catholicisme dans le pays réoccupé par les troupes espagnoles. Cette reconquête spirituelle, dont les jésuites sont les agents les plus actifs, est marquée par l'élimination progressive des protestants (à la suite d'abjurations plus ou moins sincères ou de bannissements), par la réorganisation de la carte des diocèses, par la création de séminaires, par la multiplication d'écoles dominicales pour l'enseignement du catéchisme, par l'introduction de nombreux ordres religieux (capucins, carmélites, ursulines). Ainsi, en 1609, au moment de la trêve de Douze Ans, les Pays-Bas espagnols apparaissent, face aux Provinces-Unies calvinistes, comme l'un des plus solides bastions du catholicisme.

b) Dans **l'Empire**, la Contre-Réforme qui, après 1576, a commencé à faire reculer les protestants que leurs divisions affaiblissent, continue à marquer des points autour des années 1600. Le duc de Bavière Albert V achève d'éliminer le protestantisme de son État et crée en 1591, à Munich, une académie de théologie et de philosophie confiée aux jésuites. En Allemagne de l'Ouest, le catholicisme est rétabli à Osnabrück en 1585 et les protestants échouent dans leurs tentatives pour s'emparer des évêchés d'Aix-la-Chapelle (1593-1598) et de Cologne (1600) à l'occasion de la vacance des sièges. Dans les États patrimoniaux des Habsbourg, l'empereur Rodolphe II, élevé à la cour d'Espagne, interdit l'exercice du culte luthérien à Vienne et en Tyrol. Son cousin l'archiduc Ferdinand, ancien élève des jésuites d'Ingolstadt et futur empereur Ferdinand II, devient en 1590 duc de Styrie ; il réussit en quelques années à ramener au catholicisme, par tous les moyens, son petit duché alpin où les protestants étaient en majorité. Partout, un rôle essentiel est joué par **les jésuites** qui continuent l'œuvre de Pierre Canisius (mort en 1597). Confesseurs des princes et prédicateurs, ils sont aussi et surtout professeurs dans les nombreuses universités, académies ou collèges qu'ils ont multipliés en Allemagne.

c) **En Pologne**, Sigismond III est un catholique fanatique, surnommé « le roi des jésuites ». Certes il est contraint de respecter la Confédération de Varsovie, paix perpétuelle signée en 1572 entre les différentes confessions (catholique, orthodoxe, protestante) ; c'est pourquoi, il doit tolérer que les luthériens conservent leurs temples et leurs écoles et que les sociniens, ou antitrinitaires, s'installent à Rakow, près de Sandomir. Mais il réussit à écarter les protestants des affaires publiques, et surtout il implante dans tout le pays des collèges jésuites dont l'influence sur l'élite de la société polonaise sera déterminante : la plupart des nobles protestants se convertissent au catholicisme, et la Pologne devient ainsi en Europe orientale une sorte d'avant-garde de l'Église romaine.

Les essais de tolérance

Pourtant, à l'encontre des buts de la Contre-Réforme, certains souverains catholiques semblent s'orienter vers la tolérance religieuse. En fait, ces tentatives qui résultent de conditions politiques particulières et ne correspondent nullement à un puissant mouvement d'opinion tant chez les catholiques que chez les protestants sont incomplètes et seront éphémères.

a) **L'édit de Nantes** (1598) concédé par Henri IV aux protestants de **France** répond essentiellement au désir de ramener la paix dans le royaume :

> Maintenant qu'il plaît à Dieu commencer à nous faire jouir de quelque meilleur repos, nous avons estimé ne le pouvoir mieux employer qu'à vaquer à ce qui peut concerner la gloire de son saint Nom et service, et à pourvoir qu'il puisse être adoré et prié par tous nos sujets. Et s'il ne lui a plû que ce soit, pour encore, en une même forme de Religion, ce soit au moins d'une même intention et avec telle règle qu'il n'y ait point pour cela de trouble ou de tumulte entr'eux. [...] Pour cette occasion [...] nous avons jugé nécessaire de donner maintenant sur le tout à nosdits sujets une loi générale, claire, nette et absolue, par laquelle ils soient réglés sur tous les différends qui sont ci-devant sur ce survenus entr'eux et y pourront encore survenir ci-après, et dont les uns et les autres aient sujet de se contenter.

Le texte qui reprend certains articles d'édits antérieurs accorde aux protestants la liberté de conscience et la liberté de l'exercice public de la « religion prétendue réformée » ; toutefois cette **liberté de culte** est assortie d'importantes restrictions, puisqu'il n'est permis que dans deux villes par bailliage et dans les demeures des seigneurs hauts-justiciers. Par ailleurs, l'accession à tous les emplois est garantie aux protestants, et des Chambres mi-parties sont instituées dans six parlements. Ainsi se trouve créée une situation profondément originale dans l'Europe d'alors, puisque la France devient un État où, théoriquement et légalement, cohabitent sur un pied d'égalité sujets catholiques et sujets réformés, bien que le catholicisme romain reste la seule religion officielle. Cependant, **l'octroi aux protestants de 151 places fortes** pour leur permettre d'imposer éventuellement leurs droits, la violente opposition des parlements à l'enregistrement de l'édit, les résistances acharnées des milieux catholiques les plus divers, le mécontentement de nombreux huguenots montrent bien que l'édit de Nantes est un geste de réalisme politique de la part d'Henri IV imposant son arbitrage, et non pas la traduction d'un véritable climat de tolérance.

b) **La Lettre de Majesté** est, plus encore, une œuvre de circonstance. La situation religieuse des pays de la couronne **de Bohême** est, vers 1600, très confuse. En face d'une minorité catholique, il n'y pas moins de quatre confessions non romaines : les utraquistes, disciples de Jean Hus et partisans de la communion sous les deux espèces ; les Frères Moraves, hussites dissidents ; enfin, les luthériens et les calvinistes. En 1609, l'empereur Rodolphe II, roi de Bohême, aux prises avec la révolte de son frère Mathias, décide d'accorder aux Tchèques, dont il veut s'assurer la fidélité, un statut religieux dit « Lettre de Majesté ». Il agit donc non par esprit de tolérance, mais par simple calcul politique. La Lettre établit en Bohême (et un peu plus tard en Moravie et en Silésie) la liberté de conscience et une assez large liberté de culte (droit de construire temples et écoles dans les villes royales et dans les domaines de la Couronne), sous la condition toutefois que les diverses confessions non romaines s'entendent et ne forment plus qu'une seule Église protestante tchèque. A ce statut, Rodolphe ajoute une garantie d'ordre politique, en permettant aux protestants d'élire un Conseil de dix personnes qui, sous le nom de « défenseurs de la foi », seront chargées de négocier, en cas de besoin, avec les catholiques. En fait, le succès de la Lettre de Majesté est limité, d'abord parce que l'accord entre les protestants reste incomplet, et aussi parce que l'édit de Tolérance suscite l'opposition indignée des catholiques.

Protestants et catholiques face à face

La reconquête catholique étant incomplète et les essais de tolérance, limités et décevants, le grand problème de l'affrontement des protestants et des catholiques reste donc posé, non seulement à l'échelle de l'Europe mais à l'intérieur même de certains États européens. L'unité de foi existe sous la forme du catholicisme romain dans les possessions de **la monarchie espagnole** et dans **les États italiens**, sous la forme luthérienne dans les royaumes de **Suède** et de **Danemark**, sous la forme calviniste dans **les Provinces-Unies.**

a) Mais en **Angleterre**, la situation est plus complexe. **L'anglicanisme** est, depuis Élisabeth, la religion officielle ; pourtant, les catholiques restent encore nombreux à la mort de la reine, en dépit des persécutions exercées contre eux. D'autre part, un grand nombre de protestants anglais refusent la religion établie, dans laquelle ils voient un compromis inadmissible entre « papisme » et protestantisme : ce sont **les dissidents** ou puritains ; parmi eux, les uns veulent introduire en Angleterre l'organisation presbytérienne qui existe en Écosse ; les autres, les indépendants, vont plus loin encore : ils préconisent l'indépendance de l'Église vis-à-vis de l'État et celle de chaque fidèle vis-à-vis des pasteurs, chacun devant pouvoir chercher directement dans la Bible son chemin vers le royaume de Dieu.

b) C'est dans **l'Empire** que la question religieuse se pose avec le plus d'acuité. **La paix d'Augsbourg de 1555** a mis fin aux guerres entre princes catholiques et princes luthériens en accordant aux uns et aux autres la liberté de choisir leur religion et de l'imposer à leurs sujets (*cujus regio, ejus religio*). Mais l'évolution de la situation depuis cette date a fait apparaître les insuffisances et les ambiguïtés de ce laborieux compromis. La clause de la « réserve ecclésiastique » est une première source de difficultés. Aux termes de cette clause, les princes ecclésiastiques, archevêques, évêques ou abbés, qui se convertiraient au luthéranisme, devraient abandonner leur évêché ou leur abbaye et ne pourraient donc s'en approprier les domaines en les sécularisant ; par contre, **les sécularisations** antérieures à 1552 étaient confirmées. Or les luthériens n'ont jamais reconnu cette clause de la paix d'Augsbourg, introduite sans leur accord ; c'est pourquoi, entre 1555 et 1600, à la grande colère des catholiques, plusieurs évêchés et des dizaines d'abbayes sont sécularisés par leurs titulaires se convertissant au luthéranisme. De leur côté, les luthériens sont fort inquiets des progrès de la Contre-Réforme, notamment dans le Sud de l'Empire. Enfin, dans le dernier quart du XVIe siècle, la rapide extension du **calvinisme** en Allemagne pose un redoutable problème ; dès 1562, l'électeur palatin en a fait la religion officielle de ses États, bientôt imité par d'autres princes ou villes libres. Or la paix d'Augsbourg ne s'étant occupée que des seuls luthériens, les princes calvinistes (ou réformés) ne peuvent se prévaloir des avantages qu'elle accorde et ne jouissent donc que d'une tolérance de fait ; aussi réclament-ils une révision du statut religieux de l'Empire, mais ce faisant, ils se heurtent à l'opposition non seulement des catholiques, mais aussi des luthériens.

Ainsi **la paix** élaborée en 1555 est-elle de plus en plus **menacée.** Dans les premières années du XVIIe siècle, les incidents se multiplient, et de part et d'autre la formation de **ligues** semble présager une reprise prochaine des hostilités. En 1606, à l'instigation de l'empereur, le duc de Bavière, Maximilien Ier, rétablit de force le catholicisme dans la ville libre protestante de Donauwerth, à la suite de vexations dont avaient été victimes des catholiques. Ce nouveau succès de la Contre-Réforme a pour effet de rapprocher, devant le danger commun, luthériens et calvinistes. En mai 1608, un certain nombre de princes protestants fondent, pour dix ans, une Union évangélique à la tête de laquelle est placé un calviniste, l'électeur palatin Frédéric IV, et qui groupe des princes luthériens (le duc de Wurtemberg, le margrave de Bade) et des princes calvinistes, ainsi que plusieurs villes libres (Strasbourg, Francfort, Nuremberg, notamment). Mais le plus puissant des princes protestants, l'électeur de Saxe, refuse d'en faire partie : luthérien intransigeant, il ne veut pas faire cause commune avec des « réformés ». De leur côté, les catholiques constituent en 1609 une Sainte Ligue, dont le chef est le duc de Bavière ; elle réunit, pour neuf ans, les trois Électeurs ecclésiastiques et plusieurs petits États catholiques d'Allemagne du Sud. Chacune de leur côté, Union évangélique et Sainte Ligue s'engagent à porter secours à leurs membres, entretiennent dans ce but une armée et cherchent des concours hors d'Allemagne : l'Union trouve des appuis en France auprès d'Henri IV, et un peu plus tard dans les Provinces-Unies et en Angleterre (où Jacques Ier marie sa fille à l'héritier de l'électeur palatin) ; la Ligue négocie avec le duc de Lorraine et avec le roi d'Espagne.

En 1609, **la mort du duc de Clèves et de Juliers** sans héritier direct ouvre une grave crise de succession qui est sur le point de déchaîner la guerre. Plusieurs princes protestants, dont l'électeur de Brandebourg, revendiquent à des titres divers ce riche héritage ; or l'empereur décide de prononcer le séquestre des deux duchés rhénans et en confie la défense à l'archiduc Léopold. Forte de l'appui actif d'Henri IV, l'Union évangélique se prépare à la guerre, mais l'assassinat du roi de France met un terme à ces préparatifs. Un partage règle pacifiquement le problème en 1614. Il n'en reste pas moins que, du fait de l'existence des deux ligues armées, la paix est, en Allemagne, à la merci du moindre incident.

3 _ L'Europe : les problèmes démographiques, économiques et sociaux

Les hommes

a) Dans le monde de 1600, **l'Europe** détient une incontestable **primauté démographique** : elle groupe sans doute le tiers de la population mondiale. En dehors de l'Extrême-Orient, il n'existe aucun autre noyau de peuplement qui puisse lui être comparé. Toutefois, cette prépondérance globale recouvre bien des **différences régionales.** En gros, une Europe de forte densité s'oppose à une Europe de peuplement plus lâche. L'Europe dense, avec 30 à 40 habitants au km², comprend l'Italie, la France, les Pays-Bas espagnols et les Provinces-Unies, l'Allemagne rhénane et danubienne et, à un moindre degré, l'Angleterre. Sur les bords de la Méditerranée (Italie mise à part) et au-delà de l'Elbe, les densités sont beaucoup plus faibles : 14 peut-être

LA POPULATION DES PRINCIPAUX ÉTATS EUROPÉENS AU DÉBUT ET A LA FIN DU XVIIe SIÈCLE
(en millions d'habitants)

	Vers 1600	Vers 1700
France	18	19
Espagne	8	6
Autriche - Bohême - Hongrie		7,5
Angleterre	4,5	5,5
Provinces-Unies	1,3	1,6
Suède	1	1,4
États allemands	18	10
États italiens	12	11,5
Russie	11	12

Il est indispensable de préciser que, dans la mesure où le XVIIe siècle appartient à l'ère préstatistique, ces chiffres ne peuvent être que des approximations et qu'il convient donc de ne pas leur accorder une valeur rigoureuse ; mais tels quels, ils représentent d'utiles ordres de grandeur (*cf.* surtout M. REINHARD et A. ARMENGAUD, *op. cit.*, pp. 115-201).

dans la péninsule Ibérique, un peu plus en Allemagne orientale, beaucoup moins en Scandinavie, en Pologne, en Russie. Variations dans l'occupation de l'espace et la mise en valeur du sol, mais aussi hiérarchie dans la puissance des États, tant il est vrai qu'« il n'est de richesses que d'hommes » : la France avec ses quelque 18 millions d'habitants est le pays le plus peuplé de l'Europe, et cette primauté démographique explique largement le rôle de premier plan qu'elle joue sur le continent.

Quelles que soient ces différences de densité, les diverses populations européennes semblent avoir connu, dans la seconde moitié du XVIe siècle, une nette tendance à l'expansion. Ceci s'explique, dans le cadre de structures démographiques traditionnelles, par certaines conditions favorables de la conjoncture.

b) **La démographie de « type ancien »**, c'est-à-dire antérieure au milieu du XVIIIe siècle, se caractérise par une **natalité** et une **mortalité élevées** et par l'importance des crises démographiques. La natalité est fonction de la nuptialité ; or l'âge au mariage est alors relativement élevé ; les cas souvent cités, mais très particuliers, de mariages royaux ou princiers ne doivent pas faire illusion : on ne se marie généralement qu'à 25 ou 30 ans, surtout dans les classes populaires ; reculer l'âge au mariage constitue en dehors du célibat, exceptionnel, la seule prévention des naissances, sinon connue, du moins permise. Par ailleurs, ces unions sont souvent interrompues par la mort de l'un des conjoints, surtout l'épouse. De plus, la période de fécondité de la femme semble avoir été relativement plus courte qu'aujourd'hui. Enfin, l'allaitement intervient pour diminuer encore le taux de fécondité. Ainsi, en vingt ans de vie conjugale, de 25 à 45 ans, une femme ne peut guère accoucher plus de sept ou huit fois, et il semble que l'on puisse considérer qu'il naît en moyenne quatre ou cinq enfants dans chaque famille, ce qui est beaucoup puisque cela correspond à un taux de natalité de l'ordre de 40 pour mille. Face à cette forte natalité, la mortalité est de son côté très élevée : un taux de mortalité infantile de 25 % et un taux de mortalité juvénile du même ordre sont des chiffres moyens très vraisemblables, ce qui revient à dire que sur 100 enfants nés la même année, 25 n'atteignent pas l'âge d'un an, 25 meurent entre 1 an et 19 ans, et 50 seulement atteignent l'âge de 20 ans. Une fois passé ce cap, la mortalité est plus faible ; mais de toutes façons, l'homme ou la femme sont des vieillards dès 45 ou 50 ans. Au total, l'espérance de vie à la naissance est de 20 à 25 ans et le taux de mortalité, voisin de 40 pour mille. Une hygiène, publique et privée, encore rudimentaire, une alimentation trop souvent insuffisante en quantité et en qualité (de rares bombances ne compensant pas une sous-alimentation presque constante dans les classes les plus pauvres et dans les régions les plus déshéritées), l'impuissance de la médecine et de ses divers représentants devant les maladies les plus bénignes comme devant les pires fléaux, tels sont les principaux facteurs de mortalité. Taux de natalité et taux de mortalité étant du même ordre, le taux de remplacement est voisin de l'unité : sur cinq enfants nés en moyenne par famille, deux ou trois atteignent l'âge du mariage, ce qui assure tout juste le remplacement des parents et des rares célibataires.

Mais cet équilibre fragile se trouve brutalement remis en question par de redoutables **crises démographiques.** Ces « mortalités » sont dues soit aux épidémies (la peste, notamment, sévit à l'état endémique dans toute l'Europe, avec de brutales flambées épidémiques), soit aux crises cycliques de subsistances entraînant disette ou famine, soit, le plus souvent, à la conjonction de ces deux facteurs. L'augmentation brutale du nombre des décès (qui double ou triple) s'accompagne d'une baisse des mariages et des conceptions qui contribue à aggraver les conséquences de ces crises.

Le schéma ainsi esquissé des structures démographiques anciennes aurait, certes, besoin d'être nuancé, à la fois sur le plan social et sur le plan géographique : natalité et mortalité ne présentent pas exactement les mêmes caractéristiques dans les classes aisées et dans la masse de la population (les riches ont généralement plus d'enfants et sont relativement moins désarmés en face de la mort que les pauvres) ; l'Angleterre, les Provinces-Unies, certaines régions françaises sont des zones privilégiées par rapport à l'Europe centrale ou méditerranéenne. Il n'en reste pas moins que le modèle reste en gros valable.

Avec de telles structures, la population européenne semble condamnée à la stagnation, avec de légères fluctuations positives ou négatives selon la fréquence et la gravité des crises. Or il semble que le XVIe siècle se soit caractérisé par une certaine croissance démographique, plus ou moins marquée et à des dates différentes selon les pays. Cette croissance s'expliquerait par une conjoncture plus heureuse qu'aux siècles précédents : épidémies plus localisées, crises de subsistances moins fréquentes et plus brèves.

Les traits permanents de l'économie de type ancien

a) L'économie de type ancien se caractérise d'abord par **la prédominance écrasante de l'économie agricole.** Selon les pays, 80 à 90 % de la population vivent à la campagne et plus des quatre cinquièmes de ces ruraux sont effectivement des paysans ayant la lourde charge de nourrir l'ensemble de la population. Au-delà de la variété qu'introduit dans les cultures secondaires la diversité des reliefs, des sols et des climats (vigne ici, lin ou chanvre là, pastel ou garance ailleurs), l'agriculture européenne reste essentiellement **céréalière.** Que la plus grande partie des terres cultivables, cernées par les bois et les landes, soit consacrée à la production des céréales (froment, seigle, orge, blé noir, maïs, riz), c'est là une nécessité absolue, compte tenu de la faiblesse des rendements. Celle-ci est due surtout à l'insuffisance des engrais constitués presque exclusivement par le fumier qui prend de ce fait une valeur considérable ; Olivier de Serres lui consacre une page presque lyrique dans son *Théâtre d'agriculture et ménage des champs*, publié en 1600 :

> Le fumier des terres est une très notable partie de ménage, étant notoire à tous ceux qui font profession de manier la terre, que c'est le fumier qui réjouit, réchauffe, engraisse, amollit, adoucit, dompte et rend aisées les terres fâchées et lasses par trop de travail, celles qui de nature sont froides, maigres, dures, amères, rebelles et difficiles à cultiver, tant il est vertueux. C'est du fumier d'où procède cette grande fertilité recherchée par tous les ménagers, faisant produire à la terre toute abondance de biens, car blés, vins, foins, fruits des jardins et des arbres par le fumier viennent richement, étant assaisonné par l'eau et convenablement employé.

Mais le fumier est en quantité trop limitée pour ne pas rendre obligatoire la pratique de la jachère qui permet à la terre de se reposer. Seules quelques régions échappent à cette servitude grâce à l'ingéniosité de leurs habitants ou à la richesse de leur sol : c'est le cas de la Flandre, de la Hollande, de la plaine anglaise et de certaines plaines alluviales. La mauvaise qualité des semences, le caractère rudimentaire de l'outillage (l'emploi de la charrue à versoir reste exceptionnel), l'insuffisance des attelages, en nombre et en qualité, contribuent également à la faiblesse des rendements ; bien qu'il soit difficile d'avancer des chiffres précis dans ce domaine, on peut retenir, en matière de blé-froment, comme rapport moyen de la récolte à la semence, le chiffre de 5 pour 1 (avec bien des nuances : Russie, moins de 3 ; Espagne, 3 ; mais Angleterre, 6 ; Flandre et Provinces-Unies, peut-être 10). L'insuffisance de l'élevage apparaît à bien des égards comme le problème central lié à tous les autres : comment en effet le bétail, source d'engrais et de travail, pourrait-il être nombreux et de bonne qualité alors qu'il doit se contenter le plus souvent de la maigre nourriture de la jachère, des chaumes, des sous-bois, des landes ? Prairies et fourrages sont trop rares, mais ne peuvent être multipliés sans danger. On aboutit ainsi à ce que l'on a pu appeler à juste titre le « cercle vicieux » de l'agriculture d'Ancien Régime.

L'importance de **la forêt** (qui fournit bois et pacages) et l'existence, largement répandue, de pratiques communautaires (contrainte d'assolement dans les grandes plaines de l'Europe du Nord, droits de vaine pâture et d'usage sur les communaux) complètent le tableau, à très grands traits, d'une économie agricole qui n'a pratiquement pas évolué depuis le XIIe siècle.

b) **Le travail industriel** est une activité essentiellement urbaine. Certes, l'artisanat rural est partout très répandu, mais il est sous la dépendance étroite de la ville. Deux traits peuvent aider à définir cette « industrie » d'Ancien Régime : le caractère artisanal et la prédominance de ce que l'on appellera, au XIXe siècle, les industries de consommation sur les industries d'équipement. **Le caractère artisanal** apparaît d'abord dans la médiocrité de l'outillage et des techniques. L'essentiel reste la main et le bras de l'ouvrier, l'« industrie » est toujours au sens strict « manufacture », quelle que soit l'importance des forces animale, hydraulique et éolienne comme énergies auxiliaires. Typiquement artisanale est aussi la dispersion en petits ateliers : innombrables échoppes des artisans des villes, « métiers » textiles des campagnes de l'Ouest de la France ou de la plaine anglaise, petites forges au bois disséminées un peu partout, à proximité d'une rivière ou d'une forêt. Les grandes entreprises concentrées, telles les mines d'alun de Tolfa dans les États du pape (près de 800 ouvriers à la fin du XVIe siècle), sont encore tout à fait exceptionnelles. Mais cette structure artisanale n'exclut pas les progrès du capitalisme au niveau même de la production. C'est ainsi que dans l'industrie textile le rôle du marchand-fabricant tend à devenir prépondérant : véritable « chef d'orchestre », il fait travailler de nombreux artisans dispersés à qui il procure la matière première et qu'il rémunère pour le travail fourni, se chargeant ensuite de commercialiser le produit ainsi fabriqué.

Le textile est au premier rang des industries de consommation : toiles de lin ou de chanvre, draps de laine, cotonnades. Relayant l'Italie, l'Espagne et les Pays-Bas, l'Angleterre, les Provinces-Unies et la France deviennent les grands pays producteurs. A côté du textile, l'autre secteur important est **le bâtiment**, dont il convient de rapprocher les industries de luxe qui gravitent autour de lui : ébénisterie, verrerie, faïence et porcelaine, soieries et tapisseries. Quant à l'industrie minière et métallurgique, elle vient loin derrière le textile ou le bâtiment, pour la valeur des produits créés. Pourtant, une relative concentration et la mise en place progressive, au cours du XVIe siècle, de techniques nouvelles (premiers hauts fourneaux) donnent à ce secteur sa coloration particulière. Le charbon de bois reste le combustible indispensable, mais les Liégeois et les Anglais commencent à utiliser la houille, ou charbon de terre, pour certaines opérations (mais pas encore pour la réduction du minerai). L'Allemagne moyenne, l'évêché de Liège, l 'Angleterre, la Suède et, à un moindre degré, la France sont les principaux producteurs.

c) Les difficultés et les lenteurs des **relations commerciales** sont un autre trait spécifique de l'économie d'Ancien Régime. Difficultés des transports terrestres d'abord : les lourds attelages et les bêtes de somme circulent péniblement sur des **routes** qui ne sont que des chemins mal entretenus, fondrières l'hiver, pistes empoussiérées l'été ; il faut trois semaines à deux mois pour aller de Paris à Cadix ; moins les régions traversées sont peuplées, plus le voyage est long et périlleux (bandits, accidents) : on circule plus vite et avec moins de risques en Europe occidentale qu'en Europe centrale ou orientale. Chaque fois que cela est possible, on préfère **la voie d'eau** : les rivières, plus ou moins navigables, sont partout utilisées, malgré la gêne que constituent les moulins, les péages et, dans certains cas, l'irrégularité du régime. C'est **la voie maritime**, cabotage ou relations lointaines, qui est le mode de locomotion privilégié ; et pourtant là encore, que de lenteurs et d'incertitudes : les risques de naufrage, de maladie, de capture par les corsaires font de tout voyage maritime une aventure.

Les relations commerciales se heurtent à d'autres obstacles. A bien des égards les méthodes de la majorité des marchands restent routinières : on pratique encore largement, pour régler les achats, le transfert d'encombrantes espèces monétaires, voire même le troc ; la tenue des livres de commerce laisse à désirer. Pourtant, la plupart des marchands italiens et surtout hollandais et, dans les autres pays, une petite minorité évoluée utilisent largement crédit et lettres de change et se groupent éventuellement en puissantes compagnies de commerce (la Compagnie anglaise des Indes orientales est créée en 1600 ; son homologue hollandaise, en 1602).

d) Enfin, l'économie d'Ancien Régime doit à la prédominance de l'agriculture sa **fragilité.** Il suffit d'une mauvaise moisson, due à un hiver rigoureux ou, plus souvent, à un été « pourri », pour que se déclenche **une crise de subsistances.** Celle-ci (dont on a déjà vu les incidences démographiques) retentit inévitablement sur toute l'économie. La chute de la production céréalière entraîne la disette et la hausse brutale du prix des grains. Les paysans sont les premières victimes : les plus pauvres se trouvent réduits à la mendicité, les plus nombreux se voient frustrés de ce qui est consacré d'ordinaire à la consommation familiale et contraints d'acheter leur blé ou leur pain au prix fort, le petit nombre de ceux qui ont généralement un excédent de récolte négociable s'en trouve privé, tous remettent à des jours meilleurs les dépenses autres qu'alimentaires. Seuls quelques accapareurs spéculent sur la misère commune. Dans ces conditions, les répercussions en ville sont immédiates et tragiques : hausse du prix du pain, mévente générale, sous-production, chômage, misère, « mortalité » et souvent soulèvement populaire. Ainsi, simple accident météorologique à l'origine, **la crise cyclique** affecte bientôt toute l'économie d'un petit « pays », voire, dans les cas les plus graves, celle d'une province ou même d'un État entier. Par sa fréquence, grossièrement décennale, et l'importance de ses effets, elle appartient à la structure même de l'économie d'Ancien Régime.

Conjoncture économique et antagonismes sociaux

a) Au-delà de ces traits permanents de structure, **la conjoncture** économique des années 1600 s'inscrit dans un « long XVIe siècle », placé sous le signe de **l'expansion** : 1450/1500 - 1630/1650. Les grandes découvertes, loin de tuer le commerce méditerranéen ou baltique au profit du seul commerce océanique, ont entraîné le développement général des échanges et la création d'un véritable marché mondial. En même temps, la hausse lente et continue des prix, liée en partie à l'afflux des métaux précieux d'Amérique après 1550, a eu pour conséquence une hausse du profit et donc une incitation à produire davantage par l'appât d'un bénéfice accru. Par ailleurs, le relatif essor démographique, les besoins militaires des grands États (en artillerie notamment), le goût du luxe de plus en plus répandu dans les classes supérieures de la société, le lent développement du crédit contribuent à la fois à l'accroissement de la demande, à la hausse des prix et à la prospérité.

b) Mais tous **les groupes sociaux** ne profitent pas de cette prospérité. La société européenne est à la fois divisée en ordres et en classes. La hiérarchie des ordres (clergé, noblesse, tiers état), basée sur des valeurs d'honneur et de dignité sans lien absolument nécessaire avec les réalités économiques, conserve encore toute son importance, étant donné la permanence des structures traditionnelles. Mais la division en classes, liée au développement de formes économiques nouvelles et au prodigieux essor du grand commerce maritime, tend à prendre de plus en plus d'importance à côté de la division en ordres, en attendant de se substituer à elle.

Dans cette société complexe, les premiers **bénéficiaires** de la prospérité du XVIe siècle sont ceux qui tirent leurs **profits de la terre**, les « rentiers du sol » : ecclésiastiques levant les dîmes, propriétaires nobles ou bourgeois percevant en nature fermages et droits seigneuriaux. Vendant pour leur compte ces récoltes ainsi perçues, ils tirent le maximum de profit de la hausse des prix agricoles. Il est vrai que certaines redevances fixes sont perçues en argent et perdent donc peu à peu de leur valeur ; il est vrai aussi que la plupart des nobles sont entraînés dans d'énormes dépenses par le luxe et la guerre. Mais pour de nombreux bourgeois, moins dépensiers par goût et par état et sachant profiter des difficultés financières de la noblesse, l'acquisition de bonnes terres à peu de distance de la ville apparaît, à la fin d'une heureuse carrière de marchand, comme un placement avantageux, de profit médiocre certes, mais sûr. Les énormes **profits du commerce et de la banque** ne vont pas, en effet, sans de grands risques (naufrages, banqueroutes, etc.) Ceux qui acceptent de les courir et qui y échappent sont évidemment les grands bénéficiaires de la prospérité : maîtres artisans, marchands fabricants, armateurs, banquiers.

Les paysans, par contre, sont le plus souvent **les victimes** de la hausse des prix, à l'exception de ceux d'entre eux (mais ils sont rares) qui, au-delà de la consommation familiale et du paiement des divers impôts et charges, peuvent tirer profit de la vente de quelques produits, grains, vins, chanvres par exemple. Également sacrifiées sont les classes populaires urbaines : compagnons, artisans dépendants. Ils subissent directement la hausse du prix du blé (donc du pain), des toiles, des impôts, sans que généralement leurs salaires augmentent dans les mêmes proportions ; il y a donc pour eux, sauf de rares exceptions, baisse du salaire réel. Les classes populaires, rurales et urbaines, prennent plus ou moins obscurément conscience de l'injustice de leur sort : les « émotions » ou soulèvements qui éclatent, de temps à autre, un peu partout en Europe, provoqués par une crise de subsistances ou par une aggravation du fardeau fiscal, sont autant de brutales explosions de la colère populaire.

4 _ L'Europe et le monde

Depuis la fin du XVe siècle, l'économie européenne s'est élargie aux dimensions du monde. Toutefois, cette emprise est encore, vers 1600, bien inégale et bien incomplète.

Les Européens et l'Ancien Monde

a) **L'Afrique noire** est en grande partie imperméable à la pénétration européenne et continue à mener une existence à part. La diversité des peuples est liée surtout à la diversité des conditions géographiques : de part et d'autre de l'Équateur, forêt, savane, steppe, désert conditionnent les genres de vie. Si les Noirs de la forêt semblent n'avoir connu qu'une existence précaire et qu'une organisation tribale, par contre de grands États se sont constitués dans les régions où existent les ressources associées de l'agriculture et de l'élevage et des possibilités de contact avec l'extérieur. Le grand empire de Gao, fondé sur l'exploitation du sel et de l'or du Soudan s'effondre en 1591 sous les coups des Marocains, mais l'empire du Bornou (Nigeria-Cameroun) atteint son apogée vers 1600 ; les royaumes nigériens (celui du Benin notamment) connaissent une relative prospérité. Au sud de l'Équateur, les États, comme le royaume du Monomotapa (dans la boucle du Zambèze) sont de moindre importance. L'Islam a peu pénétré en Afrique noire, tout au plus au nord du Soudan. La majorité des Noirs conservent une religion traditionnelle à la fois monothéiste (mais ce Dieu suprême est si grand et si lointain qu'on s'adresse rarement à lui) et magique (des forces divines animent toute la nature, et il convient de se les concilier par des prières rituelles et des sacrifices).

Les Portugais sont installés sur quelques points des côtes d'Afrique, notamment aux îles du Cap-Vert, dans le golfe de Guinée (Elmina, île Sao Thomé), en Angola (Loanda) et en Afrique orientale (Sofala, Mozambique, Mombasa). Mais déjà, Anglais, Hollandais, Français commencent à venir trafiquer sur la côte guinéenne. Les tentatives portugaises de pénétration à l'intérieur ont en grande partie échoué, et l'évangélisation n'a remporté que des succès très limités (le petit royaume du Congo, de part et d'autre de l'estuaire du grand fleuve, est assez largement christianisé). Ces échecs s'expliquent par le racisme et l'intolérance des Blancs, et surtout par la pratique de la traite des esclaves. Celle-ci, qui existait bien antérieurement à l'arrivée des Européens, mais que ceux-ci ont développée à leur profit, contribue à maintenir, jusqu'au cœur du continent, un état de guerre endémique entre grands empires, petits royaumes et même simples tribus.

b) **L'Afrique septentrionale et l'Asie antérieure** sont le domaine de l'Islam. **Le Maroc**, royaume indépendant, a connu l'une des périodes les plus glorieuses de son histoire avec le règne d'Ahmed El Mançour (1578-1603), le vainqueur des Portugais à El-Ksar-el-Kebir (Alcazarquivir, 1578) et le conquérant de l'empire de Gao (1591). **Les États barbaresques** d'Algérie, de Tunisie et de Tripolitaine sont sous la vassalité, de plus en plus nominale, de l'empire turc et vivent de la fructueuse pratique de la piraterie : vers 1600, Alger est une ville prospère de près de 100 000 habitants, dont quelque 25 000 captifs chrétiens. Égypte, Syrie, Mésopotamie, Asie mineure sont des **provinces turques.** Les Vénitiens, les Français et, depuis la fin du XVIe siècle, les

Anglais et les Hollandais viennent commercer dans les ports ou « échelles » du Levant, notamment Smyrne et Tripoli de Syrie ; ils y apportent draps, cotonnades, quincaillerie, sucre et en reviennent avec des cargaisons de soie, de coton, de cuir. Sous la dynastie des chahs séfévides, **la Perse** est un pays riche et d'une civilisation raffinée ; sa capitale, Ispahan, et ses ports sont largement ouverts aux marchands et aux artistes européens ; mais les Persans qui sont des musulmans chiites (c'est-à-dire restés partisans des descendants d'Ali, gendre de Mahomet) sont en butte à l'hostilité acharnée de leurs voisins (Turcs ottomans, Turkmènes du Turkestan, Afghans) qui les considèrent comme des hérétiques.

c) Si l'Afrique et l'Asie antérieure sont relativement peu peuplées, **l'Inde**, **le Japon** et surtout **la Chine** ont des densités de population comparables à celles des pays européens. Dans la péninsule Indienne, le glorieux règne d'Akbar (1542-1605) s'achève. Il est, après son aïeul Baber, le vrai fondateur de l'empire musulman du Grand Mogol, comme on le désigne en Europe ; il a réussi à étendre sa domination à toute la péninsule au nord du Godaveri, il a réorganisé l'administration, réformé le système fiscal, cherché à améliorer la condition des masses paysannes fatalistes et misérables ; dépassant l'Islam, il a tenté d'unir dans une même foi monothéiste ses sujets musulmans et ses sujets hindouistes et bouddhistes. Dans le sud du Deccan, subsistent plusieurs États indépendants dirigés soit par des sultans musulmans, soit par des rajahs hindous. Quant à l'immense empire chinois, il connaît, sous les derniers Ming, une irrémédiable décadence : attaques continuelles des frontières par les hordes tartares, banditisme et révoltes paysannes, décomposition de l'État. Au Japon, le pouvoir est aux mains non de l'empereur (le *mikado*), mais du *shogoun*, chef d'une aristocratie féodale qui domine entièrement une paysannerie misérable.

Vers 1600, **les Portugais** restent les grands maîtres du commerce de l'Océan Indien et même de l'Extrême-Orient. La présence espagnole aux Philippines n'est pas une concurrence très redoutable, en dépit de relations suivies entre Manille et la Chine, puisque le trafic entre l'archipel philippin et l'empire espagnol se ramène aux deux galions qui, chaque année, relient à travers le Pacifique, Manille à Acapulco (sur la côte mexicaine) ; d'ailleurs, les deux couronnes, portugaise et espagnole, sont réunies depuis 1580. Mais déjà apparaissent **des concurrents** bien autrement dangereux et décidés à mettre fin au monopole portugais : pour la première fois, en 1595, quatre bâtiments hollandais partent pour les Indes orientales et, en 1601, une flotte anglaise est envoyée dans l'Océan Indien. Pourtant, vers 1600, Goa est toujours la capitale incontestée de l'« Estado da India ». Au vrai, les masses asiatiques sont peu affectées par la présence des Portugais. Ceux-ci se sont contentés d'installer sur les côtes des comptoirs et des bases navales (notamment à Ormuz, Diu, Malacca, Macao et dans les îles de l'Insulinde), afin de tirer de l'intérieur les produits rapportés ensuite en Europe ou revendus dans d'autres régions de l'Océan Indien : épices, indigo, cotonnades, soieries, porcelaines, perles, café, etc. Ils ne font donc que reprendre à leur compte, sur une plus grande échelle, le trafic des marchands arabes. Quant aux efforts d'évangélisation, ils ne réussissent pas à mordre vraiment sur les masses : la pensée religieuse de l'Asie se révèle d'autant plus imperméable au christianisme que les missionnaires européens, sous le « patronat » portugais et espagnol, ne font aucun effort suivi (avant Mathieu Ricci et Robert de Nobili) pour « désoccidentaliser » le message évangélique et l'adapter à la mentalité asiatique.

Les Européens et le Nouveau Monde

a) On retrouve dans le Nouveau Monde, mais s'exprimant en des termes bien différents, **le monopole hispano-portugais** hérité de l'ère des découvertes : les Portugais sont les maîtres du Brésil ; les Espagnols, du reste du continent. Les efforts des concurrents européens pour entamer ce monopole n'en sont encore qu'à leurs débuts : l'Anglais W. Raleigh installe les premiers établissements anglais, bien fragiles, en 1587 en Virginie et en 1595 en Guyane, et ce n'est qu'en 1608 que Champlain fondera Québec et que les Anglais fonderont Jamestown. Quant à la dernière tentative française pour prendre pied au Brésil, elle échouera en 1615. L'Amérique de 1600 est bien encore une Amérique exclusivement ibérique.

b) La « conquista » succédant à la découverte a abouti à la ruine quasi totale des civilisations précolombiennes et à la création d'une civilisation originale de type colonialiste et esclavagiste. **L'occupation du sol** est encore extrêmement clairsemée : îles et franges côtières de l'Amérique tropicale, zones intérieures discontinues et séparées entre elles par d'énormes distances. L'exploitation des **mines** et des **plantations** explique cette répartition. Vers 1600, les mines d'argent du Mexique (Zacatecas) et du Pérou (Potosi) sont en pleine activité ; à cette date, la grande ville minière de Potosi compte une centaine de milliers d'habitants, plus que Séville ou Venise. La seconde richesse réside dans les plantations (Antilles, Nord-Est brésilien) qui produisent des plantes tinctoriales et médicinales, du tabac, surtout de la canne à sucre, mais sont, au même titre que les mines, une cause d'instabilité du peuplement : le sol, comme le sous-sol, est exploité jusqu'à épuisement.

puis abandonné au profit de nouvelles terres vierges ou de nouveaux gisements. A la suite de la régression brutale de la population indienne, Espagnols et Portugais recourent de plus en plus à la main-d'œuvre noire amenée d'Afrique, le « bois d'ébène ». Ainsi se fonde une société hiérarchisée où une minorité de Blancs (« Européens » et créoles, en opposition constante) encadre les Indiens et les esclaves noirs, les nombreux métis et mulâtres occupant une place intermédiaire. Toute cette société est officiellement catholique, avec pourtant des réminiscences, chez les Indiens, des religions précolombiennes, chez les Noirs, des cultes africains.

c) **Séville**, pour l'Espagne, **Lisbonne**, pour le Portugal, sont les grands ports en liaison avec le Nouveau Monde. La période 1580-1620 voit l'apogée du trafic hispano-américain et du grand port du Guadalquivir. Plus de cent navires espagnols traversent chaque année l'Océan et rallient, en deux mois, la Vera Cruz, Nombre de Dios ou Porto Bello ; certains font le crochet par les côtes d'Afrique où ils chargent une cargaison de « bois d'ébène » à destination de l'Amérique. Le voyage de retour, beaucoup plus long (près de quatre mois), est aussi beaucoup plus hasardeux : on compte 10 à 20 % de pertes en moyenne, certaines années bien davantage ; cela s'explique par la fatigue des hommes, l'usure des bateaux, mais surtout les attaques des corsaires qui savent les coques lourdes des « trésors d'Amérique ». L'argent mexicain et péruvien, une fois débarqué à Séville, sera bientôt redistribué dans tout le continent, irriguant une économie européenne en pleine expansion.

LECTURES COMPLÉMENTAIRES

BRAUDEL (Fernand), *La Méditerranée et le monde méditerranéen à l'époque de Philippe II*, Paris, A. Colin, 1949, 1 160 p. ; 2e éd. revue et augmentée, 1966, 2 vol., 592 et 632 p.

DELUMEAU (Jean), *Naissance et affirmation de la Réforme*, Paris, P.U.F. (« Nouvelle Clio »), 1965, 417 p.

MAURO (Frédéric), *Le XVIe Siècle européen. Aspects économiques*, Paris, P.U.F. (« Nouvelle Clio »), 1966, 387 p.

CHAPITRE II

LA CIVILISATION EUROPÉENNE DANS LA PREMIÈRE MOITIÉ DU XVIIe SIÈCLE

1 _ L'âge baroque

Le mot « baroque » peut revêtir diverses acceptions. Si, pour certains, le terme désigne l'une des phases par lesquelles passent tous les styles au cours de la « vie des formes » (on parlera dans ce sens de gothique baroque à propos de l'art flamboyant), il paraît pourtant plus juste de prendre le mot dans un sens précis : il existe un **art baroque,** bien situé dans l'espace et dans le temps. Né vers 1600 en Italie, et plus précisément à Rome, le baroque atteint les pays voisins selon des modalités différentes, à des dates diverses et avec plus ou moins de succès.

Les caractères du baroque

a) La recherche systématique du **mouvement** constitue l'essence même du goût baroque. « L'homme n'est jamais plus semblable à lui-même que lorsqu'il est en mouvement », a écrit le Bernin. Cette recherche aboutit en architecture aux façades ondulées ou décrochées, aux colonnes torses, aux balcons et aux tribunes associant courbes et contre-courbes. En peinture et en sculpture, étroitement associées, le goût pour le mouvement apparaît dans le choix même des sujets, dramatiques et tourmentés, et dans des techniques où l'emploi du stuc à base de plâtre, les possibilités de la perspective et les effets de trompe-l'œil, les jeux des ombres et des lumières et la débauche des couleurs sont utilisés sans souci de mesure et avec le maximum de virtuosité.

Le baroque est aussi **art de spectacle** et d'ostentation. Le souci du décor l'emporte sur celui de la construction. C'est d'ailleurs souvent dans les décors de théâtre, les arcs de triomphe provisoires pour les entrées de souverains, les catafalques et les pompes funèbres qu'éclatent le mieux l'imagination et la virtuosité des artistes. Opéras (l'Italien Claudio **Monteverdi** crée le genre avec son *Orfeo* en 1607), ballets de cour, pastorales dramatiques, tragi-comédies participent par leurs sujets mêmes au goût de l'époque. Leurs auteurs se plaisent dans des intrigues compliquées, où métamorphoses et déguisements jouent un rôle essentiel, et ne reculent ni devant l'étalage des sentiments les plus outranciers, ni devant le spectacle, sur la scène même, de la mort et des supplices. Le langage, la poésie surtout, utilise les métaphores les plus hardies et les rapprochements les plus inattendus, ainsi dans ces vers de Saint-Amant :

J'écoute, à demi transporté
Le bruit des ailes du silence,
Qui vole dans l'obscurité.

Les thèmes de l'eau et de la flamme, de l'inconstance et de la fidélité, de la vie et de la mort sont traités avec une particulière prédilection. Le baroque, **adversaire de toute règle**, refuse l'équilibre, la mesure, la raison ; il est le triomphe du pathétique, de l'excessif, de l'irrationnel.

b) En même temps, il est surtout **un art religieux.** Son succès est, en effet, inséparable de l'évolution de l'Église romaine depuis le concile de Trente. L'art de la Contre-Réforme, tout en rejetant certains aspects « païens » de la Renaissance, s'était donné pour tâche la lutte sans merci contre l'hérésie protestante partout menaçante et la glorification des grands dogmes réaffirmés par le concile ; c'était un art de combat et de discipline, à la fois fervent et austère. Vers 1600, la victoire de l'Église sur le protestantisme, bien que partielle, est incontestable. L'esprit de controverse et les consignes d'austérité font place peu à peu à l'affirmation triomphante d'une foi sûre d'elle-même. Les églises, théâtres du sacrifice de la messe, sont décorées avec une rare somptuosité, depuis leur façade jusqu'aux retables des autels : rien n'est trop beau ni trop riche pour glorifier le Créateur et son Église. L'exaltation du Christ et de la Vierge, des saints et des martyrs, l'exposé des vérités du dogme figurées par des allégories (dont l'*Iconologie* de César Ripa donne, en 1593, le catalogue) sont les grands thèmes de ces décorations. Le baroque devient l'expression de l'humanisme catholique s'efforçant de concilier les réalités de la vie terrestre et les espérances de l'au-delà.

c) Pourtant, l'art baroque ne peut être lié exclusivement au triomphe de l'Église romaine au début du XVIIe siècle. A côté de cet aspect essentiel, il apparaît, à certains égards, là où il triomphe, comme **le reflet même d'une certaine société** : société monarchique, dans laquelle la puissance du souverain, de caractère sacral à plus d'un titre, s'exprime, entre autres, dans la somptuosité et le luxe du décor et de la pompe au milieu desquels se déroulent les grands actes de sa vie ; société seigneuriale, dans laquelle la noblesse terrienne garde sur la masse paysanne un prestige et une autorité qui s'efforcent de rappeler, toutes proportions gardées, le prestige et l'autorité mêmes du souverain ; société rurale, dans laquelle les paysans (mais les habitants des petites villes en sont-ils très différents ?), illettrés pour la plupart et moins accessibles au raisonnement qu'au merveilleux et au sensible, cherchent, dans le culte des saints par exemple, tel qu'il est illustré dans maints retables d'églises de campagne, consolations, intercessions, espoirs. Par contre, les goûts de la bourgeoisie commerçante attachée aux valeurs sûres du travail et de l'épargne sont très éloignés du goût baroque fait de luxe et d'ostentation.

d) Enfin, plus profondément, l'art des années 1600-1660 est l'expression de **la sensibilité d'une époque tourmentée** où la guerre de Trente Ans multiplie les ravages en Europe centrale, où l'Angleterre et la France sont déchirées par les luttes civiles, où la misère et le brigandage s'installent en Italie et surtout en Espagne.

La naissance du baroque

a) **La péninsule Italienne** conserve au XVIIe siècle la primauté artistique acquise lors des deux siècles précédents et reste l'initiatrice des courants nouveaux. C'est à **Rome** que naît, vers 1600-1620, l'art baroque. Il se rattache, par-delà le maniérisme, aux grandes leçons de la Renaissance et, plus spécialement, de Michel-Ange. Reprenant le tradition de certains de leurs prédécesseurs, les papes sont les grands initiateurs du mouvement. Le principal chantier de Rome est toujours la basilique *Saint-Pierre.* En 1612, Carlo **Maderna** (1556-1629) achève l'édifice en juxtaposant, à l'église en forme de croix grecque de Michel-Ange, les trois travées d'une nef avec deux bas-côtés et en construisant une façade à pilastres et colonnes, avec une loggia centrale susceptible de servir de cadre aux bénédictions *urbi et orbi.* C'est dans la décoration de la basilique ainsi achevée et dans l'aménagement de la place que devait s'illustrer le Bernin.

Lorenzo **Bernini** (1598-1680) est, avec Borromini, l'artiste le plus représentatif de l'art nouveau. A la fois architecte, sculpteur, peintre, metteur en scène, il contribue plus que quiconque au succès de l'interprétation baroque des éléments légués par la Renaissance : colonnes, frontons, rotondes, coupoles. Sous celle de Saint-Pierre, il dresse, en 1623-1624, au-dessus de l'autel de la Confession, un énorme *baldaquin* de bronze supporté par quatre colonnes torses qui donnent à l'ensemble tout son élan et son dynamisme. A la fin de sa vie, en 1667, il construit dans l'abside l'étonnant ensemble dit *la Gloire de saint Pierre* : deux docteurs latins et deux docteurs grecs, symbole de l'universalité de l'Église, présentent la chaire de saint Pierre, énorme fauteuil-reliquaire de bronze, que domine la « gloire » divine avec, en son centre, la colombe du Saint-Esprit. Le Bernin a ainsi réussi à donner une véritable représentation plastique du surnaturel et à traduire de façon concrète l'assistance promise par le Christ aux successeurs de Pierre et la notion toute symbolique de la primauté romaine. Par ailleurs, le Bernin tient une place de premier plan dans la décoration du reste de la basilique avec, notamment, les tombeaux d'Urbain VIII (1642) et d'Alexandre VII (1672) où se retrouve le goût contemporain pour la représentation de la mort. L'aménagement de la place Saint-Pierre, entre 1656 et 1667, constitue son œuvre majeure, avec sa grandiose colonnade dont le dessin elliptique donne l'illusion d'un espace beaucoup plus profond qu'il ne l'est en réalité. Grand sculpteur, il traduit l'extase mystique avec réalisme et ferveur dans *la Transverbération de sainte Thérèse*, cependant que dans *la Fontaine des Quatre Fleuves*, place Navone, il donne comme un résumé de la notion baroque du mouvement.

Francesco **Borromini** (1599-1667) s'oppose à plus d'un titre au Bernin. Tempérament complexe et tourmenté (il sombrera dans la neurasthénie et finira par se suicider), artiste solitaire et longtemps incompris, il est en fait beaucoup plus révolutionnaire que son rival. Il use de la ligne courbe avec une étonnante virtuosité, par exemple dans l'église *Saint-Charles aux Quatre Fontaines* (1638-1641) et dans la façade de *Sainte-Agnès* «*in Agone*», place Navone.

b) De Rome, **l'architecture** nouvelle gagne peu à peu d'**autres centres italiens** surtout, il est vrai, après 1660. Avant cette date, tout au plus faut-il citer l'œuvre du grand architecte Balthazar **Longhena** (1598-1682) qui, à Venise, édifie à partir de 1631 l'église *Sainte-Marie* « *della Salute* » dont l'aspect extérieur, avec huit portiques dominés par deux coupoles, traduit bien la complexité toute baroque du plan intérieur, de dessin octogonal.

Quant à **la peinture**, à Rome et dans le reste de l'Italie, elle tire parti tout à la fois des leçons opposées de l'académisme bolonais des Carrache et du réalisme du **Caravage.** Ce dernier, par la vigueur de son inspiration, la brutalité de ses effets d'éclairage, le choix même de ses sujets, exerce une influence considérable sur toute la peinture européenne. Toutefois, en dehors du Caravage (qui meurt en 1610), Rome, pas plus que Venise, n'a de peintres comparables à ceux du siècle précédent : **Pierre de Cortone** (1596-1669) n'est qu'un exécutant habile de peintures de plafonds traitées avec virtuosité.

La diffusion du baroque

a) Nul pays n'est davantage touché par le baroque que **l'Espagne** catholique, pays de l'exaltation religieuse, du miracle quotidien, de la violence et du pathétique. Si *l'Escorial* et l'œuvre du Gréco étaient caractéristiques de l'art de la Contre-Réforme fait d'austérité et de retenue, la sculpture polychrome en bois : statues de procession, scènes de retables, d'un réalisme brutal, est la plus authentique expression de la sensibilité baroque. De leur côté, les grands peintres (en dehors de Velasquez, dont il sera question plus loin) sont, chacun avec leur tempérament, les interprètes de cette sensibilité : **Ribera** (1591-1652), qui a longtemps vécu en Italie, est d'un naturalisme presque vulgaire ; **Zurbaran** (1598-1664), esprit profondément religieux, sait dégager le sens mystique de sujets traités avec réalisme ; **Murillo** (1617-1682), chez qui la grâce un peu mièvre l'emporte le plus souvent sur le pathétique, connaît de son temps un immense succès, avec des toiles comme *l'Immaculée Conception* ou *la Sainte Famille.* Plus encore que les peintres, **Lope de Vega** (1562-1635) et **Calderon** (1600-1681), tous deux prêtres et auteurs dramatiques d'une étonnante fécondité, donnent, dans leurs *autos sacramentales* et leurs comédies, l'image même de la société espagnole, religieuse et passionnée.

Sans avoir d'artistes de premier plan, **le Portugal** qui, de 1580 à 1640, a les mêmes souverains que l'Espagne connaît la même floraison baroque, préparée ici par le succès de l'art manuélin. Cette floraison éclate moins dans l'architecture, qui reste simple, que dans l'ornementation des églises, des sacristies, des cloîtres, avec la technique des *azulejos* (revêtements de faïence blanche et bleue).

Le baroque ibérique se propage bientôt en **Amérique latine** où, se combinant avec de vieilles traditions de l'art et des civilisations indigènes, il aboutit à un baroque colonial encore plus véhément que celui de la péninsule, par exemple dans l'église *Sainte-Marie du Rosaire* de Puebla (Mexique).

b) Dans la partie méridionale des **Pays-Bas**, restée catholique et espagnole, Pierre-Paul **Rubens** (1577-1640) est le plus grand des peintres baroques. Après un séjour de huit ans en Italie, il s'installe en 1609 à Anvers, alors en pleine régression économique mais citadelle avancée du catholicisme face aux Provinces-Unies. Il y déploie une extraordinaire activité (le catalogue de ses œuvres comprend plus de 3 000 toiles) et connaît jusqu'à sa mort un succès qui prouve à quel point sa production s'accordait avec le goût de ses contemporains. Toute son œuvre est un hymne à la joie de vivre sous toutes ses formes et une exaltation du Créateur à travers sa création. « Qui donc mieux que Rubens, écrira Claudel trois siècles plus tard, a glorifié la Chair et le Sang, cette chair et ce sang mêmes qu'un Dieu a désiré revêtir et qui sont l'instrument de notre rédemption ? » Grand ami des jésuites d'Anvers, il réalise parfaitement dans son œuvre leur idéal d'humanisme catholique. Son goût pour les compositions tourmentées et les couleurs somptueuses, sa chaude sensualité, son amour de la vie s'expriment dans les sujets les plus divers : scènes de kermesse populaire ou de simple bonheur familial *(Hélène Fourment et ses enfants)*, fictions mythologiques ou grandes compositions historiques *(Vie de Marie de Médicis)*, sujets religieux enfin *(Descente de croix, Martyre de saint Liévin)*.

Rubens est en même temps le maître incontesté de tous les peintres flamands de l'époque, qu'ils aient travaillé un moment dans son atelier comme Jan **Brueghel** dit **de Velours** (1568-1625) ou Antoine **van Dyck** (1599-

1641) qui devient en 1632 le peintre officiel de la cour d'Angleterre *(Charles Ier à la chasse)*, ou qu'ils aient seulement subi son influence comme Frans **Snyders** et surtout Jacob **Jordaens** (1593-1678). Cette influence de Rubens se fait même sentir en architecture. Dans ce domaine, les grandes réalisations sont le fait des jésuites d'Anvers, sans qu'il soit possible de parler ici plus qu'ailleurs d'un style jésuite. Huyssens, architecte de l'église *Saint-Charles-Borromée*, dont la façade très théâtrale est conçue comme un gigantesque retable, appartient à la compagnie, de même que van Hees, dit Hesius, humaniste, homme de science et architecte de *Saint-Michel* de Louvain.

c) Moins nettement que l'Italie, le monde ibérique ou les Flandres, **la France** de Louis XIII et de Mazarin connaît elle aussi son âge baroque. Dans un pays à peine remis des troubles civils du siècle précédent, où les antagonismes sociaux sont particulièrement violents, où une aristocratie turbulente essaie de s'opposer aux progrès de l'absolutisme monarchique, les courants artistiques venus d'outre-monts répondent à des aspirations à la liberté, à la fantaisie, à l'exubérance, à une certaine forme d'« anarchie ». Mais ce puissant courant baroque et la préciosité, qui en découle sans se confondre avec lui, se heurtent à un contre-courant fait de mesure, de rigueur, d'attachement aux règles. Au vrai, dans ce « premier XVIIe siècle », les deux courants très souvent se mêlent.

En littérature, les poèmes de **Sponde**, de **Saint-Amant**, de **Théophile de Viau** relèvent de l'esthétique baroque ; de même, à certains égards, *L'Astrée* d'Honoré **d'Urfé**, *Le Roman Comique* de **Scarron**, les innombrables pastorales et tragi-comédies imitées de l'Espagne, les opéras à l'italienne, les ballets de cour. **Malherbe** lui-même, le premier des classiques (« Enfin Malherbe vint »), est baroque dans maintes strophes des *Larmes de saint Pierre*, de même que le **Corneille** des premières pièces (notamment *L'Illusion comique*, et même encore *Le Cid*).

Plus que les architectes, ce sont les peintres et les décorateurs qui adoptent en France le goût nouveau. En effet, si les nombreuses églises construites alors le sont de moins en moins selon les traditions gothiques et de plus en plus selon l'exemple romain, c'est plutôt le style de la Contre-Réforme, harmonieux et austère (façade à fronton et à volutes, coupole), qui est imité dans la chapelle de la *Sorbonne* construite par **Lemercier**, dans celle du *Val-de-Grâce* construite par François **Mansart** (1598-1666) ou dans celle des jésuites de Paris *(Saint-Louis*, aujourd'hui *Saint-Paul-Saint-Louis)*. Rares sont les églises où, comme à *Sainte-Marie* de Nevers, éclate sur les façades l'exubérance d'un Bernin ou d'un Borromini. Par contre, tout un courant de la peinture et de la décoration relève typiquement du baroque, tels les tableaux de Rubens pour le palais du Luxembourg, telles les œuvres de Jacques

Callot (1592-1635), observateur lucide des misères de son temps, et de Simon **Vouet** (1590-1649), resté quatorze ans en Italie et devenu après 1627 le peintre à la mode, tel surtout le décor de la vie quotidienne : luxe des meubles polychromes et des étoffes multicolores, somptuosité et fantaisie des constructions éphémères (comme les arcs de triomphe réalisés pour l'entrée à Paris de Louis XIV et de Marie-Thérèse, le 26 août 1660).

d) Quant à **l'Europe centrale** (Allemagne, pays danubiens), elle est, entre 1618 et 1648, déchirée par la guerre de Trente Ans, et ce n'est vraiment que dans la seconde moitié du siècle que l'art baroque pourra s'y épanouir. Pourtant, déjà, le triomphe du catholicisme dans les domaines des Habsbourg se traduit par l'adhésion au goût italien (église de l'université de Vienne, *Saint-Sauveur* de Prague).

Les résistances au baroque

L'art baroque ne triomphe pas également dans toute l'Europe. Même dans les pays où il semble l'emporter (Italie, Espagne), certains artistes, tel Velasquez, peuvent difficilement lui être rattachés ; d'autres pays, comme la France, lui opposent, alors même qu'ils l'accueillent, une esthétique toute différente ; d'autres enfin (Angleterre, Provinces-Unies) le refusent à peu près complètement.

a) **L'Espagnol** Diego **Velasquez** (1599-1660), le plus grand peintre du XVIIe siècle avec Rubens et Rembrandt, échappe à toute classification. D'abord très tenté par le caravagisme, il se libère bientôt de toute influence et se révèle le type même du « peintre pur », se refusant à toute intention littéraire, sociale, voire même psychologique, et se contentant de s'exprimer picturalement. Il a un sens très subtil de la composition, mais il est surtout un admirable coloriste qui sait jouer de toutes les nuances des couleurs et de la lumière. Ses tableaux n'en sont pas moins autant de témoignages sur son temps, que ce soit *la Reddition de Bréda* ou ses nombreux portraits de cour (*les Ménines*).

b) **En France**, les efforts de Vaugelas et de l'Académie française (fondée en 1635), l'œuvre de Malherbe vieillissant, celle de Corneille après 1640 préparent le triomphe du classicisme littéraire. En architecture, les châteaux et manoirs de style Louis XIII (château de *Balleroy*) représentent, avec leurs hautes toitures et leurs alternances de pierre et de brique, une solution typiquement française ; et si, en construisant le palais du *Luxembourg* pour Marie de Médicis, **Salomon de Brosse** (1561-1626) s'inspire d'exemples italiens, il emprunte ceux-ci à la Florence renaissante, non à la Rome baroque. De même, si le voyage en Italie est un apprentissage indispensable pour les peintres français, ceux-ci en retiennent surtout les grandes leçons de l'Antiquité et de la Renaissance et savent les interpréter en toute liberté. C'est ainsi que Nicolas **Poussin** (1594-1665) est le premier des grands peintres classiques ; dessinateur plus que coloriste, il peint des tableaux savamment construits et équilibrés, où tout est statique et harmonieux ; ses grandes compositions inspirées de la mythologie *(Orphée et Eurydice)* sont souvent en même temps d'admirables paysages, calmes et lumineux. C'est cette même nature pacifiée que l'on retrouve dans les toiles de Claude **Gellée**, dit le **Lorrain** (1600-1682). Georges **de La Tour** (1593-1652), influencé, lui aussi, par le caravagisme *(la Nativité)* ; les frères **Le Nain**, évoquant paysans et intérieurs bourgeois ; Philippe **de Champaigne** (1602-1674), portraitiste émouvant ; Eustache **Le Sueur** (1617-1655), au style dépouillé *(Vie de saint Bruno)*, sont à la fois « peintres de la réalité » et poètes, et refusent toute grandiloquence et toute ostentation.

c) **L'Angleterre** des premiers Stuarts n'a pas encore complètement abandonné le gothique. Pourtant, le grand architecte Inigo **Jones** (1573-1652), disciple enthousiaste de Palladio, introduit en Angleterre le palladianisme. C'est donc sous cette forme que l'influence italienne s'y fait sentir, non sous la forme du baroque, en dépit des efforts des deux souverains et d'une partie de l'aristocratie, soucieux de prestige et de somptuosité. Mais le puritanisme était trop radicalement incompatible avec l'esprit du baroque pour que l'influence de celui-ci pût dépasser le cercle étroit de la cour.

d) C'est cette même incompatibilité qui explique sans doute largement que **les Provinces-Unies** aient été, elles aussi, à peu près fermées à l'art nouveau. Il n'est pas indifférent que la religion réformée ait exigé des lieux de culte nus, sans ornement, simples centres de prière et de réunion, alors que les églises catholiques sont conçues comme des hymnes triomphants à la gloire de Dieu et de ses saints. Les bourgeois hollandais, attachés à leur foi protestante, fiers de leur réussite économique et politique, s'intéressent surtout à la peinture et demandent à leurs artistes de leur restituer l'image tranquille de leur vie quotidienne : paysages, intérieurs, natures mortes, portraits individuels ou collectifs. A travers ces thèmes, s'expriment, dans la diversité de leur tempérament, de très nombreux artistes (**Ruysdaël**, Pieter **de Hooch**) parmi lesquels se dégagent trois des plus grands noms de toute la peinture : Frans **Hals** (1580-1666), portraitiste impitoyable *(les Régentes)*, Jan **Vermeer** de Delft (1632-1675) qui, avec des moyens en apparence très simples, atteint aux plus hauts sommets de la poésie *(Jeune Fille au turban, Vue de Delft)*, enfin Rembrandt.

Rembrandt (1606-1669) est le type même du génie inclassable, à la fois peintre et graveur. Sans avoir été en Italie, il a subi, comme beaucoup de ses contemporains, l'influence du Caravage et fonde sur le clair-obscur une grande part de son style : la plupart de ses œuvres, toiles ou gravures, sont des dialogues du jour et de la nuit, de l'ombre et de la lumière. Dans ses autoportraits (comme *l'Homme au casque*), ses portraits collectifs *(la Ronde de nuit, les Syndics des drapiers)*, ses paysages, ses scènes bibliques *(David et Saül)*, il joint à l'acuité du dessin une étonnante maîtrise de la couleur. Admiré, mais peu compris et mal soutenu par ses compatriotes d'Amsterdam déroutés par son génie, Rembrandt laisse en mourant une œuvre à la fois très abondante et très variée. Celle-ci, en dépit de certains de ses aspects (le sens du mouvement et du tragique, notamment), n'en est pas moins, comme toute la peinture hollandaise du temps, à l'opposé de l'art baroque, catholique, ostentatoire et triomphal.

2 — La naissance de la science moderne

La première moitié du XVIIe siècle est d'une importance capitale dans l'histoire de la pensée. C'est à ce moment en effet que, grâce à Galilée et à Descartes, se fonde la science moderne, expérimentale et quantitative, dont Copernic n'avait été au siècle précédent que le génial précurseur. Mais cette profonde révolution de mentalité ne fait sentir vraiment ses effets que dans la seconde moitié du siècle.

L'éveil de la mentalité scientifique : Galilée et Descartes

a) En attaquant de front la doctrine d'Aristote et en utilisant de façon systématique non seulement l'expérimentation, mais aussi le langage mathématique, l'Italien **Galilée** (1564-1642) se révèle le premier fondateur de la science moderne. A cet égard, l'importance de son contemporain l'Anglais Francis **Bacon** (1561-1626) ne peut être comparée à la sienne. Certes, Bacon, à la fois philosophe et homme d'État (il sera chancelier d'Angleterre de 1618 à 1621), s'en prend lui aussi à la science aristotélicienne et pose dans son

Novum Organum (1620) les bases de la méthode expérimentale, mais ses faibles connaissances en mathématiques ne lui permettent pas de deviner le rôle fondamental que celles-ci doivent jouer désormais.

Professeur à Pise, sa ville natale, en 1589, Galilée y fait un cours sur le mouvement des projectiles dans lequel il multiplie les expériences et bat en brèche la théorie d'Aristote sur le mouvement. Nommé professeur à la fameuse université de Padoue en 1592, il y met au point en 1609 **la lunette astronomique**, ce qui lui assure bientôt une célébrité universelle ; il souligne lui-même à cette date la portée de son invention :

> Encore incapable de résoudre maintes sérieuses difficultés, Copernic avait gardé une telle foi en ce que la raison lui dictait, qu'il affirmait avec une tranquille assurance que la structure de l'Univers ne pouvait être différente de celle qu'il avait conçue. Mais, puisque Dieu a bien voulu accorder à l'intelligence humaine cette admirable invention qui nous permet de multiplier notre pouvoir visuel jusqu'à quarante fois, la nouvelle vérité est à la portée de tout bon esprit et plus n'est besoin pour la percevoir de l'audacieux génie de Copernic.

La lunette permet, en effet, à Galilée de fonder l'astronomie d'observation. En 1610, il devient premier mathématicien du grand duc de Toscane et s'installe à Florence. C'est alors qu'il s'attache à détruire systématiquement la physique d'Aristote et à faire accepter l'hypothèse de Copernic. C'est dans ce but qu'il publie en 1632 son *Dialogue sur les deux grands systèmes du monde* entre un aristotélicien et deux coperniciens, l'entretien finissant à la confusion du premier. En dépit de la vieille amitié qui le lie à Galilée, le pape Urbain VIII cède aux pressions des nombreux ennemis que s'était fait le savant : celui-ci, traduit devant le tribunal de l'Inquisition en 1633, est **condamné** comme

> véhémentement suspect d'hérésie, ayant tenu cette fausse doctrine et contraire à l'Écriture Sainte et Divine, que le Soleil est le centre du monde et qu'il ne se meut pas de l'orient à l'occident, et que la Terre se meut et n'est pas le centre du monde, et que l'on peut soutenir et défendre comme étant probable une opinion après qu'elle a été déclarée par définition contrariant la Sainte Écriture. Conséquemment, tu as encouru toutes les censures et peines imposées et promulguées par les Sacrés Canons et les autres constitutions générales et particulières, contre de tels délinquants. De celles-ci, nous sommes contents de te délier, à condition que dès maintenant, avec un cœur sincère et une foi non feinte, tu abjures, maudisses et détestes devant nous les susdites erreurs et hérésies.

Ainsi sommé, Galilée, qui a alors 70 ans, se rétracte. Après un internement de six mois à l'archevêché de Sienne, il rentre à Florence où il se consacre, pendant les dernières années de sa vie, à de nouveaux travaux sur le mouvement, qui posent les bases de la physique moderne.

b) Quatre ans après la condamnation de Galilée, paraît à Paris, le *Discours de la méthode pour bien conduire sa raison et chercher la vérité dans les sciences* (1637). Le Tourangeau René **Descartes** (1596-1650), ancien élève des jésuites de La Flèche, a l'idée, dès 1619, lors d'un séjour en Allemagne, de l'unité de la science et de la nécessité de trouver une méthode universelle pour la recherche de la vérité. Toutefois, à cette recherche systématique doivent échapper la politique et la religion considérées comme des données qu'il convient de ne pas « révoquer en doute » :

> La première (maxime) était d'obéir aux lois et coutumes de mon pays, retenant constamment la religion en laquelle Dieu m'a fait la grâce d'être instruit dès mon enfance [...] Après m'être ainsi assuré de ces maximes et les avoir mises à part avec les vérités de la foi, qui ont toujours été les premières en ma créance, je jugeai que pour tout le reste de mes opinions, je pouvais librement entreprendre de m'en défaire.

Installé en Hollande en 1629, afin de pouvoir travailler en pleine liberté, il y reste jusqu'en 1649, date à laquelle il se rend à Stockholm pour répondre à l'invitation de la reine Christine de Suède ; il y meurt quelques mois plus tard.

Le *Discours*, première grande œuvre philosophique et scientifique écrite en français, jette les bases d'une véritable révolution intellectuelle : à la pensée prélogique, au naturalisme magique, à la physique qualitative des gens de la Renaissance, Descartes oppose, en un style clair d'honnête homme, les grandes leçons du doute méthodique, du primat de la raison et de l'expérience, de la nécessité du langage mathématique. Voici les quatre préceptes auxquels il avait décidé de se tenir :

> Le premier était de ne recevoir jamais aucune chose pour vraie que je ne la connusse évidemment être telle ; c'est-à-dire d'éviter soigneusement la précipitation et la prévention, et de ne comprendre rien de plus en mes jugements que ce qui se présenterait si clairement et si distinctement à mon esprit que je n'eusse aucune occasion de le mettre en doute. Le second, de diviser chacune des difficultés que j'examinerais en autant de parcelles qu'il se pourrait et qu'il serait requis pour les mieux résoudre. Le troisième, de conduire par ordre mes pensées, en commençant par les objets les plus simples et les plus aisés à connaître, pour monter peu à peu comme par degrés jusques à la connaissance des plus composés, et supposant même de l'ordre entre ceux qui ne se précèdent point naturellement les uns les autres. Et le dernier, de faire partout des dénombrements si entiers et des revues si générales, que je fusse assuré de ne rien omettre.

Que la physique « mécaniste » de Descartes, trop systématique, ait vite perdu toute valeur est secondaire ; ce qui compte c'est, en dehors de ses importantes découvertes en mathématiques, le côté révolutionnaire de la méthode scientifique qu'il préconise et qui rencontrera bientôt auprès du public cultivé un immense succès, en dépit de certaines résistances qui se feront vives surtout après 1660. La Fontaine sera l'interprète de la majorité de ses contemporains lorsqu'il saluera « ce mortel dont on eût fait un dieu chez les païens ».

Les progrès scientifiques

a) Parallèlement, **les conditions mêmes du travail scientifique** tendent à évoluer. D'une part, la sujétion du savant à l'égard de l'Église s'estompe peu à peu ; on ne revoit plus, après 1633, de procès comme celui de Galilée : quelques précautions suffisent désormais pour éviter des ennuis aussi graves. D'autre part, le lien entre l'enseignement et la recherche se relâche, dans la mesure où les universités, citadelles de la tradition, s'opposent généralement à toutes les nouveautés. Les savants sont rarement des professeurs (comme Galilée ou Harvey), plus souvent des amateurs, magistrats, hommes d'Église, voire simples mondains. Toutefois, ces amateurs ne travaillent pas isolément : ils entretiennent entre eux d'actives correspondances et se retrouvent dans des académies (les *Lincei* de Rome, le *Cimento* de Florence) ou dans des cercles privés comme celui du père Marin Mersenne à Paris.

b) **Les mathématiques** tendant à devenir le langage de la science moderne, leurs progrès conditionnent le développement de celle-ci. Un gentilhomme écossais, John **Napier** ou **Neper** (1550-1617), invente les logarithmes et, en 1614, publie un ouvrage faisant connaître sa découverte ; dans les années qui suivent, Kepler prend conscience de l'importance des logarithmes et contribue à leur diffusion en Allemagne. De leur côté, quatre grands savants français apportent des contributions essentielles à l'établissement des mathématiques modernes : **Descartes** ; Blaise **Pascal** (1623-1662), l'un des plus grands esprits de son temps ; Gérard **Desargues** (1591-1662), ancien officier ; Pierre de **Fermat** (1601-1655), conseiller au parlement de Toulouse. La géométrie analytique, application à la géométrie des processus de l'algèbre, est créée en même temps par Descartes et par Fermat (1637) ; la géométrie projective, par Desargues et par Pascal (1640) ; les bases du calcul des probabilités (1654) et de l'analyse infinitésimale (1658) sont jetées par Fermat et par Pascal.

c) **En astronomie**, les travaux essentiels sont ceux de Galilée et de Kepler.

Grâce à sa lunette, Galilée multiplie en 1609 les observations directes ; c'est ainsi qu'il découvre successivement quatre satellites de Jupiter, l'anneau de Saturne, les taches du soleil, les phases de Vénus et de Mars, le relief de la lune. Il publie ses découvertes en 1610 dans son *Nuntius sidereus*. Quelques mois plus tôt, son ami et correspondant, l'Allemand Johannes **Kepler** (1571-1630), assistant à Prague de Tycho-Brahé auquel il succède en 1601 comme astronome de l'empereur, publie son *Astronomia nova* (1609). Dans cet ouvrage, fruit notamment d'une étude précise et systématique du mouvement de Mars, Kepler rectifie et prolonge les hypothèses coperniciennes et formule les deux premières lois qui portent son nom ; il énoncera la troisième en 1619 :

1. Chaque planète décrit dans le sens direct une ellipse dont le soleil est l'un des foyers.
2. Les aires décrites par le rayon vecteur allant du centre du soleil au centre de la planète sont proportionnelles au temps employé à les décrire (loi dite « des aires »).
3. Les carrés des temps des révolutions sidérales des planètes sont proportionnels aux cubes des grands axes de leurs orbites.

Ainsi les travaux de Kepler, en assurant le triomphe de l'héliocentrisme et en donnant à l'astronomie la rigueur du langage mathématique, forment en quelque sorte le pont entre les hypothèses de Copernic et les observations de Galilée d'une part, la grande synthèse de Newton d'autre part.

d) Par ses études sur la chute libre des corps et le mouvement des projectiles, **Galilée** est le premier à mettre en évidence la structure moderne de **la physique**, expression mathématique des lois expérimentales qui régissent les phénomènes. Dès 1604, il découvre la loi fondamentale de la chute des « graves », selon laquelle les espaces parcourus sont proportionnels aux carrés des temps. Dans un livre paru en 1638, il reprend l'ensemble de ses travaux sur ces problèmes et fonde ainsi la mécanique moderne. Son plus brillant disciple, Évangeliste **Torricelli** (1608-1647) prolonge les travaux de son maître, en montrant notamment que les trajectoires des projectiles sont toujours des paraboles. Par ailleurs, Torricelli est, avec Pascal, à l'origine des travaux sur la mécanique des fluides. Ses expériences barométriques, reprises par **Pascal** à Paris et au sommet du Puy-de-Dôme (1646-1648), démontrent l'existence du vide et de la pression atmosphérique : avec la croyance en l'impossibilité du vide (Galilée et Descartes croyaient encore à l'*horror vacui)*, c'est une des dernières survivances de la physique aristotélicienne qui disparaît.

e) Si les mathématiques, l'astronomie et la physique connaissent dans la première moitié du siècle des progrès considérables, il n'en est pas de même des autres sciences, notamment des **sciences de la vie.** Pourtant, dans ce domaine, un grand savant, l'Anglais William **Harvey** (1578-1658) réalise une découverte capitale. Médecin à la cour des rois Stuarts, il publie en 1628 son *De Motu cordis* dans lequel il démontre la grande circulation du sang et met en lumière le rôle du cœur, des veines et des artères :

> Tels sont, *écrit-il*, les organes et le tracé du transit du sang et de son circuit : d'abord de l'oreillette droite au ventricule, du ventricule à travers les poumons jusqu'à l'oreillette gauche et, de là, dans le ventricule gauche, dans l'aorte et dans toutes les artères s'éloignant du cœur, puis dans les porosités des organes, dans les veines et, par les veines, vers la base du cœur où le sang revient rapidement.

C'est après une série de vivisections d'animaux et d'études directes sur de grands blessés qu'il arrive à cette découverte fondamentale, qui se heurte pourtant d'emblée aux objections dédaigneuses et aux sarcasmes méprisants de tous les traditionalistes.

Les limites des progrès scientifiques

La querelle qui s'instaure après 1630 autour du problème de la circulation du sang est caractéristique des difficultés et des limites que rencontre encore la science : ce sont celles-là mêmes qu'a connues le XVIe siècle. Ce n'est que dans les années 1640-1660 que s'amorce, sous l'influence des idées de Descartes, le triomphe d'une mentalité vraiment scientifique. Mais auparavant, les progrès de la science sont encore entravés par le respect exagéré pour la tradition et l'autorité des Anciens et par la mentalité même de l'époque.

a) Pour les savants « officiels », professeurs d'universités ou autres, le travail scientifique consiste essentiellement en sempiternels commentaires et « disputes » sur les œuvres d'**Aristote** et de **Ptolémée**, d'**Hippocrate** et de **Galien.** Si l'astronomie et la physique aristotélicienne s'écroulent peu à peu sous les coups des Galilée, des Kepler, des Pascal, le savant grec n'en continue pas moins à être pour beaucoup la grande autorité, notamment dans le domaine des sciences de la nature. En médecine, la tyrannie d'Hippocrate et de Galien est particulièrement redoutable, puisqu'elle conduit à repousser toute découverte, fruit de l'observation, au nom de l'infaillibilité des Anciens : « Ce n'est pas dans Hippocrate ». Un médecin comme Gui Patin est représentatif de cette tendance qui aboutit à **se figer dans le passé** et à se fermer aux idées nouvelles. Au vrai, Molière ne force point la note dans l'éloge que le docteur Diafoirus fait de son fils Thomas :

> Il est ferme dans la dispute, fort comme un Turc sur ses principes, ne démord jamais de son opinion, et poursuit un raisonnement jusque dans les derniers recoins de la logique. Mais, sur toute chose, ce qui me plaît en lui, et en quoi il suit mon exemple, c'est qu'il s'attache aveuglément aux opinions de nos Anciens, et que jamais il n'a voulu comprendre ni écouter les raisons et les expériences des prétendues découvertes de notre siècle touchant la circulation du sang et autres opinions de même farine.

b) Encombrée du poids de la tradition, la science l'est aussi de celui des **systèmes « a priori »**. L'habitude n'est pas encore vraiment prise (sauf par quelques précurseurs) de s'en tenir à la stricte interprétation des faits observés ou expérimentés. Dans les sciences de la nature, les savants, impressionnés par les travaux des mathématiciens et des astronomes, élaborent des théories auxquelles ils s'efforcent ensuite de plier les faits. La médecine est la grande victime de cet esprit de système : les médecins mécanistes ou iatromécanistes, tel l'Italien **Borelli** (1608-1679), tentent d'appliquer aux mouvements des êtres animés les lois qui régissent la physique et les mathématiques ; pour les médecins chimistes ou iatrochimistes, dont le Flamand **van Helmont** (1577-1644) est le chef de file, les fonctions du corps humain sont commandées par des éléments occultes nommés « archées », la maladie étant provoquée par la révolte de tel ou tel de ces éléments. (Pourtant, il convient d'inscrire à l'actif des médecins du début du siècle leurs efforts contre le grand fléau du temps, la peste, qu'ils savent reconnaître et sinon guérir, du moins contenir).

c) Plus largement encore que le respect de la tradition et l'esprit de système, c'est **la mentalité de l'époque** qui constitue un frein aux progrès scientifiques. Les contemporains de Galilée et de Descartes n'ont pas encore acquis ce que l'historien Lucien Febvre a appelé le « sens de l'impossible ». Les hommes les plus cultivés n'échappent guère à cette absence d'esprit critique. C'est ainsi que le sieur de Monconys, magistrat lyonnais, grand voyageur, passionné de sciences, en relation avec de nombreux savants, transcrit avec soin dans son *Journal* de nombreuses recettes du genre de celle-ci :

> Si l'on urine avant que la fièvre quarte prenne et qu'on pétrisse après un pain avec cette urine, faisant manger tout le pain à un chien mâle, il prend la fièvre et le malade en guérit.

Cette absence du « sens de l'impossible », par laquelle la première moitié du XVIIe siècle se rattache directement aux siècles précédents, se manifeste de façon tragique dans **les procès de sorcellerie** qui se multiplient alors dans toute l'Europe, catholique et protestante. En France, l'un des plus fameux est celui du curé Urbain Grandier, de Loudun, condamné au bûcher en 1634. Or les juges qui prononcent ces condamnations sur les témoignages les plus invraisemblables sont généralement des hommes intelligents et éclairés ; mais ils partagent les idées et les préjugés de leur époque. Pourtant, en 1649, un esprit libre, Gabriel Naudé, écrit

> Pourquoi donc brûler une pauvre femme qui par maladie, par sottise, par force ou autrement, confessera d'avoir été portée en moins de rien, sur un bouc, sur une fourche ou sur un balai, à des assemblées, tantôt éloignées de cent lieues, tantôt proches de leurs villages, où elles auront fait mille extravagances puériles, ridicules, impossibles, et qui mériteraient mieux qu'on les fît panser ou enfermer aux Petites Maisons que non pas de les exterminer comme l'on fait par le feu et la corde ?

« Impossibles », le grand mot est lâché. Un tel point de vue, exceptionnel trente ou quarante ans plus tôt, prouve que, vers le milieu du siècle, une profonde révolution de l'esprit est en train de s'accomplir : l'élite intellectuelle de l'Europe fait siennes les grandes leçons de Descartes ; la mentalité scientifique moderne est née.

3 _ Religion et irréligion

Cependant que le protestantisme s'essouffle quelque peu et que certains catholiques s'efforcent de concilier humanisme et christianisme, suscitant ainsi la réaction janséniste, le courant libertin témoigne des progrès de la liberté de pensée.

Le déclin protestant

a) Le recul que les protestants enregistrent sur le plan politique depuis le début du siècle, notamment dans les années 1627-1629 (Constitution tchèque, édit de Restitution, édit d'Alais), s'accompagne d'un certain essoufflement sur le plan doctrinal et pastoral. A l'intérieur du camp **luthérien**, **la Formule de Concorde** (1580), qui réaffirmait les définitions doctrinales de Luther, n'est pas acceptée par tous, ni sans discussions. De plus, les théologiens luthériens s'enferment le plus souvent dans un formalisme étroit.

b) **Les calvinistes** sont, eux, plus dynamiques, mais les controverses sur la question de **la prédestination** aboutissent à de graves dissensions. Dans les Provinces-Unies, **Arminius** (1560-1609), professeur à Leyde, soutient, contre son collègue **Gomar** (1565-1641) que contrairement aux affirmations de Calvin, Dieu n'a pas voulu la chute d'Adam. Après la mort d'Arminius, le conflit entre gomaristes et arminiens devient aigu et se complique d'arrière-pensées politiques : le *stathouder* Maurice de Nassau, favorable à la reprise des hostilités avec l'Espagne, soutient les gomaristes et accuse les arminiens, tels le juriste **Grotius** et le pensionnaire de Hollande **Oldenbarnevelt**, de favoriser le papisme. Ce dernier est arrêté en 1618 et exécuté l'année suivante, cependant que le synode de Dordrecht (1618-1619), réunissant des calvinistes de tous les pays, condamne l'arminianisme et réaffirme la prédestination absolue, tout en introduisant certaines distinctions, empruntées pour la plupart à Calvin :

> Le décret (de la prédestination) est absolu et immuable ; Dieu donne la vraie et vive foi à tous ceux qu'il veut retirer de la damnation commune et à eux seuls ; cette foi est un don de Dieu [...] (La rédemption) est annoncée indifféremment à tous les peuples : c'est par leur faute que ceux qui n'y croient pas la rejettent, et c'est par la grâce que les vrais fidèles l'embrassent. Mais les élus sont les seuls à qui Dieu a résolu de donner la foi justifiante, par laquelle ils sont infailliblement sauvés.

Pourtant, en dépit de cette condamnation, les thèses arminiennes continuent à être défendues par certains et favorisent, dans ce pays tourné vers l'extérieur par ses activités économiques, le succès des idées de tolérance et de liberté religieuse.

Hors des Provinces-Unies, la question de la prédestination continue à alimenter les querelles doctrinales au sein des églises calvinistes, notamment en France. Le pasteur angevin Moïse **Amyraut** (1596-1664), professeur à l'académie de Saumur, défend un semi-arminianisme dans son enseignement et dans son *Bref Traité de la prédestination* (1634), ce qui lui vaut d'être blâmé par plusieurs synodes. Cette stérile polémique théologique contribue à l'attiédissement de la foi protestante, aux progrès d'une certaine indifférence en matière de dogme, et, d'une façon plus générale, à l'affaiblissement du protestantisme français que traduisent d'assez nombreuses conversions au catholicisme. A Genève, les idées d'Arminius, puis celles d'Amyraut sont défendues un moment par un certain nombre de pasteurs. En Angleterre, enfin, les presbytériens reprochent à l'Église anglicane des Stuarts de pencher vers l'arminianisme ; la victoire de Cromwell leur assure un succès éphémère : l'assemblée de Westminster (1643-1648) adopte l'essentiel de la doctrine calviniste ; mais la restauration des Stuarts (1660) entraîne le rétablissement de l'anglicanisme.

Par ailleurs, toutes les tentatives pour dépasser les différences doctrinales des diverses confessions non romaines échouent. Ainsi, le protestantisme oppose un front chaque jour plus divisé et moins combatif au dynamisme de la réforme catholique.

Spiritualité catholique et humanisme dévot

a) Le renouveau de l'Église romaine, amorcé au siècle précédent avec le concile de Trente et ses premiers prolongements, se poursuit et s'intensifie. Sur le plan de la spiritualité, cela se traduit par une véritable floraison mystique. Aux grands maîtres spirituels espagnols du XVIe siècle succède ce qu'on a pu appeler **l'école française de spiritualité** dont Bérulle est le représentant le plus éminent. Fils d'un conseiller au parlement de Paris, créateur en 1611 de la congrégation des prêtres de l'Oratoire, cardinal en 1627, Pierre de **Bérulle** (1575-1629) fonde sa spiritualité sur l'idée augustinienne du néant de l'homme face à la grandeur infinie de Dieu. A l'opposé des humanistes florentins dont il s'est nourri dans sa jeunesse, mais dont il retient l'admiration pour les platoniciens, il ne définit l'homme que par rapport à Dieu. Dans une telle théologie, la personne du Christ, Dieu fait homme, tient une place essentielle :

> Nous devons premièrement regarder le Fils de Dieu, et après nous regarderons les créatures et nous en lui ; mais il faut le regarder le premier. [...] Jésus-Christ est le vrai centre du monde, et le monde doit être en un mouvement continuel vers lui.

La prière, l'exercice de la vertu doivent être des manifestations de l'amour désintéressé qu'il faut porter à Dieu. Ainsi, le théocentrisme bérullien, propagé par les prêtres de l'Oratoire, aboutit à une piété austère et exigeante.

b) Il est vrai qu'un courant parallèle offre à tous ceux qui vivent dans le monde une religion plus accessible. Au pessimisme protestant, le concile de Trente a opposé une conception optimiste de l'homme et de ses rapports avec Dieu et avec le monde. Ainsi naît **un humanisme chrétien**, ou dévot, dont les jésuites se font les hérauts. Dans leurs collèges qui accueillent les fils de la noblesse et de la bourgeoisie, ils christianisent l'héritage antique des humanistes, proposant à leurs élèves comme guides et comme modèles, à côté des saints et des martyrs, les sages de l'Antiquité, de Platon à Sénèque. Dans la direction des consciences, ils s'efforcent de présenter à leurs pénitents les exigences de l'Évangile sous un jour aimable et conciliable avec la vie dans le monde : en condamnant le mauvais riche, disent-ils par exemple, le Christ a condamné le mauvais usage de la richesse, non la richesse elle-même. Ils orientent la piété des fidèles vers des formes de dévotion collective un peu mondaines et théâtrales, en accord avec l'architecture baroque.

Cette conception de la vie chrétienne s'appuie sur une théologie de la grâce qui trouve son expression dans le traité *De Concordia liberi arbitrii*, publié à Lisbonne en 1588 par le jésuite **Molina**. Le molinisme ne conteste pas le dogme du péché originel, mais il en minimise les conséquences : la nature n'est pas radicalement corrompue, l'homme reste capable de faire le bien avec la grâce de Dieu, celle-ci ne pouvant produire son effet que par la seule décision du libre arbitre de l'homme. Le molinisme rencontre, au sein de l'Église, l'opposition de tous ceux qui s'en tiennent aux positions de saint Augustin qui réduisait au minimum la part du libre arbitre en face de la grâce toute-puissante de Dieu.

Sans partager entièrement les thèses molinistes, saint **François de Sales** (1567-1622), évêque de Genève-Annecy, est l'un des meilleurs représentants de ce courant optimiste et confiant que constitue l'humanisme chrétien. Dans son *Introduction à la vie dévote* (1608), qui connaît un très grand succès (quarante éditions de 1608 à 1622), il s'adresse aux gens du monde en un langage agréable et fleuri et les initie avec mansuétude à la pratique des vertus chrétiennes : il n'est pas nécessaire de rompre avec le monde pour faire son salut ; Dieu bénit dès ici-bas ceux qui, tout en se confiant en lui, s'appliquent sans arrière-pensée à leur devoir d'état :

> Faites comme les petits enfants qui, de l'une des mains se tiennent à leur père, et de l'autre cueillent des fraises ou des mûres le long des haies ; car de même, amassant et maniant les biens de ce monde de l'une de vos mains, tenez toujours de l'autre la main du Père céleste, vous retournant de temps en temps à lui pour voir s'il a agréable votre ménage ou vos occupations [...] Je veux dire que quand vous serez parmi les affaires et occupations communes, qui ne requièrent pas une attention si forte et si pressante, vous regardiez plus Dieu que les affaires ; et quand les affaires sont de si grande importance

> qu'elles requièrent toute votre attention pour être bien faites, de temps en temps vous regarderez à Dieu comme font ceux qui naviguent en mer [...] Ainsi Dieu travaillera avec vous, en vous et pour vous, et votre travail sera suivi de consolation.

Cet humanisme dévot des jésuites et de François de Sales fait ainsi le pont entre nature et surnature, il sauvegarde les droits de la raison et de la liberté humaines sans pour autant nier ceux de la foi, il s'efforce de conduire les âmes au ciel sans négliger les conditions de la vie terrestre. Mais il se compromet lui-même par des imprudences : attachement exagéré à l'Antiquité païenne, morale relâchée, ou laxisme, de certains jésuites. Surtout, il se heurte aux attaques à la fois des jansénistes et des libertins.

Naissance du jansénisme

Le mouvement janséniste s'inscrit à l'origine dans le cadre de la réforme catholique : la réflexion de deux prêtres austères sur le problème de la grâce trouve un terrain favorable dans le monastère réformé de Port-Royal.

a) Le Flamand Cornelius Jansen, plus connu sous son nom latinisé de **Jansenius** (1585-1638), et le Basque Jean **Duvergier de Hauranne** (1581-1643) étudient la théologie à Louvain, puis se lient d'amitié à Paris ; entre 1611 et 1616, ils passent plusieurs années ensemble près de Bayonne et prolongent par des recherches personnelles et de très vastes lectures l'enseignement théologique fortement teinté de pessimisme augustinien qu'ils ont reçu à Louvain et à Paris. Bientôt séparés — Duvergier, devenu abbé de **Saint-Cyran** en Poitou, vit surtout à Paris, et Jansénius, retourné en Flandre, sera nommé évêque d'Ypres en 1636 — ils continuent à entretenir une active correspondance. En même temps, Saint-Cyran entre en relations avec Bérulle dont il subit fortement l'influence, puis devient en 1634 directeur de conscience des religieuses de Port-Royal.

b) L'abbaye cistercienne de **Port-Royal-des-Champs**, dans la vallée de Chevreuse, a été réformée, à partir de 1609, par son abbesse Angélique Arnauld (d'une famille de robe parisienne) qui rétablit dans toute sa rigueur la règle de saint Bernard. En 1625, le monastère, dont le rayonnement est considérable, est transféré à Paris, faubourg Saint-Jacques. A l'instigation de Robert Arnauld d'Andilly, frère aîné de la mère Angélique et grand ami de Saint-Cyran, de pieux laïcs, soucieux d'assurer leur salut loin du monde, s'installent, quelque temps plus tard, dans les bâtiments de la vallée de

Chevreuse. Le premier d'entre eux, le brillant avocat Antoine Le Maître, neveu des Arnauld, annonce en ces termes sa décision au chancelier :

> Je quitte, monseigneur, non seulement ma profession que vous m'aviez rendue très honorable et très avantageuse, mais aussi tout ce que je pouvais espérer ou désirer dans le monde, et je me retire dans une solitude pour faire pénitence et pour servir Dieu le reste de mes jours, après avoir employé dix ans à servir les hommes. Je ne crois pas, monseigneur, être obligé de me justifier de cette action, puisqu'elle est bonne en soi, et nécessaire à un pécheur tel que je suis, mais je pense qu'afin de vous éclairer entièrement sur tous les bruits qui pourraient courir de moi, je dois vous découvrir ma plus secrète intention, et vous dire que je renonce aussi absolument aux charges ecclésiastiques qu'aux civiles ; que je ne veux pas seulement changer d'ambition, mais n'en avoir plus du tout ; que je suis encore plus éloigné de prendre les ordres de prêtrise et de recevoir des bénéfices que de reprendre la condition que j'ai quittée [...] J'espère que ce qui paraîtra une folie devant les hommes ne le sera pas devant Dieu.

Les Solitaires ou **les Messieurs de Port-Royal** vivent aux Champs dans la piété, l'humilité et la charité ; en 1638, certains d'entre eux (notamment **Lancelot** et **Hamon**) ouvrent de Petites Écoles qui ont bientôt une très grande réputation.

L'influence de Saint-Cyran sur les religieuses de Port-Royal et sur les Solitaires des Champs est profonde. La rigueur de sa direction spirituelle, en réaction contre la pratique trop fréquente et trop facile des sacrements de pénitence et d'eucharistie, correspond aux aspirations des unes et des autres. Cependant, chef du parti dévot depuis la mort de Bérulle et par là même suspect à Richelieu (*cf.* chapitre IV), Saint-Cyran s'attire bientôt la violente animosité du cardinal-ministre qui, le 14 mai 1638, le fait enfermer au donjon de Vincennes (libéré en février 1643, au lendemain de la mort de Richelieu, il mourra lui-même quelques mois plus tard).

c) Au moment même de l'arrestation de son ami, Jansénius meurt à Ypres, laissant un énorme manuscrit, écho de ses conversations et de ses lettres avec Saint-Cyran, mais surtout œuvre personnelle. Ses amis de Louvain le font paraître en septembre 1640 sous le titre *Augustinus*. C'est un in-folio de quelque 1 300 pages sur deux colonnes d'impression serrée. Dans cet ouvrage purement théologique, Jansen prétend systématiser la pensée de saint Augustin sur le problème de la grâce. En fait, il interprète toujours cette pensée dans le sens le plus strict et retient surtout les positions rigides élaborées par l'évêque d'Hippone lors de sa polémique avec le moine Pélage. Il dénonce les erreurs des pélagiens, des semi-pélagiens et de tous leurs successeurs (notamment les molinistes, spécialement visés sans être nommés) et rappelle ce qu'il estime être la doctrine augustinienne : nécessité de la grâce divine pour que l'homme pécheur puisse mériter son salut, efficacité infaillible de cette grâce sans pour autant nuire à la liberté humaine, gratuité absolue de la prédestination. Ainsi, à l'opposé du courant optimiste représenté par Molina, Jansénius met l'accent sur la corruption foncière de la nature humaine et sur la toute-puissance de Dieu.

d) Dès sa parution, l'*Augustinus* suscite un vif intérêt dans les milieux ecclésiastiques de la plupart des pays catholiques. A Louvain même, les jésuites réagissent violemment et obtiennent de Rome une condamnation du livre, d'ailleurs ambiguë, par la bulle *In Eminenti* (6 mars 1642). En France, l'ouvrage posthume de Jansénius bénéficie de nombreuses approbations, notamment de la part des oratoriens, des dominicains et de certains docteurs de Sorbonne, mais il se heurte à l'hostilité de Richelieu et des jésuites. C'est pour le défendre contre les attaques de ces derniers qu'**Antoine Arnauld** (1612-1694) se jette dans la bataille. Celui qu'on appellera bientôt le **Grand Arnauld** est le plus jeune des dix-neuf frères et sœurs de la mère Angélique et le meilleur disciple de Saint-Cyran. S'intéressant davantage, comme son maître, aux problèmes moraux et aux engagements pratiques qu'aux questions strictement théologiques, il publie en 1643 *De La Fréquente Communion* dont le succès, considérable et immédiat, contribue beaucoup plus sûrement que le pesant traité de l'évêque d'Ypres, à la diffusion en France des idées jansénistes. Arnauld y dénonce les pratiques des confesseurs jésuites autorisant trop facilement les sacrements et rappelle les règles de la primitive Église et l'infini respect dû à l'eucharistie ; sans condamner vraiment la communion fréquente (comme le lui reprocheront à tort ses adversaires), il tend à la présenter comme un idéal presque inaccessible, inclinant ainsi les âmes croyantes davantage vers la révérence et la crainte que vers la confiance et l'amour. Pour lui, une telle attitude, avec toutes ses conséquences morales, a son fondement dans l'augustinisme de Jansénius et de Saint-Cyran, de même qu'à ses yeux, la morale relâchée qu'il dénonce chez les jésuites prend sa source dans le molinisme.

Ainsi, *Augustinus* et *Fréquente Communion* se rejoignent et se complètent : en 1640-1643, le jansénisme, en tant que mouvement religieux, est né sous sa double forme théologique et morale.

Les libertins

a) A l'opposé des jansénistes, les libertins pratiquent soit **le libertinage des mœurs**, soit la plus grande **liberté de pensée** allant jusqu'à l'athéisme, soit encore les deux à la fois. L'un de leurs adversaires, le jésuite Garasse fait en 1623 la distinction :

> J'appelle libertins nos ivrognets, moucherons de tavernes, esprits insensibles à la piété, qui n'ont d'autre Dieu que leur ventre [...] Il est vrai que ces gens croient aucunement (= jusqu'à un certain point) en Dieu, haïssent les huguenots et toutes sortes d'hérésies, ont quelquefois des intervalles luisants et quelque petite clarté qui leur fait voir le misérable état de leur âme, craignent et appréhendent la mort, ne sont pas du tout (= totalement) abrutis dans le vice, s'imaginent qu'il y a un enfer, mais au reste vivent licencieusement, jetant la gourme comme jeunes poulains [...].
>
> J'appelle impies et athéistes ceux qui sont plus avancés en malice ; qui ont l'impudence de proférer d'horribles blasphèmes contre Dieu ; qui commettent des brutalités abominables ; qui publient par sonnets leurs exécrables forfaits ; qui font de Paris une Gomorrhe ; qui font imprimer *le Parnasse satirique ;* qui ont cet avantage malheureux qu'ils sont si dénaturés en leur façon de vivre qu'on n'oserait les réfuter de point en point, de peur d'enseigner leurs vices et faire rougir la blancheur du papier.

b) Ce libertinage des mœurs ou de la pensée se fait le plus souvent clandestin. Il ne fait pas bon d'afficher trop bruyamment son « impiété », à moins d'appartenir à l'entourage d'un puissant personnage, comme Gaston d'Orléans ou le prince de Condé. Poursuivi, en 1623, pour la publication de son *Parnasse satirique*, dénoncé par le père Garasse, **Théophile de Viau** (1590-1626) n'échappe que de justesse au bûcher. A partir de 1630, le libertinage se fait d'ailleurs de plus en plus « érudit » et devient le fait d'hommes de science et de haute culture, qui se réunissent, pour échanger leurs idées, en des cercles fermés, tels le salon des frères Dupuy à Paris (dit Académie putéane) ou celui de Peiresc à Aix-en-Provence. Ce qui unit entre eux ces libertins érudits, c'est leur totale indépendance de pensée, leur scepticisme, leur refus de se soumettre sans examen aux dogmes et à la morale de l'Église, leur mépris à l'égard des foules ignorantes qu'ils opposent au petit nombre des esprits éclairés ; par ailleurs, certains d'entre eux sont influencés par le naturalisme et le matérialisme de l'École de Padoue. Pourtant, la pensée libertine est variée : Pierre **Gassendi** (1592-1655), chanoine de Digne, professeur de mathématiques au Collège de France, astronome et physicien, publie en 1634 une *Apologie pour Épicure* dans laquelle il tente de concilier le christianisme et le matérialisme épicurien ; libertin prudent, Gabriel **Naudé** (1600-1653) ne s'en prend pas à la religion établie, mais cherche, dans l'histoire, de multiples exemples de faux miracles et d'intolérance qu'il condamne au nom de la raison ; parlementaire et philosophe, **La Mothe le Vayer** (1588-1672) s'attache à ruiner l'orthodoxie religieuse sans l'aborder de front : il prend grand soin en effet d'excepter le christianisme des critiques qu'il adresse aux diverses religions ; mais cette feinte ne peut guère tromper, c'est en fait à l'impossibilité de toute foi et à l'athéisme qu'il aboutit. Quant à **Cyrano de Bergerac** (1619-1655), c'est, sous des apparences d'extravagance dans sa vie et dans son œuvre, un esprit très profond ; ses deux romans posthumes, *États et Empires de la Lune* et *Histoire comique des États du Soleil*, ne sont que des fictions commodes pour exposer les idées les plus audacieuses ; dépassant la simple critique des croyances religieuses (existence de Dieu, immortalité de l'âme, miracles), Cyrano adhère à un matérialisme absolu.

c) Ainsi, à Paris, à Londres, en Hollande, voire en Italie ou en Allemagne, les libertins rejettent le christianisme soit en pratique, soit en théorie et s'orientent vers le scepticisme, et certains, vers l'athéisme. Toutefois, en dépit des affirmations de contemporains effrayés (tel le père Mersenne qui parle de 50 000 libertins à Paris), ils ne sont qu'**une toute petite minorité** au sein de l'élite cultivée de leur temps.

Au vrai, cette élite cultivée qui admire Velasquez ou Rubens, lit Galilée ou Descartes, saint François de Sales ou Arnauld n'est elle-même qu'une minorité. Lorsque l'on parle de la civilisation européenne dans la première moitié du XVIIe siècle, il convient de ne pas oublier totalement ces **masses urbaines et rurales** dont **la culture rudimentaire** continue à s'alimenter aux seules sources du sermon ou du prêche dominical et de la littérature de colportage (almanachs, images, vies de saints, petits romans, etc.) Cette culture populaire est identique à elle-même depuis des siècles et le restera encore longtemps, indifférente, ou presque, aux profonds changements qui, dans le domaine de l'art, de la science ou de la religion, affectent les classes cultivées et donnent à ce « premier dix-septième siècle » sa tonalité particulière.

LECTURES COMPLÉMENTAIRES

MALE (Émile), *L'Art religieux après le concile de Trente*, Paris, A. Colin, 1932, IX + 532 p.

TAPIÉ (Victor-L.), *Baroque et classicisme*, Paris, Plon, 1957, 383 p.

TAPIÉ (Victor-L.), *Le Baroque*, Paris, P.U.F. (« Que sais-je ? »), 1961, 128 p.

CHARPENTRAT (Pierre), ***L'Art baroque***, Paris, P.U.F. (« Les Neuf muses »), 1967, 185 p.

DUPONT (Jacques) et MATHEY (François), *Le XVIIe Siècle. Du Caravage à Vermeer*, Genève, A. Skira (« Les grands siècles de la peinture »), 1951, 137 p.

ROUSSET (Jean), *La Littérature de l'âge baroque en France. Circé et le paon*, Paris, J. Corti, 1954, 312 p.

SANTILLANA (Giorgio de), *Le Procès de Galilée*, Paris, Club du meilleur livre, 1955, 458 p.

SACY (Samuel S. de), *Descartes par lui-même*, Paris, Seuil (« Écrivains de toujours »), 1956, 192 p.

COCHOIS (Paul), *Bérulle et l'École française*, Paris, Seuil (« Maîtres spirituels »), 1963, 192 p.

COGNET (Louis), *Le Jansénisme*, Paris, P.U.F. (« Que sais-je ? »), 1961, 128 p.

ADAM (Antoine), *Les Libertins au XVIIe siècle*, Paris, Buchet-Chastel, 1964, 323 p.

MANDROU (Robert), *De la Culture populaire aux XVIIe et XVIIIe siècles. La Bibliothèque bleue de Troyes*, Paris, Stock, 1964, 222 p.

MANDROU (Robert), *Introduction à la France moderne. Essai de psychologie historique 1500-1640*, Paris, A. Michel (« L'Évolution de l'Humanité »), 1961, XXV + 400 p.

CHAPITRE III

LA POLITIQUE EUROPÉENNE DANS LA PREMIÈRE MOITIÉ DU XVIIe SIÈCLE

1 — Les origines et les caractères de la guerre de Trente Ans

Guerre complexe, aux mobiles à la fois religieux, politiques et économiques, la guerre de Trente Ans, qui débute en Bohême, s'étend bientôt à l'Empire, puis à une partie de l'Europe. L'enjeu de la lutte, qui se déroule à la fois sur le plan diplomatique et militaire, est la prépondérance en Europe de la Maison d'Autriche.

Les origines de la guerre : la défenestration de Prague

Le conflit que faisaient prévoir les difficultés du statut religieux de l'Empire et l'existence de deux ligues armées, l'une catholique, l'autre protestante, éclate en 1618 à l'occasion des affaires de Bohême.

a) En 1612, **Mathias** de Habsbourg succède à son frère Rodolphe II, d'abord comme roi de Bohême, puis comme empereur. Mais le nouveau souverain étant sans héritier direct, le problème essentiel reste d'ordre successoral. L'accord se fait au sein de la Maison d'Autriche (archiducs frères puînés de Mathias et roi d'Espagne) sur la personne de **Ferdinand** de Styrie, cousin de Rodolphe et de Mathias. En juin 1617, l'empereur réussit à obtenir des états de la couronne de Bohême la reconnaissance de Ferdinand comme successeur éventuel ; la diète hongroise agit de même l'année suivante. Or Ferdinand est **un catholique intransigeant**, d'une piété austère, et qui a déjà donné dans son duché de Styrie des preuves de son zèle pour la religion romaine. Aussi l'inquiétude est-elle grande chez les protestants tchèques qui redoutent de voir remis en question les avantages obtenus par la Lettre de Majesté. De plus, Ferdinand est profondément pénétré de ses droits et de ses devoirs de souverain, et il appuie les efforts du nouveau chancelier de **Bohême** nommé par Mathias, Lobkowicz, qui essaie de centraliser tous les pouvoirs entre les mains du roi et de ses ministres, au détriment des états. Or ceux-ci sont constitués surtout par les représentants de l'aristocratie tchèque en majorité protestante ; ces nobles sont de riches propriétaires, résidant sur leurs terres (souvent, biens ecclésiastiques sécularisés) qu'ils mettent fort bien en valeur ; généralement cultivés et d'esprit ouvert, ils se sentent menacés, tant sur le plan politique que sur le plan religieux, par la politique de Mathias et de Ferdinand.

b) Un incident lié à l'interprétation d'une clause de la Lettre de Majesté va mettre le feu aux poudres. Les ministres de Mathias ayant ordonné la destruction de temples construits, illégalement selon eux, dans deux villes de Bohême, l'affaire s'envenime et aboutit à l'incarcération de plusieurs notables envoyés à Prague par l'une de ces villes. En mars 1618, **les Défenseurs de la foi** ripostent en convoquant une Assemblée de représentants protestants qui, le 5 mai, adresse une supplique à Mathias. Celui-ci, à l'instigation de Lobkowicz, répond de Vienne en affirmant que les Défenseurs ont outrepassé leurs droits et que l'assemblée est illégale. Certains membres de celle-ci, conduits par le comte de Thurn, décident alors d'exploiter l'incident et de provoquer une rupture avec les Habsbourg afin de sauver leurs libertés politiques et religieuses menacées ; persuadés que la réponse royale est le fait des lieutenants qui gouvernent à Prague au nom du roi, ils montent au Hradschin **le 23 mai** et, tandis que l'émeute gronde dans les rues de la ville, « défenestrent » deux des lieutenants les plus détestés, Slawata et Martinic, ainsi que leur secrétaire. Les trois hommes s'en tirent sans dommage, mais le geste a une portée symbolique voulue par ses auteurs. Pourtant, les révoltés évitent tout d'abord les mesures extrêmes : ils prétendent s'en prendre non à Mathias lui-même, mais à ses lieutenants à Prague ; ils déclarent ceux-ci déchus et les remplacent par un directoire de trente membres, dix pour chacun des trois ordres du royaume (nobles, chevaliers et villes), cependant que les jésuites sont expulsés du pays. Mais très vite, le directoire se heurte à de grandes difficultés : chevaliers et villes se montrent réticents, l'argent manque et de ce fait, les troupes : Thurn réussit à lever tout au plus quelques milliers d'hommes. A Vienne, l'empereur-roi se montre aussi irrésolu et impuissant, et évite toute mesure susceptible de rendre impossible un compromis. Mais, en août 1618, Ferdinand qui désavoue cette politique d'atermoiements décide de se substituer de fait à Mathias : il lève quelques troupes et pénètre en Bohême. Il est vrai que les forces en présence sont trop faibles pour qu'une solution militaire puisse intervenir. L'accord semble encore possible : un riche seigneur protestant de Moravie, Zerotin, tente même de s'entremettre entre Vienne et Prague. Mais **la mort de Mathias,** le 20 mars 1619, va rendre illusoires de pareilles tentatives et consommer **la rupture.**

c) En effet, les pays de la couronne de Bohême (Bohême, Moravie, Silésie, Lusaces) décident, le 21 juillet, de constituer une confédération d'États indépendants, ayant à sa tête un roi élu. Quelques semaines plus tard, le 19 août, **les états de Bohême** refusent de reconnaître l'élection de 1617, prononcent **la déchéance de Ferdinand** et déclarent le trône vacant. Le 26, ils **élisent roi** le nouvel **électeur palatin,** Frédéric V, prince calviniste et chef de l'Union évangélique. Le surlendemain, Ferdinand de Styrie est élu empereur par la diète de Francfort, sous le nom de Ferdinand II. Ainsi, la révolte tchèque, simple incident local, devient une affaire intéressant tout l'Empire et, au-delà, la plupart des États voisins. La guerre de Trente Ans est commencée.

Les caractères de la guerre de Trente Ans

La crise européenne ainsi ouverte doit son extrême complexité à différents traits spécifiques : l'intervention successive des belligérants et l'imbrication des mobiles, l'évolution des armées au cours du conflit, les interférences de l'action militaire et de la diplomatie, l'importance des problèmes financiers.

a) La guerre est **à l'origine une guerre allemande** dont la cause profonde réside dans les ambitions de Ferdinand II visant, à long terme, l'élimination du protestantisme et la transformation de ses possessions et de l'Empire en un vaste État centralisé et catholique. Tous les princes allemands se sentent menacés, et parmi eux, les princes protestants doublement. Dès 1621, l'expiration de la trêve de Douze Ans et la reprise de la guerre entre **l'Espagne** et **les Provinces-Unies** amène la cour de Madrid à intervenir de plus en plus dans le conflit allemand, ne serait-ce que pour des raisons stratégiques (route terrestre vers les Pays-Bas). Mais au-delà de ces raisons, les ambitions du premier ministre espagnol Olivarès et celles de Ferdinand II se complètent et s'épaulent (sans pour autant se confondre), puisqu'elles visent la domination politique et économique de l'Europe, de la Mer Baltique à la Méditerranée, par la très catholique **Maison d'Autriche.** Les souverains du Nord, **Danemark**, puis **Suède**, interviennent les premiers, de l'extérieur, dans une guerre qui devient ainsi de plus en plus européenne : princes luthériens, ils veulent défendre leurs frères dans la foi; rois ambitieux (et concurrents), ils entendent écarter la menace que font peser sur l'Europe du Nord les prétentions des Habsbourg. Quant à **la France** de Richelieu, puis de Mazarin, d'abord empêchée d'intervenir directement dans le conflit du fait de ses difficultés intérieures, le moment vient bientôt pour elle de reprendre, contre la Maison d'Autriche, la lutte commencée au siècle précédent. Les deux ministres successifs cherchent essentiellement non à donner au royaume de prétendues limites naturelles, mais à améliorer la sécurité de la frontière française, à arrêter les « progrès d'Espagne », et ne « permettre pas que (les princes) de la Maison d'Autriche soient maîtres absolus de la Germanie » (Richelieu). Cardinaux de la Sainte Église, premiers ministres du Roi Très Chrétien, ils sont amenés, pour ce faire, à s'allier à tous les adversaires protestants des Habsbourg. Enfin, **les ambitions** personnelles **de** certains **chefs militaires**, celles notamment de Wallenstein et de Bernard de Saxe-Weimar, contribuent encore à compliquer les données du problème.

b) La longueur même du conflit (prolongé au-delà de 1648 jusqu'en 1659) et l'intervention de Gustave-Adolphe de Suède expliquent **l'évolution** que connaissent **les armées. Au début**, celles-ci sont encore formées de **mercenaires** et dotées d'un armement médiocre. Lorsqu'un prince veut faire la guerre, il s'adresse à un chef militaire, véritable entrepreneur, qui s'engage à lui fournir un nombre d'hommes fixé et qui se met aussitôt à embaucher des recrues, chose relativement aisée si le chef a reçu du prince l'argent nécessaire : le problème de la levée est surtout financier, car les hommes ne manquent pas, notamment en Allemagne, en Suisse, en Italie, où existent des marchés de soldats. En quelques semaines, les régiments (généralement de 1 000 à 1 500 hommes chacun) sont sur pied. Les éléments les plus divers s'y coudoient au hasard du recrutement : individus de tout pays, de toute langue, de toute religion qui combattent non pour une cause, mais par métier et par espoir de profit. Le seul lien qui existe entre ces hommes, c'est le chef qui les a recrutés et sous les ordres duquel ils se battent ; leur fortune est liée à la sienne. Par là même, ces **chefs** jouent un rôle de premier plan dans le conflit, simples aventuriers comme Mansfeld ou Brunswick, grands capitaines comme Wallenstein ou Saxe-Weimar. Plus encore que la levée de ces troupes de mercenaires, leur entretien pose à leurs chefs et, au-dessus d'eux, aux princes qui les emploient, un redoutable problème financier. Pour le résoudre, Wallenstein s'adresse au banquier Hans de Witte qui, grâce à son crédit dans toutes les grandes places d'affaires, réussit à ravitailler à peu près l'armée impériale entre 1626 et 1630. Mais, trop souvent, les chefs sont incapables de payer régulièrement la solde de leurs troupes et d'assurer les besoins de celles-ci en grains, viandes et fourrages. Dans ces conditions, les hommes se paient sur les pays traversés, ennemis ou non ; **le pillage,** accompagné souvent des pires horreurs, devient la règle et profite non seulement aux soldats eux-mêmes, mais aux convois qui les suivent, revendeurs, déserteurs, femmes et enfants. Voici comment Simplicius, le héros du roman de Grimmelshausen, témoin lucide de son temps, raconte le pillage de la maison de son père :

> Quand ces cavaliers entrèrent dans les pièces enfumées de mon père, la première chose qu'ils firent fut d'y installer leurs chevaux ; puis chacun s'occupa de vaquer à sa tâche particulière, qui semblait être de tout détruire et de tout saccager. Tandis que quelques-uns se mettaient à égorger les bêtes, à en faire bouillir ou rôtir la chair, si bien qu'on eût dit qu'on allait tenir un banquet, il y en avait d'autres qui bouleversaient la maison du haut en bas. D'autres faisaient de grands paquets de linge, de vêtements, de toutes sortes d'ustensiles, comme pour ouvrir quelque part un marché de brocanteurs ; quant à ce qu'ils ne comptaient pas emporter, ils le mettaient en pièces [...] On se mit alors à retirer de l'écrou des pistolets les pierres à feu, mais pour les remplacer par des pouces de paysans et torturer ainsi les pauvres hères, comme s'il s'agissait de brûler des sorcières. D'ailleurs, les soldats avaient déjà jeté dans le four un des paysans faits prisonniers, et ils travaillaient à le chauffer, quoiqu'il n'eût encore rien avoué [...] Je ne puis rien dire au sujet du traitement que subirent femmes, servantes et jeunes filles faites prisonnières, car les soldats ne me laissèrent pas voir comment ils en usaient avec elles.

L'armement de ces mercenaires a fait **peu de progrès** depuis le XVIe siècle. L'artillerie est presque toujours négligée : couleuvrines, mortiers ou obusiers sont des pièces très lourdes, dont la portée et la cadence sont très faibles. La cavalerie est composée de cuirassiers lourdement armés et d'éléments plus sommairement équipés et plus mobiles (carabiniers, dragons, hussards). Quant aux fantassins, leurs armes offensives restent très imparfaites : les deux tiers environ d'une compagnie sont pourvus de la pique, longue lance de bois de cinq à six mètres, emmanchée d'une pointe de fer ; les autres, du mousquet qui a remplacé l'ancienne arquebuse, mais qui reste un engin très lourd, de faible portée et de chargement si compliqué qu'il faut cinq minutes pour tirer un coup de feu. Le désir des chefs de ne pas risquer à la légère le capital que représentent leurs troupes, explique que **la stratégie** est toujours une stratégie des « accessoires » : on assiège longuement les places importantes, on met en coupe réglée le pays occupé, on observe et on suit de loin les mouvements de l'armée ennemie, on compte sur sa lassitude ou ses difficultés de ravitaillement, mais on évite, autant que faire se peut, la grande bataille de destruction. Si par hasard les adversaires sont d'accord pour s'opposer en rase campagne, la rencontre se déroule selon des méthodes surannées, excluant mobilité ou manœuvres savantes : les deux infanteries, disposées en carrés profonds, se font face, les mousquetaires, qui se replient derrière les piquiers entre chaque décharge, essayant d'ouvrir une brèche dans les carrés adverses.

c) **L'intervention de Gustave-Adolphe** et l'arrivée de l'armée suédoise sur les champs de bataille d'Allemagne, **en 1631,** modifient profondément les conditions de la guerre. Certes, le roi de Suède utilise les services de mercenaires et de chefs étrangers, tel Saxe-Weimar, mais le noyau de son armée est **une armée nationale** : les cavaliers, d'origine noble, sont suédois, de même que les fantassins, paysans astreints, à raison d'un sur dix environ, à un service obligatoire de vingt ans. Ils constituent ainsi une troupe homogène qu'anime un même idéal fait d'esprit patriotique et de ferveur luthérienne. La solde étant payée assez régulièrement, le roi peut exiger une discipline relative, ce qui n'exclut pas d'ailleurs réquisitions et même pillages. De plus, tirant parti de l'expérience acquise dans les guerres contre ses voisins et de la supériorité de l'industrie métallurgique suédoise, modernisée par le Flamand Louis de Geer, Gustave-Adolphe a considérablement augmenté **la puissance de feu** et la mobilité de son armée : mousquetaires plus nombreux par rapport aux piquiers et dotés d'un mousquet plus maniable et de tir plus rapide grâce à l'utilisation de la cartouche ; pièces d'artillerie de cuivre, puis de fer, nombreuses, légères, mobiles, efficaces ; cuirassiers allégés par le port d'une simple demi-cuirasse et armés d'une épée et de deux pistolets à rouet. A ce remarquable instrument de guerre, le « lion du Nord » assigne pour but la destruction de l'armée ennemie : ses manœuvres consistent à forcer l'adversaire à la bataille et, une fois sur le terrain, à l'accabler sous la puissance du feu ; dans ce but, il substitue aux carrés profonds et aux escadrons serrés la formation en lignes minces, tant pour l'infanterie que pour la cavalerie. **Un nouvel art de la guerre** est né, dont les leçons sont reprises par les élèves directs ou indirects de Gustave-Adolphe : Saxe-Weimar, Mercy, Turenne, Condé.

d) Pourtant, à aucun moment du long conflit, le bruit des armes n'a totalement couvert la voix des **diplomates.** Les interférences de l'action militaire et des manœuvres diplomatiques sont un des traits caractéristiques de la guerre de Trente Ans, et le rôle d'un père Joseph, pour être moins spectaculaire que celui d'un Wallenstein, n'en est pas moins important. Cette action diplomatique se situe sur deux plans à la fois. D'abord, à l'intérieur même de chaque camp. La France joue là une partie capitale et difficile : unir contre un ennemi commun des puissances qui ont, par ailleurs, des intérêts politiques, économiques ou religieux différents, parfois opposés. L'allié peut devenir dangereux de par ses succès mêmes : c'est le cas de Gustave-Adolphe dont les éclatantes victoires ne tardent pas à inquiéter la France, c'est le cas de la France que les Provinces-Unies veulent bien pour amie, non pour voisine *(Gallus amicus, non vicinus)* et dont ils redoutent les progrès dans les Pays-Bas espagnols. En même temps, la France cherche à utiliser toutes les difficultés intérieures de l'adversaire, en s'alliant par exemple aux Portugais, aux Catalans, aux Napolitains quand ils se révoltent contre l'Espagne. Celle-ci agit de même à l'encontre de la France, appuyant tous les complots des grands (Montmorency, Cinq-Mars), traitant avec les Frondeurs et accueillant Condé. Par ailleurs, sur l'intervention de différents médiateurs, on parle de paix entre les deux camps dès 1636 ; c'est le pape qui, ému de voir aux prises les grandes puissances catholiques, offre le premier sa médiation, suivi bientôt de Venise et du Danemark. De leur côté, Richelieu et Olivarès échangent à plusieurs reprises, mais sans grande conviction, des émissaires officieux. En 1641, l'empereur, la France et la Suède acceptent le principe de l'ouverture de négociations en Westphalie. Mais elles n'ouvrent qu'en 1644 et durent près de quatre ans, cependant que les opérations militaires continuent. De même, les négociations franco-espagnoles qui aboutissent au traité de 1659 sont amorcées dès 1656.

e) En fait, la lassitude des adversaires joue un rôle déterminant dans la fin du conflit. Les incidences **financières** de celui-ci sont telles qu'elles nécessitent de la part des belligérants une véritable mobilisation de toutes leurs ressources et une priorité absolue donnée à la guerre. Richelieu le fait comprendre clairement à Louis XIII dès 1630.

Partout, l'effort se traduit par **une aggravation du fardeau fiscal** et par un renforcement de l'appareil étatique. Utilisant gazettes, pamphlets, libelles, les gouvernants essaient d'expliquer les raisons de tels sacrifices, ces explications tendant le plus souvent à exalter les sentiments nationalistes. En fin de compte, si la France finit par l'emporter en 1659, elle le doit essentiellement au fait que son peuple, plus nombreux et relativement plus riche que tout autre en Europe, a pu soutenir plus longtemps, mais non sans révoltes, l'énorme effort qui lui était imposé.

2 — La guerre dans l'Empire jusqu'en 1635

L'écrasement de la Bohême et l'élimination du roi de Danemark permettent à l'empereur de réaliser quelques-unes de ses ambitions. Si l'intervention de Gustave-Adolphe constitue pour lui, un moment, une redoutable menace, la mort du roi de Suède le délivre du danger, mais, en même temps, entraîne l'intervention directe de la France dans le conflit.

L'écrasement de la Bohême, 1619-1620

a) Lorsque **Frédéric V,** qui après bien des hésitations a accepté la couronne de Bohême, entre à Prague le 31 octobre 1619, **sa situation n'est pas brillante.** Il ne dispose que de troupes médiocres et insuffisantes : armée tchèque levée dans le pays et commandée par l'ambitieux comte de Thurn, mercenaires allemands de Mansfeld et de Christian d'Anhalt. En Allemagne, l'Union évangélique dont Frédéric est le chef hésite à s'engager de façon effective, cependant que l'électeur de Saxe, prince luthérien, décide de prendre parti pour l'empereur, contre une vague promesse des Lusaces. Hors de l'Empire, le nouveau roi ne trouve guère d'alliés : son beau-père Jacques Ier d'Angleterre tient à conserver de bonnes relations avec l'Espagne et conseille à son gendre d'abandonner la Couronne, en dépit de l'opinion publique anglaise favorable à la cause tchèque ; en France, le pieux Louis XIII qui vient d'épouser une infante espagnole voit surtout, dans la révolte de

Prague, une attaque contre l'Église romaine et un dangereux exemple pour les calvinistes français ; quant aux Provinces-Unies, dont les sympathies vont naturellement à un pays protestant révolté contre les Habsbourg, elles sont trop préoccupées par l'expiration prochaine de la trêve de Douze Ans et trop loin géographiquement pour pouvoir aider Frédéric autrement que financièrement. Au total, celui-ci ne peut guère compter que sur cette aide financière ainsi que sur celle de Venise et sur le concours militaire de Bethlen, prince de Transylvanie, élu roi de Hongrie par les magyars révoltés contre Ferdinand. Par ailleurs, ambitieux médiocre et sans expérience, calviniste intransigeant, Frédéric V qui ignore la langue tchèque ne réussit guère à se concilier ses nouveaux sujets, pas plus que sa femme, l'orgueilleuse Élisabeth Stuart.

b) Il est vrai que, de son côté, **Ferdinand II** n'a au début que des ressources médiocres pour faire face à la rébellion de la Bohême. Il dispose essentiellement des auxiliaires fournis par le roi d'Espagne et commandés par Bucquoy ; celui-ci ne peut empêcher Thurn de menacer Vienne, d'ailleurs sans résultat, en mai 1619. Mais au lendemain de son **élection à l'Empire**, la situation change en faveur de Ferdinand : l'alliance des électeurs de Saxe et de Bavière lui assure l'appui d'une part des troupes saxonnes, de l'autre des troupes de la Sainte Ligue qui viennent d'être reconstituées par le duc Maximilien et placées sous le commandement du Belge Tilly. De plus, en janvier 1620, Philippe III d'Espagne autorise l'archiduc Albert, gouverneur des Pays-Bas, à lever 20 000 hommes qui, commandés par Spinola, se porteront vers le Bas-Palatinat. Fort de ces différents appuis, Ferdinand repousse fermement l'offre de médiation présentée au nom de la France par le duc d'Angoulême ; tout au plus, celui-ci obtient-il un accord de neutralité, en Allemagne, entre les deux ligues (juillet 1620). Mais en ce qui concerne la Bohême, le chancelier Lobkowicz fait savoir à l'ambassadeur français que son maître entend bien obtenir « une obéissance entière de ses sujets, de laquelle il ne pouvait se voir assuré s'il ne l'acquérait pas par l'épée ».

c) Dans ces conditions, la défaite de la Bohême semble à peu près inévitable. Pendant que Spinola occupe le Bas-Palatinat et l'électeur de Saxe, les Lusaces, les troupes de Tilly fortes de quelque 25 000 hommes envahissent la Bohême par le sud et marchent sur Prague. Les Tchèques qui n'ont pu réaliser l'unité de commandement, sont 20 000 tout au plus. La rencontre a lieu le 8 novembre 1620, près de la capitale, autour de la colline de **la Montagne Blanche.** En moins d'une heure, les troupes tchèques sont mises en déroute et refluent en désordre vers la ville que Frédéric V n'a même pas eu le temps de quitter pour participer à la bataille. Il s'enfuit précipitamment la nuit suivante et se réfugie chez l'électeur de Brandebourg (qui venait de passer du luthéranisme au calvinisme). Dans les mois suivants, les Allemands mettront en chanson l'aventure du Palatin :

> O toi, pauvre roi d'un hiver, qu'as-tu fait ?
> Comment as-tu poussé la rébellion
> Jusqu'à prendre à l'empereur sa couronne ?
> Maintenant tu feras bien de fuir
> Tes terres électorales et la Bohême,
> Et pour ta faute tu seras dans la détresse
> Et tu souffriras la raillerie et la honte.

d) La bataille de la Montagne Blanche, en fait simple échauffourée, a des **conséquences** d'une extrême importance. La Bohême et la Moravie sont occupées presque sans coup férir et une terrible **répression** s'abat bientôt sur elles (la Silésie et les Lusaces y échappent partiellement, à l'instigation de l'électeur de Saxe). Les états doivent faire amende honorable et prêter serment d'obéissance à Ferdinand, roi de Bohême. En février 1621, est créé un Tribunal d'exception qui prononce condamnations à mort, emprisonnements et confiscations de biens. C'est ainsi que vingt-sept des chefs de la révolte qui n'avaient pas réussi, comme Thurn, à s'enfuir, sont décapités, le 21 juin, sur la place de la Vieille Ville, à Prague. Les biens des condamnés et des fugitifs, confisqués au profit de la Couronne, sont en fait donnés ou vendus à vil prix à des familiers de l'empereur. **Politiquement**, la réaction se traduit par l'octroi d'une nouvelle constitution qui aligne les pays de la couronne de Bohême sur les États patrimoniaux des Habsbourg ; la Couronne devient héréditaire dans la Maison d'Autriche, sans aucune confirmation du souverain par les états ; ceux-ci perdent l'initiative en matière législative ; les hauts dignitaires, nommés par le roi, ne sont plus inamovibles mais choisis pour cinq ans. A cela s'ajoute une germanisation partielle du pays, déjà favorisée par les importants transferts de propriétés de familles tchèques à des familles autrichiennes.

Plus importante encore est **la reconquête religieuse.** Dès le lendemain de la Montagne Blanche, les calvinistes sont déclarés proscrits. En 1621, Ferdinand abolit la Lettre de Majesté, puis en octobre 1622, ordonne l'expulsion des pasteurs luthériens ; la persécution s'étend bientôt aux fidèles luthériens eux-mêmes, qui émigrent en masse. En 1627 enfin, un décret ordonnera aux Tchèques et aux Moraves d'adhérer au catholicisme ou de quitter leur pays dans les six mois, Cependant, dès 1620, les jésuites sont rentrés à Prague où ils ont rouvert leur collège et, aidés des capucins, ont fortement réorganisé le culte catholique. Ainsi dans les quelques années qui suivent la Montagne Blanche, la Bohême, patrie de Jean Hus, devient

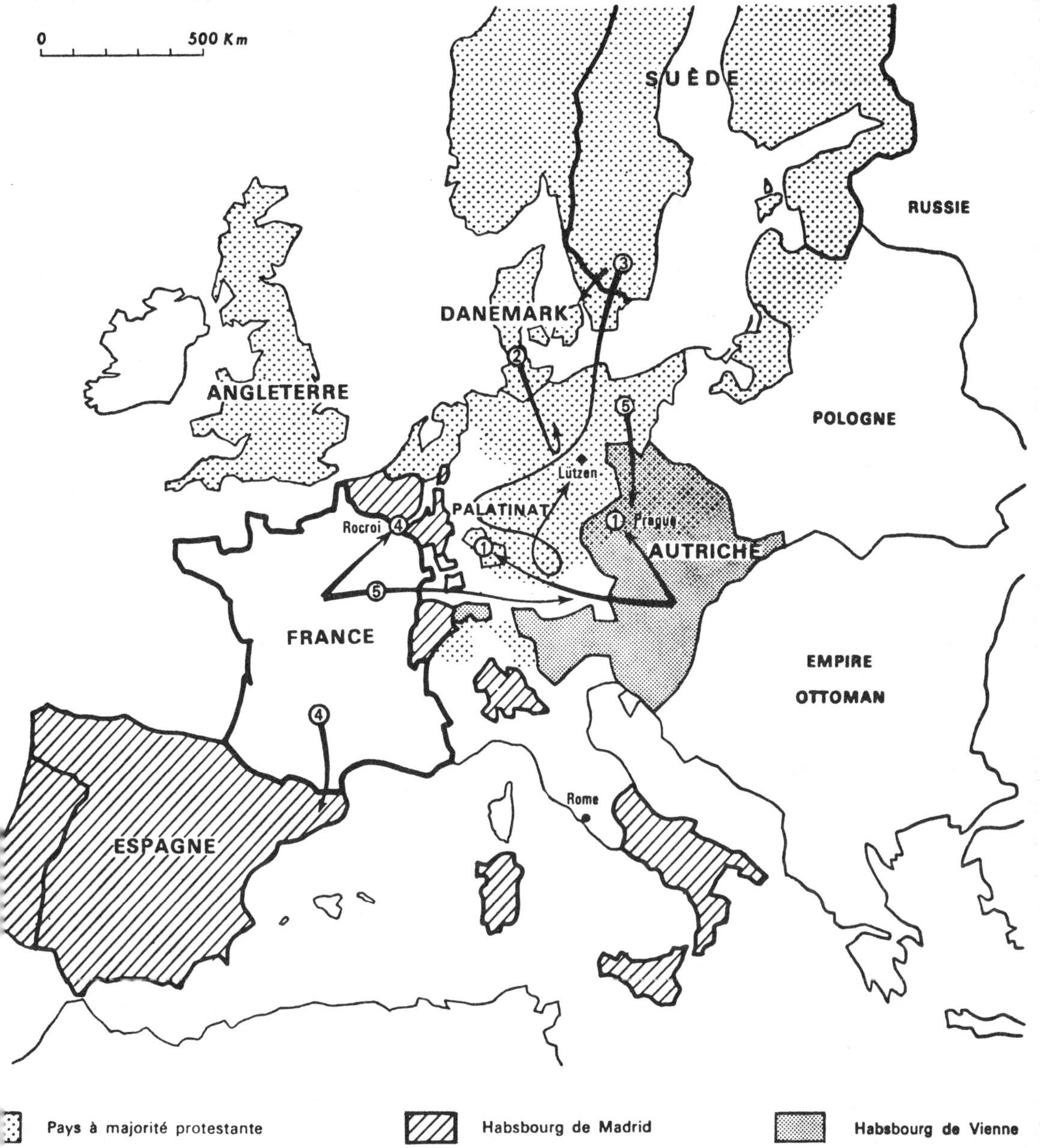

1	1620-1623	: Défaite des Tchèques et de l'électeur palatin.
2	1625-1629	: Intervention et défaite du roi de Danemark Christian IV.
3	1630-1632	: Intervention du roi de Suède Gustave-Adolphe.
4	1635	: Intervention de la France contre l'Espagne et l'empereur
	1642	: Occupation du Roussillon ;
	1643	: Victoire française de Rocroi.
5	1645-1648	: Campagne en Allemagne de Turenne et des Suédois.

D'après Ch. MORAZÉ et Ph. WOLFF, *XVII*e et *XVIII*e *Siècles*, Paris, A. Colin, 1953, p. 52

LA GUERRE DE TRENTE ANS

l'un des pays les plus catholiques de l'Europe, la floraison de l'art baroque n'étant pas l'une des moindres manifestations de cette éclatante victoire de la Contre-Réforme.

La guerre en Allemagne et les débuts de l'intervention diplomatique française, 1621-1631

a) Non content du succès remporté en Bohême, **Ferdinand II** entend bien tirer **une vengeance** exemplaire **de l'électeur palatin** et abattre par là même l'un des chefs du protestantisme en Allemagne. Le 21 janvier 1621, il prononce sa mise au ban de l'Empire, décision doublement grave puisqu'elle est prise sans consultation de la Diète et qu'elle entraîne, pour le Palatin, la confiscation de ses **biens** et la perte de sa **dignité électorale.** Cependant, Frédéric, ayant réuni quelques troupes, quitte le Brandebourg et tente de rentrer dans ses États ; mais il est bientôt abandonné par presque tous ses alliés et doit se réfugier à La Haye : les membres de l'Union évangélique qui s'étaient joints à lui font, les uns après les autres, leur soumission à l'empereur et décident de ne pas renouveler le pacte de l'Union venu à expiration en mai 1621 ; de son côté, le prince de Transylvanie, Bethlen, fait la paix avec Ferdinand (traité de Nikolsbourg, 6 janvier 1622). Seules, les bandes des chefs protestants Mansfeld et Brunswick (dit Halberstadt) continuent à tenir le pays, poursuivies par les troupes de Tilly jusqu'en Westphalie et en Basse-Saxe.

Pour faire reconnaître officiellement ses décisions de 1621, Ferdinand II convoque à Ratisbonne une Diète partielle *(Deputationstag)*, composée presque uniquement de princes catholiques, qui, le 25 février 1623, donne le Haut-Palatinat à Maximilien de **Bavière**, confie l'administration du Bas-Palatinat mis sous séquestre, partie aux Espagnols, partie aux Bavarois, enfin transfert la dignité électorale du Palatin au duc de Bavière, à titre viager. Ainsi, à cette date, le succès en Allemagne de la cause catholique apparaît substantiel : la Contre-Réforme triomphe en Bohême, l'équilibre territorial de l'Empire est modifié au profit des catholiques, le nombre des princes protestants au sein du collège des sept Électeurs se trouve ramené de trois à deux. Cependant, en Espagne, l'avènement de Philippe IV (1621) a amené au pouvoir son favori le comte-duc Olivarès qui, après la période de relatif effacement du règne précédent, entend reprendre la politique de Philippe II et rétablir en Europe la puissance du catholicisme et de la monarchie espagnole. Dans un premier temps, **Olivarès** veut briser la résistance des Provinces-Unies avec lesquelles les hostilités viennent de reprendre, et pour cela tenir les positions stratégiques indispensables (Valteline, Bas-Palatinat). Au-delà, il songe à reconstituer la puissance maritime espagnole et à établir en Mer du Nord et en Baltique, conjointement avec Vienne, la suprématie des Habsbourg. Dans de telles perspectives, Olivarès s'intéresse de très près aux affaires allemandes, influe directement sur la politique de l'empereur et par là même accroît l'inquiétude des puissances protestantes en Allemagne et bientôt dans toute l'Europe.

b) **Les princes protestants allemands** étant les plus directement menacés, sont les plus **inquiets.** C'est le cas non seulement des membres de l'ancienne Union évangélique, mais aussi des autres, notamment l'électeur de Saxe (qui attend toujours que Ferdinand tienne sa promesse concernant les Lusaces). Les décisions de 1621-1623 ne sont-elles pas un premier pas vers une révision du statut politique de l'Empire dans le sens de la centralisation et de son statut religieux dans le sens du triomphe du catholicisme ? C'est pourquoi les princes protestants cherchent à s'unir et à trouver des appuis extérieurs. En France, **Richelieu** qui arrive au pouvoir en avril 1624 a nettement conscience du danger que représente la politique des Habsbourg sous sa double forme autrichienne et surtout espagnole. Mais accaparé par les soucis intérieurs, il ne peut songer à intervenir directement ; tout au plus encourage-t-il en sous main tous les adversaires des Habsbourg et réussira-t-il à obtenir par le traité de Monçon (mars 1626) le retrait provisoire des troupes espagnoles de la Valteline, dont il mesurait tout l'intérêt stratégique :

> La Valteline, *écrit-il à cette date*, est importantissime aux Espagnols pour joindre les États d'Italie avec ceux d'Allemagne, ce qui redouble les forces d'Espagne ; de plus pour faire non seulement que l'Italie puisse secourir aisément l'Allemagne, dans laquelle on peut aller jusqu'à Vienne avec une armée en dix jours, partant de Milan ; mais aussi pour secourir la Flandre des mêmes forces d'Italie qui de Milan peuvent être conduites en Flandre en vingt-cinq journées d'armées. Par la Valteline, ils peuvent aller au Tirol, du Tirol dans l'Alsace, de l'Alsace dans la Lorraine ou la Franche-Comté.

c) Par contre, en Europe du Nord, **le roi de Danemark Christian IV** est prêt à intervenir. Luthérien et prince d'Empire (en tant que duc de Holstein), il est de plus en plus inquiet des progrès d'une politique qui le menace directement et risque de faire pièce à ses propres projets. Déjà maître des détroits danois et de l'entrée de l'Elbe, il voudrait en effet augmenter la puissance économique du Danemark en Mer du Nord et en Baltique en assurant à son fils la possession des évêchés entre Elbe et Weser (Brême, Verden,

Osnabrück), ce qui lui permettrait de contrôler la plus grande partie du commerce de l'Allemagne du Nord. De plus, il redoute de voir intervenir avant lui son rival Gustave-Adolphe de Suède auquel s'étaient également adressés les princes allemands. C'est pourquoi, en décembre 1625, il s'engage par l'alliance de La Haye à entrer en guerre contre l'empereur.

En fait le roi de Danemark ne peut compter que sur ses propres forces et sur les bandes de Mansfeld et d'Halberstadt : l'Angleterre et les Provinces-Unies (où Spinola vient de prendre Bréda en juin 1625) se contentent d'envoyer une aide financière ; ni l'électeur de Brandebourg, ni l'électeur de Saxe ne se décident à intervenir directement; quant à Bethlen, à nouveau révolté contre l'empereur, il se bat en Hongrie, bien loin des frontières danoises. Par contre, Ferdinand II, désireux de ne plus dépendre de la Sainte Ligue et de son chef Maximilien de Bavière, a, dès avril 1625, confié à **Wallenstein** la levée et le commandement d'une armée impériale. Albert de Wallenstein (1583-1634) est un noble tchèque, converti au catholicisme ; il s'est considérablement enrichi à l'occasion des confiscations de 1620, se constituant un immense domaine aux confins de la Bohême et de la Silésie, le duché de Friedland, et devenant l'un des plus gros créanciers de l'empereur qui, en 1623, l'a fait prince d'Empire.

L'armée de 20 000 hommes qu'il lève en 1625 permet à Wallenstein de battre Mansfeld à **Dessau** en mars 1626 (Halberstadt, puis Mansfeld devaient mourir dans les mois suivants). Le 27 août 1626, Tilly, à la tête des troupes de la Ligue, bat à **Lutter**, en Basse-Saxe, Christian IV qui se replie sur le Danemark. Wallenstein, qui reçoit de l'empereur le titre de « général de la mer océane et baltique », s'empare des terres des deux ducs de Mecklembourg, alliés de Christian IV et, en 1628, met le siège devant le port de Stralsund, en Poméranie. Cette politique, inspirée par Olivarès, inquiète assez Gustave-Adolphe pour qu'il décide l'envoi d'un corps de troupe qui force Wallenstein à lever le siège. Pourtant, le roi de Danemark, menacé d'une invasion, doit s'avouer vaincu et signer **la paix**, le 22 mai 1629, **à Lübeck** : il conserve l'intégrité de ses États mais renonce pour son fils à toutes prétentions sur les évêchés de la Weser et s'engage à ne plus s'occuper des affaires allemandes.

d) Quelques semaines auparavant, le 6 mars, Ferdinand II a promulgué **l'édit de Restitution** en vertu duquel les protestants devaient restituer, conformément à l'interprétation catholique de la paix d'Augsbourg, tous les biens sécularisés depuis 1552. Cette mesure, que même certains catholiques jugent inopportune, suscite une très vive opposition chez les protestants, notamment les électeurs de Saxe et de Brandebourg. Pourtant, à la fin de 1630, Wallenstein et Tilly, chargés par l'empereur de faire appliquer l'édit, au besoin les armes à la main, ont déjà repris plusieurs dizaines d'évêchés ou d'abbayes. Ainsi s'opère un vaste transfert de propriétés et un nouveau déplacement de l'équilibre des forces **au profit des catholiques.** Par ailleurs, l'édit de Restitution promulgué sans consultation de la Diète a, comme le geste de 1621, une portée doublement significative : Ferdinand II, fort de l'appui que lui vaut l'armée du duc de Friedland, semble bien résolu à extirper le protestantisme d'Allemagne et à transformer la dignité impériale en un pouvoir monarchique absolu et héréditaire. Au-delà de ces objectifs précis, une telle politique, solidaire de celle de Madrid, ne vise à rien moins qu'à **la domination** universelle **de la Maison d'Autriche. Princes allemands** et puissances européennes en prennent de plus en plus conscience. En dehors des princes protestants, irrémédiablement hostiles, Maximilien de Bavière et un certain nombre de princes catholiques, tout en souhaitant comme Ferdinand le triomphe de l'Église romaine, entendent bien s'opposer à la transformation du statut de l'Empire, au besoin en faisant élire Maximilien comme roi des Romains ; en outre, ils s'inquiètent de l'influence grandissante des ambassadeurs d'Olivarès à la cour de Vienne et des menées du duc de Friedland dont l'armée portée à 100 000 hommes parcourt toute l'Allemagne sous prétexte d'appliquer l'édit de Restitution, mettant au pillage indifféremment les terres catholiques et les terres protestantes. En France, **Richelieu** a plus que jamais conscience du danger mais estime qu'en dépit de la prise de La Rochelle (1628), la situation intérieure n'est pas encore assez solide pour qu'on puisse envisager une guerre ouverte contre les Habsbourg ; c'est pourquoi, en dehors de deux courtes campagnes militaires contre le duc de Savoie, allié de l'Espagne (victoire du Pas de Suse en 1629 et prise de Pignerol en 1630), l'essentiel des efforts de la France se porte-t-il toujours sur le plan diplomatique.

e) En juillet 1630, s'ouvre à **Ratisbonne** une assemblée du collège des Électeurs, à l'instigation de Ferdinand II qui voudrait faire élire son fils aîné Ferdinand comme roi des Romains, premier pas vers la reconnaissance du caractère héréditaire de la couronne impériale. Brulart de Léon et le père Joseph, envoyés à Ratisbonne par Richelieu, vont habilement exploiter le mécontentement envers l'empereur des électeurs catholiques, seuls présents, et spécialement de Maximilien. Ceux-ci vont exiger, avant toutes choses, la destitution de Wallenstein et le licenciement de son armée ; mais après que Ferdinand leur a donné satisfaction, **ils refusent d'élire son fils roi des Romains** (août 1630). Quelques mois plus tard, Richelieu, sûr de la confiance de Louis XIII au lendemain de la journée des Dupes (10 novembre 1630), marque des points en Italie en obtenant de l'Espagne une nouvelle évacuation de la Valteline et la reconnaissance comme duc de Mantoue de Charles de Gonzague, candidat de la France (avril-juin 1631). En même temps, il signe avec Maximilien de Bavière, le 30 mai 1631, une alliance défensive de huit ans. Mais à cette date, la diplomatie française a remporté un succès plus considérable encore en suscitant un nouvel adversaire à la Maison d'Autriche, **Gustave-Adolphe.**

Gustave-Adolphe et Wallenstein, 1631-1635

a) **Les ambitions du roi de Suède,** qui veut à la fois étendre la puissance suédoise en Europe du Nord et défendre le luthéranisme (*cf.* chapitre VI), devaient inévitablement l'opposer aux Habsbourg et le mêler aux affaires allemandes. En juillet 1630, il obtient du duc de Poméranie la disposition du port de Stettin, qui lui servira de base de départ, et de l'électeur de Brandebourg l'autorisation d'occuper quelques places fortes (dont Kustrin et Francfort-sur-l'Oder) ; du côté de l'Est, il s'assure l'aide de la Turquie, de la Transylvanie et de la Moscovie qui s'engagent à intervenir contre leur ennemi commun, la Pologne ; enfin, le 23 janvier 1631, il signe avec le baron de Charnacé, envoyé du roi de France, **le traité de Bärwalde** par lequel, en échange d'un subside annuel d'un million de livres, il s'engage à intervenir en Allemagne avec 36 000 hommes, mais à respecter le culte catholique partout où il le trouvera établi et à ne pas faire la guerre aux alliés de la France (ainsi la Bavière) sous condition de réciprocité.

Un événement imprévu et tragique va favoriser les projets de Gustave-Adolphe : le 20 mai 1631, la prise de **Magdebourg** par les troupes de Tilly, dans le cadre de l'application de l'édit de Restitution, s'accompagne de l'incendie de la ville et de telles horreurs que tous les princes protestants dont certains, comme l'électeur de Saxe, étaient réticents devant les préparatifs de Gustave-Adolphe se rangent franchement à ses côtés et lui confient la direction des opérations. Le 17 septembre 1631, à la tête des troupes suédoises et saxonnes, le roi de Suède écrase à **Breitenfeld**, près de Leipzig, les troupes impériales commandées par Tilly. Au lendemain de cette éclatante victoire qui apparaît aux protestants comme la revanche de la Montagne Blanche, le « lion du Nord » devient brusquement l'arbitre de la situation. L'affolement s'empare des cours de Vienne et de Madrid ; Ferdinand II commence de laborieux pourparlers avec Wallenstein pour convaincre celui-ci de reprendre le commandement des troupes impériales. Mais à Paris même, l'inquiétude commence à se faire jour devant un succès protestant qui semble justifier la mise en garde du père Joseph : « Il faut se servir de l'alliance suédoise ainsi que des venins : le peu sert de contre-poison, le trop tue ». Or les craintes de Richelieu se trouvent accrues par l'attitude du roi de Suède. En effet, au lieu de marcher directement sur Vienne, celui-ci confie cette tâche à l'électeur de Saxe (qui entre à Prague le 15 novembre) et pour sa part se dirige vers les pays catholiques de l'Allemagne rhénane, par la Thuringe et la vallée du Main ; le 23 décembre, il entre à **Mayence** et franchit le Rhin. Cependant que ses troupes prennent sur place leurs quartiers d'hiver, le roi installé à Mayence chasse évêques et prélats, dépouille les églises, organise une administration provisoire et songe même peut-être à constituer, avec les évêchés sécularisés, un grand duché de Franconie pour son lieutenant Bernard de Saxe-Weimar, tout ceci à l'encontre des clauses du traité de Bärwalde. Richelieu, pour qui l'installation des Suédois en Allemagne rhénane est aussi redoutable que celle des Espagnols, décide de prendre les précautions nécessaires en occupant militairement la Lorraine dont le duc Charles IV, intrigant médiocre, entretient des relations avec tous les mécontents français et fait même des ouvertures directes à Gustave-Adolphe.

Au printemps de 1632, ce dernier qui a refusé, en dépit des efforts de Charnacé, de signer un traité de neutralité avec la Sainte Ligue reprend les hostilités en envahissant **la Bavière.** Il bat à nouveau Tilly qui est mortellement blessé au passage du Lech (15 avril), et le 15 mai entre à Munich ayant à ses côtés l'électeur palatin Frédéric V (qui mourra quelques semaines plus tard) et de nombreux proscrits tchèques. Cependant, Wallenstein qui a accepté de reprendre le commandement de l'armée impériale contre de substantiels avantages (promesse de conserver les terres dont il ferait la conquête, pleine direction des opérations, droit de conclure des armistices) chasse les troupes saxonnes de Bohême, puis se mesure pendant deux mois avec le roi de Suède dans la région de Nuremberg, sans qu'aucune action décisive ne soit engagée. Gustave-Adolphe inquiet de l'état de son armée, mal ravitaillée et décimée par la maladie, décide de remonter vers ses bases d'Allemagne du Nord. Wallenstein le suit, et le 6 novembre 1632 la bataille décisive s'engage à **Lützen**, près de Leipzig : mêlée confuse et sanglante où l'avantage reste aux Suédois grâce à Bernard de Saxe-Weimar ; mais le roi de Suède a trouvé la mort au début de l'action en chargeant à la tête de sa cavalerie.

b) La nouvelle de **la défaite de Wallenstein** et de **la mort de Gustave-Adolphe** est accueillie avec soulagement à Paris. Pourtant, la disparition prématurée de celui-ci profite surtout aux Habsbourg. En effet, au cours de l'année 1633, la coalition protestante sous direction suédoise se dissout peu à peu malgré les efforts de Richelieu et de son ambassadeur Feuquières.

Le chancelier de Suède Axel **Oxenstierna**, régent pour le compte de la jeune reine Christine, réussit bien à maintenir et même resserrer les liens avec les princes et villes protestants du Rhin, de Souabe et de Franconie (**Union d'Heilbronn**, 23 avril 1633), mais se heurte aux réticences de l'électeur de Saxe, qui cherche à se réconcilier avec l'empereur, et de l'électeur de Brandebourg, inquiet des prétentions suédoises sur la Poméranie que lui-même convoite.

De son côté, **Wallenstein,** qui au lendemain de Lützen s'est retiré avec ses troupes dans son duché de Friedland, mène de plus en plus **un jeu personnel**, songeant peut-être à la couronne de Bohême ; tout en négociant avec la Saxe comme l'empereur lui en avait reconnu le droit, il propose secrètement ses services à la Suède et à la France. Mais ses perpétuelles indécisions et l'attitude de la plupart de ses lieutenants qui l'abandonnent font le jeu de l'empereur qui, averti de sa « trahison », le fait **assassiner** à Eger le 24 février 1634. Quelques mois plus tard, les troupes impériales appuyées par des renforts espagnols et commandées par Gallas battent à **Nordlingen**, le 6 septembre 1634, les troupes suédoises affaiblies par la rivalité de leurs chefs. Cette défaite entraîne l'effondrement des Suédois en Allemagne rhénane et danubienne et la défection de l'électeur de Saxe. Ce dernier signe en effet avec l'empereur, le 24 novembre 1634, les préliminaires de **Pirna** (confirmés à **Prague** le 30 mai 1635).

c) **L'accord maintient la paix d'Augsbourg**, convient d'un compromis pour les restitutions (maintien pour 40 ans de la situation de fait en 1627), stipule une amnistie générale et la dissolution des ligues (Union d'Heilbronn et Sainte Ligue) ; l'électeur de Saxe reconnaît le transfert de la dignité électorale et des territoires palatins de la rive gauche du Rhin au duc de Bavière ; il reçoit en échange les Lusaces promises avant la Montagne Blanche. Enfin, tous les princes et États allemands sont invités à adhérer à la paix, ce que feront dans les mois suivants les plus importants d'entre eux, notamment l'électeur de Brandebourg.

Si l'accord de Pirna-Prague peut à la rigueur servir de base à une réconciliation générale en Allemagne, il ne répond en rien aux préoccupations de l'Espagne et de la France. A Madrid, **Olivarès** est plus soucieux que jamais de renforcer les positions espagnoles dans la région rhénane, maintenant que les Suédois en sont pratiquement éliminés. A Paris, **Richelieu** s'inquiète non seulement du succès militaire et diplomatique remporté par l'empereur, mais plus encore des menées de la politique espagnole. Pour tenter de parer à ce double danger, il a, dès 1634, entièrement confisqué et occupé le duché de Lorraine et répondu à l'appel de plusieurs princes et villes d'Alsace en plaçant des garnisons dans quelques places alsaciennes ; en mars 1635, il fait occuper la Valteline par le duc de Rohan. Sur le plan diplomatique, il conclut en 1635 des traités d'alliance avec les Provinces-Unies (traité de Paris, 8 février), la Suède (traité de Compiègne, 28 avril), les ducs de Savoie, de Mantoue et de Parme (traité de Rivoli, juillet) ; en octobre, il signe avec **Bernard de Saxe-Weimar**, l'ancien lieutenant de Gustave-Adolphe, un accord par lequel la France prend à sa charge les 18 000 hommes de l'armée weimarienne et laisse à son chef

> le landgraviat d'Alsace, ce qui s'entend du revenu qui pouvait appartenir à la Maison d'Autriche, sans y comprendre les biens d'Église et des particuliers, de quoi le roi ne peut disposer, voulant aussi que le dit duc y maintienne la religion catholique en toute liberté [...[D'autant que S. M. ne s'attribue ledit pays que comme un dépôt jusqu'à la paix et pour le garantir des oppressions de l'un et de l'autre parti, S. M. est obligée de se réserver la principale autorité en icelui pays, en sorte que ledit duc jouisse dudit Landgraviat avec la dépendance et sous l'autorité de sadite Majesté.

L'heure est venue cette fois pour la France de passer de la guerre « fourrée » à la guerre ouverte. Prenant prétexte de l'occupation par les Espagnols de la forteresse de Trèves et de l'arrestation du prince électeur qui était neutre et placé sous la protection de la France (mars 1635), **Louis XIII déclare la guerre au roi d'Espagne** Philippe IV, le 19 mai 1635.

3 _ La fin de la guerre de Trente Ans et les traités de Westphalie

La guerre commence mal pour la France, mais les victoires de Condé et de Turenne forcent l'empereur à signer les traités de Westphalie qui règlent les affaires allemandes à son désavantage mais qui ne mettent pas fin à la guerre franco-espagnole.

La guerre, de 1635 à 1642

a) Si Richelieu a retardé autant qu'il l'a pu l'intervention directe dans le conflit, c'est qu'il sait mieux que quiconque **la situation difficile** dans laquelle va se trouver **la France** : le parti dévot réprouve plus ou moins ouvertement les alliances protestantes et la guerre contre la Maison d'Autriche, champion de la Contre-Réforme ; la situation financière est déplorable alors que la lutte va nécessiter des dépenses considérables ; l'armée est de médiocre qualité, mal équipée et mal commandée.

Aussi la lutte contre la Maison d'Autriche (l'empereur déclare la guerre à son tour à Louis XIII en 1636) commence-t-elle mal pour la France : cependant qu'une invasion des Pays-Bas par les troupes du maréchal de Brézé échoue lamentablement, les Espagnols s'emparent de Saint-Jean-de-Luz et des îles de Lerins (1635). L'année suivante, les troupes du Cardinal-Infant, frère de Philippe IV et nouveau gouverneur des Pays-Bas, envahissent la Picardie et prennent **Corbie** le 7 août 1636.

> Cette nouvelle, *raconte le marquis de Montglat dans ses* Mémoires, apporta une étrange consternation dans Paris : tout y fuyait, et on ne voyait que carrosses, coches et chevaux sur les chemins d'Orléans et de Chartres, qui sortaient de cette grande ville pour se mettre en sûreté, comme si déjà Paris eût été au pillage. On n'entendait que murmures de la populace contre le cardinal qu'elle menaçait comme étant cause de ces désordres : mais lui, qui était intrépide, pour faire voir qu'il n'appréhendait rien, monta dans son carrosse et se promena sans gardes dans les rues, sans que personne lui osât dire mot. Il ne laissait pas d'être fort embarrassé, quelque bonne mine qu'il fît, et il avait bien de la peine à trouver remède à un si grand mal : car les Espagnols après avoir passé la Somme, s'avancèrent jusqu'à Roye, qu'ils prirent, et leur cavalerie pillait toute la Picardie jusqu'à la rivière d'Oise qui passe à sept lieues de Paris.

De leur côté, les Impériaux de Gallas qui cantonnaient en Franche-Comté, mettent le siège devant **Saint-Jean-de-Losne** à la fin d'octobre. Pourtant, le péril est moins grand qu'il n'a paru tout d'abord : Saint-Jean-de-Losne résiste à tous les assauts et couvre ainsi la Bourgogne ; quant aux troupes espagnoles qui ont pris Corbie, elles sont mal ravitaillées et s'égaillent ; aussi les troupes françaises reprennent-elles facilement la ville en novembre. Au même moment, le Suédois Baner remporte en Saxe une importante victoire (Wittstock, 4 octobre), mais il ne réussit pas à exploiter son succès.

L'année 1637, confuse et indécise sur le plan militaire, est surtout marquée par la **mort de Ferdinand II**, le 15 février, et l'avènement de son fils **Ferdinand III** qui avait été élu quelques semaines plus tôt roi des Romains. Le nouvel empereur continue la politique de son père mais sans y mettre l'acharnement de ce dernier et en cherchant à mieux garder ses distances par rapport à Madrid.

b) Au cours des années suivantes (1638-1642), **la France et ses alliés** remportent d'importants **succès** sur les différents théâtres d'opérations. Du côté des **Pays-Bas**, la guerre est surtout une guerre de sièges ; grâce à l'alliance des Hollandais qui retiennent une partie des troupes espagnoles, les Français pénètrent en Artois et s'emparent successivement de Hesdin (1639), d'**Arras** (9 août 1640), de Bapaume (1641). **En Alsace**, Bernard de Saxe-Weimar s'établit solidement sur le Rhin, puis passe le fleuve et vient mettre le siège devant **Brisach**, place forte d'une importance considérable puisqu'elle commande à la fois la route de la Franche-Comté vers l'Empire et celle du Milanais vers le Palatinat et les Pays-Bas ; aussi Vienne et surtout Madrid ressentent-elles durement la chute de la ville, le 17 décembre 1638. En détruisant entièrement une très forte escadre espagnole au large de Douvres, en octobre 1639, l'amiral hollandais Tromp porte un coup plus dur encore aux Espagnols : c'est après la route terrestre, la route maritime vers les Pays-Bas qui se trouve coupée ; en même temps, c'est la fin des rêves de domination commerciale et maritime dans les mers septentrionales formés naguère par Olivarès. Quelque temps après la prise de Brisach, la mort inopinée de Saxe-Weimar, le 18 juillet 1639, délivre Richelieu du souci que lui causait un allié encombrant et ambitieux et permet à la France de prendre à son service les troupes weimariennes et d'administrer directement Brisach et la plus grande partie de l'**Alsace**.

La sécession du **Portugal** et la révolte de **la Catalogne** en 1640 sont habilement exploitées par Richelieu qui signe un traité d'alliance avec les Portugais (1er février 1641) et envoie une armée aux Catalans qui proclament Louis XIII comte de Barcelone (**février** 1641). En 1642, l'armée du maréchal de La Meilleraye s'installe en Roussillon et s'empare de **Perpignan**, le 9 septembre. En Allemagne, les troupes suédoises de Baner envahissent la Silésie et le Nord de la Bohême (1639-1640). Ferdinand III réunit alors une diète à Ratisbonne pour obtenir de nouveaux subsides des princes allemands (1641) ; mais ceux-ci se montrent réticents, bien que l'empereur se soit engagé à ouvrir des négociations avec la France et la Suède en Westphalie. Les princes protestants, notamment, qui se regroupent derrière le nouvel électeur de Brandebourg, le jeune Frédéric-Guillaume, reprennent espoir devant les succès français et suédois et songent à remettre en question le statut de Pirna-Prague ; or la position de l'empereur est encore affaiblie par la défaite qu'inflige aux Impériaux, le 2 novembre 1642, Tortenson qui a succédé à Baner à la tête de l'armée suédoise (seconde bataille de **Breitenfeld**). Un mois plus tard, le 4 décembre, Richelieu meurt à Paris et, le 14 janvier 1643, son vieil adversaire Olivarès tombe en disgrâce, victime des échecs successifs de sa politique. A cette date, **la lassitude générale**, surtout en Allemagne, semble préparer les voies de la paix.

La guerre, de 1643 à 1648

a) Pourtant, **Philippe IV** essaie de profiter de la mort de Richelieu et de l'état de santé précaire de Louis XIII (il mourra le 14 mai), pour organiser, au printemps de 1643, **une grande offensive en direction de Paris.** Le nouveau gouverneur des Pays-Bas, don Francisco Melo, rassemble une armée de plus de 25 000 hommes et vient assiéger Rocroi, petite forteresse qui flanque les abords de la haute vallée de l'Oise. Louis XIII désigne, pour commander l'armée chargée d'arrêter les Espagnols, le fils aîné du prince de Condé, le jeune duc d'**Enghien** qui n'a que 22 ans. Le 19 mai, Enghien, grâce à son esprit de décision et à son audace, écrase devant Rocroi la « redoutable infanterie » des tercios, qui y perd d'un coup sa réputation d'invincibilité. La gravité exceptionnelle des pertes espagnoles (8 000 morts, 7 000 prisonniers), dont les troupes du Roi Catholique ne purent jamais se relever, fait de la victoire française un événement capital.

b) Par ailleurs, contrairement aux espoirs des cours de Vienne et de Madrid, **Mazarin** se montre tout de suite résolu à poursuivre l'œuvre de Richelieu. **En Allemagne**, le maréchal de Guébriant à la tête de l'armée weimarienne ne réussit pas à envahir la Bavière; mais il est remplacé en 1644 par le jeune vicomte de **Turenne**, cadet de la maison de Bouillon et neveu des princes d'Orange qui, aidé des troupes d'Enghien, chasse de Fribourg-en-Brisgau les Bavarois commandés par Mercy. Peu de temps après, Tortenson, un moment détourné des affaires d'Allemagne par une guerre victorieuse contre le Danemark (1643-1645 ; traité de Brömsebro, 13 août 1645), envahit à nouveau la Bohême et la Moravie, dans l'espoir de faire sa jonction avec le nouveau prince de Transylvanie, successeur de Bethlen, Georges Rakoczi ; mais la manœuvre échoue, et Tortenson, laissant quelques garnisons en Moravie, ramène ses troupes en Saxe. De son côté, Turenne attaque les Austro-Bavarois commandés par Mercy et les bat à **Nördlingen,** le 3 août 1645; Mercy est tué dans la bataille. L'année suivante, les armées françaises opèrent leur jonction en Hesse avec l'armée suédoise de Wrangel, successeur de Tortenson ; les Franco-Suédois entrent en Bavière, où le duc Maximilien, lassé de voir son pays mis en coupe réglée et mécontent du peu de secours que lui envoie l'empereur, accepte de signer l'armistice d'Ulm (14 mars 1647). Mais apprenant que Turenne doit faire face à une mutinerie parmi ses troupes, il reprend les armes quelques mois plus tard, ce qui amène Turenne et Wrangel à envahir une fois de plus la

Bavière : vainqueurs à **Zusmarshausen**, près d'Augsbourg, le 17 mai 1648, ceux-ci marchent sur Vienne, cependant qu'une autre armée suédoise commandée par Kõnigsmark envahit la Bohême et entre dans Prague. La nouvelle de la signature de la paix à Osnabrück, le 24 octobre, arrête cette offensive concertée sur la capitale autrichienne.

c) Pendant ce temps, la guerre **contre l'Espagne** s'est poursuivie sur plusieurs théâtres à la fois, avec des fortunes diverses. **En Catalogne** (que Mazarin songe à échanger, le moment venu, contre les Pays-Bas) Enghien, devenu prince de Condé à la mort de son père (26 décembre 1646), ne réussit pas à déloger les Espagnols de Lérida (1647). **En Italie**, la France ne réussit pas non plus à remporter de succès décisifs : l'influence française, un moment compromise, est rétablie en Savoie, mais toutes les offensives contre le Milanais échouent ; une révolte des Napolitains provoquée par les exactions du gouverneur espagnol et conduite par le pêcheur Masaniello (1647) donne à Mazarin une occasion d'intervenir, mais Henri de Guise, un moment proclamé duc de Naples, ne peut se maintenir dans le pays ; en Méditerranée, le jeune Urbain de Maillé-Brézé bat à plusieurs reprises la flotte espagnole ; mais il est tué en 1646 dans une tentative pour s'emparer d'Orbetello. Par contre, aux **Pays-Bas**, Condé force Dunkerque à capituler (1646) ; deux ans plus tard, en dépit de la défection des Hollandais qui viennent de signer une paix séparée, il écrase à **Lens**, le 20 août 1648, une armée espagnole supérieure en nombre et commandée par l'archiduc Léopold, gouverneur des Pays-Bas. Quelques semaines plus tard, la paix est signée en Westphalie.

Les traités de Westphalie

a) Si le principe de **négociations en Westphalie** est accepté dès 1641 par l'empereur, la France et la Suède, ce n'est qu'en 1644 que les conférences projetées s'ouvrent effectivement : à **Münster**, se réunissent, sous la médiation du nonce et d'un envoyé de Venise, les représentants de l'Empereur, des princes et des villes de l'Empire, du roi d'Espagne, du roi de France, des Provinces-Unies, des Cantons suisses et de plusieurs États italiens la délégation française officiellement présidée par le duc de Longueville, beau-frère de Condé, est en fait dirigée par le comte d'Avaux et par Abel Servien, excellents diplomates, anciens collaborateurs de Richelieu : Trautmansdorf représente l'empereur et Penaranda, le roi d'Espagne. A **Osnabrück**, sont débattues les affaires intéressant la Suède et l'Empire, la délégation suédoise étant dirigée par Jean Oxenstierna, fils du chancelier.

Les deux congrès bien que séparés, négocient simultanément, multiplient les échanges de lettres et de mémoires et prennent en plein accord toutes leurs décisions.

La double **négociation** s'avère tout de suite **laborieuse**, d'abord parce que personne n'a au fond le désir sincère de traiter, chacun escomptant toujours quelque succès militaire décisif, mais aussi parce que les problèmes sont multiples et complexes. Dès 1644, Français et Suédois émettent des prétentions jugées inacceptables par les Habsbourg : ils réclament non seulement le rétablissement en Allemagne de la situation politique et religieuse de 1618 (ce qui aurait privé l'empereur de tous les avantages acquis entre 1619 et 1635), mais encore des « satisfactions » territoriales pour prix de leur intervention et des garanties pour l'avenir. Les Habsbourg ripostent en cherchant à disloquer la coalition formée contre eux. A cet égard, l'Espagne marque un point en signant une paix séparée avec les Provinces-Unies, très inquiètes des projets de Mazarin concernant les Pays-Bas. Par le traité de Münster du 30 janvier 1648, les Provinces-Unies se voient reconnaître leur indépendance et accorder plusieurs avantages commerciaux (fermeture de l'Escaut) et territoriaux (cession du pays dit de la Généralité et des comptoirs conquis hors d'Europe). L'Espagne, désormais libérée de tout souci militaire de ce côté et tablant sur l'impopularité croissante en France du gouvernement de Mazarin, décide de poursuivre la lutte ; même la défaite essuyée à Lens, le 20 août, ne réussit pas à entamer sa détermination. Par contre, l'empereur, pressé par ses alliés allemands (surtout le duc de Bavière que la prolongation de la guerre achève de ruiner), menacé dans ses États patrimoniaux et dans sa capitale même par la double offensive franco-suédoise de l'été 1648, se résigne à abandonner le roi d'Espagne et signe la paix avec la France et la Suède, le 24 octobre.

b) L'ensemble des textes connus sous le nom de **traités de Westphalie** consacre **l'échec des ambitions des Habsbourg de Vienne** et la victoire de la politique française. En effet, les traités imposent à Ferdinand III le maintien de **la division religieuse** de l'Empire et l'affaiblissement de l'autorité impériale. Non seulement les clauses de la paix d'Augsbourg sont confirmées, mais les calvinistes partagent désormais avec les luthériens tous les avantages accordés à ceux-ci. De plus, si en vertu du principe *cujus regio, ejus religio* les princes restent maîtres de fixer officiellement la religion de leur État, les habitants qui ne suivraient pas le choix du prince se voient reconnaître le droit de rester dans le pays et d'y pratiquer leur culte à titre privé. En ce qui concerne le problème des sécularisations de biens ecclésiastiques, il est décidé de reconnaître comme perpétuellement valable la situation de fait au 1er janvier 1624, ce qui force les catholiques à renoncer à presque toutes les restitutions opérées à leur profit en vertu de l'édit de 1629. Ces différentes clauses, qui mettent un terme à plus d'un siècle de guerres de religion en Allemagne, apparaissent si bien comme une défaite de la Contre-Réforme que le pape refuse de ratifier les traités et les déclare même « perpétuellement nuls ».

Au nom des « **libertés germaniques** », la France et ses alliés réduisent autant qu'il est possible les pouvoirs de l'empereur dans l'Empire, en renforçant ceux des princes :

> Afin que dorénavant il ne naisse plus de différends dans le gouvernement civil, tous et chacun les électeurs, princes et États de l'Empire sont tellement établis et confirmés en leurs anciens droits, prérogatives, libertés, privilèges, libre exercice du droit territorial, tant au spirituel qu'au temporel, seigneuries, régales, en vertu de la présente transaction, qu'ils ne puissent ni ne doivent jamais y être troublés par qui que ce soit, sous aucun prétexte. Qu'ils jouissent sans contradiction du droit de suffrage dans toutes les délibérations, touchant les affaires de l'Empire [...] ; qu'aucune de ces choses ou semblables ne se passe ci-après sans le consentement de l'assemblée libre de tous les États de l'Empire. Qu'il soit pareillement libre à chaque État de l'Empire de faire des alliances avec les étrangers pour sa conservation et sûreté, pourvu néanmoins que ces alliances ne soient ni contre l'empereur et l'Empire, ni contre la paix publique et cette transaction, et qu'elles se fassent sans préjudice du serment dont chacun est lié à l'empereur et à l'Empire.

En fait, le renforcement des pouvoirs des princes paralyse non seulement l'empereur mais la Diète elle-même et aboutit à la création en Allemagne d'une « anarchie constituée ». Par ailleurs, le fils du palatin Frédéric V recouvre la dignité électorale et le Palatinat rhénan, cependant que le duc de **Bavière** conserve son titre d'**Électeur** et le Haut-Palatinat : les électeurs protestants sont désormais trois contre cinq catholiques au sein du collège électoral porté à huit membres ; **la Saxe** conserve les Lusaces, et le Mecklembourg est rendu à son duc ; **le Brandebourg** reçoit les évêchés sécularisés d'Halberstadt et de Minden, la plus grande partie de la Poméranie orientale et l'expectative de l'archevêché de Magdebourg (en attendant la mort de son administrateur provisoire). La reconnaissance *de jure* de la pleine indépendance des Cantons suisses et la proclamation de la liberté de circulation sur le Rhin complètent ces clauses. Le nouvel ordre ainsi établi dans l'Empire est placé sous la garantie des puissances contractantes, donc au premier chef, de la France et de la Suède, ce qui doit leur permettre d'intervenir à leur gré dans les affaires allemandes.

c) En matière de « **satisfactions** » **territoriales**, **la France** obtient la reconnaissance officielle des Trois Évêchés et de Pignerol et, en dépit d'une certaine ambiguïté des textes voulue par les signataires, la cession par Ferdinand III, soit comme empereur, soit comme chef de la Maison d'Autriche, de Brisach et de la plus grande partie de l'**Alsace** (à l'exception de la ville libre de Strasbourg et de la république de Mulhouse) :

> L'empereur, tant en son nom propre qu'en celui de toute la sérénissime Maison d'Autriche, comme aussi l'Empire, cèdent tous les droits, propriétés, domaines, possessions et juridictions, qui jusqu'ici ont appartenu tant à lui qu'à l'Empire et à la Famille d'Autriche, sur la ville de Brisach, le landgraviat de la Haute et Basse Alsace, Sundgau, et la préfecture provinciale des dix villes impériales situées dans l'Alsace, savoir Haguenau, Colmar, Schletstadt, Wissembourg, Landau, Obernai, Rosheim, Munster, Kaisersberg, Turckheim, et tous les villages et autres droits qui dépendent de ladite préfecture, les transportent tous et chacun d'iceux au R.T.C. et au Royaume de France.

Une première ambiguïté réside dans l'apparente confusion entre Haute et Basse-Alsace, puisque la Haute-Alsace est possession de la Maison d'Autriche alors que la Basse-Alsace est seulement terre d'Empire dépendant de l'évêché de Strasbourg. L'autre équivoque provient d'un autre article aux termes duquel est maintenue l'immédiateté à l'égard de l'Empire des dix villes impériales et de quelques autres seigneuries alsaciennes en même temps qu'est reconnue la pleine souveraineté du roi de France ! Selon le mot de Servien : « Il faut se contenter que chacun demeure avec ses prétentions et explique le traité comme il l'entend ».

Quant à **la Suède**, elle reçoit la Poméranie occidentale et l'île de Rügen, une partie de la Poméranie orientale avec l'embouchure de l'Oder et le port de Stettin, le port mecklembourgeois de Wismar, l'archevêché de Brême et l'évêché de Verden : ainsi contrôle-t-elle les bouches des grands fleuves allemands, Oder, Elbe, Weser. Ces territoires lui sont cédés au titre de fiefs d'Empire, ce qui fait du roi de Suède un prince allemand avec le droit de siéger à la Diète,.

Les traités de Westphalie, accueillis avec soulagement dans une Allemagne épuisée, n'entraînent pas pour autant la paix générale en Europe : les problèmes de la Baltique ne sont pas réglés, et surtout la guerre continue entre la France et l'Espagne.

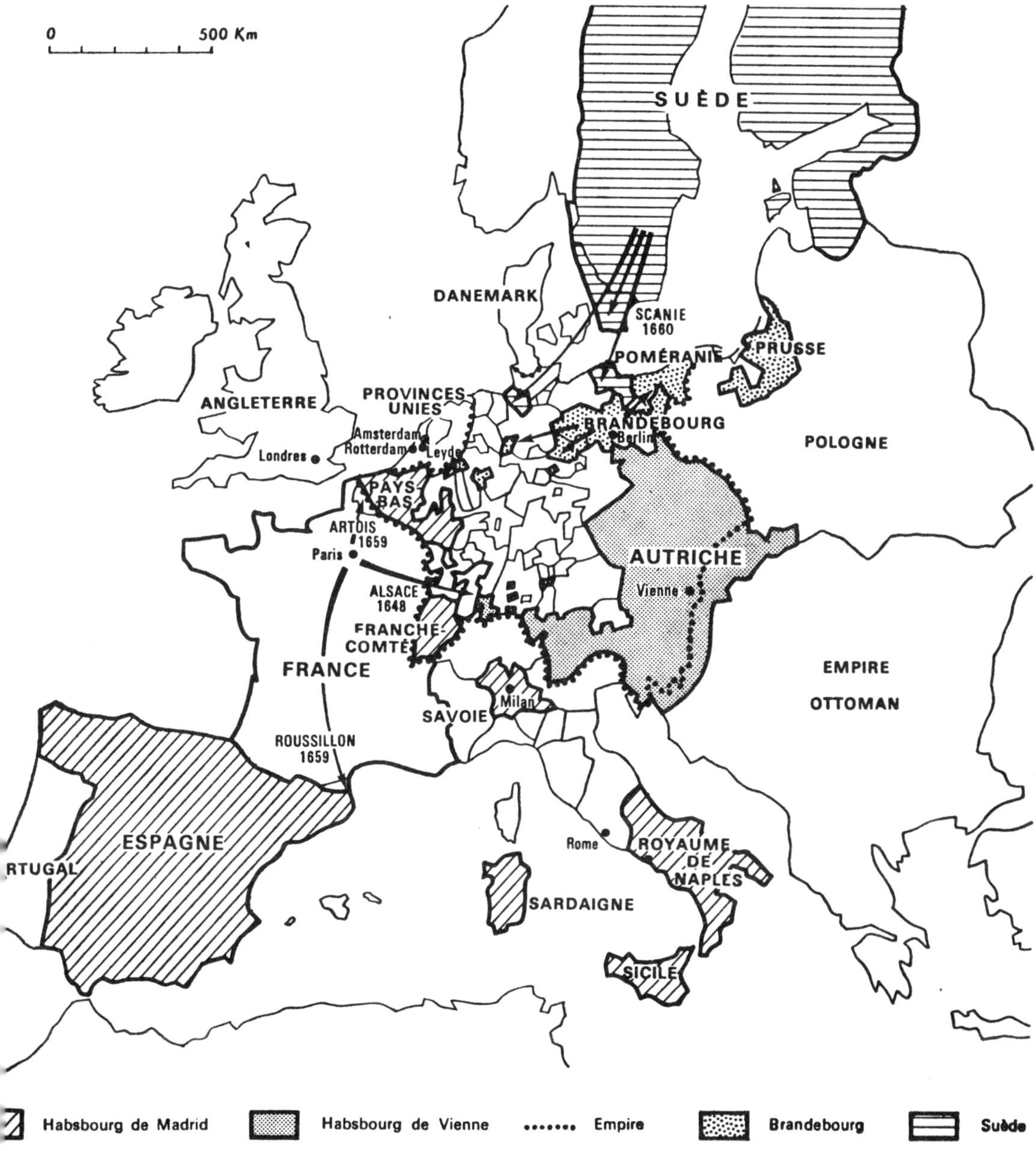

D'après Ch. MORAZÉ et Ph. WOLFF, *XVIIe et XVIIIe Siècles*, Paris, A. Colin, 1953, p. 84.

L'EUROPE DES TRAITÉS DE WESTPHALIE ET DES PYRÉNÉES

4 — La fin de la guerre franco-espagnole et les traités de 1659-1660

Avec le traité des Pyrénées et la « paix du Nord », prennent fin plus de quarante années de guerre qui ont permis à la France d'assurer sa prépondérance en Europe, mais laissent une grande partie de l'Allemagne dépeuplée et ravagée pour longtemps.

La guerre franco-espagnole et le traité des Pyrénées

a) **Les troubles de la Fronde** et le soulèvement de Paris et d'une partie de la France contre Mazarin **profitent** largement **à l'Espagne** en lui permettant de continuer la lutte en dépit de son isolement et de sa lassitude. Non seulement les armées françaises ne peuvent engager aucune action importante, mais Philippe IV trouve en France même des alliés parmi les factieux : Turenne se bat contre les troupes royales à Rethel, en 1650 ; Condé, le vainqueur de Rocroi et de Lens, signe un traité avec l'Espagne et vient assiéger Rocroi à la tête des troupes espagnoles (1653).

Pourtant dès 1652 et la fin de la Fronde, Mazarin, conscient que la décision sera surtout d'ordre diplomatique, entreprend pour forcer l'Espagne à la paix, d'aggraver encore son isolement et même de lui susciter de nouveaux ennemis. La rentrée de **l'Angleterre** sur la scène européenne, après la longue éclipse des troubles intérieurs et de la guerre civile (1625-1650), constitue à cet égard l'événement important des années 1650. Déjà vainqueur de ses rivaux hollandais à la suite d'une guerre courte mais difficile (1652-1654), Cromwell songe à tirer profit du conflit franco-espagnol, pour s'allier au plus offrant. Il pense d'abord au roi d'Espagne, dans l'espoir d'abaisser la France, favorable aux Stuarts et rivale commerciale ; mais les conditions offertes par Philippe IV (cession de Calais, à conquérir) lui ayant paru insuffisantes, Cromwell se décide, après de longs marchandages, à signer avec la France en 1655 un **traité d'amitié**, contre la cession de Dunkerque et divers avantages commerciaux. L'Angleterre, qui a signé l'année précédente un accord avec le Portugal, rompt avec l'Espagne : dès 1655, une flotte anglaise s'empare, dans les Antilles espagnoles, de la Jamaïque.

Parallèlement, Mazarin intervient discrètement dans les conflits du Nord pour empêcher un affaiblissement de l'allié suédois face à la Pologne et au Danemark (*cf.* chap. VI). Surtout il met tous ses soins à maintenir l'Empire dans une stricte neutralité. Il est aidé en cela par la lassitude de la plupart des princes allemands et par l'initiative de l'archevêque-électeur de Mayence qui met sur pied une **Ligue du Rhin** à laquelle adhèrent les trois électeurs ecclésiastiques, quelques princes de l'Allemagne rhénane, le roi de Suède en tant que duc de Brême et de Verden, et le roi de France. Les membres de la Ligue concluent, le 15 août 1658, une alliance défensive de trois ans pour le maintien des traités de Westphalie.

Le 23 mars 1657, l'accord franco-anglais de 1655 devient une alliance offensive selon laquelle l'Angleterre s'engage à apporter à la France l'aide de sa flotte et d'un corps de 6 000 hommes. Quelques semaines plus tard, une armée franco-anglaise commandée par Turenne pénètre en Flandre et vient mettre le siège devant Dunkerque, appuyée par l'escadre anglaise. Une armée espagnole sous les ordres de Condé et de don Juan d'Autriche, fils naturel de Philippe IV, tente de débloquer la place mais se fait battre par Turenne le 14 juin 1658 (**bataille des Dunes**). Dunkerque, qui capitule quelques jours plus tard, est remise aux Anglais, après que Louis XIV y ait fait son entrée. Dans les semaines suivantes, Dixmude, Gravelines, Ypres tombent aux mains des Français. L'Espagne vaincue doit se résoudre à traiter.

b) En fait, des **négociations** ont été amorcées dès juillet 1656 à Madrid, entre le Français Hugues de Lionne et le ministre espagnol don Luis de Haro, mais elles ne reprennent sérieusement, à Lyon, qu'au lendemain de la bataille des Dunes. Mazarin, qui songe à ménager éventuellement à Louis XIV des droits à la succession d'Espagne, propose le mariage du roi avec l'infante Marie-Thérèse. Devant les réticences de Philippe IV, Mazarin se rend avec la cour à Lyon et fait semblant d'ouvrir des pourparlers en vue du mariage du roi avec une princesse de Savoie, tout en faisant savoir aux Espagnols que, dans ces conditions, la France se montrera beaucoup plus exigeante sur le chapitre des cessions territoriales (novembre 1658). La « comédie de Lyon » réussit : Philippe IV accepte de rouvrir, sur les bases proposées par Mazarin, les négociations interrompues. Pourtant celles-ci qui reprennent à Paris (février-juin 1659), puis dans **l'île des Faisans**, sur la Bidassoa, sont longues et difficiles : outre le problème du mariage, le cas de Condé donne lieu à d'âpres discussions, le roi d'Espagne mettant son point d'honneur à ne pas abandonner le rebelle aux justes représailles de Louis XIV. Finalement, après une série de conférences entre Mazarin et Luis de Haro, **le traité dit des Pyrénées** est signé le 7 novembre 1659. L'Espagne abandonne à la France **le Roussillon, l'Artois** (moins Aire et Saint-Omer) et une série de places fortes de la Flandre au Luxembourg (Gravelines, Le Quesnoy, Landrecies, Avesnes, Philippeville, Marienbourg, Montmédy, Thionville). **Le duc de Lorraine** Charles IV récupère son duché, mais cède à la France le Clermontois, Stenay et Dun et accorde aux troupes françaises un droit de passage pour se rendre en Alsace. **Condé,** qui a accepté d'écrire à Louis XIV une lettre de soumission dans laquelle il s'en remet à l'indulgence royale, rentre en grâce et recouvre ses titres et ses biens. Le contrat de **mariage**, signé le même jour, prévoit la renonciation de l'infante à ses droits à la couronne d'Espagne, moyennant le paiement d'une dot de 500 000 écus d'or :

> S. M. Catholique promet et demeure obligée de donner, et donnera à la sérénissime infante Dame Marie-Thérèse, en dot et en faveur de mariage avec le Roi Très-Chrétien de France, et paiera à S. M. Très-Chrétienne, ou à celui qui aura pouvoir et commission d'elle, la somme de cinq cent mille écus d'or sol, ou leur juste valeur, en la ville de Paris [...] Moyennant le paiement effectif fait à S. M. T. C. desdits cinq cent mille écus d'or sol ou leur juste valeur, ladite sérénissime infante se tiendra pour contente et se contentera du susdit dot, sans que par ci-après elle puisse alléguer aucun sien autre droit, ni intenter aucune autre action ou demandes, prétendant qu'il lui appartienne ou puisse appartenir autres plus grands biens, droits, raisons et actions pour cause des héritages et plus grandes successions de leurs Majestés Catholiques ses père et mère [...]

Le traité est sévèrement jugé par certains Français (tel Saint-Évremond) qui reprochent à Mazarin d'avoir sacrifié l'acquisition des Pays-Bas à la chimère de la succession espagnole ; il n'en assure pas moins, après Westphalie, la prépondérance française en Europe.

La guerre en Europe septentrionale et la « paix du Nord »

a) Devenu roi de Suède en 1654 par l'abdication de sa cousine Christine, **Charles X Gustave**, à qui ne suffisent pas les avantages obtenus à Osnabrück, entend reprendre les vastes projets de Gustave-Adolphe, sans en avoir le sens politique ni le génie militaire. **La Pologne**, à nouveau aux prises avec la Russie, semble alors une proie facile. En 1655, Charles X Gustave envahit l'État polono-lithuanien et propose à Frédéric-Guillaume, électeur de **Brandebourg** et vassal de la Pologne en tant que duc de Prusse, un partage des terres polonaises ; d'abord favorable au projet (1656), Frédéric-Guillaume se reprend et se réconcilie avec la Pologne (traité de Wehlau, septembre

1657), grâce aux bons offices de l'empereur Ferdinand III qui lui fait obtenir la pleine indépendance du duché de Prusse. Mais plus que la défection du Brandebourg et la résistance polonaise, c'est l'attaque de la Suède par **le Danemark** qui force Charles X Gustave à abandonner la Pologne. Une série de victoires contre les troupes danoises, qui avaient attaqué à la fois le duché de Brême et le territoire suédois par la Norvège, permet au roi de Suède d'imposer au Danemark le traité de Röskilde (27 février 1658) qui confirme les cessions du traité de Brömsebro (1645), c'est-à-dire les îles de Gotland et d'Osel, et qui y ajoute celles de la pointe méridionale de la péninsule scandinave (Halland, Scanie, Blékingie) et du port norvégien de Trondhiem. Non content de cela, Charles X Gustave rompt la paix peu de temps après et, en août 1659, attaque **Copenhague** ; mais la capitale danoise est sauvée grâce à l'arrivée de secours envoyés par la Hollande qui redoute une totale maîtrise de la Suède sur les mers du Nord et les détroits. Pendant ce temps, l'électeur de Brandebourg, désormais allié de la Pologne et du nouvel empereur Léopold Ier dont il a contribué à l'élection (1657), envahit le Holstein occupé par les troupes suédoises (1659). Mais à Paris, **Mazarin**, libéré du souci espagnol par le traité des Pyrénées, suit de près les événements : il craint que la coalition ainsi formée contre la Suède ne réussisse à vaincre celle-ci et n'aboutisse en fin de compte à une remise en question du statut de Westphalie ; c'est pourquoi en accord avec l'Angleterre et la Hollande, il propose sa médiation aux divers belligérants.

b) **La « paix du Nord »** est constituée par plusieurs textes signés en 1660 et 1661 : par le traité d'**Oliva**, signé près de Dantzig le 3 mai 1660, la Pologne abandonne à la Suède la Livonie intérieure et à l'électeur de Brandebourg, la pleine souveraineté sur la Prusse ; quelques semaines plus tard, par le traité de **Copenhague** (4 juin 1660), le Danemark confirme la cession à la Suède de la Scanie et des régions voisines mais récupère Trondhiem ; enfin, par le traité de **Kardis** (1er juillet 1661), la Russie reconnaît la perte de l'Ingrie et de la Carélie, suédoises depuis 1617.

Ainsi, grâce à la médiation de la France, la Suède apparaît comme la grande Puissance de l'Europe du Nord.

L'Europe vers 1660

Cette fois, l'œuvre de Westphalie est vraiment complétée et consolidée : la paix générale est établie. Comme l'écrira Louis XIV dans ses *Mémoires* à propos de la situation de l'Europe en 1661 : « Tout était calme en tous lieux ». Mais l'Europe sort de plus de quarante années de guerre, meurtrie et transformée.

a) **Dépeuplement et destructions**, tel est le triste bilan pour les pays directement touchés par le passage des gens de guerre. A cet égard, l'Allemagne est la grande victime du cataclysme. Les villes allemandes ont perdu en moyenne près du tiers de leur population, les campagnes, près de 40 %. Encore ces chiffres masquent-ils les écarts considérables entre les différentes régions : à côté de provinces presque indemnes (Autriche, Allemagne du Nord-Ouest) ou relativement peu touchées (Bohême et Moravie), le Brandebourg, l'évêché de Magdebourg, la Bavière, la Franconie ont perdu la moitié de leurs habitants, la Poméranie, le Mecklembourg, le Wurtemberg, le Palatinat et la vallée du Rhin, près des deux tiers ; l'Alsace, la Lorraine, la Champagne, la Bourgogne sont aussi terriblement éprouvées. Certes, les méfaits des armées ne sont pas seuls en cause : certaines années, famines et épidémies viennent ajouter leurs victimes, mais les unes et les autres sont le plus souvent conséquences directes ou indirectes du conflit. La hausse considérable de la mortalité et la chute des mariages et des conceptions expliquent l'effondrement de la population de certaines régions. A ces causes, s'ajoute l'émigration massive d'individus fuyant devant les gens de guerre ou chassés de leur pays pour des raisons religieuses.

Les destructions accompagnent la dépopulation ; les provinces allemandes les plus dépeuplées sont aussi les plus ravagées. Les campagnes ont beaucoup plus souffert que les villes qui, à l'abri derrière leurs murailles, ont été le plus souvent épargnées, à moins d'avoir été prises d'assaut. Des villages entiers sont abandonnés ; les terres retournent en friches, la lande et les bois gagnent du terrain, les loups circulent en bandes dans les champs dévastés et déserts. En 1640, Baner, qui se bat contre Gallas dans le Mecklembourg, écrit à Oxenstierna :

> Dans cette province, il n'existe plus rien que du sable et de l'air. Tout est ravagé jusqu'au ras du sol, les villages et la campagne sont remplis de bêtes crevées, les maisons sont pleines de cadavres humains, la misère est impossible à décrire.

b) Aux ravages matériels, s'ajoute le profond **ébranlement moral** des populations allemandes. Les atrocités de l'interminable conflit, l'excès de souffrances, le spectacle journalier de la mort entraînent chez beaucoup de survivants une remise en question de toutes les valeurs, se traduisant notamment par une vague d'immoralité que dénoncent les prédicateurs et par le recours à la sorcellerie. L'art se fait l'écho de cet effondrement spirituel.

c) **Politiquement** l'Europe de 1660 n'est plus exactement celle des années

1600. **La Maison d'Autriche** ne représente plus un danger pour la paix européenne, et sa division en deux branches semble effectivement assurée. Les Habsbourg de Vienne ont dû accepter l'affaiblissement de l'institution impériale et la quasi-indépendance des princes d'Empire ; il est vrai qu'en même temps leur position se trouve renforcée dans leurs États patrimoniaux et en Bohême, dont le statut de royaume héréditaire et germanisé n'a pas été remis en question en 1648 : détournés d'Allemagne, ils s'orientent vers la constitution d'un vaste État dynastique, axé sur le Danube et susceptible d'agrandissement vers l'Est aux dépens des Turcs. L'Espagne, affaiblie militairement et économiquement, amputée des Pays-Bas du Nord et de l'Artois, du Roussillon et bientôt du Portugal, cesse de compter parmi les Puissances de premier plan. **L'Angleterre** sortie de son isolement, **les Provinces-Unies** indépendantes et agrandies, **la Suède** dominant la Baltique sont de grandes puissances que leur vocation maritime rendent concurrentes. Mais le fait essentiel est la situation prépondérante acquise par **la France.** Le royaume que Mazarin mourant remet au jeune Louis XIV (1661) est non seulement plus vaste et mieux protégé grâce à l'acquisition de l'Artois, de l'Alsace et du Roussillon, mais il dispose d'une clientèle qui comprend presque tous les pays européens, de la Suède aux États d'Italie du Nord, de l'Angleterre de Charles II Stuart aux princes de la Ligue du Rhin. Le jeune Louis XIV peut à bon droit se considérer comme l'arbitre du continent et écrire orgueilleusement : « La paix était établie avec mes voisins, vraisemblablement pour aussi longtemps que je le voudrais moi-même ». Le prestige intellectuel, artistique et moral de la France ne cesse de grandir. L'ère de **la prépondérance française** en Europe commence.

LECTURES COMPLÉMENTAIRES

PAGÈS (Georges), *La Guerre de Trente Ans, 1618-1648*, Paris, Payot, 1949, 270 p.

LIVET (Georges), *La Guerre de Trente Ans*, P.U.F. (« Que sais-je ? »), 1963, 128 p.

FRANZ (Günther), *Der Dreissigjährige Krieg und das deutsche Volk*, Stuttgart, Gustav Fischer Verlag, 3e éd., 1961, 114 p.

CHAPITRE IV

LA FRANCE DE 1610 A 1661

1 — Louis XIII et Richelieu

Après les troubles du début du règne de Louis XIII, Richelieu s'efforce de rétablir l'autorité du roi au-dedans comme au-dehors, mais le régime de guerre qu'il impose au pays suscite de vives résistances.

Les débuts du règne, 1610-1624

a) Le 14 mai 1610, le soir même de l'assassinat d'Henri IV, le chancelier Sillery demande au parlement de Paris de déclarer la reine-mère **Marie de**

Médicis seule régente du royaume pendant la minorité du nouveau roi, Louis XIII, alors âgé de neuf ans ; flatté d'une telle démarche, le parlement acquiesce aussitôt. Marie de Médicis, qui exercera le pouvoir de 1610 à 1617 d'abord comme régente puis, après le 2 octobre 1614 (date de la majorité légale du roi) comme chef du Conseil, est une Italienne indolente et entêtée, cupide et bornée ; elle a un certain sens de la grandeur royale et surtout le goût du pouvoir, mais elle se révélera incapable de l'exercer efficacement.

Si, au début, elle conserve dans leurs charges les conseillers d'Henri IV, les « Barbons » (Sully, Sillery, Villeroy, Jeannin), ceux-ci ne tardent pas à constater que la régente, très influençable, se laisse en fait guider par les membres de **son entourage**, le père Coton, le nonce Ubaldini et surtout sa sœur de lait Léonora Galigaï et son mari Concini, ambitieux plat et cynique, sans aucun sens politique, qui sera bientôt comblé d'honneurs (maréchal, marquis d'Ancre, gouverneur de Péronne). Sous ces influences, Marie de Médicis s'oriente vers une politique catholique et proespagnole ; l'accord se fait entre Paris et Madrid sur le futur mariage de Louis XIII avec l'infante aînée, et sur celui de la sœur du roi avec le prince des Asturies. Sully, en désaccord avec cette politique, démissionne dès janvier 1611, cependant que ses collègues qui acceptent de s'en faire les artisans restent en place.

Mais le rapprochement avec l'Espagne catholique et la faveur dont jouit le maréchal d'Ancre provoquent d'autres **mécontentements. Les protestants**, très inquiets malgré la confirmation de l'édit de Nantes par la régente, tiennent à Saumur une assemblée générale sous la présidence de Duplessis-Mornay (1611). Tous les grands seigneurs protestants sont présents : le duc de Bouillon, prince souverain de Sedan, les ducs de La Trémoille, de Soubise, de La Force, de Chatillon, et surtout l'énergique duc Henri de Rohan, gendre de Sully et chef virtuel du parti protestant. Ils décident de diviser le royaume en « cercles » dont les assemblées seront permanentes et obtiennent le maintien des places de sûreté pour cinq nouvelles années. Ce ne sont encore que des précautions, mais significatives. Par ailleurs, **les grands** commencent à s'agiter : les princes de Condé et de Conti et le comte de Soissons (qui meurt en 1612), princes du sang écartés du Conseil de régence, les ducs d'Angoulême et de Vendôme, bâtards de sang royal, le duc de Nevers apparenté aux Gonzague de Mantoue, le duc de Guise de la puissante Maison de Lorraine, les Montmorency, les Longueville, les Uzès... Jaloux du pouvoir grandissant de Concini, mais aussi avides et ambitieux que lui, ils réclament hautement charges et pensions. Pour les calmer, la régente dilapide à leur profit le trésor amassé par Sully ; mais, en 1613, les largesses cessent, faute d'argent. Furieux, la plupart des grands quittent la cour et se retirent en province, dans leurs gouvernements, où, s'appuyant sur toute une clientèle, ils se livrent ici et là à des prises d'armes. Pour calmer ce début d'agitation, la régente traite à Sainte-Menehould, le 15 mai 1614, avec le prince de Condé et s'engage à accorder aux grands de nouvelles pensions, à surseoir aux mariages espagnols et à convoquer **les États généraux.**

Ceux-ci se réunissent effectivement à Paris en octobre de la même année, mais les querelles entre les Ordres les paralysent presque totalement. La noblesse, le clergé et même une partie du Tiers réclament l'abolition de la Paulette, cependant que le Tiers demande la suppression des pensions accordées aux nobles et la diminution de la taille. De son côté, le clergé, dont le jeune évêque de Luçon, Richelieu, est l'un des représentants les plus écoutés, souhaite la « réception » en France des décrets du concile de Trente, mais se heurte au gallicanisme du Tiers. Ainsi lorsque les États se séparent en mars 1615, aucune solution d'ensemble n'a été apportée, notamment au problème financier. Pourtant le calcul des grands, qui espéraient voir les États réclamer leur arrivée aux affaires, a été déjoué : le clergé (aristocrate mais lucide) et le Tiers ont refusé de proposer cette mise en tutelle de la monarchie.

La reine-mère, qui fait célébrer en novembre 1615 les mariages espagnols et s'en remet de plus en plus à **Concini**, se trouve bientôt aux prises avec un nouveau soulèvement des grands : Condé et Vendôme prennent les armes, cependant que Rohan lève des troupes protestantes dans le Sud-Ouest. Une fois de plus, Marie de Médicis traite avec Condé (Loudun, 3 mai 1616) qui entre au Conseil ; mais quelques mois plus tard, inquiète de la popularité du prince, elle le fait arrêter (1er septembre 1616), puis congédie Villeroy et Jeannin. Concini tout-puissant s'entoure d'hommes dévoués et capables, notamment Richelieu qui entre au Conseil et s'efforce de relever au-dehors le prestige du roi. Mais en Europe comme dans le royaume, Concini et tous ceux qui travaillent avec lui sont entièrement discrédités.

b) A la surprise générale, c'est **Louis XIII** lui-même, maintenant âgé de seize ans, qui décide de prendre le pouvoir en mains et de se débarrasser de Concini. Tenu à l'écart par sa mère, humilié par le favori, méconnu de tous, le jeune roi a vécu dans l'isolement et s'est peu à peu attaché à un noble provençal, Charles d'Albert de **Luynes**, qui s'est intéressé à lui et a réussi à le convaincre de faire arrêter et juger Concini ; en fait, le 24 avril 1617, celui-ci est abattu à coups de pistolet par Vitry, capitaine des gardes. Cependant que la joie populaire éclate à Paris, Louis XIII se débarrasse de tous ceux qui ont servi l'Italien (notamment Richelieu) et exile la reine-mère à Blois. En réalité, le roi ne prend pas effectivement le pouvoir, mais s'en remet à Luynes. A Concini, succède un favori non moins avide et très vite non moins méprisé. Pourtant, s'il est inexpérimenté. Luynes ne manque pas totalement de sens politique : il incite Louis XIII à rappeler les « Barbons » et convoque, à Rouen, une Assemblée des Notables (décembre 1617). Mais le régime présente les mêmes faiblesses que le précédent et se heurte, de ce fait, aux mêmes difficultés. Le 21 février 1619, Marie de Médicis s'échappe de Blois et rejoint à Angoulême le duc d'Épernon. Luynes préfère négocier avec les rebelles et accorder à la reine-mère le gouvernement d'Anjou. Cette faiblesse provoque une nouvelle prise d'armes en juin 1620 ; Soissons, Mayenne, Vendôme, Longueville et leurs clientèles se rangent aux côtés de Marie de Médicis. La « **guerre de la mère et du fils** » reprend : Louis XIII disperse les troupes rebelles aux Ponts-de-Cé près d'Angers (7 août 1620) et, sur l'entremise de Richelieu, se réconcilie avec sa mère ; celle-ci rentre à Paris, cependant que l'évêque de Luçon reçoit la promesse du chapeau de cardinal pour prix de ses bons offices et essaie discrètement de rentrer en grâce. Reste **le problème protestant.** En septembre-octobre 1620, Louis XIII et son favori, à la tête des troupes royales, se rendent d'Anjou en Béarn où ils rétablissent le culte catholique, restituent à l'Église les biens sécularisés par Jeanne d'Albret et rattachent à la Couronne Navarre et Béarn. Ces décisions, sans cesse ajournées depuis Henri IV, provoquent le profond mécontentement des protestants dont certains se soulèvent dans le Sud-Ouest sous la direction de Bouillon et de Rohan. Louis XIII et Luynes, nommé connétable, sont conscients que l'unité même du royaume est en jeu et décident de soumettre par la force les provinces protestantes : Poitou, Saintonge, Guyenne, Languedoc. Mais après la prise de Saint-Jean-d'Angély et l'échec devant Montauban, Luynes meurt brusquement le 15 décembre 1621.

c) **Le roi, débarrassé d'un favori** dont l'omnipotence commençait à lui peser, poursuit la campagne contre les protestants. Il bat Soubise en Poitou (île de Riez), puis revient en Guyenne (sac de Nègrepelisse) et en Languedoc. Mais après avoir assiégé en vain Montpellier, il négocie avec Rohan : l'édit de Nantes est renouvelé en tous ses articles et les fortifications nouvelles de La Rochelle et de Montauban, conservées (traité de Montpellier, 18 octobre 1622). Cette faiblesse témoigne de l'absence d'une ferme direction des affaires du royaume. Louis XIII en a conscience et en souffre. Il est entouré de personnages médiocres qui se livrent à de mesquines intrigues, Condé, la jeune reine Anne d'Autriche, les ministres Sillery, Puisieux, La Vieuville. La reine-mère, que l'âge a assagie et qui reprend de l'ascendant sur son fils, lui conseille de **faire appel à Richelieu** qui a reçu le chapeau en 1622, mais Louis XIII reste plein de préventions à l'égard de l'ancienne créature de Concini et de sa mère. Finalement, cédant aux instances de celle-ci, il disgracie, en février 1624, Sillery et son fils Puisieux et, **le 29 avril 1624**, appelle

Richelieu au Conseil. D'abord prudent, celui-ci fait arrêter La Vieuville pour concussion et obtient du roi le titre de « chef du Conseil » en août 1624. Une nouvelle période du règne commence.

Richelieu jusqu'au « grand orage », 1624-1630

a) L'étroite **collaboration du roi et de son ministre** est à la base du régime ainsi institué. **Louis XIII** qui a vingt-deux ans en 1624, est un personnage complexe. Une santé médiocre et notamment des nerfs fragiles, une enfance et une adolescence privées d'affection expliquent sans doute en partie son caractère timide, ombrageux et même dissimulé, mais aussi les amitiés passionnées et platoniques qui le lieront entre autres à Luynes, à Melle de La Fayette, à Cinq-Mars. Catholique fervent, il a une crainte maladive du péché et mène une vie austère et même ascétique. Conscient de ses droits et de ses devoirs de souverain, il est aussi conscient de ses propres limites : s'il aime la guerre, la vie des camps et les longues chevauchées à travers les provinces de son royaume (qu'il connaît bien), il n'a que peu de goût pour la politique et son éducation l'y a mal préparé. C'est pourquoi après avoir mesuré la valeur irremplaçable de Richelieu, il saura vaincre ses réticences à son égard et l'assurer jusqu'au bout, malgré les orages, de son entière confiance.

Celle-ci est amplement justifiée. Armand du Plessis de **Richelieu**, né en 1585 dans une famille de bonne noblesse poitevine, est entré dans les ordres non par vocation, mais pour conserver dans sa famille l'évêché de Luçon ; il sera pourtant toute sa vie un prêtre sans reproche. C'est tout autant qu'un homme de Cabinet, un homme d'action qui se souvient de s'être préparé d'abord à la carrière des armes. Par ailleurs, gentilhomme orgueilleux et fastueux, il entretiendra un train de vie princier, faisant profiter clients et parents de l'énorme fortune qu'il amasse, selon les usages du temps, dès son arrivée au pouvoir. Ce pouvoir que cet ambitieux a tout fait pour obtenir, il a toutes les qualités pour l'exercer : il possède à la fois une intelligence supérieure, un sens aigu du « possible », une volonté inflexible, une étonnante capacité de travail (en dépit d'une santé délabrée). Or, il entend mettre ces qualités exceptionnelles au service du roi et de l'État :

> Lorsque V.M., *écrira-t-il vers 1638*, se résolut de me donner en même temps et l'entrée de ses Conseils et grande part en sa confiance pour la direction de ses affaires, je puis dire avec vérité que les Huguenots partageaient l'État avec Elle, que les Grands se conduisaient comme

> s'ils n'eussent pas été ses sujets, et les plus puissants gouverneurs des provinces comme s'ils eussent été souverains en leurs charges [...] Je puis dire encore que les alliances étrangères étaient méprisées ; les intérêts particuliers préférés aux publics, et en un mot la dignité de la Majesté Royale tellement ravalée et si différente de ce qu'elle devait être par le défaut de ceux qui avaient la principale conduite de vos affaires pour lors, qu'il était presque impossible de la reconnaître [...] Je lui promis d'employer toute mon industrie et toute l'autorité qu'il lui plaisait me donner pour ruiner le parti huguenot, rabaisser l'orgueil des Grands, réduire tous ses sujets en leur devoir et relever son nom dans les nations étrangères au point où il devait être.

Rien pourtant qui ressemble moins à l'exécution, point après point, à partir de 1624, d'un plan soigneusement préétabli. En fait, devant la résistance des événements et des hommes, Richelieu se montrera un remarquable opportuniste, sachant se plier aux circonstances et devant sans cesse compter, surtout jusqu'en 1630, avec les intrigues d'une cour qui s'efforce d'amener le roi à se débarrasser de son ministre.

b) C'est ainsi que, face à un nouveau soulèvement des **protestants** entraînés par Rohan et son frère Soubise, Richelieu négocie avec les rebelles : sans marine suffisante pour agir efficacement contre La Rochelle, véritable république maritime et grande place forte des huguenots, il préfère attendre son heure et signe, en février 1626, le traité de La Rochelle qui renouvelle celui de Montpellier. Quelques semaines plus tard, un complot de cour, ourdi pour le faire assassiner, est découvert : il groupe derrière Gaston, jeune frère du roi et héritier du trône, les princes du sang et la reine Anne. L'un des conjurés Henri de Talleyrand-Périgord, comte de **Chalais**, est décapité à Nantes le 19 août 1626 ; le duc de Vendôme et son frère sont arrêtés ; Gaston, fait duc d'Orléans, doit accepter d'épouser Marie de Bourbon-Montpensier ; la duchesse de Chevreuse, confidente de la reine, s'enfuit en Lorraine ; le chancelier d'Aligre, compromis, doit laisser les sceaux à Marillac. Enfin, un édit signé à Nantes ordonne la destruction de nombreux châteaux forts. L'année suivante, l'exécution du comte de Montmorency-Bouteville (22 juin 1627), qui avait ouvertement bravé un édit de 1626 renouvelant des prescriptions antérieures contre les duellistes, montre non moins clairement que le roi et son ministre entendent ramener les nobles à une stricte obéissance.

c) En même temps, Richelieu, qui vient d'être nommé « surintendant de la navigation et commerce de France », fait approuver par une nouvelle Assemblée des Notables (décembre 1626 - février 1627) un programme très complet de réforme du royaume, en partie rédigé par Marillac. En fait, les nécessités de la guerre contre les huguenots et de la lutte « couverte » contre la Maison d'Autriche le forcent à surseoir à ces réformes. Deux ans durant,

la guerre de La Rochelle et ses prolongements accaparent presque toute son activité. Il s'agit non seulement d'en finir avec la rébellion protestante, mais aussi d'assurer à la France, grâce à la construction d'une marine nationale, la maîtrise de tous ses ports outre le développement et la protection de son grand commerce maritime. L'Angleterre, directement visée, ne s'y trompe pas : ce n'est pas pour les seuls motifs religieux qu'elle apporte son aide à La Rochelle ; elle entend aussi empêcher le roi de France « d'étendre sa monarchie sur l'Océan ». En juin 1627, Buckingham débarque dans l'île de Ré dont le fort Saint-Martin résiste héroïquement. Les Rochelais, un moment hésitants sont finalement entraînés dans la rébellion ouverte contre le roi par Soubise, venu de Londres avec la flotte anglaise. Les troupes royales commencent alors l'investissement de la place par terre (septembre), puis à l'instigation de Richelieu, l'architecte Métezeau complète le blocus en fermant le port par une digue, cependant que la flotte française croise au large. Après un siège de treize mois, La Rochelle, abandonnée par Buckingham chassé de Ré, réduite à une affreuse famine, se rend en octobre 1628. Tous les privilèges de la ville sont abolis, les remparts sont rasés, le culte catholique est rétabli, mais le culte réformé est maintenu. Après une expédition en Piémont (victoire du Pas de Suse, février 1629), les troupes royales se retournent vers le Languedoc, où Rohan tient le pays depuis deux ans. La prise de Privas et la dévastation des abords des Cévennes forcent les protestants à accepter les conditions du roi : **l'édit de Grâce** signé à **Alès** le 28 juin 1629 leur laisse les avantages religieux, civils et judiciaires accordés par l'édit de Nantes, mais les prive de tous leurs privilèges politiques (assemblées) et militaires (places de sûreté).

d) Cependant l'édit d'Alès et la politique antihabsbourgeoise de Richelieu aggravent un **conflit** latent depuis quelque temps déjà, entre deux « partis » et deux politiques. Pour **le parti dévot** groupé derrière le garde des sceaux Michel de Marillac, le cardinal de Bérulle très influent à la Cour (mais qui meurt en octobre 1629), la reine-mère Marie de Médicis jalouse de son ancien protégé, la reine Anne et Gaston d'Orléans (« Monsieur ») toujours du côté des mécontents, il convient d'extirper le protestantisme du royaume et de révoquer l'édit de Nantes, d'appuyer la Maison d'Autriche dans ses efforts de reconquête catholique contre l'hérésie et donc d'abandonner toute attitude hostile à l'égard des Habsbourg, enfin de s'efforcer de réaliser à l'intérieur les réformes notamment fiscales et judiciaires qui remédieraient à la misère des classes populaires dont les nombreux soulèvements qui éclatent en province sont la manifestation la plus inquiétante (entre autres : Rouen, 1623 ; Quercy, 1624 ; Amiens, Troyes, Laval, 1628 ; Angoulême, Lyon, 1629). La Grande Ordonnance, rédigée par Marillac en 1629 et dite

« code Michau », témoigne de ce souci de réforme intérieure. Pour **le parti des « bons Français »** sur lequel s'appuie Richelieu, il faut éviter « la confusion des intérêts de l'État et de ceux de la religion », aussi bien dans le royaume à l'égard des protestants qu'à l'extérieur face au danger que représente la politique ambitieuse des Habsbourg. Le salut de l'État exige précisément que l'on abatte la Maison d'Autriche : d'abord par voie « couverte », puis le moment venu ouvertement, même si cette politique de guerre force non seulement à ajourner les indispensables réformes intérieures, mais encore à aggraver le fardeau fiscal. Comme l'écrit Richelieu au souverain, le 13 avril 1630 :

> Si le Roi se résout à la guerre, il faut quitter toute pensée de repos, d'épargne et de règlement du dedans du royaume.

e) Placé devant cette alternative fondamentale, le pieux Louis XIII hésite. Durant l'année 1630, les événements semblent donner raison aux dévots : disette et peste conjuguées provoquent dans une grande partie du royaume une affreuse misère et une brutale flambée de soulèvements populaires (Rouen, Caen, Nantes, Angers, Orléans, Dijon, Poitiers, Lyon, Grenoble) ; une seconde expédition en Italie du Nord, pour assurer à Charles de Nevers le duché de Mantoue, s'avère difficile et hasardeuse après un bon début ; de plus, en juillet, le roi tombe gravement malade. En novembre, **le « grand orage »**, qui se préparait depuis plusieurs mois, éclate contre Richelieu : le 10, Marie de Médicis fait devant Louis XIII et son ministre une scène violente à l'issue de laquelle elle pense avoir obtenu de son fils le renvoi du cardinal. Les courtisans se précipitent au Luxembourg la féliciter. En fait, quelques heures plus tard, Louis XIII fait venir Richelieu et lui renouvelle sa confiance. Les semaines qui suivent cette « **journée des Dupes** » voient la déroute du parti dévot : Michel de Marillac est privé des sceaux et exilé ; son frère le maréchal de Marillac, traduit devant une commission extraordinaire sous le prétexte de malversations, est exécuté ; Gaston d'Orléans s'enfuit en Lorraine ; quant à Marie de Médicis, elle refuse obstinément de se réconcilier avec le Cardinal et préfère se réfugier aux Pays-Bas (juillet 1631). Au-delà des questions de personnes, Louis XIII a fait son choix entre les deux politiques : Richelieu, sûr d'une confiance qui ne se démentira plus, va pouvoir appliquer celle qu'il a proposée au roi.

Richelieu et le régime de guerre, 1630-1642

a) **A partir de 1630**, Richelieu, homme d'État plus qu'administrateur, subordonne toute la politique intérieure aux exigences de **la lutte contre**

les Habsbourg. Son premier souci est d'assurer dans tout le royaume **l'autorité du roi** et la tranquillité publique. A cet effet, il utilise les institutions existantes mais en les rendant plus efficaces et en les peuplant de ses créatures : le Conseil des affaires (futur Conseil d'en haut) réunit, aux côtés du roi et du cardinal, les « ministres d'État » tels Bullion surintendant des Finances, les deux Bouthillier, Pierre Séguier garde des sceaux en 1633, et chancelier en 1635 ; le Conseil privé (ou d'État, ou des parties), formé de maîtres des requêtes nommés par brevet et de conseillers d'État, rend des arrêts dont la valeur est sans cesse contestée par les parlements ; les quatre secrétaires d'État (parmi lesquels Abel Servien et les Phélypeaux) ne sont que des exécutants zélés. Peu à peu dans les Conseils, dans les postes ministériels, dans les cours souveraines (parlement de Paris notamment), le rôle des nobles de robe s'accroît, qu'il s'agisse de commissaires ou d'officiers. **En province**, Richelieu exige des gouverneurs une obéissance et une fidélité absolues ; surtout, il utilise de plus en plus les intendants, commissaires choisis parmi les maîtres des requêtes et « départis » pour une durée limitée, avec des pouvoirs très étendus, afin de rétablir l'ordre ou de contrôler tous les corps provinciaux que leurs privilèges peuvent rendre menaçants : états, municipalités, nobles, officiers constitués en caste héréditaire grâce au paiement de la Paulette. De plus, le Cardinal, au courant de tout grâce à une police fort bien organisée, s'efforce de diriger l'opinion publique : il entretient des libellistes qui défendent sa politique ; il tire parti de la création, en mai 1631, de la *Gazette* par Théophraste Renaudot, qui fait de ce premier journal l'organe officieux du ministre. Il compte aussi sur les écrivains, et la fondation de l'Académie française, en 1635, répond en grande partie à ce même souci de propagande monarchique.

b) Les sujets ne doivent pas seulement obéir, ils doivent payer. Les besoins **financiers** de la France en guerre sont vite énormes. Pour y faire face, aucune réforme d'ensemble n'est tentée : l'édit de 1628, tendant à transformer les pays d'états en pays d'élections en y introduisant des « élus », officiers de répartition des tailles, est peu à peu abandonné après 1630. Harcelés par les demandes d'argent que leur adresse le ministre, les surintendants pratiquent une politique d'expédients, qui ne réussit pas à enrayer l'augmentation constante du déficit : emprunts, mutations monétaires, réductions des rentes, ventes d'offices, surtout augmentation des tailles et des gabelles et création de taxes nouvelles.

c) **Les problèmes économiques** intéressent Richelieu dans la mesure où la puissance du roi dépend de la richesse du royaume, et il fait siennes les idées « mercantilistes » de Sully ou de Laffemas :

> La France est si fertile en blé, *écrit-il*, si abondante en vin et si remplie de lin et de chanvres pour faire les toiles et cordages nécessaires à la navigation que l'Espagne, l'Angleterre et tous les autres voisins ont besoin d'y avoir recours ; et pourvu que nous sachions nous bien aider des avantages que la nature nous a procurés, nous tirerons l'argent de ceux qui voudront avoir nos marchandises qui leur sont si nécessaires et nous ne nous chargerons point beaucoup de leurs denrées qui nous sont si peu utiles.

En fait, les réalisations restent dans ce domaine extrêmement limitées : tarifs douaniers et édits somptuaires pour protéger les manufactures contre l'étranger, création du monopole royal des Postes (1630). Par contre, les classes populaires urbaines et rurales sont écrasées d'impôts sans égard aux répercussions économiques d'une telle politique financière. Même les mesures prises en vue de favoriser le grand commerce maritime et la colonisation (création de plusieurs compagnies de commerce) sont très incomplètes. C'est que la mer, qui tient une si grande place dans les préoccupations de Richelieu, l'intéresse surtout en fonction de la guerre et de la puissance militaire du roi.

d) Très bien informé des besoins et des possibilités de **la marine**, il prend conscience qu'il y a tout à faire et entreprend, dès la guerre de La Rochelle, un énorme effort qui ne se relâchera pas, pour doter la marine militaire d'une administration régulière, d'un commandement efficace (Sourdis, Brézé), de ports bien équipés (Le Havre, Brest, Brouage, Toulon) capables de construire et d'abriter les flottes du Ponant (65 vaisseaux de ligne en 1642) et du Levant (22 galères). De même, **l'armée** est peu à peu reprise en mains, surtout après les leçons de l'année de Corbie : des intendants sont envoyés aux armées pour assurer le ravitaillement et la solde des troupes et rappeler les officiers nobles à une stricte obéissance ; les effectifs sont augmentés, la fabrication de matériel (mousquets, canons) est accélérée. Mais cet effort coûte cher et, à partir de 1635, la pression fiscale ne fait que croître.

Les résistances, 1630-1642

a) Un tel régime de guerre, imposé à un royaume naguère encore si « déréglé », provoque de multiples **résistances.** L'opposition est d'abord le fait des **grands** et de la cour. Les complots incessants dirigés contre le ministre sont d'autant plus redoutables que les membres de la famille royale continuent à y être impliqués et que les conjurés n'hésitent pas à chercher des appuis auprès des ennemis de la France (Lorraine, Espagne). En 1632, l'un des plus grands seigneurs du royaume, le duc Henri de **Montmorency**, gouverneur du Languedoc, prend la tête d'une conspiration qui regroupe la reine-mère réfugiée aux Pays-Bas et Gaston d'Orléans réfugié en Lorraine (où, veuf, il a épousé secrètement une sœur du duc lorrain). L'affaire est grave car le Languedoc, menacé dans ses privilèges par son éventuelle transformation en pays d'élections, est en pleine agitation depuis 1628. Pourtant, les états provinciaux et le parlement de Toulouse refusent de suivre le gouverneur dans sa rébellion ouverte. Celui-ci, qui a réuni quelques troupes, est battu et pris à Castelnaudary le 1er septembre 1632, par une armée royale envoyée contre lui ; condamné à mort, le dernier des Montmorency est décapité à Toulouse le 30 octobre, malgré de multiples pressions en sa faveur. Gaston, rentré en France, est contraint de s'enfuir à nouveau à l'étranger. Il en revient en 1634 et doit accepter l'annulation de son mariage lorrain. Mais deux ans plus tard, il est mêlé à un projet d'assassinat du Cardinal, dont l'un des auteurs est un prince du sang, le comte de Soissons. Inquiet, Gaston révèle tout au roi : il est pardonné et relégué à Blois ; Soissons s'enfuit à Sedan chez le duc de Bouillon. L'année suivante (1637), c'est la découverte d'une correspondance secrète entretenue par la reine Anne avec Madrid et Bruxelles. En 1641, c'est la tentative du **comte de Soissons** qui est battu et tué au combat de La Marfée près de Sedan, le 6 juillet, alors qu'il cherchait à entrer en Champagne à la tête de troupes espagnoles. En 1642 enfin, c'est la redoutable conspiration de **Cinq-Mars** ; ce jeune favori, qui a pris un grand ascendant sur le roi, se propose à son tour de faire assassiner Richelieu, de prendre sa place, de faire nommer Monsieur lieutenant général du royaume et de conclure la paix avec l'Espagne. Un traité secret est signé à cet effet avec Olivarès. Richelieu et le roi, alors en Languedoc, ayant eu une copie de ce traité, Cinq-Mars et son ami de Thou sont arrêtés et exécutés (12 septembre 1642), Gaston, qui depuis la naissance d'un dauphin en 1638 n'est plus héritier présomptif, est absous une fois de plus.

b) Les résistances sont aussi le fait du **clergé** et des **parlements.** Prêtre et cardinal, Richelieu voit avec satisfaction les progrès de la réforme catholique ; mais gallican, il se méfie de l'ultramontanisme ; et premier ministre, il réprouve toutes les polémiques religieuses susceptibles de provoquer du trouble dans l'État et surveille les menées d'un parti dévot vaincu, mais non détruit. De plus, il entend obtenir du clergé l'obéissance et l'aide financière exigées de tous les sujets : les Assemblées du clergé sont sommées de verser au roi des dons gratuits de plus en plus importants ; lors de l'assemblée de 1641, plusieurs prélats sont exilés pour avoir affirmé l'immunité des biens d'Église. Quant aux parlements, le roi et son ministre ne mettent pas en question leurs droits d'enregistrement et de remontrances des édits royaux, mais s'efforcent de réduire ces droits par l'utilisation des arrêts du Conseil, par l'envoi des intendants en province, par l'édit de 1641 réglementant droits et devoirs des parlements, voire, dans certains cas, par l'exil ou l'emprisonnement des parlementaires récalcitrants.

c) **Les révoltes populaires** sont, avec les complots de cour, les manifestations les plus graves de l'opposition du royaume au régime de guerre. Ces « émotions » urbaines ou rurales, déjà fréquentes avant 1630, se multiplient après cette date. Elles résultent essentiellement de la misère et de la pression fiscale (« Vive le roi sans gabelle »). Leur gravité vient du fait que les masses populaires sont souvent encadrées ou soutenues dans leurs révoltes soit par des bourgeois ou des nobles de robe (parlementaires, officiers, magistrats municipaux) menacés dans certains de leurs privilèges par les progrès de l'administration monarchique, soit par des seigneurs qui prennent la défense de leurs paysans contre les excès des « gabeleurs ». Les révoltes les plus graves, souvent en liaison avec de mauvaises récoltes, se produisent en 1635 (Guyenne et Languedoc), en 1636-1637 (Amiens, Rouen, Rennes et surtout soulèvement des « Croquants » entre Loire et Garonne), en 1639 (Languedoc, Provence et surtout mouvement des « Va-nu-pieds » de Normandie), en 1640 (Rennes, Moulins), en 1643 (tout l'Ouest du royaume). La répression est très inégale : officiers locaux et parlements se montrent souvent assez mous ; par contre, dans les cas les plus graves, troupes royales et commissaires envoyés sur place exercent une justice rapide et exemplaire. Même si ces mouvements multiples n'ont jamais menacé vraiment l'État du fait de leur absence de cohésion et de véritable programme, ils n'en témoignent pas moins d'une résistance profonde et opiniâtre à l'œuvre accomplie par le ministre. Aussi sa mort, le 4 décembre 1642, est-elle accueillie avec soulagement.

d) **Richelieu disparu**, Louis XIII lui demeure fidèle. Le même personnel ministériel (au sein duquel le rôle de Mazarin, fait cardinal en 1641, ne cesse de grandir) va pendant quelques mois poursuivre la même politique tant au-dedans qu'au-dehors. Le roi a le temps, avant de disparaître, d'organiser **la régence** de son fils âgé de moins de cinq ans, au profit d'un Conseil de régence comprenant la reine Anne, Monsieur, Condé, Mazarin, le chancelier Séguier et deux ministres d'État. Le 14 mai 1643, il meurt pieusement au milieu de la Cour, cinq jours avant que le jeune duc d'Enghien ne remporte la décisive victoire de Rocroi.

2 _ Mazarin et la Fronde

La Fronde, somme de mécontentements plus que révolution, se termine dans la lassitude générale par le triomphe de l'autorité monarchique représentée par Mazarin, tout-puissant aux côtés de la reine Anne d'Autriche et du jeune roi Louis XIV.

Anne d'Autriche et Mazarin (1643-1648)

a) Le premier geste politique de la reine-régente est de demander au parlement de Paris de casser le testament du feu roi et de lui accorder « l'administration libre, absolue et entière des affaires du royaume » ; c'est chose faite le 18 mai 1643. En réalité, **Anne**, d'intelligence médiocre et sans éducation politique, tout en étant autoritaire et entêtée, décide de choisir pour premier ministre le cardinal **Mazarin.** Giulio Mazarini, né en 1602 dans les Abruzzes d'une famille romaine, est passé du service du pape au service du roi de France en 1639. Il s'est insinué dans les grâces de la reine qui s'attache à lui par une affection qui ne se démentira pas et que scellera peut-être un mariage secret ; de ce fait, il sera, à ses côtés, le maître de la France beaucoup plus sûrement, même lors de ses exils, que ne l'a jamais été Richelieu aux côtés de Louis XIII. Ce second cardinal-ministre ressemble en apparence bien peu au premier :

> L'on voyait sur les degrés du trône, *raconte Retz*, d'où l'âpre et redoutable Richelieu avait foudroyé plutôt que gouverné les humains, un successeur doux, bénin, qui ne voulait rien, qui était au désespoir que sa dignité de cardinal ne lui permettait pas de s'humilier autant qu'il l'eût souhaité devant tout le monde, qui marchait dans les rues avec deux petits laquais derrière son carrosse, [...], (mais qui) fit si bien qu'il se trouva sur la tête de tout le monde, dans le temps que tout le monde croyait l'avoir encore à ses côtés.

Souple, insinuant, hypocrite, il use de douceur et d'intrigue là où son prédécesseur faisait preuve de fermeté inflexible ; une telle attitude est d'ailleurs bien souvent une nécessité pour cet étranger qui connaît mal les réalités françaises. Pourtant il partage avec Richelieu l'intelligence supérieure, l'obstination et la puissance de travail, le sens de la grandeur de l'État, mais aussi une avidité beaucoup plus scandaleuse encore et un sens fastueux du mécénat.

b) La guerre extérieure à poursuivre et la détresse financière qu'elle entraîne constituent pour Mazarin **une succession** d'autant plus **lourde** à assumer qu'il doit faire face en même temps à **une opposition** qui croit pouvoir se manifester plus librement depuis la mort de Richelieu. C'est ainsi que, dès les premiers mois de la régence, certains membres de l'entourage de la reine essaient de faire revenir celle-ci sur sa décision de prendre Mazarin comme premier ministre. Devant son refus, le duc de Beaufort, fils du duc de Vendôme, que sa popularité à Paris a fait surnommer le « roi des Halles », prépare avec Madame de Chevreuse un complot visant à assassiner le ministre et à le remplacer par Potier, évêque de Beauvais et aumônier de la reine. Celle-ci, mise au courant de cette **Cabale des Importants**, fait enfermer Beaufort à Vincennes et exiler Vendôme et la duchesse de Chevreuse (septembre 1643). Très conscient des haines et des jalousies que lui vaut son étonnante ascension, Mazarin s'efforce de se concilier la cour et notamment le clan des Condé (M. le Prince et son fils Enghien, le vainqueur de Rocroi) en multipliant les fêtes dans le goût italien (musique, opéras) :

> Comme celui qui gouvernait était Italien, *raconte Montglat dans ses* Mémoires, tout le monde se conformait tellement à son humeur que depuis les plus petits jusqu'aux plus grands, on n'avait que des plaisirs italiens. On fit venir de Rome une signora Leonora pour chanter devant la Reine, et un signor Torelli pour faire des machines avec des changements de théâtre en perspective ; et on manda des comédiens qui représentèrent en musique la pièce d'*Orphée*, dont les machines coûtèrent plus de 400 000 livres. Cette comédie durait plus de six heures et était fort belle à voir pour une fois, tant les changements de décorations étaient surprenants.

Pourtant, à Paris et en province, les nobles reprennent les habitudes d'indiscipline et de libertinage de naguère. De leur côté, les membres des cours souveraines (parlements, Cours des aides et des comptes) et les officiers de finances (dont certains, comme les trésoriers de France et les élus, s'organisent en puissants syndicats) multiplient les marques d'indépendance face à l'action grandissante des intendants et commissaires royaux. Enfin, les émotions populaires continuent, notamment dans le Midi.

D'abord larvées, ces diverses oppositions se trouvent exaspérées par **les mesures financières** que prennent Mazarin et le surintendant Particelli d'Emery, qui, pour faire face au déficit croissant, usent des mêmes expédients qu'au temps de Richelieu : ils multiplient les emprunts forcés, les diminutions de rentes (ruinant de nombreux bourgeois), les ventes d'offices (mécontentant les officiers déjà pourvus, dont les charges perdent ainsi de leur valeur), ils augmentent les impôts existants et créent des taxes nouvelles visant particulièrement la bourgeoisie parisienne (édit du Toisé de 1644 qui frappe d'une amende les propriétaires de maisons construites au voisinage de l'enceinte ; édit du Tarif de 1646 qui établit de nouveaux droits d'octroi sur les denrées pénétrant dans la capitale).

c) Ces mesures maladroites accroissent **un mécontentement général** que les nouvelles des événements d'Angleterre ne font qu'encourager. La Fronde sera la manifestation violente de ce mécontentement. **Les officiers** profondément hostiles au renforcement de l'absolutisme monarchique y joueront un rôle moteur ; **le parlement de Paris** notamment, se disant héritier de l'ancienne *curia regis* et arguant de l'exemple, tout différent, du Parlement anglais, prétendra jouer officiellement un rôle politique ; lors du lit de justice du 7 septembre 1645, l'avocat général Omer Talon déclare :

> Sire, les rois vos prédécesseurs ont déposé entre les mains de leurs parlements non seulement l'exercice de la justice qu'ils doivent à leurs peuples, mais même l'enregistrement des édits et la connaissance des affaires publiques : c'est la loi de l'État, le lien et l'assurance de la royauté ; c'est une espèce de cachet, lequel imprime sur nous les marques de son autorité, sans toutefois nous communiquer sa substance.

Les grands s'appuyant sur toute une clientèle nobiliaire essaieront de leur côté d'imposer leur tutelle à la monarchie, n'hésitant pas, le cas échéant, à rechercher l'appui de l'Espagne toujours en guerre contre la France ; de plus, certains ambitieux avides du pouvoir mèneront un jeu purement personnel et égoïste (Condé, Retz). Enfin, la misère liée à l'accroissement de la pression fiscale et à un fléchissement de toute l'économie (renversement de la conjoncture et crises de subsistances des années 1648-1652) créera dans **les classes populaires** une situation explosive, que les Frondeurs sauront exploiter dans le sens de leurs intérêts propres. Mazarin cristallisera contre lui toutes les oppositions qui, multiples, souvent divergentes, n'auront à aucun moment ni chef unique, ni programme commun, sinon le refus du régime de guerre imposé par Richelieu et poursuivi par l'Italien. S'il y a eu tentative de révolution, c'est bien d'une révolution rétrograde qu'il s'agissait. Pourtant, le climat romanesque de certains épisodes de la Fronde et le nom dérisoire donné à celle-ci ne doivent pas masquer sa signification réelle : elle est l'expression désordonnée mais redoutable d'une crise profonde de l'État, de la société et de l'économie.

La Fronde, 1648-1653

a) **La première Fronde** est essentiellement une **Fronde parlementaire** (août 1648 - mars 1649). Le 30 avril 1648, Mazarin décide que les officiers des cours souveraines (Chambre des comptes, Cour des aides, Grand Conseil), à l'exception de ceux des parlements, devront racheter par l'abandon de quatre ans de gages le renouvellement de la Paulette (l'édit de 1604 renouvelable tous les neuf ans était, en effet, venu à expiration). Toujours à court d'argent, le ministre espère se concilier ainsi les bonnes grâces du parlement de Paris qui, depuis l'annulation du testament de Louis XIII, multiplie les remontrances et les refus d'enregistrement. Mais la manœuvre échoue : les parlementaires parisiens se déclarent solidaires de leurs collègues des autres cours souveraines et les invitent à s'unir à eux pour délibérer en commun sur « la réforme du royaume » (Arrêt d'union, 13 mai). Malgré une interdiction de la régente, les magistrats s'assemblent dans **la Chambre Saint-Louis** du Palais, du 30 juin au 8 juillet, et rédigent une véritable charte en 27 articles dont voici les plus importants :

> 1 – Les intendants de justice, et toutes autres commissions extraordinaires non vérifiées ès cours souveraines, seront révoqués dès à présent.
>
> 3 – Ne seront faites aucunes impositions et taxes qu'en vertu d'édits et déclarations, bien et duement vérifiées ès cours souveraines, auxquelles la connaissance en appartient avec liberté de suffrages, et que l'exécution desdits édits et déclarations sera réservée auxdites cours [...]
>
> 6 – Qu'aucun des sujets du roi, de quelque qualité et condition qu'il soit, ne pourra être détenu prisonnier passé vingt-quatre heures, sans être interrogé, suivant les ordonnances, et rendu à son juge naturel [...] ; et qu'aucun officier ne pourra être troublé en la fonction et exercice de sa charge par lettres de cachet [...]
>
> 19 – Qu'il ne pourra à l'avenir être fait aucune création d'office, tant de judicature que de finances, que par édits vérifiés ès cours souveraines, avec la liberté entière des suffrages [...]

Ce texte, qui tend à réduire à néant l'œuvre de Richelieu en plaçant la monarchie sous le contrôle de ses officiers, est accueilli dans l'enthousiasme par les Parisiens qui applaudissent surtout aux articles d'ordre fiscal. Aussi sur les conseils de Mazarin, la régente fait-elle semblant de céder : la déclaration royale du 31 juillet ratifie la plupart des 27 articles et ordonne le rappel des intendants. Mais quelques semaines plus tard, la nouvelle de la victoire du jeune prince de Condé à Lens (20 août) incite Mazarin à agir : le 26 août, profitant du *Te Deum* à Notre-Dame, il fait arrêter trois parlementaires connus pour leur opposition, notamment le très populaire Broussel. La réaction est immédiate : en quelques heures, plus de douze cents **barricades** sont construites dans Paris et surtout autour du Palais-Royal, résidence de la reine. Cédant davantage à la pression populaire qu'aux prières du premier président Mathieu Molé et aux conseils hypocrites de Paul de Gondi-

Retz, coadjuteur de son oncle l'archevêque de Paris, Mazarin conseille une fois de plus à la reine de gagner du temps : le 28, Broussel est remis en liberté et les barricades disparaissent. La cour se transporte alors pour quelques semaines à Rueil où arrivent Condé et ses troupes ; pourtant, Mazarin, encore prudent, confirme par la déclaration royale du 24 octobre (le jour même de la signature des traités de Westphalie) l'acceptation des 27 articles et, en novembre, rentre à Paris avec la cour. Le parlement, grisé par son succès et sa popularité, prétend plus que jamais contrôler le gouvernement. Mais le ministre attend son heure : sachant pouvoir compter sur l'appui des troupes de Condé, il s'enfuit de Paris dans la nuit du 5 au 6 janvier 1649, avec la reine, le jeune roi, Gaston d'Orléans et gagne Saint-Germain-en-Laye.

Le parlement déclare aussitôt « le Mazarin, ennemi public » et prend en main le gouvernement, cependant que les pamphlets contre le Cardinal, les *Mazarinades*, se déchaînent. L'armée royale de Condé fait aussitôt **le blocus** de la capitale, défendue à la fois par la milice bourgeoise renforcée de bataillons populaires hâtivement levés et par les grands et leurs fidèles : Conti et Longueville, frère et beau-frère de Condé ; le duc de Bouillon ; Beaufort, échappé de Vincennes et son frère Mercœur ; Gondi, qui par l'intermédiaire du clergé tient en main les masses parisiennes ; les duchesses de Longueville et de Bouillon sont au centre de toutes les intrigues et caracolent à la tête des troupes. Très vite, les dissensions apparaissent parmi les Frondeurs : les parlementaires s'effraient non seulement de l'égoïsme des grands seigneurs et du désir de certains d'entre eux de faire appel à l'Espagne, mais plus encore de l'agitation des milieux populaires. Aussi, après quelques escarmouches préfèrent-ils traiter avec la régente. Par **la paix de Rueil** (11 mars), celle-ci promet un pardon général, mais le parlement s'engage à ne plus tenir de réunions communes avec les autres cours souveraines. Une série d'accommodements individuels et de promesses de pensions permettent aux nobles de faire, de leur côté, la paix avec la cour. En août 1649, la reine et le jeune roi, très applaudis, rentrent à Paris. En fait, rien n'est réglé : les mécontentements contre le gouvernement de Mazarin subsistent, entiers.

b) C'est l'attitude de Condé qui, dans le courant de 1649, fait rebondir le mouvement et provoque **la seconde Fronde**, ou **Fronde des princes** (janvier-décembre 1650). Grisé par ses victoires et par le service qu'il vient de rendre à la royauté, Condé ne cache pas sa prétention de remplacer Mazarin qu'il déteste et méprise. Mais son orgueil et ses insolences finissent par exaspérer Anne d'Autriche qui, le 18 janvier 1650, en accord avec son ministre, le fait **arrêter** et enfermer à Vincennes, puis au Havre, en même temps que Conti et Longueville.

Aussitôt, la guerre civile se rallume. Cette fois, Mazarin peut compter sur l'appui ou la neutralité non seulement de Gaston d'Orléans, mais aussi du parlement peu soucieux de reprendre la lutte, du peuple de Paris qui voit dans Condé l'homme du siège de 1649, de Gondi acheté par la promesse du chapeau de cardinal. Mais la duchesse de Longueville, la princesse de Condé et tous les amis des trois princes emprisonnés quittent Paris et s'efforcent de soulever les provinces (Normandie, Guyenne, Poitou, Provence, Bourgogne). En fait, la situation n'est grave un moment qu'en Guyenne, où la princesse de Condé et le parlement de Bordeaux s'abouchent avec l'Espagne, et à la frontière du Nord, où la duchesse de Longueville a réussi à rallier à la cause des princes Turenne, frère du duc de Bouillon. Mais une armée royale qu'accompagnent la reine et Mazarin force Bordeaux à capituler en octobre, puis se retourne vers la Champagne et bat Turenne appuyé par des troupes espagnoles, à Rethel, le 15 décembre.

c) La victoire de Mazarin et le renforcement de sa position réveillent l'hostilité du parlement de Paris et provoquent **l'union des deux Frondes** (décembre 1650 - septembre 1651). Les parlementaires, Broussel en tête, reprennent leur programme de 1648, réclament hautement la liberté des princes et nouent des accords secrets avec tous les mécontents : les condéens ; Gondi furieux de ne pas être encore cardinal ; Gaston d'Orléans et sa fille Anne-Marie de Montpensier, dite la Grande Mademoiselle ; Anne de Gonzague, princesse palatine ; la duchesse de Chevreuse, éternelle conspiratrice ; Bouillon et son frère Turenne. Le 3 février, le parlement demande le renvoi de **Mazarin.** Celui-ci, conscient que la haine contre lui est en fait le seul lien entre les rebelles et que son départ fera éclater leurs dissensions, décide fort habilement de leur laisser le champ libre. Le 6 février, **il quitte Paris** et, après être allé au Havre libérer les princes, se retire à Brühl chez son ami l'électeur de Cologne. Le calcul se révèle juste. Tandis que depuis Brühl il dicte leur conduite à la reine Anne et à ses conseillers (Michel Le Tellier, Abel Servien et son neveu Hugues de Lionne), **les Frondeurs** sont **incapables de s'entendre** : Condé propose, contre l'avis du parlement, la réunion des États généraux ; Gondi qui vient enfin d'être fait cardinal et prend le nom de Retz se rapproche de la reine qui le flatte et feint de lui promettre son entrée au Conseil ; Bouillon et Turenne font leur soumission. Condé, qui s'est brouillé à mort non seulement avec le parlement mais avec Retz toujours puissant dans Paris, quitte bruyamment la capitale pour rejoindre ses partisans en Guyenne, au moment même où le roi est proclamé majeur (septembre).

d) Ce départ de Condé déclenche la dernière phase de la Fronde, la plus anarchique, la plus désastreuse aussi pour le royaume, **la Fronde condéenne** (septembre 1651 - août 1653). Quelques jours après M. le Prince, la reine-mère et le roi quittent Paris et s'installent à Poitiers pour mieux surveiller les rebelles. De **Bordeaux**, où une révolte populaire a chassé le tyrannique gouverneur, le duc d'Épernon, et organisé un gouvernement révolutionnaire, l'Ormée, Condé entre en relations avec Madrid, qui lui promet des secours, et gagne plus ou moins à sa cause le Berry, l'Anjou, l'Aunis, la Saintonge, une partie du Poitou et, un peu plus tard, la Provence. En fait, il ne s'agit nullement d'un front uni, mais d'une somme de mécontentements d'origine diverse contre Mazarin et prenant le nom de Condé pour drapeau. Le 3 novembre 1651, le médecin Gui Patin écrit de Paris à un de ses amis :

> Les cartes se brouillent ici misérablement : le Mazarin est sur la frontière, fort souhaité de la reine ; elle et le roi sont à Poitiers, le prince à Bordeaux qui ramène des troupes [...] Si le Mazarin rentre dans le royaume, le parti du prince en deviendra le plus fort, par l'ascension de tout le parti des mécontents et des ennemis de ce caudataire italien qui cherche son malheur et le nôtre en voulant rentrer au cabinet des affaires et des bonnes grâces de la reine.

Précisément, **Mazarin,** inquiet de la situation, **rentre en France** fin décembre, à la tête de 7 000 hommes recrutés en Allemagne à ses frais, et son retour ne fait d'abord que compliquer la situation en réveillant toutes les vieilles haines contre lui, notamment à Paris. En effet, dans la capitale où Gaston d'Orléans, perpétuel indécis, a reçu du roi à son départ la charge de lieutenant général, le parlement jette l'anathème à la fois sur Condé et sur Mazarin ! Pourtant Condé, pensant pouvoir compter sur l'appui d'une armée espagnole venue des Pays-Bas et sur celui de la Grande Mademoiselle qui s'est emparée d'Orléans, décide de quitter le Midi et de tenter de se rendre maître de la capitale. Turenne, à la tête des troupes royales cantonnées en Poitou et sur la Loire moyenne, s'efforce de l'en empêcher. Après les engagements confus de Bléneau en avril et d'Étampes en mai, la bataille décisive s'engage le 2 juillet 1652, sous les murs de Paris, dans **le faubourg Saint-Antoine.** Battus par Turenne, acculés aux portes de la capitale que le parlement refuse de leur ouvrir, Condé, Beaufort et les débris de leur armée sont sauvés *in extremis* par l'intervention de la Grande Mademoiselle qui leur fait ouvrir la porte Saint-Antoine et fait tirer sur les troupes royales le canon de la Bastille. En fait, la situation de Condé à Paris devient très vite intenable. Loin de composer avec Gaston d'Orléans, avec Retz et avec les parlementaires, il se montre d'un orgueil intraitable ; s'appuyant sur certains éléments populaires exaspérés par la disette et la misère, il terrorise les magistrats et la bourgeoisie, ce qui se traduit dès le 4 juillet par un massacre à l'Hôtel-de-ville. La cour, maintenant à Pontoise, exploite la situation et gagne peu à peu à la cause royale des éléments de plus en plus nombreux de la bourgeoisie parisienne. Au mois d'août, Mazarin, qui sent que sa présence auprès de la reine constitue le principal obstacle à la soumission des Parisiens, quitte Pontoise pour un second exil à Bouillon. Enfin, le 13 octobre, Condé se résout à s'enfuir aux Pays-Bas espagnols.

Le 21 octobre, Louis XIV et Anne d'Autriche font leur entrée dans la capitale au milieu des acclamations. Ils se montrent modérés dans les mesures de **répression** : Gaston d'Orléans est une fois de plus relégué à Blois ; Beaufort et quelques parlementaires condéens, dont Broussel, sont exilés ; quant à Retz, il est arrêté le 19 décembre et interné à Vincennes, puis au château de Nantes (d'où il s'évadera en août 1654). Patient, Mazarin attend le 3 février 1653 pour rentrer dans Paris dont les habitants, las et désabusés, lui font bon accueil. Les derniers troubles en province sont réprimés dans les mois suivants, en Provence où Mazarin nomme gouverneur son neveu par alliance le duc de Mercœur, à Bordeaux où le gouvernement démocratique de l'Ormée doit capituler le 3 août. La Fronde, commencée cinq ans plus tôt, est terminée.

La fin du ministère de Mazarin, 1653-1661

a) Le sentiment, qui prévaut dans le pays, est **la lassitude.** Un correspondant parisien du gouvernement anglais écrit le 8 juillet 1655 :

> Présentement il n'y a nul changement à attendre en ce royaume. Les peuples sont accablés de misères, de tailles, de toutes sortes d'impositions qu'ils aiment mieux souffrir que la guerre. La noblesse est tellement ruinée qu'elle n'est pas capable de monter à cheval pour aucune expédition, quelque apparence qui leur puisse être présentée d'une plus avantageuse condition. Les parlements sont tous asservis, et ceux qui les composent n'oseraient parler, ni rien dire contre le gouvernement. Les grandes villes ne respirent que le repos et détestent tous ceux qui ont été les auteurs des derniers troubles. L'ordre ecclésiastique est tout dépendant de la cour et du favori, dès qu'ils ont reçu leurs bénéfices. Tous les gouverneurs de places sont attachés de même à la cour et au cardinal. Tous les grands seigneurs se plaignent et je n'en connais pas un seul qui soit capable de rien. Pour Paris, tout le monde déteste le présent gouvernement et s'y assujettit volontiers.

En fait, cette tranquillité n'est pas totale. Certains nobles escomptent toujours une victoire de Condé et des Espagnols, qui remettrait tout en question. Depuis Rome, Retz, qui ne peut occuper le siège de son oncle, essaie d'agiter le clergé parisien. Les développements de l'affaire janséniste inquiètent d'autant plus Mazarin que nombreux sont les anciens Frondeurs parmi les amis de Port-Royal. Les intendants dénoncent en 1658 et 1659 « les cabales et menées illicites » de certains nobles de Normandie, Poitou et Anjou. Plusieurs émotions populaires de type antifiscal se produisent dans l'Ouest (1656, Angers ; 1658, Sologne, Poitou, Aunis).

b) Pourtant, dans l'ensemble, le pays accepte **la réaction absolutiste** qui suit le retour et la victoire de Mazarin. Celui-ci est sûr de l'affectueuse confiance de la reine-mère et de la reconnaissance déférente du jeune roi, son filleul et son élève. S'appuyant sur une brillante équipe de collaborateurs ; le vieux chancelier Séguier, Le Tellier, Lionne, les deux surintendants Abel Servien et Nicolas Fouquet, sans compter Jean-Baptiste Colbert, son homme de confiance, il renvoie progressivement les intendants dans les provinces, fait surveiller étroitement la noblesse, interdit au parlement de Paris de « prendre aucune connaissance des affaires de l'État », notamment en matière fiscale, et le prive en fait, malgré ses résistances, de son droit de remontrances (intervention de Louis XIV au parlement, le 13 avril 1655). C'est ainsi que l'échec des ambitions nobiliaires et parlementaires aboutit, dans un pays épuisé, au renforcement de l'absolutisme monarchique.

c) Par contre, Mazarin ne change rien à **la politique financière** dont les excès ont été partiellement à l'origine de la Fronde. Pour faire face aux besoins de la guerre espagnole et d'une cour brillante et avide, il laisse Fouquet, seul surintendant en 1659, user des expédients traditionnels, sans égard à la terrible misère des masses urbaines et rurales dans la plus grande partie du royaume : anticipations sur les recettes à venir, emprunts aux financiers, traitants et partisans, augmentations d'impôts, créations de taxes nouvelles, ventes d'offices, mutations monétaires, tarif douanier de 1654 (dont le but est à la fois fiscal et protectionniste). Grâce à ses relations personnelles avec de nombreux financiers (tel Hervart), Fouquet se sait ou, du moins, se croit indispensable : il permet au Cardinal de reconstituer son immense fortune et édifie la sienne, menant à Saint-Mandé et à Vaux-le-Vicomte une vie fastueuse, protégeant écrivains et artistes. Mais déjà Colbert le surveille et se prépare à dénoncer au roi ses malversations.

d) Plus **puissant** que jamais, **Mazarin** marie ses nièces Mancini et Martinozzi (les « Mazarinettes ») aux plus grands seigneurs du royaume, notamment Conti, Mercœur, Soissons, Bouillon ; mais il s'oppose « pour le bien du royaume » au mariage de Louis XIV avec Marie Mancini : il prépare pour le roi le mariage espagnol, gage de la paix victorieuse et option sur la succession d'Espagne. Le traité des Pyrénées, la rentrée en grâce de Condé et le mariage de Saint-Jean-de-Luz sont le couronnement de l'étonnante carrière de l'Italien. Quelques mois après l'entrée triomphale à Paris du jeune couple royal (26 août 1660), il meurt fort chrétiennement à Vincennes, le 9 mars 1661.

3 _ La société française dans la première moitié du XVIIe siècle

Les problèmes économiques et sociaux

a) L'œuvre de relèvement économique entreprise par Henri IV au lendemain des guerres de Religion a porté ses fruits : **la France du début du règne de Louis XIII** est **un pays prospère** où la population, après le fléchissement de la seconde moitié du XVIe siècle, est en accroissement sensible. Certes, l'économie agricole reste essentiellement vulnérable et **les masses rurales**, sur qui pèse la plus grosse part du fardeau fiscal, sont de temps à autre victimes de crises de subsistances entraînant famines et « mortalités », ainsi en 1617, 1621-1622, 1625-1626, de même qu'ici ou là le passage des soldats lors des prises d'armes nobiliaires ou protestantes, signifie trop souvent violence et ruine ; par ailleurs, rien n'est plus divers que la paysannerie française. Pourtant, dans son ensemble, elle profite d'un accroissement de la production globale et semble avoir connu, dans les trente ou quarante premières années du siècle, un sort enviable par rapport à celui de bien des pays voisins dans le même temps (par exemple l'Allemagne) et par rapport au sien propre dans la période suivante. La légende forgée après coup de « la poule au pot » du bon roi Henri a sa part de vérité qui peut être étendue au-delà de 1610.

Plus net encore est **l'essor urbain.** En effet, si les campagnes vivant repliées sur elles-mêmes sont peu sensibles aux grandes vagues de la conjoncture, il n'en est pas de même des villes, grandes et moyennes, manufacturières et commerçantes. Or l'expansion du « long XVIe siècle » se poursuit jusque vers 1630-1640 avec sa hausse continue, bien qu'un peu ralentie, des prix, du profit et de la production. **La bourgeoisie**, déjà bénéficiaire de cette expansion au siècle précédent, continue son ascension. Les marchands enrichis détiennent ou contrôlent les charges municipales, prêtent de l'argent au roi, achètent pour eux ou pour leurs fils des terres, parfois nobles, et des offices, souvent anoblissants. Riche et cultivée, cette bourgeoisie joue un rôle de plus en plus grand dans la société et dans l'État, mais elle est beaucoup trop diversifiée pour partager les mêmes intérêts et les mêmes ambitions : l'officier, propriétaire de sa charge devenue héréditaire, s'oppose au commissaire ; le robin en marche vers l'anoblissement méprise le marchand ; l'avocat ou le médecin déteste le financier.

Pour être essentiellement terrienne, la richesse de **la noblesse** n'en reste pas moins solide. Si elle est pratiquement à l'écart du grand courant d'enrichissement que constitue l'activité manufacturière et commerciale, la noblesse tire profit de la hausse de la rente foncière (fermages, droits seigneuriaux) lorsqu'elle est perçue en nature, cependant qu'à la cour les grands bénéficient des grâces et des pensions qui leur permettent de soutenir un important train de vie et d'entretenir des clientèles de « fidèles ». Toute cette noblesse turbulente obéit à une morale encore féodale : elle a le culte de la gloire et du héros, aime les duels, les chevauchées et les jeux de l'amour, et elle est toujours prête à transposer dans la vie les intrigues romanesques de *L'Astrée* (1610).

b) **A partir des années 1630-1640**, la prospérité, toute relative mais indéniable, fait place peu à peu, pour diverses raisons, à des **difficultés économiques** croissantes. Cela est dû d'abord à l'aggravation brutale du **fardeau fiscal**, en fonction des besoins de la lutte contre les Habsbourg : non seulement les classes populaires sont directement atteintes, mais ce prélèvement grandissant du revenu national se fait aux dépens des investissements dans les manufactures ou le grand commerce maritime. De plus, le renversement de **la conjoncture** s'amorce : entre 1630-1640 et 1650, à des dates évidemment différentes selon les lieux et les produits, les prix cessent de monter ; puis, après 1650, commence un mouvement descendant entraînant une baisse du profit et un certain marasme dans les affaires. Ce mouvement de longue durée est lui-même interrompu par des **hausses cycliques**, fréquentes, brutales et catastrophiques. Ces crises de subsistances, souvent doublées de meurtrières épidémies de peste, affectent soit telle ou telle province, soit même la plus grande partie du royaume en 1629-1631, en 1636-1639, en 1643-1644, surtout en 1648-1652 : les années même de la Fronde. Les « mortalités » qui en sont les conséquences affectent durement et pour longtemps la population française. **Les méfaits des gens de guerre** aux frontières et dans les provinces « frondeuses », bien que le plus souvent passagers et localisés, n'en viennent pas moins aggraver encore la misère et la dépopulation. Les témoignages de celles-ci sont multiples, telle cette lettre de l'abbesse de Port-Royal Angélique Arnauld, le 28 juin 1652, au lendemain de la bataille d'Étampes :

> La France est toute désolée ; il n'y a point de province qui ne souffre à l'extrémité. Paris et ses environs sont les plus maltraités. Tous les villages d'alentour sont entièrement déserts, et ce qui reste d'habitants sont retirés dans des bois, les autres étant morts de faim ou ayant été assommés par les soldats [...] On a été contraint d'ouvrir l'hôpital Saint-Louis pour mettre les blessés qu'on apporte des armées qui se sont horriblement battues à Etampes, dont tous les environs sont dans une destruction et une désolation incomparables, car tous les blés y sont perdus, les vignes arrachées, les villages brûlés [...] Le besoin de farine est si grand à Paris, que le pain y vaut déjà, tout le plus noir, dix sols la livre. Nous n'en avons plus que pour cinq jours. Nous avons du blé, mais on ne peut le faire moudre qu'avec une très grande peine, à cause des soldats qui volent les moulins.

La reconstruction sera lente dans les provinces les plus touchées (Ile-de-France, Picardie, Champagne, Bourgogne) et s'accompagnera souvent d'un important transfert de propriétés au détriment de certains nobles d'épée ruinés par la guerre ou même des paysans propriétaires, et au profit des bourgeois et des nobles de robe. Ceux-ci se révèleront des maîtres âpres et intéressés, ressuscitant des droits seigneuriaux tombés en désuétude, s'efforçant de constituer de vastes domaines enclos, éventuellement aux dépens des communaux grâce au droit de triage.

Pourtant, les témoignages sur la situation du royaume au lendemain de la Fronde ne doivent pas être exagérés. Quels que soient l'affreuse misère de certaines régions et le recul de la population, quels que soient le ralentissement des affaires et l'appauvrissement de certaines classes sociales, la France de 1661 qui vient de surmonter la double épreuve de la guerre civile et de la guerre étrangère reste, dans la diversité et l'équilibre de ses provinces, le pays le plus peuplé de l'Europe et après la Hollande, l'un des plus riches.

Les progrès de la réforme catholique et les débuts de la querelle janséniste

La France est aussi le « royaume très chrétien ». Dès la fin des guerres de Religion, la reconstruction spirituelle a commencé dans la ligne des décisions du concile de Trente (les parlements et la Sorbonne refusent toujours d'en « recevoir » en France les canons, mais en 1615 l'Assemblée du clergé décide de passer outre). **L'élan est donné** dans les dernières années du règne d'Henri IV : les jésuites sont rappelés en 1603 (édit de Rouen), Madame Acarie et le père de Bérulle introduisent les carmélites en 1604, François de Sales publie en 1608 l'*Introduction à la vie dévote*, la mère Angélique

Arnauld réforme à partir de 1609 (25 septembre : journée du Guichet) l'abbaye cistercienne de Port-Royal-des-Champs ; c'est le début de l'invasion mystique, avec déjà le double courant de l'humanisme salésien et de l'augustinisme bérullien. Pendant tout le demi-siècle, cette éclatante renaissance catholique s'épanouit sur deux plans : la réforme du clergé et le renouveau de la piété chez les laïcs, cependant que commence la querelle janséniste.

a) **La réforme du clergé** intéresse à la fois le clergé régulier et le clergé séculier. Les ordres anciens se réforment peu à peu, tels les bénédictins de Saint-Maur (1618) et les chanoines réguliers de Sainte-Geneviève (1624) à l'instigation du cardinal de La Rochefoucauld ; mais beaucoup reste à faire dans ce domaine vers 1660. Surtout, des ordres nouveaux ou récemment introduits en France multiplient les fondations dans presque toutes les villes du royaume ; cette floraison, sans précédent depuis le XIIIe siècle, finit même par inquiéter certaines municipalités. Parmi les nouveaux **ordres féminins**, ceux qui se consacrent à la contemplation sont les plus nombreux : carmélites qui essaiment dans tout le royaume, calvairiennes créées sous l'impulsion du père Joseph, visitandines instituées par François de Sales et Jeanne de Chantal, feuillantines ou cisterciennes réformées. De leur côté, les ursulines introduites d'Italie s'attachent à l'éducation des jeunes filles ; quant aux filles de la Charité fondées en 1633 par Vincent de Paul et Louise de Marillac (nièce du maréchal et veuve d'un riche bourgeois parisien, Antoine Le Gras), elles se vouent entièrement au service des pauvres : ce sont des religieuses d'un type nouveau, sans vœu sinon annuel, sans clôture, sans costume distinctif ; elles sont aidées dans leurs tâches par les dames de la Charité. Les nouveaux **ordres masculins** sont, eux aussi, nombreux et actifs : les jésuites, dont l'influence est très vite considérable, multiplient à partir de 1603, leurs maisons et leurs collèges ; les oratoriens sont fondés en 1611 par le père de Bérulle ; les prêtres de la Mission ou lazaristes, en 1625 par Vincent de Paul ; les eudistes, en 1643 par Jean Eudes (il s'agit d'ailleurs davantage de trois « compagnies de prêtres » que de véritables ordres religieux). Tous se mettent au service de la renaissance catholique dans tous les domaines : formation du clergé, instruction de la jeunesse, prédication et missions.

Le triste état du **clergé paroissial** dans la première moitié du XVIIe siècle est attesté par de multiples témoignages qui dénoncent l'ignorance, l'indiscipline et l'immoralité de trop de clercs. La cause profonde en est l'absence totale de formation des futurs prêtres (en dehors des noviciats du clergé régulier) ; le décret du concile de Trente concernant la création des **séminaires** est resté pratiquement lettre morte. En dehors des oratoriens et des lazaristes qui se préoccupent au premier chef de ce problème, mais en sont partiellement détournés vers d'autres tâches, les initiatives de deux curés parisiens sont significatives et riches d'avenir : Adrien Bourdoise, curé de Saint-Nicolas-du-Chardonnet, organise en 1620 une communauté de prêtres qui accueille et instruit les ordinands ; Jean-Jacques Olier, curé de Saint-Sulpice, crée à son tour en 1640 une nouvelle compagnie dont les membres, les sulpiciens, venant de tous les diocèses et formés à Saint-Sulpice même, ont pour vocation la direction et l'encadrement de séminaires diocésains. En même temps, plus nombreux sont les évêques qui prennent conscience de leurs devoirs vis-à-vis de leurs prêtres et de leurs fidèles et s'astreignent à la résidence dans leur diocèse. Ainsi, vers 1650, les moyens sont en place pour une profonde réforme du clergé paroissial qui, à cette date, est à peine amorcée.

Parallèlement, les oratoriens et surtout les jésuites créent de nombreux **collèges** qui accueillent les fils de la bourgeoisie et de la noblesse. Lazaristes, jésuites, eudistes, capucins multiplient **les missions** soit à l'intérieur pour regagner les masses déchristianisées (tels Michel Le Nobletz et Julien Maunoir en Basse-Bretagne) ou convertir les protestants (tel François Régis en Vivarais), soit à l'étranger pour annoncer l'Évangile (Proche-Orient, Indes orientales, Nouvelle-France).

b) Ces multiples initiatives du clergé sont puissamment épaulées par une élite de **pieux laïcs** : gentilshommes et riches bourgeois aussi bien qu'artisans, grandes dames de la noblesse et de la bourgeoisie aussi bien qu'humbles filles des milieux populaires qui, à la lecture de François de Sales ou en écoutant Vincent de Paul, Pierre de Bérulle ou Saint-Cyran, se « convertissent » et font preuve de la plus vive piété et du plus ardent prosélytisme. L'un d'entre eux, le duc de Ventadour, fonde en 1627, à Paris, **la compagnie du Saint-Sacrement.** Cette société, qui essaime bientôt en province, groupe des laïcs de tous rangs et des clercs (par exemple Olier, Vincent de Paul, Bossuet). Elle se donne pour but non seulement des œuvres de piété et de charité (assistance aux malades, aux pauvres, aux prisonniers), mais aussi la défense de la morale chrétienne par des interventions discrètes auprès des magistrats et des officiers : duellistes, blasphémateurs, libertins, protestants sont surveillés et dénoncés. Le secret dont s'entoure la compagnie et le caractère contestable de certaines de ses activités lui valent la méfiance de l'autorité séculière et de l'autorité ecclésiastique, ainsi que de solides inimitiés. Interdite en 1660 par Mazarin qui ne pardonne pas à certains de ses membres leur participation à la Fronde, elle se survit encore quelques années pour disparaître définitivement vers 1667.

c) La vie et l'œuvre de saint **Vincent de Paul** (1581-1660) résume presque tous les aspects de la réforme catholique. Ce fils de paysan des Landes, devenu prêtre et ami de Bérulle et de François de Sales, crée en 1625 à Paris la congrégation de la Mission, constituée selon le contrat de fondation

> (de) quelques ecclésiastiques de doctrine, piété et capacité connues, qui voulussent renoncer tant aux conditions des villes qu'à tous bénéfices, charges et dignités de l'Église, pour, sous le bon plaisir des prélats, chacun en l'étendue de son diocèse, s'appliquer entièrement et purement au salut du pauvre peuple, allant de village en village, aux dépens de leur bourse commune, prêcher, instruire, exhorter et catéchiser ces pauvres gens et les porter à faire tous une bonne confession générale de toute leur vie passée, sans en prendre aucune rétribution en quelque sorte ou manière que ce soit, afin de distribuer gratuitement les dons qu'ils ont reçu de la main libérale de Dieu.

En 1632, les prêtres de la Mission s'installent dans le prieuré de Saint-Lazare, où Vincent de Paul organise des retraites de quinze jours pour ordinands et, tous les mardis, des conférences pour ecclésiastiques. Les œuvres de charité, dans ces années 1635-1660, sont pour lui inséparables des œuvres de foi et d'enseignement : « le peuple meurt de faim et se damne », écrit-il. Ceci l'amène à créer les dames et les filles de la Charité en 1633, à organiser l'œuvre des enfants trouvés en 1638, celle des galériens en 1639 ; à la fin de sa vie, il participe à la fondation de l'Hôpital Général (1656), tout en réprouvant les excès auxquels aboutit ce grand renfermement des pauvres. Son rayonnement est tel qu'il devient le conseiller ecclésiastique d'Anne d'Autriche et membre du Conseil de conscience, ce qui lui vaut la défiance et bientôt l'hostilité de Mazarin. Lorsqu'il meurt le 27 septembre 1660, il fait figure de chef moral de l'Église de France.

d) Le succès en France des **idées jansénistes** est, on l'a vu, inséparable du climat de renaissance religieuse dans lequel elles se développent. Mais à partir de 1643 et la parution de *La Fréquente Communion*, les polémiques qui opposent Antoine Arnauld et ses amis de Port-Royal à leurs adversaires dégénèrent en une violente querelle qui, débordant les seuls milieux ecclésiastiques, intéresse bientôt une large fraction de l'opinion à Paris comme en province et inquiète le pouvoir. En juillet 1649, Nicolas Cornet, syndic de la Sorbonne, présente à ses collègues un résumé de l'*Augustinus* sous forme de cinq propositions que l'Assemblée du clergé décide en 1650, de soumettre au jugement du pape Innocent X. Trois ans plus tard, celui-ci se prononce par la bulle *Cum Occasione* (31 mai 1653) qui est une condamnation formelle des cinq propositions. Cette sentence fait rebondir le débat. En effet, Antoine Arnauld riposte, notamment dans ses deux *Lettres à une personne de condition* (1655), en introduisant la distinction du droit et du fait : il convient qu'en droit les cinq propositions sont bien condamnables, il nie qu'en fait elles soient dans Jansénius. Sur quoi, la Sorbonne décide de rayer Arnauld du nombre de ses docteurs. Les amis de Port-Royal (Nicole, Le Maître) demandent alors à Blaise Pascal de porter le débat devant le public des « honnêtes gens ». Tel est le but des *Lettres écrites à un provincial par un de ses amis sur le sujet des disputes présentes de la Sorbonne* (janvier 1656 - mars 1657). Ces dix-huit *Provinciales*, dont les cinq premières portent sur le problème de la grâce, les autres sur la morale relâchée des jésuites, remportent un immense succès.

Mais le pape Alexandre VII renouvelle la condamnation des cinq propositions (bulle *Ad Sacram* du 16 octobre 1656), et l'Assemblée du clergé décide en mars 1657 d'imposer à tous les prêtres, religieux et religieuses la signature d'un formulaire ainsi rédigé :

> Je soussigné me soumets à la constitution apostolique d'Innocent X, donnée le 31 mai 1653, et à celle d'Alexandre VII du 16 octobre 1656. Je rejette et condamne sincèrement les cinq propositions tirées du livre de Jansénius, intitulé *Augustinus*, dans le propre sens de l'auteur, comme le Saint-Siège les a condamnées par les mêmes constitutions. Je le jure ainsi.

Devant cette offensive, la position des jansénistes n'est pas unanime : si Antoine Arnauld et les religieuses de Port-Royal refusent, pour des raisons parfois différentes, la signature du *Formulaire*, certains extrémistes, tel Martin de Barcos (qui a succédé à son oncle comme abbé de Saint-Cyran), prétendent que la vérité ne peut être défendue par des moyens humains et polémiques, réprouvent la distinction du droit et du fait et acceptent de donner une signature, à leurs yeux sans valeur. Pourtant, aucune rigueur n'est envisagée contre les religieuses récalcitrantes. Mazarin ne souhaite pas envenimer la querelle. Il se rend compte de tout ce qui se cache d'opposition politique, consciente ou non, dans l'attitude de certains des amis de Port-Royal, anciens frondeurs, nobles de robe, officiers, qui transfèrent dans le jansénisme et son « refus du monde » leur opposition à la monarchie absolue. Mais, en conflit avec le pape, il n'est pas pressé de donner satisfaction à Rome et aux dévots ; il souhaite seulement que la querelle s'assoupisse d'elle-même et cesse de troubler l'ordre.

La diversité française : Paris et la province

a) Depuis la fin du XVIe siècle, **Paris** a pleinement retrouvé son rôle de capitale. Elle est toujours à l'abri de sa muraille médiévale qui, à partir de 1633, est doublée sur la rive droite d'une enceinte bastionnée englobant les jardins entre Louvre et Tuileries et le quartier dit des « Fossés jaunes ».

La population, tombée à quelque 200 000 habitants au lendemain du siège de 1589-1594, a presque doublé un demi-siècle plus tard. Cet accroissement est dû moins à un excédent de naissances qu'à une intense immigration provinciale et même étrangère.

Parallèlement, la ville connaît, à l'intérieur et au-delà de ses murs, **une extension** sans précédent et d'un caractère nouveau. Celle-ci intéresse non le noyau central : Cité (l'île), Université (rive gauche), Ville (rive droite), mais ses zones périphériques où les espaces encore vides ne manquent pas : le Marais et l'île Saint-Louis, le nouveau quartier englobé par l'enceinte Louis XIII, enfin sur la rive gauche le Pré-aux-Clercs et le faubourg Saint-Germain. Le caractère nouveau de cette extension réside dans l'intérêt qu'Henri IV après 1594 et, à un moindre degré, Louis XIII témoignent pour l'aménagement de leur capitale. Cela s'exprime d'abord dans la construction de **places royales**, places fermées, de forme géométrique régulière, entourées d'édifices uniformes et servant de cadre à une statue de souverain. L'originalité de la formule, typiquement française, réside dans le rapprochement de deux éléments empruntés à l'Italie : la place à programme et la statue. La place Royale (actuelle place des Vosges), construite entre 1606 et 1612, en est le meilleur exemple. La place Dauphine, construite dans les mêmes années, constitue avec sa forme trapézoïdale et la statue d'Henri IV sur le pont Neuf une variation originale sur le même thème. L'aménagement de l'île Saint-Louis à partir de 1618 est également le résultat d'une initiative royale, ce qui vaut à l'ensemble une remarquable unité de construction. En même temps, les souverains s'efforcent de stimuler et coordonner les travaux des particuliers : nobles et magistrats se font construire, à proximité de la place Royale, des hôtels de conception variée (par exemple l'hôtel entre cour et jardin) et contribuent à faire du Marais le grand quartier à la mode ; la construction du quartier Richelieu (les anciens « Fossé jaunes ») commence en 1633 autour de la somptueuse résidence du ministre (Palais-Cardinal, puis Royal, avec son célèbre jardin) ; sur la rive gauche, Marie de Médicis se fait construire le palais du Luxembourg, cependant que certains grands seigneurs commencent à venir s'installer dans le faubourg Saint-Germain. De nombreuses églises dans le goût du jour s'édifient, notamment Saint-Louis des jésuites, Saint-Gervais, les chapelles de la Sorbonne et du Val-de-Grâce, et les maisons religieuses nouvelles se multiplient grâce à la générosité des fidèles.

Certes, dans son ensemble et surtout dans ses vieux quartiers du centre, Paris reste une ville d'**aspect médiéval** : rues étroites et sinueuses, avec un ruisseau d'eaux sales au milieu, circulation difficile le jour, du fait des encombrements, dangereuse la nuit, faute d'éclairage et de police suffisante.

Pourtant, agrandie et embellie, la ville est digne de son rang de **capitale** : c'est non seulement la capitale politique, résidence du roi et de la cour, siège des grands services publics, c'est aussi la capitale intellectuelle et artistique du royaume. Les salons, comme ceux de Madame de Rambouillet ou de Melle de Scudéry, l'Académie française après 1635, donnent le ton et disent le goût. C'est à Paris que les écrivains font jouer leurs pièces ou imprimer leurs livres. C'est vers « la cour et la ville » que regarde tout ce qui compte en province.

b) Au-delà de la capitale, à des distances variables mais toujours considérables compte tenu de la lenteur des relations (8 jours de Paris à Bordeaux, 12 de Paris à Marseille), s'étendent **les provinces** qui dans leur diversité constituent le royaume. **Diversité administrative** d'abord. Bien des provinces ou des villes conservent des franchises locales, octroyées lors de leur annexion à la Couronne et respectées depuis : vers le milieu du siècle, Bretagne, Bourgogne, Languedoc notamment possèdent des états provinciaux chargés de voter, répartir et lever l'impôt, alors que le reste du royaume est constitué de pays d'élections. Certaines villes élisent leurs magistrats municipaux, dont les attributions sont fort importantes, et jouissent parfois de privilèges fiscaux. Le régime de la gabelle est extrêmement variable selon les régions. Les douanes intérieures (traites et péages) et les poids et mesures sont d'une étonnante diversité, de même que les « coutumes » selon lesquelles est rendue la justice. Enfin, les patois ne reculent que très lentement devant la langue française.

Diversité sociale aussi, à la campagne où la distance est grande entre le riche laboureur et le manouvrier ou brassier, comme à la ville où se coudoient clercs séculiers et réguliers, nobles de robe, magistrats, rentiers, gens de métier.

Diversité des productions enfin, liée à la diversité des climats et des sols. Non seulement une France du Nord s'oppose en gros, au-delà de la Loire, à une France du Midi, mais chaque région a en dehors des « blés » et d'un maigre élevage des productions secondaires qui lui sont propres et qui fournissent souvent au paysan les quelques rentrées d'argent nécessaires au paiement de l'impôt : vigne, arbres fruitiers, plantes textiles (lin, chanvre), plantes tinctoriales ; il en est de même de l'artisanat rural si développé et si multiforme. La précarité des communications tend encore à isoler et diversifier ces petites régions. Elles sont généralement centrées sur une ville d'importance variable, dont les habitants contrôlent économiquement le plat pays, prélevant sous forme de dîmes ou de redevances l'excédent commercialisable des productions agricoles et dirigeant le travail artisanal des campagnes. Chefs-lieux de diocèse, résidences des tribunaux (bailliagesénéchaussée, parfois présidial), sièges des marchés et des foires, ces petites villes, protégées par leurs murailles médiévales et toutes bruissantes du son des cloches et du bruit des métiers, jouent vraiment un rôle de capitale pour les curés et les paysans des alentours, voire pour les nobles besogneux résidant sur leurs terres. Certaines sont de grandes métropoles régionales, grâce à de hautes fonctions administratives ou judiciaires (présence d'un parlement, par exemple, comme à Rennes ou à Toulouse) ou à une activité économique exceptionnelle (Lyon, Marseille, les grands ports atlantiques).

Tel apparaît le royaume en cette première moitié du XVIIe siècle, cloisonné et divers, mais riche de cette diversité même.

LECTURES COMPLÉMENTAIRES

MÉTHIVIER (Hubert), *Le Siècle de Louis XIII*, Paris, P.U.F. (« Que sais-je ? »), 1964, 128 p.

TAPIÉ (Victor-L.), *La France de Louis XIII et de Richelieu*, Paris, Flammarion, 1952, 561 p. ; nouvelle édition, 1967, 443 p.

MONGRÉDIEN (Georges), *La Journée des Dupes*, Paris, Gallimard (« Trente journées qui ont fait la France »), 1961, 276 p.

KOSSMANN (Ernest-H.), *La Fronde*, Leyde, Universitaire Pers Leiden, 1954, 275 p.

MONGRÉDIEN (Georges) (sous la direction de), *Mazarin*, Paris, Hachette (« Génies et Réalités »), 1959, 295 p.

GRAND-MESNIL (Marie-Noële), *Mazarin, la Fronde et la presse 1647-1649*, Paris, A. Colin (« Kiosque »), 1967, 312 p.

DODIN (André), *Saint Vincent de Paul et la charité*, Paris, Seuil, (« Maîtres spirituels »), 1960, 192 p.

TAVENEAUX (René), *Jansénisme et politique*, textes choisis et présentés par R. Taveneaux, Paris, A. Colin (« U »), 1965, 258 p.

BABELON (Jean-Pierre), *Demeures parisiennes sous Henri IV et Louis XIII*, Paris, Ed. du Temps, 1965, 292 p.

MAGNE (Émile), *La Vie quotidienne au temps de Louis XIII*, Paris, Hachette, 1942,

CHAPITRE V

L'ANGLETERRE ET LES PROVINCES-UNIES DANS LA PREMIÈRE MOITIÉ DU XVIIe SIÈCLE

1 _ L'échec de l'absolutisme en Angleterre, 1603-1649

Dans leur tentative pour établir en Angleterre une monarchie absolue, les deux premiers Stuarts se heurtent à une société en pleine transformation : les bénéficiaires des progrès du capitalisme s'opposent à leurs prétentions absolutistes dans le triple domaine politique, religieux et économique, et la guerre civile qui en découle aboutit à la défaite et à l'exécution de Charles 1er.

L'Angleterre sous Jacques Ier, 1603-1625 : le roi et la nation

a) Le roi d'Écosse Jacques VI Stuart, devenu roi d'Angleterre sous le nom de **Jacques Ier** à la mort d'Élisabeth (1603), se rend rapidement impopulaire tant à cause de son caractère et de sa conception du pouvoir que de ses maladresses. Il ne manque pourtant ni d'intelligence ni d'esprit ni de culture, mais il est ivrogne et débauché, vantard et peureux ; il est affligé, de surcroît, d'un physique disgracié. Très vite, **ses idées politiques** heurtent la majorité de ses sujets anglais : partisan de la monarchie absolue de droit divin, il estime qu'il n'a de comptes à rendre qu'à Dieu et qu'il ne doit pas y avoir de limites à la prérogative royale ; tout en cherchant à gouverner selon la loi, il veut pouvoir se passer du Parlement ; bien qu'élevé au sein de l'Église presbytérienne d'Écosse, il est très hostile aux aspects démocratiques du presbytérianisme et entend bien s'appuyer sur l'Église anglicane dont il est le chef et dont il nomme les évêques, et réduire toutes les oppositions, celle des catholiques comme celle des protestants dissidents.

Les catholiques, encore nombreux malgré les persécutions d'Élisabeth, ont au début du règne placé quelques espoirs dans le nouveau roi, fils de la catholique Marie Stuart, mais ils ont vite été déçus et certains d'entre eux décident, en novembre 1605, de se débarrasser de Jacques Ier en faisant sauter le palais de Westminster lors d'une séance du Parlement à laquelle il devait assister ; mais **la conspiration des Poudres** est déjouée à temps, et de nouvelles mesures d'exception sont prises contre les catholiques, cependant qu'une vague d'antipapisme submerge toute l'Angleterre.

Si la persécution des catholiques rencontre l'approbation de l'immense majorité des Anglais, sur tous les autres points Jacques Ier, qui connaît mal les aspirations de ses sujets, multiplie les maladresses et les erreurs. Le Parlement pouvant seul voter les impôts, et le déficit financier laissé par Élisabeth ne cessant de s'aggraver (du fait notamment des dépenses de la cour), le roi bien conseillé par le vieux Sir Robert Cecil, comte de Salisbury, fait effort pour ménager les deux Chambres qui sont convoquées à plusieurs reprises. Mais peu après la mort de Cecil (1612), il s'en remet aveuglément à partir de 1614 à un jeune favori de 22 ans, Georges Villiers qu'il fera duc de **Buckingham** et, en accord avec lui, entreprend de se passer du Parlement en recourant à des expédients financiers : aliénations du domaine royal, ventes de pairies, création d'un nouvel ordre de noblesse (les baronets), multiplication de monopoles soit exploités au profit de la Couronne, soit vendus à des compagnies ou à des particuliers. Pourtant, en 1621, prenant prétexte un peu tard de l'appel que lui a adressé son gendre l'électeur palatin, il convoque **le Parlement** pour lui demander des subsides ; il est vrai qu'au même moment, il fait des ouvertures au roi d'Espagne en vue du mariage de son fils Charles avec une infante espagnole. Le Parlement accepte de voter les subsides mais en profite pour critiquer sévèrement la politique de rapprochement avec l'Espagne et les pratiques financières du gouvernement, allant jusqu'à juger et condamner le chancelier Francis Bacon accusé de malversations; enfin, le 28 décembre, la Chambre des communes adresse au roi une protestation énergique, rappel de ses droits traditionnels, notamment en matière d'impôts ; Jacques Ier riposte en prononçant la dissolution du Parlement.

Par ailleurs, depuis plusieurs années, le roi est en conflit avec **les protestants dissidents** : de nombreux puritains sont emprisonnés, d'autres préfèrent s'expatrier, tels les pères « pèlerins » du *Mayflower* (1620). Malgré l'abandon du projet de mariage espagnol (le prince de Galles épouse finalement la sœur de Louis XIII), une nouvelle réunion du Parlement en 1624 fait éclater une fois de plus, quelques mois avant la mort de Jacques Ier (1625), le divorce qui existe entre le roi et la nation.

b) Vers 1625, l'Angleterre est en pleine prospérité, à la suite des profondes **transformations économiques** qu'elle connaît depuis le règne d'Élisabeth. L'aspect le plus important en est le remarquable développement de **l'activité industrielle,** lié (à la fois comme cause et comme conséquence) aux progrès du grand commerce maritime. La métallurgie (fer, plomb, étain, cuivre) est en plein essor. La production de houille facilitée par la présence de nombreux gisements commodes à exploiter double entre 1608 et 1633, et Newcastle est déjà un grand port exportateur ; en effet, relayant le bois qui commence à se faire rare, le charbon de terre sert à de multiples usages, non seulement pour le chauffage domestique mais aussi dans certaines opérations industrielles (fonte de minerais autres que le fer, métallurgie de transformation, raffinerie du sucre). Les industries textiles connaissent un grand développement, et les fabriques de drap se multiplient. Les chantiers navals construisent des navires de plus en plus nombreux. D'une façon générale, l'industrie anglaise commence à s'orienter vers une production de quantité. Cette « première révolution industrielle » s'accompagne d'un net renforcement du capitalisme, l'équipement et l'exploitation des mines, la création de chantiers navals ou de manufactures exigeant d'importants capitaux ; mais la production reste encore le plus souvent dispersée, notamment dans l'industrie textile où se développe le travail à domicile (dans les villes et dans les campagnes) pour le compte d'un grand manufacturier. **Dans l'agriculture,** le mouvement des **enclosures** reprend et s'accélère au profit de certains propriétaires de **la gentry** qui, surtout dans l'Est et le Sud, s'orientent de plus en plus vers l'élevage du mouton.

Ces profondes transformations économiques ont d'importantes **conséquences sociales.** La bourgeoisie et une partie de la *gentry* sont les grands bénéficiaires de la prospérité : maîtres de mines ou de forges, manufacturiers, armateurs, actionnaires de compagnies de commerce, éleveurs de moutons, ils veulent jouir de la plus grande liberté dans leurs activités et protestent contre la multiplication des monopoles royaux et la législation qui tente d'enrayer le mouvement des *enclosures* ; en même temps, ils reprochent à Jacques Ier, et plus tard à Charles Ier, de ne rien faire pour protéger l'industrie anglaise contre la concurrence étrangère et pour lui assurer de nouveaux débouchés en Amérique ou dans l'Océan Indien (Jacques Ier n'obtient de Philippe III aucun avantage pour les marchands anglais dans les colonies espagnoles et ne réagit pas, lorsque les Hollandais évincent les Anglais d'Amboine en 1624). Pourtant, de nombreux membres de la haute aristocratie, fidèles aux anciens modes de production, vivant soit sur leurs domaines fonciers, soit à la cour des libéralités du souverain, sont à l'écart du grand courant d'enrichissement et hostiles au nouvel ordre de choses. Enfin, nombreuses sont les victimes de l'évolution économique. C'est le cas, dans les campagnes, des petits propriétaires évincés par le progrès des *enclosures* ou ruinés par la concurrence des grands domaines, des ouvriers agricoles livrés au chômage par l'extension de l'élevage, des artisans privés de clientèle par la désertion des campagnes. A plusieurs reprises, de nombreux ruraux se soulèvent pour briser les clôtures et combler les fossés ; en 1607, le mouvement prend dans les Midlands de redoutables proportions ; les révoltés du Warwickshire lancent un manifeste, dans lequel ils dénoncent avec violence les « encloseurs » :

> Ils font moudre notre chair avec la meule de la misère pour vivre eux-mêmes au milieu de leurs gras moutons. Ce sont eux qui rendent nos villages dépeuplés. Des bourgs entiers ont été détruits pour céder la place aux pâturages dont on n'a que faire dans notre pays.

Dans les villes, les ouvriers mal payés par suite de la concurrence des ruraux acceptant de s'embaucher à vil prix, se mettent en grève ou désertent les ateliers.

Le malaise social se double d'un **malaise religieux.** En cherchant à faire de l'Église anglicane un instrument de son absolutisme (« point d'évêques, point de roi », disait-il), Jacques Ier a rencontré l'opposition de tous ceux qui se réclament de l'esprit puritain, qu'ils soient presbytériens ou indépendants ; les premiers sont hostiles à la hiérarchie épiscopale et souhaitent l'établissement en Angleterre d'une Église presbytérienne sur le modèle écossais ; les seconds réclament la séparation de l'Église et de l'État et l'application à tous les protestants de la plus large tolérance religieuse au nom de la liberté individuelle ; c'est le cas, notamment, des congrégationalistes et des baptistes (qui fondent leur première communauté à Londres en 1611).

Enfin Jacques Ier, moins prudent qu'Henri VIII ou Élisabeth, a profondément heurté les Anglais dans leur attachement à leurs libertés **politiques.** S'appuyant sur son Conseil privé dont il nomme les membres, il a tenté d'accroître la centralisation au détriment de la large autonomie des pouvoirs locaux et surtout il a cherché à se passer du Parlement dont les membres, représentants des intérêts de la *gentry* et de la bourgeoisie, se disent seuls habilités à voter l'impôt. Ainsi, entre un souverain qui entend gouverner en roi absolu et maintenir l'équilibre entre les classes sociales traditionnelles, et une société où la nouvelle classe capitaliste veut contrôler la monarchie et poursuivre librement son ascension, le conflit est inévitable.

Le début du règne de Charles Ier, 1625-1642

a) La personnalité et les aspirations du nouveau roi ne sont pas faites pour arranger les choses. En effet, si **Charles Ier** est, contrairement à son père, beau et courageux, il est convaincu autant que lui de la toute-puissance royale et, de plus, manque de loyauté et de souplesse ; aussi perd-il vite la popularité que lui valent à son avènement sa jeunesse et sa prestance. Non seulement il garde près de lui Buckingham (qui sera assassiné en 1628) et met à la tête des affaires ecclésiastiques l'évêque William Laud connu pour son hostilité à l'égard des dissidents, mais à la suite de la dissolution de deux Parlements successifs il recourt à un emprunt forcé, exigeant de chacun de ses sujets un prêt égal au dernier impôt payé. Sur le plan extérieur, la défaite de la flotte anglaise lors d'une guerre qui éclate avec l'Espagne (1625) et surtout l'échec de Buckingham devant La Rochelle (1627-1628) contribuent encore à l'impopularité du roi. En 1628, la situation financière est telle que celui-ci doit convoquer de nouveau le Parlement. Mais les électeurs envoient aux Communes des députés qui, tels Thomas Wentworth, John Eliot et John Pym, sont bien décidés à protester contre la politique du roi ; en mai 1628, les deux Chambres lui adressent une **Pétition des Droits** *(Petition of the Right)*, qui énumère les illégalités commises et rappelle les libertés anglaises :

1 – Les lords spirituels et temporels et les Communes, assemblés en Parlement, représentent très humblement à notre souverain seigneur le roi [...] que (vos sujets) ne sauraient être contraints à participer à aucune taxe, taille, aide ni autre charge analogue, sans le commun consentement de la nation exprimé en Parlement.

2 – Considérant néanmoins que depuis peu, diverses commissions ont été données en plusieurs comtés à des officiers royaux avec instructions en suite desquelles votre peuple a été assemblé en plusieurs endroits et requis de prêter certaines sommes d'argent à V. M. [...]

3 – Considérant qu'il est aussi arrêté et établi par le statut dénommé *Grande Charte des libertés d'Angleterre*, qu'aucun homme libre ne pourra être arrêté ou mis en prison, ni dépossédé de ses libertés ou franchises, ni mis hors la loi ou exilé, ni molesté d'aucune autre manière, si ce n'est en vertu d'une sentence légale de ses pairs ou des lois du pays [...]

5 – Considérant néanmoins que nonobstant ces statuts et autres règles et bonnes lois de votre royaume ayant la même fin, plusieurs de vos sujets ont été récemment emprisonnés sans que la cause en ait été indiquée [...]

10 – A ces causes, ils supplient humblement Votre très excellente Majesté que nul à l'avenir ne soit contraint de faire aucun don gratuit, prêt d'argent, ni présent volontaire, ni de payer aucune taxe ou impôt quelconque, hors le consentement commun voté par le Parlement [...], qu'aucun homme libre ne soit arrêté ou détenu de la manière indiquée plus haut [...]

Le roi se résout à accepter la Pétition, mais dès l'année suivante ordonne la perception de taxes douanières non encore votées par les Communes. Celles-ci protestent et déclarent « traîtres envers la patrie et la liberté » tous ceux qui s'associeraient désormais à des actes illégaux. Le roi riposte en prononçant la dissolution des deux Chambres et en annonçant son intention de régner en roi absolu sans recourir au Parlement.

b) Pendant les onze années de **la tyrannie** (1629-1640), Charles Ier va tenter d'assurer la victoire conjointe de l'absolutisme et de l'anglicanisme. Il est aidé dans sa tâche par **Laud**, nommé archevêque de Canterbury en 1633, et par Wentworth, ancien inspirateur de la Pétition des Droits et passé par ambition au service du roi qui le fait comte de **Strafford.** Membre du Conseil privé et plus tard lord gouverneur d'Irlande, Strafford, qui est intelligent et énergique, remet d'abord de l'ordre dans les finances en imposant à la cour un régime de stricte économie et en mettant fin au double conflit avec la France et avec l'Espagne. Il essaie d'assurer à la monarchie des ressources régulières en rétablissant de nombreux monopoles au profit du roi (vin, sel, savon, etc.), en remettant en vigueur des taxes tombées en désuétude, en écrasant les contrevenants sous les amendes et les confiscations prononcées par une juridiction d'exception, la Chambre étoilée. Il contrôle toute la vie économique et multiplie les règlements. Enfin, il lève en Irlande plusieurs milliers de fantassins et crée ainsi un noyau d'armée permanente au service du roi. De son côté, Laud entreprend de briser toutes les résistances à l'anglicanisme : une cour de Haute Commission ecclésiastique épure le clergé de tous les éléments jugés puritains ; la prédication est contrôlée, la presse, censurée ; les bibles calvinistes, interdites ; les récalcitrants, sévèrement punis par la Chambre étoilée (tel le médecin Leighton, qui a les oreilles coupées et le visage marqué au fer pour avoir écrit contre le pouvoir des évêques). De plus, Laud introduit progressivement dans la liturgie anglicane des rites empruntés au catholicisme ; l'opinion publique, déjà irritée par le papisme de la reine Henriette de France, voit dans ces mesures un premier pas vers le rétablissement du catholicisme en Angleterre. En même temps, Laud et le roi décident d'introduire en Écosse, très attachée au presbytérianisme, une Église épiscopalienne de type anglican et l'usage du *prayer book* anglais. En Irlande enfin, Strafford, conseillé par Laud, s'efforce de réformer le clergé anglican, mais sans faire aucune concession aux catholiques qui constituent l'immense majorité de la population et qui restent de ce fait très hostiles au roi Stuart. Plus que la politique absolutiste de Strafford, c'est la politique religieuse de Laud qui dresse bientôt contre la « tyrannie » l'Angleterre et l'Écosse.

c) **La résistance anglaise** privée de son moyen d'expression naturel, le Parlement, est d'autant plus lente à s'organiser que de nombreux puritains ont choisi de s'expatrier en Amérique (près de 20 000 entre 1630 et 1640). Mais en 1637, un incident va montrer l'importance de l'opposition. Une vieille coutume permettait au roi d'Angleterre de demander, en cas de guerre, aux ports et aux comtés du littoral l'équipement d'un certain nombre de navires ou, à défaut, le paiement de l'équivalent en espèces *(ship money)*. En 1634, sous le prétexte (d'ailleurs exact) que les côtes sont infestées de pirates, Strafford exige le *ship money* ; l'année suivante, la taxe est réclamée de nouveau et étendue cette fois à tout le royaume ; en 1636, elle est exigée une troisième fois, tendant à devenir ainsi un impôt général et permanent. Les protestations sont vives, et de nombreux assujettis refusent de payer, notamment un ancien député du Parlement dissous, John **Hampden.** Après bien des hésitations, le roi se décide à faire un exemple et fait citer Hampden en justice. Le procès a, dans tout le pays, un immense retentissement. A l'issue de débats longs et embarrassés, au cours desquels l'avocat de la défense a rappelé que le roi ne peut lever d'impôt sans l'assentiment du Parlement, les juges s'appuyant sur l'adage *Rex est lex* condamnent à une forte amende l'accusé, qui fait figure aux yeux de l'opinion de champion des libertés anglaises (1637).

Cette même année, **l'Écosse** passe à la révolte ouverte. Le 23 juillet 1637, une émeute éclate à la cathédrale d'Édimbourg à l'occasion de l'introduction du *prayer book* anglican ; bientôt tout le royaume écossais se soulève, nobles et pasteurs en tête. En février 1638, les opposants signent par milliers un pacte solennel ou **Covenant**, par lequel ils s'engagent à défendre la liberté religieuse de l'Écosse ; des bandes armées se constituent qui emprisonnent ou expulsent les agents du roi. En 1639, l'armée écossaise commandée par Leslie, ancien lieutenant de Gustave-Adolphe, bat Charles Ier et le force à traiter.

d) Sur les conseils de Strafford qui pense pouvoir compter sur l'animosité des Anglais à l'égard des Écossais, le roi qui a besoin d'argent et de troupes pour briser la rébellion écossaise se résout à convoquer le Parlement anglais ; mais les députés ayant commencé par protester contre les abus commis depuis onze ans, il dissout après trois semaines ce **Court Parlement** (avril-mai 1640). Cependant, Leslie ayant pris Newcastle et Durham et marchant sur York, Charles Ier doit en septembre convoquer un nouveau Parlement pour la fin de l'année. Les élections amènent aux Communes une majorité d'opposants dirigés par John Pym et résolus à en finir avec le régime absolutiste. Dès ses premières réunions en novembre, **le Long Parlement** (il siégera jusqu'en 1653) prend l'offensive contre tous les agents de la tyrannie, les « délinquants », au premier rang desquels Strafford et Laud. Arrêté dès le 11 novembre sur une intervention de Pym et déclaré un peu plus tard hors la loi *(bill of attainder)*, Strafford est condamné à mort et exécuté le 12 mai 1641, sans que le roi ait osé faire usage de son droit de grâce (Laud subira le même sort en 1645). Puis le Parlement réclame l'exclusion des évêques anglicans de la Chambre des lords, l'éloignement des catholiques de la cour, le licenciement de l'armée créée par Strafford et l'abolition des juridictions d'exception.

Sur ces entrefaites, la réconciliation du roi avec les covenantaires écossais et le soulèvement de l'Irlande où les catholiques massacrent des milliers de protestants dans l'Ulster (octobre 1641) inquiètent et exaspèrent les députés des Communes qui, le 22 novembre 1641, votent par 159 voix contre 148 une **Grande Remontrance,** violent réquisitoire rédigé par Pym et qui dit notamment :

> Nous avons trouvé que la racine de tous les maux résidait dans un projet pernicieux et mal intentionné de renverser les lois fondamentales et les principes de gouvernement, sur lesquels sont solidement établies la sûreté et la justice du royaume. Les fauteurs et exécuteurs de ces desseins ont été :
>
> 1. les papistes disciples des jésuites et qui haïssent les lois, comme

obstacles au changement et renversement de la religion, objet de leurs plus ardents désirs ;
2. les évêques et la partie la plus corrompue du clergé, qui nourrissent le penchant aux pompes extérieures et à la superstition, comme les effets naturels et les appuis les plus probables de la tyrannie et de l'usurpation ecclésiastique ;
3. les conseillers et les courtisans qui, dans des vues particulières, ont entrepris de faire prévaloir dans ce pays les intérêts de quelques princes ou États étrangers, au préjudice de Sa Majesté et de l'État.

Le roi, qui sait que la Grande Remontrance n'a été votée qu'à quelques voix de majorité, pense pouvoir mater l'opposition par **un coup de force.** Le 3 janvier 1642, il adresse un message à la Chambre des communes, réclamant que lui soient livrés Pym, Hampden et trois autres députés déclarés par lui coupables de haute trahison. Le lendemain 4 janvier, il vient lui-même à Westminster, accompagné de plus de 200 gentilshommes et soldats, pour procéder à l'arrestation des « cinq » ; mais ceux-ci ont trouvé refuge dans la cité. A l'annonce du coup de force, le peuple de Londres se soulève et Pym organise un comité insurrectionnel. Devant la collusion du Parlement et du peuple londonien, Charles Ier préfère quitter la capitale le 10 janvier et se rendre à Oxford où il regroupe ses partisans.

La guerre civile, 1642-1649

a) La guerre civile, qui éclate en août 1642 après quelques mois de pourparlers infructueux, divise l'Angleterre en **deux camps.** Les partisans du roi, que l'on commence à appeler **les Cavaliers**, comprennent surtout les représentants de la haute aristocratie traditionnelle et anglicane de l'Ouest et du Nord et leur clientèle ; les catholiques et la majorité des anglicans de tous les milieux se joignent à eux. Les partisans du Parlement ou **Têtes rondes** (de leurs cheveux coupés courts, à la puritaine) regroupent tous les Anglais attachés aux libertés politiques, religieuses et économiques, les manufacturiers et les négociants, les gentilshommes campagnards du Sud et de l'Est, mais aussi le petit peuple des villes qui voit dans la lutte le moyen d'exprimer son mécontentement ; quelques-uns sont anglicans, les plus nombreux sont presbytériens ou indépendants.

b) De 1642 à 1644, la lutte est **indécise**, dans la mesure où les forces militaires s'équilibrent à peu près et où certains chefs parlementaires ne veulent pas créer l'irréparable. Les Cavaliers sont des soldats solides et expérimentés, bien commandés par le prince Rupert, fils du Palatin et neveu du roi. Les Têtes rondes, recrutés parmi les ouvriers des villes et les valets de ferme et encadrés de gentilshommes, n'ont généralement pas la même valeur militaire que leurs adversaires, mais ils ont l'avantage d'occuper tout le centre du royaume avec les grands ports et les principales régions industrielles et de disposer, grâce à l'argent de la cité, de ressources financières qui font cruellement défaut au roi. Les Cavaliers échouent dans deux tentatives pour marcher sur Londres et subissent même, dans le Nord, une sanglante défaite à **Marston-Moor** le 2 juillet 1644. Mais de son côté, l'armée du Parlement commandée par Essex et Manchester essuie plusieurs échecs. En juillet 1643, Pym qui se révèle un vrai chef de gouvernement fait accepter par les Communes, malgré les répugnances de certains députés, l'adoption du régime presbytérien. Cette mesure permet un rapprochement avec les Écossais et la signature, en septembre, d'un nouveau **Covenant** aux termes duquel Anglais et Écossais jurent

> de vivre en frères, unis par l'amour et par la foi, afin d'extirper le papisme, l'épiscopat, la superstition, le schisme et l'impiété, de défendre les droits et privilèges du Parlement et les libertés nationales, et d'unir étroitement les deux royaumes.

Toutefois, après la mort de Pym en décembre 1643, Essex et plusieurs généraux parlementaires cherchent des accommodements avec le roi. L'indignation que provoquent leur attitude et surtout l'annonce de l'alliance de Charles Ier avec les Irlandais catholiques favorisent, au sein de l'armée des « Têtes rondes », les chefs les plus intransigeants, partisans de la guerre à outrance, notamment Cromwell.

c) **Olivier Cromwell** (1599-1658), gentilhomme campagnard des environs de Cambridge, est un protestant indépendant qui a siégé aux Communes en 1628, puis au Court et au Long Parlement en 1640, dans les rangs de l'opposition où il s'est fait remarquer par son intransigeance et son puritanisme rigide. S'il reste un parlementaire assez médiocre, la guerre va révéler ses qualités de chef militaire. Dès le début de la lutte, il a levé à ses frais dans son comté un régiment d'un millier d'hommes recrutés essentiellement parmi les indépendants. La valeur militaire des soldats de Cromwell et de leur chef, le fanatisme religieux qui les anime, le rôle décisif qu'ils jouent à Marston-Moor leur valent le surnom de « Côtes-de-fer » *(Ironsides)*. En décembre 1644, à l'instigation de Cromwell exaspéré par les atermoiements et les intrigues de certains chefs parlementaires, les Communes décident par l'ordonnance de renoncement *(self-denying ordinance)* d'imposer à leurs membres l'abandon des charges militaires qu'ils peuvent détenir. Cette mesure (pour laquelle une exception sera faite en faveur de Cromwell sur les instances de ses soldats) entraîne la démission d'Essex et de Manchester et permet de remplacer de nombreux officiers presbytériens par des indépendants.

Dès les premiers mois de 1645, Cromwell, qui est devenu le lieutenant tout-puissant du nouveau commandant en chef Thomas Fairfax, réforme l'armée parlementaire sur le modèle de ses « Côtes-de-fer ». La « nouvelle armée » *(new model army)* comprend 22 000 soldats qui, presque tous indépendants, voient dans la lutte contre le roi une véritable guerre sainte ; les officiers sont choisis pour leur valeur et leur piété, sans distinction de naissance. Grâce à cet instrument résolu, Cromwell remporte sur les troupes royales du prince Rupert la victoire décisive de **Naseby**, le 14 juin 1645. Charles Ier, qui a perdu plus de 5 000 hommes et toute son artillerie, cherche en vain à s'appuyer sur les comtés fidèles de l'Ouest ; il doit bientôt abandonner Bristol et la Cornouaille et décide alors de chercher refuge en Écosse, où il espère ranimer chez ses sujets leur attachement à la dynastie des Stuarts (mai 1646). Mais il refuse d'adhérer au **Covenant** et est livré par le Parlement d'Édimbourg au Parlement de Londres, moyennant le paiement de 400 000 livres correspondant aux arrérages de soldes dus aux troupes écossaises (30 janvier 1647).

d) La défaite du roi ne met pas fin à la guerre, car **les vainqueurs se divisent.** Les députés et leurs partisans sont en majorité presbytériens et réclament l'application des décisions du comité ecclésiastique de Westminster (1643-1648) et la mise en place d'une nouvelle Église d'Angleterre, non épiscopalienne, réformée sur le modèle de l'Église presbytérienne d'Écosse. La « nouvelle armée », au contraire, appuie les revendications des indépendants qui protestent contre le maintien d'une Église d'État et demandent la liberté pour toutes les sectes protestantes. Les vainqueurs se séparent aussi sur le terrain politique : les parlementaires qui tiennent le roi en résidence forcée au château d'Holmby (entre Coventry et Northampton) espèrent que celui-ci se montrera plus conciliant que cinq ans plus tôt et qu'un accord avec lui sera possible ; Charles Ier feint, pour gagner du temps, de vouloir discuter les conditions posées. Mais, en février 1647, la décision du Parlement de licencier l'armée sans lui payer les soldes en retard provoque la constitution d'un **Conseil de soldats**, bientôt appelés « agitateurs » *(agitators)*, élus à raison de deux représentants par régiment ; Cromwell et ses officiers acceptent bon gré mal gré la nouvelle organisation, mais décident, pour la neutraliser, de mettre sur pied un Conseil d'officiers formé dans les mêmes conditions. Cependant que quelques soldats enlèvent le roi à Holmby et l'amènent au quartier général, une grande assemblée regroupant les deux Conseils décide, sur l'initiative de Cromwell, de marcher sur Londres et de présenter au Parlement ses « justes revendications », notamment le maintien en service de la «nouvelle armée», la liberté pour les sectes et l'expulsion de onze députés particulièrement hostiles aux indépendants (juin 1647). Maîtres du roi, Cromwell et son gendre Ireton cherchent un moment à s'entendre avec lui (les *proposals* d'Ireton), mais d'une part Charles Ier se refuse à toute concession, d'autre part certains éléments avancés de l'armée, **les niveleurs** *(levellers)* de John **Lilburne**, protestent contre l'intention de leurs chefs de rendre au roi une partie de ses prérogatives et réclament l'abolition de la royauté, le suffrage universel et l'égalité devant la loi. Finalement, lors des conférences de Putney réunissant les deux Conseils d'officiers et de soldats et tout l'état-major, Cromwell réussit à établir un compromis et à maintenir l'unité de l'armée (octobre-novembre 1647).

e) Mais le 15 novembre 1647, Charles Ier échappe à ses gardiens et se réfugie à l'île de Wight. De là, il s'entend avec les Écossais qui s'engagent à le ramener au pouvoir par la force, en échange de son adhésion au *Covenant*. **La guerre civile reprend** : cependant que Fairfax bat près de Londres les royalistes anglais à nouveau soulevés, Cromwell marche sur les Écossais qui ont pénétré en Angleterre, les bat à Preston le 17 août 1648 et entre à Édimbourg le 26 septembre. De retour à Londres en octobre, il décide d'en finir avec le roi et avec le Parlement qui, en septembre, ont rouvert des négociations pour tenter de se réconcilier. Le 30 novembre, il fait enlever Charles Ier de l'île de Wight et, le 6 décembre, charge le colonel Pride de procéder par la force à l'épuration du Parlement : 45 députés sont arrêtés, 96 autres, expulsés ; le Long Parlement réduit à une soixantaine de membres, tous indépendants, n'est plus qu'un **Parlement croupion** *(Rump Parliament)* dont la première décision est de traduire le roi devant une Haute Cour qui, le 28 janvier 1649, **prononce sa sentence** :

> Attendu que les Communes d'Angleterre, réunies en Parlement, ont nommé la présente Haute Cour de justice pour faire le procès à Charles Stuart, roi d'Angleterre, qui a été amené trois fois devant elle ; que la première fois, on lui a lu l'acte d'accusation qui le charge, au nom du peuple d'Angleterre, de haute trahison et autres crimes et méfaits [...] Pour toutes ces trahisons et crimes, la Cour prononce que ledit Charles Stuart, en qualité de tyran, de traître, de meurtrier et d'ennemi public sera mis à mort, en séparant sa tête de son corps.

L'exécution du roi le 30 janvier (9 février, selon le calendrier grégorien), deux mois après la « purge du colonel Pride », marque la fin de la guerre civile : Cromwell et les indépendants sont venus à bout du roi et des éléments presbytériens et modérés du Parlement, mais leur victoire est celle d'une minorité et ne résout en fait aucun problème essentiel.

2 _ Les Provinces-Unies de 1609 à 1650

Les Provinces-Unies connaissent dans la première moitié du XVIIe siècle la période la plus glorieuse de leur histoire. Malgré des querelles intérieures et la poursuite de la guerre d'indépendance contre l'Espagne, elles réussissent à devenir grâce au grand commerce maritime la première puissance économique de l'Europe, cependant qu'elles rayonnent de tout l'éclat de leur civilisation intellectuelle et artistique.

Les difficultés politiques

a) Au moment où intervient, en 1609, la trêve de Douze Ans avec l'Espagne, la république des Provinces-Unies comprend **les sept provinces** de Groningue, Frise, Overijssel, Gueldre, Utrecht, Hollande et Zélande. **Le gouvernement** de la république est complexe dans la mesure où aux institutions locales se superposent des institutions centrales, dans la mesure aussi où, pour des raisons historiques, la famille d'Orange occupe dans l'État une situation exceptionnelle.

Au niveau le plus bas, chaque **ville** jouit de la plus large autonomie : elle est administrée par une oligarchie de « régents», qui est constituée par les familles les plus riches et qui nomme le bourgmestre et les échevins. Les délégués des villes, ceux de la noblesse et, dans certains cas, ceux des paysans forment, dans le cadre de chaque province, **les états provinciaux.** Toutefois la composition de ceux-ci est loin d'être uniforme : en Hollande, ils comprennent les députés de dix-huit villes, chacun disposant d'une voix, et sept représentants de la noblesse ne comptant à eux sept que pour une voix ; en Zélande, six villes disposent d'une voix chacune, cependant que la voix du premier des nobles, le prince d'Orange, compte pour l'ensemble de la noblesse ; en Gueldre, en Utrecht et en Overijssel par contre, villes et noblesse s'équilibrent à peu près ; en Frise et en Groningue enfin, les paysans sont représentés à côté de la noblesse et, conjointement avec elle, l'emportent sur les villes. Ainsi, sauf dans les deux provinces pauvres du Nord, l'importance de l'oligarchie urbaine est considérable, notamment en Hollande et en Zélande où elle détient à la fois la richesse économique et le pouvoir politique. A côté des états qui sont chargés de voter les lois, un fonctionnaire, généralement un juriste, nommé et pensionné par eux (d'où son nom de **pensionnaire**), prépare le travail de l'assemblée et dirige la bureaucratie provinciale. Enfin, **le stathouder**, également nommé par les états, veille à l'exécution des lois, nomme à de nombreux emplois et commande les forces militaires locales en tant que capitaine et amiral.

Les institutions fédérales comprennent d'abord **les États-Généraux** des Provinces-Unies, la plus haute instance de la république, siégeant en Hollande, à La Haye. Chaque province y est représentée par un nombre de députés variable, mais ne dispose que d'une voix quel que soit ce nombre ; par ailleurs, les décisions les plus importantes doivent être prises à l'unanimité ; c'est en fait moins une assemblée délibérante qu'un congrès d'ambassadeurs tenus de consulter constamment leurs mandants. Les États-Généraux sont aidés dans leur tâche par des ministres et par des Conseils, notamment le Conseil d'État. Par ailleurs, dans la mesure où les États-Généraux siègent à La Haye et où la Hollande est la province de beaucoup la plus peuplée et la plus riche, le pensionnaire de Hollande, élu pour cinq ans et rééligible, est devenu peu à peu de simple fonctionnaire provincial un des premiers personnages de la république, sous le nom de **Grand Pensionnaire**, chargé entre autres de la direction de la politique extérieure ; c'est, depuis 1586, Jan van **Oldenbarnevelt** (1547-1619). Enfin, il y a à la tête de l'armée et de la flotte un capitaine général et un amiral général ; ces deux hautes charges militaires sont détenues depuis la mort de Guillaume le Taciturne par son fils **Maurice d'Orange-Nassau** (1567-1625) qui est de plus, comme l'était son père, *stathouder* de Hollande et de Zélande (et un peu plus tard de Drenthe et de Groningue) ; le *stathouder* (c'est ainsi qu'on l'appelle) est devenu, à la faveur de la guerre et du rôle glorieux joué par les Orange, le premier personnage de l'État.

b) Ainsi, en 1609, **deux partis** s'opposent en fait dans la république : le Grand Pensionnaire, s'appuyant sur les états provinciaux de Hollande, défend les intérêts des grands commerçants et manufacturiers hollandais, favorables à la paix nécessaire au développement des affaires et soucieux de préserver l'autonomie politique et financière de chaque province dans un cadre fédéral assez lâche. Le *stathouder*, dont la base de la puissance est militaire, souhaite la poursuite de la guerre contre l'Espagne ; de plus, fort de l'appui de la noblesse et de la paysannerie des provinces pauvres de l'intérieur, des marins zélandais et du petit peuple des villes, qui constituent les cadres et les troupes de l'armée qu'il commande, il préconise l'affaiblissement des institutions locales au profit d'un pouvoir central fort, en l'occurence le sien. La lutte entre ces deux factions, « républicains » et « orangistes », domine l'histoire des Provinces-Unies au XVIIe siècle.

c) Si la conclusion de la trêve de Douze Ans est une victoire d'Oldenbarnevelt et des états de Hollande, la querelle des arminiens et des gomaristes permet à **Maurice de Nassau** de prendre sa revanche et de faire condamner et exécuter Oldenbarnevelt pour arminianisme (mai 1619). Débarrassé de son vieil adversaire, Maurice accroît considérablement le pouvoir stathoudéral à la faveur de la guerre qui reprend contre l'Espagne en 1621 et médite probablement un coup d'État monarchique, lorsqu'il meurt inopinément en avril 1625. Son demi-frère **Frédéric-Henri** (1584-1647) lui succède comme capitaine général, amiral général et *stathouder* de quatre provinces. Grand homme de guerre comme son frère, il est plus que lui un homme d'État, habile, tolérant et désintéressé. Il poursuit activement la guerre contre l'Espagne, prenant Maestricht (1632) et Bréda (1637), apaise les querelles religieuses en rappelant les arminiens exilés (les « remontrants ») et gouverne sagement depuis La Haye où il tient une cour brillante. A sa mort, en mars 1647, son fils **Guillaume II** lui succède dans ses charges ; très ambitieux, Guillaume rêve de transformer le stathoudérat en monarchie héréditaire. Mais il doit d'abord céder à la pression des États-Généraux et des états de Hollande et accepter de signer **la paix avec l'Espagne** en janvier 1648. Cette paix glorieuse assure aux Provinces-Unies, après quatre-vingts ans de guerre, non seulement la reconnaissance *de jure* de leur indépendance, mais aussi la fermeture de l'Escaut et l'acquisition de la région de Maestricht et de la partie septentrionale de la Flandre et du Brabant qui seront administrées par les États-Généraux (d'où leur nom de « pays de la Généralité »). Mais la fin de la guerre ne fait pas l'affaire du *stathouder*, d'autant plus que, sous le prétexte de réduire les dépenses, les états de Hollande réclament le licenciement d'une partie des troupes et la suppression des charges de capitaine général et d'amiral général. Guillaume II décide alors de tenter un coup de force : le 30 juillet 1650, il fait jeter en prison les six députés les plus remuants des états de Hollande mais échoue en voulant s'emparer d'Amsterdam ; dans les semaines suivantes, un compromis intervient qui donne largement satisfaction à Guillaume, mais celui-ci meurt brusquement à 24 ans, le 6 novembre 1650.

La prospérité économique

a) Ni les querelles politiques, ni la guerre contre l'Espagne (qui, depuis la fin du XVIe siècle, s'est surtout déroulée hors du territoire de la république) n'ont entravé l'extraordinaire **essor économique** des Provinces-Unies. Dès 1615, le Français Montchrestien qualifie de « miracle de l'industrie » la réussite des Néerlandais, précisant non sans exagération :

> Ces gens sont habiles, car ils accommodent fort à propos les choses à leur profit, et l'artifice leur est beaucoup plus favorable que la nature. C'est en quoi principalement on doit les reconnaître pour hommes : ils ne filent, sèment, ni plantent, et si sont nourris et vêtus plus magnifiquement que nuls autres. Ils n'ont rien, et ont tout par le moyen de leurs diverses navigations.

Il est certain qu'en dehors de la situation géographique entre Baltique et Atlantique et au débouché de la grande voie rhénane, **les conditions naturelles** sont très défavorables : exiguïté du territoire, présence de vastes étendues d'eau, aridité des landes des provinces orientales, absence de bois et de matières premières (sauf la tourbe), danger des eaux littorales et des côtes sablonneuses. C'est par leur travail acharné, par leur « industrie », que les Néerlandais ont su tirer parti de ce sol ingrat et de ce rivage inhospitalier. Dès la fin du Moyen Age, les habitants des « Pays-Bas » ont entrepris une lutte patiente et efficace contre l'eau. La technique des *polders* est au XVIIe siècle bien au point (endiguement, pompage par moulins à vent, drainage par canaux) et permet d'assécher de nombreux marais et mers intérieures de la province de Hollande ; toutefois, vers 1650, il reste encore beaucoup à faire : c'est ainsi que la mer de Haarlem n'est pas encore asséchée et porte toujours de gros navires. Sur ce sol disputé à la mer et aux fleuves, les Néerlandais élèvent des vaches laitières, cultivent avec soin sans recourir à la jachère du blé, du lin, des légumes, des fleurs, cependant que sur les landes de l'Est pâturent de nombreux moutons. Certes, il faut importer tout de même des céréales pour la nourriture de la population et des matières premières pour les besoins de l'industrie ; en revanche, on peut exporter beurre, fromages, oignons à fleurs.

L'activité **industrielle** s'est développée à la fin du XVIe siècle grâce, notamment, à l'arrivée de nombreux protestants fuyant les Pays-Bas espagnols. Les draps de Leyde, les velours d'Utrecht, les toiles d'Haarlem, les faïences de Delft se vendent dans toute l'Europe ; Amsterdam utilise des matières premières coloniales dans ses tailleries de diamants, ses manufactures de tabac, ses raffineries de sucre ; Zaandam a d'importants chantiers navals travaillant à la fois pour les besoins locaux et pour l'étranger.

b) Mais la grande richesse des Provinces-Unies vient de **la mer**, c'est-à-dire de **la pêche** du hareng en Mer du Nord (qui occupe plus de 20 000 marins zélandais, hollandais et frisons et alimente toute une industrie du poisson « encaqué »), et beaucoup plus encore du **grand commerce maritime.** Montchrestien écrit en 1615 :

> Les Hollandais [...] expérimentent et montrent mieux que nuls autres que par la mer se trouve le plus court chemin de fortifier,

> enrichir et agrandir un État [...] Si je voulais laisser à la postérité un tableau de l'utilité du commerce, je décrirais ici d'un côté les villes d'Amsterdam et de Middelbourg en l'état qu'elles étaient il y a vingt-cinq ou trente ans, et de l'autre celui auquel elles sont maintenant : grosses de peuple, comblées de marchandises, pleines d'or et d'argent.

Cette vocation commerciale est née en grande partie de la lutte contre les Espagnols. La fermeture de Lisbonne aux Néerlandais après 1580 a notamment contribué à les lancer sur les mers lointaines dans le but de s'approvisionner directement en épices. Ils ont ainsi constitué peu à peu, au détriment des Portugais, un vaste **empire colonial** (*cf.* chapitre VII). La Compagnie des Indes orientales, formée en 1602 sur l'initiative d'Oldenbarnevelt par la fusion de huit compagnies isolées, reçoit le monopole du commerce à l'est du Cap et à l'ouest du détroit de Magellan ; avec son capital de 6 millions de florins, avec ses nombreux comptoirs de l'Océan Indien et de l'Insulinde qui la rendent maîtresse du trafic des épices, avec ses milliers de marins, de soldats et d'employés, la compagnie est l'émanation de la puissance coloniale et commerciale de la république ; ses actionnaires, membres de la bourgeoisie hollandaise et zélandaise, réalisent d'étonnants bénéfices (25 % par an, en moyenne ; parfois 50, voire 75 %). En 1621, Willem Usselinck crée la Compagnie des Indes occidentales qui pratique le pillage systématique des bateaux espagnols et portugais, fonde la Nouvelle-Amsterdam et prend pied pour un temps au Brésil (1630-1654).

Les Néerlandais sont en même temps les maîtres du **commerce européen** de transit. Les marchandises de tous les pays affluent dans leurs ports pour être ensuite redistribuées partout : bois du Nord, fer et cuivre de Suède, céréales de Pologne, cuir, lins et chanvres des pays baltes et de Russie, vins d'Allemagne et de France, laines d'Espagne, draps d'Angleterre, produits coloniaux enfin en provenance non seulement de leurs propres comptoirs, mais aussi des colonies espagnoles et portugaises grâce à « l'interlope ». Dans la première moitié du siècle, la plus grande part du commerce de l'Angleterre, de la France, de l'Espagne, des États allemands et italiens est aux mains des Provinces-Unies dont les marins sont vraiment les « rouliers des mers » et les ports, les « magasins généraux » de toute l'Europe.

c) Elles tiennent ce rôle de premier plan grâce à **un équipement remarquable** pour l'époque. Vers 1650, leur flotte marchande comprend plus de 2 000 navires de fort tonnage et représente sans doute les trois quarts de toute la flotte européenne. La valeur des équipages et des bâtiments permet d'assurer les transports dans le minimum de temps et avec le maximum de sécurité tout en pratiquant des tarifs inférieurs à ceux de n'importe quel autre pays. Les grands ports, Amsterdam, Rotterdam, Middelbourg, sont remarquablement aménagés et outillés. Un réseau très serré de correspondants et de courtiers répartis dans le monde entier fournit à tout moment une information sûre. **La Bourse d'Amsterdam** permet de spéculer sur toutes les marchandises qui y sont chaque jour cotées et négociées.

Mais la base de la puissance économique réside dans une organisation bancaire sans rivale en Europe. Fondée en 1609 sur le modèle du Rialto de Venise, **la Banque d'Amsterdam** est investie du monopole du change ; c'est en même temps une banque de dépôt, chaque déposant étant crédité de la valeur réelle de son dépôt et pouvant en disposer soit au comptant, soit par virement au compte d'un autre déposant. La Banque a donc pour activité essentielle de simplifier les paiements commerciaux de ses 2 000 clients néerlandais et étrangers ; elle n'est pas censée émettre des billets, ni faire officiellement du crédit : toutefois, dès 1619, elle consent de fortes avances temporaires à la compagnie des Indes orientales et à la ville d'Amsterdam. L'abondance de l'or et de l'argent déposés, qui représentent essentiellement les énormes bénéfices du grand commerce maritime, assure la stabilité de la Banque et attire les capitaux étrangers, faisant d'Amsterdam le plus grand centre de métaux précieux de toute l'Europe.

La civilisation néerlandaise

a) Grande puissance économique, les Provinces-Unies sont aussi un grand foyer intellectuel et artistique. Cela est dû d'abord à **la liberté** qui y règne et qui en fait une terre de refuge pour tous les persécutés. Au lendemain de la violente querelle entre gomaristes et arminiens, l'esprit de tolérance l'emporte peu à peu, et la Hollande devient le pays de la liberté de pensée et de la liberté d'expression. Descartes, qui y réside de 1629 à 1649, écrit d'Amsterdam, en 1631, à son ami Guez de Balzac :

> Ici, comme tout le monde excepté moi, est occupé au commerce, il ne tient qu'à moi de vivre inconnu à tout le monde. Je me promène tous les jours à travers un peuple immense, presque aussi tranquillement que vous pouvez le faire dans vos allées [...] Y a-t-il un pays dans le monde où l'on soit plus libre, où le sommeil soit plus tranquille, où il y ait moins de dangers à craindre, où les lois veillent mieux sur le crime, où les empoisonnements, les trahisons, les calomnies soient moins connues, où il reste enfin plus de traces de l'heureuse et tranquille innocence de nos pères ?

Universités, imprimeries, journaux contribuent au rayonnement intellectuel des Provinces-Unies. **L'université de Leyde** fondée en 1575 est, au début du XVIIe siècle, la plus active et la plus célèbre de l'Europe. Elle le doit à la valeur de ses maîtres, souvent étrangers, tel le Français Claude Saumaise, et surtout au caractère très neuf de l'enseignement qui y est donné : étude des langues orientales, anatomie, botanique, astronomie (un jardin botanique est créé en 1587 ; un observatoire, en 1632). Cet enseignement, tant à Leyde que dans les autres universités et « écoles illustres », n'est nullement esclave de la tradition médiévale et débouche sur les problèmes techniques et les applications pratiques : construction d'appareils de mesure (télescope, microscope, thermomètre, etc.), rédaction d'ouvrages géographiques et d'atlas (tels ceux de Willem Blaeu), multiplication des exercices de dissection permettant l'élaboration d'une médecine de plus en plus scientifique. Le grand juriste Hugo de Groot, dit **Grotius** (1583-1645), que son arminianisme et son antiorangisme contraindront à vivre hors de son pays à partir de 1619, fonde le droit international public dans son *De Jure belli ac pacis* (1625). La réputation des **imprimeurs** hollandais est également grande en Europe La librairie-imprimerie, fondée à Leyde en 1580 par le premier Elzevir (1540-1617), essaime bientôt dans d'autres villes. Dans la première moitié du siècle, 244 « libraires » (c'est-à-dire en même temps éditeurs et imprimeurs) sont inscrits à la guilde d'Amsterdam. La qualité matérielle des livres, la liberté de publication (au prix parfois de quelques précautions), l'existence d'une vaste clientèle locale et étrangère expliquent l'essor de l'édition néerlandaise. De même, **gazettes** et journaux doivent leur succès à la compétence de leurs correspondants, à la sûreté de leurs informations, à l'absence surtout de toute censure ; la *Gazette d'Amsterdam* (ou *de Hollande*) et les *Nouvelles extraordinaires de Leyde*, rédigées en français, sont lues et appréciées dans toute l'Europe.

b) Enfin, le XVIIe siècle est vraiment pour la Hollande un « siècle d'or » par la profusion de ses **artistes.** Ses **architectes** construisent l'hôtel de ville d'Amsterdam, le Mauritshuis de La Haye et toutes ces belles demeures bourgeoises, qui d'Amsterdam à Delft, de Leyde à La Haye sont dans leur sobre élégance comme le symbole de la réussite de toute une classe sociale. Cela est plus vrai encore des tableaux de ses grands **peintres** (portraits individuels ou collectifs, scènes d'intérieur, paysages), le génie de **Franz Hals, Vermeer** et **Rembrandt** ne devant pas faire oublier le charme de tant de maîtres moins illustres (*cf.* chapitre II). Quant à Jan **Sweelinck** (1562-1621), organiste de la « vieille église » protestante d'Amsterdam pendant près de quarante ans, il se révèle dans ses compositions pour orgue (fugues et variations) un grand créateur, dont l'influence sera profonde sur les organistes allemands.

Ainsi le miracle néerlandais n'est pas seulement d'ordre matériel ; c'est aussi par les œuvres de l'esprit que les habitants des Provinces-Unies, Hollandais en tête, affirment leur puissance créatrice et apportent une contribution décisive à la civilisation européenne.

3 — La république anglaise et Cromwell, 1649-1660

Cromwell, d'abord simple membre du Conseil d'État de la république d'Angleterre, d'Écosse et d'Irlande, se débarrasse du Parlement croupion en 1653 et se fait nommer Lord Protecteur. Il gouverne alors la république en maître absolu jusqu'à sa mort, en 1658. Deux ans plus tard, Charles II Stuart est restauré.

Les débuts de la république et les relations anglo-hollandaises, 1649-1653

a) Au lendemain de l'exécution de Charles Ier, le Parlement croupion organise le nouveau régime : la royauté est abolie, et la république *(commonwealth)* proclamée le 19 mai 1649. La Chambre des lords étant supprimée, c'est le *Rump* qui détient le pouvoir : il exerce directement le pouvoir législatif, cependant que la direction de la politique intérieure et extérieure est assurée par un **Conseil d'État** de 41 membres (dont Cromwell) élus par lui. Ainsi le pouvoir est aux mains d'une oligarchie religieuse, les indépendants, qui peut compter sur l'armée mais se trouve bientôt confrontée à de redoutables difficultés intérieures.

En **Angleterre** même, l'opposition est d'abord le fait des éléments les plus avancés de la « nouvelle armée ». Ainsi Lilburne, tout en protestant contre l'accusation qui est faite à ses partisans de vouloir « niveler » les conditions de tous les hommes et supprimer le droit de propriété, dénonce les « nouvelles chaînes » qui viennent d'être forgées pour tenir les Anglais en esclavage et rappelle son programme d'égalité politique traduisant les aspirations de la petite bourgeoisie. Il est lui-même dépassé par certains niveleurs extrémistes ; c'est le cas notamment des « bêcheurs » *(diggers)*, qui à l'appel de Gérard Winstanley, paysan illuminé, revendiquent par-delà l'égalité politique l'égalité sociale et le partage des terres ; un de leurs chants de ralliement débute ainsi :

Allons, honorables *diggers*, debout, tous debout !
Pour défendre la terre commune contre les nobles
Qui vous méprisent et vous insultent.
Debout ! Tous debout !
Avec vos houes, vos bêches, vos charrues, debout ! Tous debout !
Pour défendre vos libertés contre les nobles.

Mais les petits bourgeois et les artisans des villes qui suivent Lilburne, les paysans évincés par les *enclosures* qui suivent Winstanley ne rencontrent que peu d'échos et ne peuvent rien contre la seule force agissante, l'armée bien tenue en main par Fairfax et Cromwell. Dès le 28 mars 1649, Lilburne est déclaré traître et emprisonné (il sera acquitté et libéré en octobre, puis à nouveau arrêté un peu plus tard), et dans les mois suivants l'armée est épurée de tous ses éléments révolutionnaires.

L'opposition des royalistes, des catholiques, des anglicans, des presbytériens est elle aussi condamnée à l'impuissance ; pourtant, en 1649, de nombreux libellistes et pamphlétaires multiplient leurs attaques contre le régime, mais une censure rigoureuse et des mesures répressives les réduisent bientôt au silence. Par ailleurs, les milieux d'affaires eux-mêmes sont mécontents ; certes, l'abandon de toute la réglementation économique du temps de Strafford, l'abolition des monopoles et des privilèges, l'application d'un régime de totale liberté ont répondu à leurs vœux, mais ils ont abouti en même temps à une baisse sensible de la qualité des produits et à de nombreuses faillites résultant de la concurrence.

b) Plus graves sont les événements d'**Irlande** et d'**Écosse.** En rébellion ouverte depuis 1641, les catholiques irlandais ont réussi à la faveur de la guerre civile à se rendre pratiquement indépendants ; en 1649, les Anglais sont chassés de presque toute l'île, sauf de Dublin. Cromwell, chargé par le *Rump* de mettre fin à cette sécession, débarque le 15 août 1649 avec 12 000 hommes ; il s'estime mandaté par Dieu pour tirer vengeance des massacres de 1641 et mène la campagne avec une extrême brutalité ; en septembre, Drogheda est prise, et la population exterminée :

Il a plu à Dieu, *écrit-il quelques jours plus tard au Parlement*, de bénir nos efforts à Drogheda [...] Étant entrés dans la ville, nous refusâmes de faire quartier. Je crois que nous avons passé au fil de l'épée la totalité des défenseurs. Je ne pense pas que trente d'entre eux aient eu la vie sauve. Ceux qui l'ont eue sont sous bonne garde à destination des Barbades [...] L'ennemi, là-dessus, a été pénétré de terreur. Et je crois réellement que cette amertume épargnera beaucoup d'effusion de sang, la bonté de Dieu aidant.

En même temps de nombreux propriétaires catholiques sont expulsés des régions les plus riches, et leurs terres données à des protestants venus d'Angleterre. Dès le printemps de 1650, Cromwell quitte l'Irlande, laissant sur place Ireton : celui-ci, jusqu'en 1652, continuera la lutte contre des bandes armées qui, sous le nom de « tories », réussissent à tenir encore le pays.

A peine de retour en Grande-Bretagne, Cromwell doit faire face au péril écossais. En effet, au lendemain de la mort de Charles Ier, le Parlement d'Édimbourg a reconnu comme roi d'Écosse son fils Charles II qui, de Hollande où il était réfugié, vient se mettre en 1650 à la tête de ses sujets. Cromwell envoyé contre lui remporte une première victoire à Dunbar le 3 septembre 1650, et soumet tout le Sud de l'Écosse. L'année suivante, Charles II et Leslie tentant une manœuvre hardie envahissent l'Angleterre et marchent sur Londres ; mais ils ne trouvent pas les appuis escomptés et sont complètement battus par Cromwell à **Worcester** le 3 septembre 1651 ; le roi réussit à s'échapper et à gagner la France. A la fin de 1651, l'Écosse (comme l'Irlande) est soumise et à la merci du vainqueur qui, la privant de toute autonomie, la lie étroitement à l'Angleterre dans le cadre de la république.

c) Au même moment, **les relations anglo-hollandaises** se détériorent brusquement. En fait, elles sont depuis longtemps mauvaises : le souvenir du massacre d'Amboine en 1624, les sympathies manifestées aux Stuarts par les Orange-Nassau avant et après 1649, surtout une constante rivalité commerciale et coloniale expliquent cette animosité. Or en 1651, le *Rump*, conscient de son impopularité croissante et voulant se gagner les milieux d'affaires notamment londoniens, cherche à tirer parti de la situation nouvelle créée aux Provinces-Unies par la mort de Guillaume II d'Orange (6 novembre 1650) : en août 1651, dans le but de subordonner étroitement les intérêts commerciaux de la Hollande à ceux de l'Angleterre, il propose aux États-Généraux de se fondre dans le *commonwealth* britannique. Ceux-ci ayant repoussé cette offre empoisonnée, le *Rump* adopte alors le 9 octobre 1651 **l'Acte de navigation,** dirigé contre les Hollandais bien qu'ils n'y soient pas désignés : cet Acte, qui ne fait d'ailleurs que généraliser une politique traditionnelle, réserve le commerce d'importation aux seuls navires anglais, à l'exception des navires étrangers introduisant en Angleterre des marchandises en provenance de leur propre pays. Directement menacés dans leur activité de « rouliers des mers », les Néerlandais élèvent de vigoureuses protestations. Peu de temps après, un incident de pavillon entre bateaux des deux pays et surtout le refus des Hollandais de payer la taxe du dixième du poisson pêché par leurs ressortissants sur les côtes britanniques entraînent la rupture (mai 1652).

La première guerre anglo-hollandaise est courte et peu décisive. La flotte anglaise reconstituée depuis 1649 et bien commandée par Blake remporte d'abord l'avantage, mais une escadre est battue et à demi-détruite au large de Douvres le 30 novembre 1652 par le Hollandais Tromp, qui force ensuite le passage de la Tamise et sème la panique dans Londres. L'année suivante, Blake prend sa revanche : Tromp, battu une première fois au large de Portland le 28 février 1653, est tué le 31 juillet au cours d'un combat indécis près du Texel. Les Provinces-Unies se résignent à signer, le 5 avril 1654, le traité de Westminster : elles acceptent l'Acte de navigation et l'obligation de saluer les navires anglais dans les mers étroites ; elles s'engagent par ailleurs à chasser Charles II Stuart et à rendre impossible, par **l'Acte d'exclusion**, le retour au pouvoir des orangistes. A cette date, Cromwell est depuis quelques mois le seul maître en Angleterre.

Le « protectorat » de Cromwell, 1653-1658

a) Les victoires de Cromwell en Irlande et en Écosse aggravent **la tension** qui, très vite, est apparue entre **le Rump** et **la « nouvelle armée »**. Celle-ci reproche aux parlementaires leur avidité et leur incompétence, et réclame dès 1650 la dissolution de la Chambre (élue en 1640) et de nouvelles élections. De leur côté, les parlementaires maîtres du pouvoir s'inquiètent de l'existence d'une armée nombreuse, toute dévouée à son chef et qui s'immisce constamment dans les affaires politiques. En 1652, ils accroissent encore leur impopularité en multipliant les manœuvres pour se maintenir en place. Cromwell, qui a de plus en plus conscience que le *Rump* est au-dessous de sa tâche, décide en accord avec le Conseil des officiers de s'en débarrasser. Le 20 avril 1653, il se rend à Westminster, accable de reproches les députés et finalement les fait chasser par ses soldats :

> Se levant sur-le-champ, *rapporte un témoin oculaire*, il prononça un discours où il accablait le Parlement des plus odieux reproches, l'accusant de n'avoir pas dans le cœur le dessein de rien faire pour le bien public, d'avoir épousé les sales intérêts des presbytériens et des jurisconsultes qui favorisaient la tyrannie et l'opression, soutenant que [...] l'intention de ceux qui le composaient était de perpétuer leur autorité. Sur quoi il leur dit que le Seigneur en avait fini avec eux et qu'il avait choisi d'autres instruments plus dignes de son œuvre. Il prononça tout cela avec autant de passion et de trouble d'esprit que s'il eût été hors du sens. Sir Peter Wentworth se leva pour lui répondre et dit que c'était la première fois qu'il avait entendu parler au Parlement d'une manière si peu convenable, et que ce qu'il y avait de plus horrible c'était qu'un tel discours partît d'un serviteur du Parlement et d'un serviteur auquel il avait marqué tant de confiance et de faveur. Mais comme il allait continuer, le général se mit au milieu de la chambre où continuant sur le même ton, il dit : « Allons, allons, je ferai bien

finir tout ce bavardage ». Allant ensuite tantôt deçà, tantôt delà, comme un homme qui a perdu l'esprit, et frappant du pied, il s'écria : « Vous n'êtes pas un Parlement ; je vous dit que vous n'êtes pas un Parlement. Je mettrai fin à vos séances. Qu'on les fasse entrer, qu'on les fasse entrer. » Là-dessus, le sergent du Parlement ouvrit les portes, et le lieutenant-colonel Worsley à la tête de deux files de mousquetaires, entra dans la Chambre.

Voulant se concilier l'opinion qui a bien accueilli la disparition de ce qui restait du Long Parlement, Cromwell institue alors un nouveau Conseil d'État dont il est simplement l'un des treize membres, et convoque un nouveau Parlement de 70 députés non élus (car on redoute les diverses oppositions) mais nommés par le Conseil d'État. Ce Parlement Barebone (ainsi désigné du nom d'un de ses membres) est formé de gens compétents mais exaltés, que leurs divisions sur la plupart des problèmes condamnent bientôt à l'impuissance. Redoutant de voir le pays sombrer dans l'anarchie, certains chefs modérés de l'armée, notamment Lambert, réussissent à convaincre les députés de se séparer d'eux-mêmes le 12 décembre 1653. Le 16, un texte élaboré par le Conseil d'État et le Conseil des officiers (« l'Instrument de gouvernement ») confie le pouvoir à Cromwell avec le titre de **Lord Protecteur** de la république d'Angleterre, d'Écosse et d'Irlande. L'arrivée au pouvoir de Cromwell est celle moins d'un ambitieux vulgaire que d'un homme profondément convaincu que Dieu l'a désigné pour sauver l'Angleterre et que lui seul peut réussir dans cette tâche à laquelle il n'a pas le droit de se dérober :

Je ne me suis point appelé moi-même à cette place, *dira-t-il le 12 septembre 1654 devant le Parlement.* Je le répète, je ne me suis point appelé moi-même à cette place ! De cela Dieu m'est témoin ; et j'ai beaucoup de témoins qui, je le crois, renonceraient à la vie pour porter témoignage de cela, que je ne me suis point appelé à cette place [...] J'étais gentilhomme de naissance, ne vivant ni dans un très haut rang, ni toutefois dans l'obscurité. Je fus appelé à plusieurs emplois dans la nation, à servir dans le Parlement ; et, sans entrer dans des détails fastidieux, je me suis efforcé dans ces services, de remplir le devoir d'un honnête homme envers Dieu, envers l'intérêt de Son peuple et envers la chose publique [...] J'espérais dans une condition privée, recueillir conjointement avec mes frères le fruit de nos grands labeurs et dangers [...] Je demandai à être relevé de ma charge ; je le demandai et le redemandai [...] Mais je ne pus obtenir ce après quoi mon âme soupirait. Et la vérité pure est que je compris par la suite que dans l'opinion de beaucoup (telle était la différence de leur jugement et du mien), je ne pouvais être dispensé de mon service.

b) « L'Instrument de gouvernement », qui entend donner au pays des institutions stables, n'a pas doté le Protecteur d'un pouvoir absolu : s'il est à la fois chef de l'armée et chef de l'État, il est soumis au double contrôle d'un Conseil d'une vingtaine de membres dans l'exercice du pouvoir exécutif et d'un Parlement élu pour trois ans dans celui du pouvoir législatif. En fait, le Conseil est formé de personnes toutes dévouées à Cromwell ; quant au premier Parlement réuni en septembre 1654, il est dissous dès le 22 janvier 1655. Pour mieux asseoir son autorité, Cromwell, sur le conseil de Lambert, divise l'Angleterre en douze régions commandées chacune par un **major général** doté de pleins pouvoirs. Toutes les oppositions, royaliste, presbytérienne, « niveleuse », sont traquées et matées. Un régime d'austérité toute puritaine est institué : fermeture des théâtres et des cabarets, interdiction des courses et des combats de coqs, surveillance des mœurs. La grande majorité des Anglais acceptent bon gré mal gré ce **despotisme** : ils redoutent par-dessus tout une nouvelle guerre civile et sont reconnaissants à Cromwell, non seulement d'avoir restauré l'ordre et de pratiquer une large tolérance religieuse (dont les catholiques toutefois sont exclus), mais surtout de se faire dans sa **politique extérieure** le champion du protestantisme et de la grandeur britannique.

Après avoir imposé aux Hollandais le traité de Westminster, Cromwell obtient du Danemark pour les bateaux anglais passant le Sund les mêmes avantages que celui-ci a accordés aux Hollandais. En 1655, il prend énergiquement la défense des Vaudois de Savoie persécutés. Cette même année, il se rapproche de **la France** en guerre contre **l'Espagne** ; cependant que la flotte de Blake fait en Méditerranée une démonstration de force, une autre escadre anglaise s'empare de la Jamaïque espagnole (mai 1655) ; en septembre 1656, Blake fait main basse sur les trésors de la flotte de Cadix.

c) La guerre contre l'Espagne amène Cromwell, à court d'argent, à convoquer en septembre 1656 un nouveau **Parlement.** L'action des majors généraux lors des élections assure une majorité de députés dociles, cependant que les quelques élus de l'opposition se voient refuser le droit de siéger. Dans de telles conditions, le Parlement accorde facilement à Cromwell les subsides de guerre demandés et, le 23 février 1657, lui adresse une « humble pétition et avis » dans laquelle il lui demande de rétablir la royauté et la Chambre des lords et de prendre lui-même le titre de roi. Sur la pression des officiers et des majors généraux, Cromwell, tout en acceptant le rétablissement de la Chambre haute dont il nommera les membres, repousse le titre de roi malgré de nouvelles instances du Parlement, qui lui octroie du moins le titre d'altesse et le droit de désigner son successeur (avril 1657). L'année suivante, en juin, des régiments britanniques participent à la bataille des Dunes, et le port de Dunkerque devient anglais. Mais épuisé par dix années d'une vie harassante, Olivier Cromwell meurt le 3 septembre 1658 après avoir désigné son fils Richard pour lui succéder.

De Cromwell à la Restauration, 1658-1660

a) **Richard Cromwell** ne manque pas d'intelligence, mais n'a ni l'énergie, ni les profondes convictions religieuses de son père. Face aux chefs de l'armée qui n'entendent pas s'incliner devant ce civil sans prestige, Richard se résigne à abdiquer le 25 mai 1659. Le Conseil des officiers rappelle alors le *Rump*, considéré comme le dépositaire de la légalité. Mais ses membres sont désormais trop peu nombreux et trop décriés pour faire œuvre utile ; **Lambert** marche sur Westminster et les chasse le 13 octobre 1659. La république connaît alors six mois d'anarchie : des émeutes sanglantes éclatent à Londres, les royalistes passent à la révolte ouverte, l'armée s'agite. En février 1660, **Monck**, commandant de l'armée du Nord, marche à son tour sur la capitale et rappelle une nouvelle fois le *Rump*, mais uniquement pour le forcer à faire procéder à de nouvelles élections. **Le Parlement Convention** ainsi élu comprend une importante majorité royaliste qui, le 1er mai, reconnaît que « le gouvernement est et doit être exercé par un roi, des lords et des Communes » et qu'à la mort de Charles Ier, son fils lui a immédiatement succédé par droit de naissance. **Charles II**, qui par la convention de Bréda a promis de respecter les droits du Parlement, débarque le 25 mai à Douvres où il est accueilli par Monck ; le 29, il fait à Londres une entrée triomphale.

b) Pourtant **la Restauration** ne ramène pas les choses en l'état de 1642. Quel que soit le discrédit dans lequel est tombé le Long Parlement, la crise a somme toute affermi l'institution parlementaire qui est apparue comme l'égale de la Couronne. Par ailleurs, les efforts centralisateurs des Stuarts et plus encore l'administration des majors généraux ont renforcé chez les Anglais la fidélité aux libertés locales. Enfin, la révolution a confirmé la majorité d'entre eux dans leur méfiance à l'égard de l'armée et du despotisme, et dans leur attachement à la tolérance religieuse et à la liberté individuelle. Elle a de plus assuré le triomphe de la classe capitaliste, qui a compris que son intérêt réside dans l'application d'un mercantilisme souple alliant le respect de l'individualisme et de la liberté économique à une législation générale favorable au développement des affaires (tarifs douaniers protecteurs, actes de navigation, traités de commerce). Mais bien des **problèmes** restent posés : l'union étroite instituée entre l'Angleterre et l'Écosse sera-t-elle maintenue ? l'Église anglicane sera-t-elle restaurée, avec sa hiérarchie épiscopale et ses privilèges ? Le roi saura-t-il se montrer respectueux des droits du Parlement ? En 1660, c'est la lassitude générale et la crainte de l'anarchie qui prévalent dans l'opinion et jouent en faveur de Charles II Stuart, restauré onze ans après l'exécution de son père.

LECTURES COMPLÉMENTAIRES

TREVELYAN (Georges-M.), *England under the Stuarts*, Londres, Methuen (« A History of England in eight volumes », vol. V), 1re éd. 1904 ; nouvelle éd. 1965, 546 p.

CAHEN (Léon) et BRAURE (Maurice), *L'Évolution politique de l'Angleterre moderne, t. I. : 1485-1660*, Paris, A. Michel (« L'Évolution de l'Humanité »), 1960, XXXVII — 684 p.

WALTER (Georges), *La Révolution anglaise, 1641-1660*, Paris, A. Michel (« Le mémorial des siècles »), 1963, 568 p.

LUTAUD (Olivier), *Les Niveleurs, Cromwell et la république*, Paris, Julliard (« Archives »), 1967, 285 p.

GEYL (Pieter), *The Netherlands in the Seventeenth Century*, Londres, Ernest Benn, 2 volumes, 1961-1964, 291 et 399 p.

BRAURE (Maurice), *Histoire des Pays-Bas*, Paris, P.U.F. « Que sais-je ? »), 1951, 128 p.

ZUMTHOR (Paul), *La Vie quotidienne en Hollande au temps de Rembrandt*, Paris Hachette 1959, 368 p.

CHAPITRE VI

LES ÉTATS DE L'EUROPE CONTINENTALE AU XVIIe SIÈCLE

1 _ La monarchie espagnole

L'histoire de la monarchie espagnole au XVIIe siècle est celle d'une décadence : déclin politique et économique de l'Espagne elle-même, malgré le rayonnement de sa civilisation ; perte successive du Portugal qui recouvre son indépendance à partir de 1640, de la Franche-Comté et d'une partie des Pays-Bas au profit de la France entre 1659 et 1678, des possessions italiennes et du reste des Pays-Bas au profit de la monarchie autrichienne en 1714.

Les difficultés intérieures de l'Espagne

a) Jusqu'aux années 1640, **la puissance politique** de l'Espagne, déjà minée à bien des égards, reste encore pourtant considérable. **Philippe III** (1598-1621), piètre souverain, fait davantage pour le couvent que pour le trône, laisse gouverner le duc de Lerma et une équipe de ministres médiocres et avides. La corruption dont le gouvernement donne l'exemple est imitée par les hauts fonctionnaires, les tribunaux, les gens d'Église. En dehors de quelques décisions sans grande portée (création en 1601 d'une Commission pour une meilleure perception des « millones », taxes sur l'huile et le vin), le fait majeur est **l'expulsion des morisques** (musulmans convertis) ; la mesure qui frappe ceux du royaume de Valence (22 septembre 1609) est étendue bientôt à leurs coreligionnaires d'Andalousie (décembre 1609), d'Aragon (mai 1610), de Catalogne (mars 1611) et de Castille (décembre 1611) ; au total, près de 275 000 morisques — dont plus de 100 000 pour le seul royaume de Valence — sont chassés d'Espagne et cherchent refuge en Afrique du Nord (Maroc, Oranie) ; l'unité religieuse est ainsi réalisée, et la « pureté de sang » préservée, mais au prix d'une profonde décadence économique des provinces méridionales de l'Espagne. Sur le plan extérieur, la politique de Lerma d'abord prudente et effacée (trêve de 1609 avec les Provinces-Unies) tend à un rapprochement de plus en plus marqué avec Vienne à partir de 1618.

L'avènement de **Philippe IV**, le 31 mars 1621, amène au pouvoir un nouveau *valido* (favori), Olivarès. Le roi, qui n'a que 16 ans en 1621, est physiquement dégénéré, résultat de multiples mariages consanguins ; à la fois débauché et dévot, il se désintéresse peu à peu des affaires et s'en remet complètement à son favori. Don Gaspard Guzman, comte-duc d'**Olivarès** (1587-1645), intelligent, énergique et passionné, veut rendre à l'Espagne la splendeur qu'elle a connue au siècle précédent et rêve de l'unité de l'Europe sous l'égide du Roi catholique. Cependant qu'à l'extérieur cette politique ambitieuse se traduit par une intervention active dans la guerre de Trente Ans, en Espagne même Olivarès tente une œuvre de redressement nécessaire. Il sévit durement contre Lerma et ses amis, fait rendre gorge à tous les fonctionnaires malhonnêtes, prend des mesures contre la corruption et le luxe des grands (janvier 1623), tout en se montrant d'ailleurs lui-même aussi avide que son prédécesseur. S'inspirant de l'exemple de la monarchie française, il cherche à accentuer **la centralisation** en donnant la réalité du pouvoir à la *consulta*, sorte de Conseil secret formé du premier ministre, du confesseur du roi et des trois secrétaires (du *despacho universal*, du Nord et Castille, d'Italie) ; les douze Conseils du gouvernement, dont les plus importants sont le Conseil d'État, le Conseil de l'inquisition, le Conseil des finances et le Conseil des Indes, sont en fait subordonnés à la *consulta* ; ces Conseils, dont les attributions sont à la fois administratives, législatives et judiciaires, forment une oligarchie de hauts fonctionnaires, presque tous grands seigneurs ; mais la corruption et l'incompétence tendent à en paralyser le bon fonctionnement.

En même temps, Olivarès s'efforce de réduire les privilèges *(fueros)* des « **royaumes** » **périphériques** : provinces basques, Aragon, Catalogne, Valence, Portugal. La guerre contre les Provinces-Unies qui reprend dès 1621, l'appui apporté à l'empereur, bientôt la guerre contre la France (1635) coûtent sans cesse plus cher, et Olivarès qui ne peut surcharger indéfiniment la Castille se voit dans l'obligation de faire payer le reste de la péninsule. Mais une telle politique est dangereuse dans la mesure où la fidélité des « royaumes » périphériques est en grande partie fonction de leur large autonomie et de leur quasi-immunité fiscale. Si le ministre réussit à peu près en Aragon et à Valence à ne réunir les *Cortès* que fort rarement et pour la forme, à introduire des fonctionnaires castillans et à obtenir des subsides importants, par contre ces mêmes exigences provoquent des troubles en Biscaye et en Galice en 1637, et surtout **la révolte du Portugal** (*cf.* p. 163) **et de la Catalogne** en 1640. Déjà, en 1625 et en 1632, les *Cortès* catalanes avaient protesté contre les premières violations de leurs privilèges en matière fiscale. En 1640, l'obligation faite aux Catalans de servir dans l'armée hors de leur province est le signal de la révolte : le 7 juin 1640, des bandes de montagnards et de contrebandiers entrés à Barcelone à l'occasion de la Fête-Dieu assassinent le vice-roi et la plupart des fonctionnaires castillans ; un parti séparatiste se constitue qui, dès septembre, fait appel à la France.

Les révoltes portugaise et catalane, suivies deux ans plus tard de la perte du Roussillon, marquent **l'échec** de la politique d'Olivarès : circonvenu par ses frères et par sa mère, Philippe IV renvoie le *valido* le 14 janvier 1643. Quelques semaines plus tard, l'écrasante défaite subie à Rocroi sonne le glas de la puissance militaire espagnole,

b) Désormais, **la décadence politique** et l'affaiblissement de l'État semblent s'accélérer. Philippe IV confie le pouvoir à un nouveau favori, le propre neveu d'Olivarès, don Luis de Haro, diplomate habile mais premier ministre sans énergie. Si la révolte catalane est enfin matée en 1652 (reddition de Barcelone, le 16 octobre 1652, avec confirmation de la plupart des *fueros* de Catalogne, le 3 janvier 1653), si un soulèvement qui éclate à Naples est également réprimé, par contre la guerre contre les Portugais tourne à l'avantage de ces derniers et, surtout, l'Espagne doit s'incliner devant les Provinces-Unies en 1648 et devant la France en 1659. Lorsque Philippe IV meurt le 17 septembre 1655, il laisse une Espagne amputée définitivement des Pays-Bas du Nord, de l'Artois, du Roussillon, du Portugal.

Charles II (1665-1700) n'a que quatre ans à la mort de son père ; aussi une régence est-elle instituée en faveur de sa mère, la reine Marie-Anne, paresseuse et incapable. Le pouvoir est en fait aux mains du jésuite Neidhardt, inquisiteur général et premier ministre, bientôt disgracié (1669) au profit d'un fils naturel de Philippe IV, don Juan d'Autriche (1629-1679) ; général de valeur mais homme d'État incapable, celui-ci essaie pourtant de réagir contre la corruption et de mettre de l'ordre dans les finances ; mais l'armée et la flotte, déchues de leur ancienne splendeur, ne connaissent plus guère que des défaites face à la France, et don Juan doit abandonner à Louis XIV la Franche-Comté et une partie de la Flandre (1678) ; il meurt l'année suivante, disgracié à son tour.

Le roi Charles II, déclaré majeur en 1675, est lui aussi un dégénéré, toujours malade et dont la mort est attendue à tout moment. Il ne manque pas de qualités, mais son déplorable état de santé explique en grande partie son indifférence à l'égard des affaires de l'État. En 1685, le nouveau premier ministre, le comte d'**Oropesa** essaie à son tour d'enrayer la décadence de l'Espagne et le désordre de ses finances, mais il est écarté du pouvoir en 1690, après le remariage du roi avec Marie-Anne de Bavière-Neubourg, belle-sœur de l'empereur. La nouvelle reine, intrigante et ambitieuse, est dominée par un groupe de favoris autrichiens, véritable *camarilla* qui met le Trésor en coupe réglée. **La succession** du roi, qui n'a pas d'enfant, devient le problème majeur : le successeur de Charles II sera-t-il un archiduc, fils de l'empereur ou un petit-fils du roi de France ? Face au parti de la reine, qui préconise la solution autrichienne, se constitue par réaction un parti national profrançais. Pour éviter un partage de ses États, Charles II se résigne à la seconde solution et signe quelques jours avant sa mort (1er novembre 1700) un testament en faveur du duc Philippe d'Anjou (*cf.* chapitre XI). Le 19 février 1701, Philippe V, premier roi Bourbon, fait son entrée solennelle à Madrid.

Le continuel affaiblissement de l'État sous les derniers Habsbourg (le ministère d'Olivarès mis à part) est dû non seulement à la personnalité lamentable des trois souverains, mais aussi à des causes plus profondes : l'inachèvement de l'unité nationale et la permanence des tendances autonomistes dans les provinces autres que la Castille, les vices d'une administration proliférante, corrompue et trop souvent incompétente, enfin la crise profonde de l'économie et de la société.

c) Cette **crise**, dont les contemporains ont conscience, est d'abord **démographique.** De plus de 8 millions vers 1600, la population de l'Espagne semble être tombée à moins de 6 millions vers 1700. Ce véritable effondrement a des causes diverses : l'émigration (essentiellement castillane) d'hommes jeunes et actifs vers le Nouveau Monde, l'expulsion des morisques, les conséquences immédiates et lointaines de la terrible peste de 1630 (qui a fait près d'un demi-million de morts), les pertes sur les champs de bataille, la pratique du majorat dans la noblesse en faveur du fils aîné, l'importance numérique des célibataires (hommes d'Église, soldats et marins, domestiques, mendiants). Le dépeuplement est d'ailleurs intimement lié à **la crise économique**, les deux phénomènes réagissant l'un sur l'autre.

La crise commence en Espagne dès le début du siècle, la péninsule étant la première touchée par le ralentissement, puis la chute brutale des arrivées de métaux précieux d'Amérique : au « cycle de l'argent » succède bientôt le « cycle du bronze ». Mais une cause plus profonde et plus lointaine de la crise réside dans l'effet stérilisant, pour l'activité productrice, de l'afflux au XVIe siècle de l'or et de l'argent américains. En 1640, l'écrivain et diplomate Saavedra Fajardo analyse de façon un peu littéraire, mais précise et lucide, le déclin de son pays :

> Le peuple admira sur les rives du Guadalquivir ces fruits précieux de la terre tirés à la lumière par les fatigues des Indiens et amenés par notre audace et notre industrie. Mais la possession et l'abondance de tant de biens a tout altéré. Aussitôt l'agriculture a délaissé la charrue et vêtue de soie, elle a pris soin de ses mains durcies au travail. La marchandise férue de noblesse a échangé le comptoir pour la selle du cavalier et a voulu caracoler dans les rues. Les arts ont dédaigné les instruments mécaniques. Les monnaies d'or et d'argent ont dédaigné la parenté roturière de l'alliage et n'admettant celui d'aucun autre métal, elles sont restées pures et nobles, tant et si bien que les nations les ont, par tous les moyens, désirées et recherchées. Les denrées elles-mêmes ont pris de l'orgueil et mésestimant l'argent et l'or, elles ont haussé leurs prix. Comme les hommes se promettent toujours de leurs revenus plus que ceux-ci ne peuvent donner, le faste et l'apparat royaux se sont accrus, les gages ont augmenté, ainsi que les soldes et tous les autres frais de la Couronne, toujours sur la foi de ces richesses sans cesse attendues, mais qui, mal administrées et mal conservées, n'ont pu suffire à tant de dépenses et ont donné la possibilité d'emprunter sur gages, ce qui a ouvert la porte aux changes et aux usures. Le besoin s'est accru et a obligé à des coûteux expédients.

La décadence de **l'agriculture** est marquée surtout par l'extension de l'élevage ovin au détriment de la culture des céréales. La *Mesta*, puissante compagnie des grands propriétaires de troupeaux de Castille, détient des privilèges exorbitants. Des villages entiers sont abandonnés. Le tiers des terres cultivées retournent en friche et servent de parcours aux chèvres et aux moutons. « Si le mal continue, disent les *Cortès* castillanes en 1621, il n'y aura plus personne pour cultiver la terre ». Chaque année l'Espagne est obligée d'importer davantage de blé pour se nourrir. Dans la région de Valence, le départ des Morisques touche durement l'agriculture méditerranéenne (vins, fruits, riz, sucre). La production **manufacturière** décline elle aussi (soieries et lainages de Séville et d'Avila, fabriques de cuir de Tolède et de Cordoue, raffineries de Grenade) ; les préjugés sociaux, la rareté de la main-d'œuvre, les excès de la réglementation et de la fiscalité, les prix prohibitifs par rapport aux prix étrangers expliquent cette décadence. Le résultat est que **les importations** en provenance des pays voisins sont très supérieures aux exportations. Les grandes foires et les places de commerce (Medina del Campo, Saragosse, Valladolid) perdent de leur importance ; dans les grands ports (Séville, Cadix, Valence, Barcelone, Bilbao), le rôle des marchands hollandais, français, anglais, gênois devient prépondérant ; le commerce avec le Nouveau Monde, qui avait fait la grandeur et la richesse de l'Espagne au siècle précédent, enrichit désormais surtout l'étranger ; tout en continuant à jouer un rôle moteur dans l'économie européenne, les « trésors » de l'Amérique espagnole ne profitent plus guère à une métropole appauvrie.

Cette crise de l'économie se double d'une **crise sociale et morale**, dans la mesure où l'or et l'argent américains, en permettant à l'Espagne de vivre du travail d'autrui, ont eu pour conséquence sinon l'oisiveté généralisée, du moins le développement des activités non productrices. C'est le fait d'abord de la Cour, organisée autour de la personne sacrée du roi selon une étiquette solennelle et rigoureuse, d'une noblesse nombreuse (le cinquième peut-être de la population) vivant souvent dans la misère mais jugeant le travail indigne d'elle, d'un clergé séculier et régulier dont les effectifs et la richesse stérile s'accroissent sans cesse ; mais c'est le fait aussi des classes populaires urbaines et rurales qui comprennent, à côté d'éléments directement actifs, une foule de domestiques, de demi-oisifs, de déclassés et de vagabonds, tout un monde « picaresque ».

Dernier trait important, cette crise démographique, économique et sociale atteint surtout **la Castille** qui avait jusque-là tenu la première place dans l'histoire de la péninsule. Elle se vide inexorablement de ses hommes et de ses richesses dans une proportion beaucoup plus importante que les Espagnes périphériques (Catalogne notamment), dont le dynamisme lors du redressement du siècle suivant s'opposera à la torpeur castillane.

d) Pourtant, contemporains de la décadence de leur pays, **écrivains et artistes** prolongent jusque vers les années 1660 les splendeurs du **Siècle d'or.** Cervantes (1547-1616) qui publie son *Don Quichotte* entre 1605 et 1615, Gongora (1561-1627) et Balthazar Gracian (1601-1658), Guilhem de Castro (1569-1631) et Tirso de Molina (1570-1650), Lope de Vega (1562-1635) et Calderon (1600-1681), Ribera (1588-1682) et Zurbaran (1598-1662), Velasquez (1599-1660) et Murillo (1618-1682) sont chacun à leur manière les témoins d'une Espagne contradictoire et paradoxale, réaliste et mystique, ayant conscience de son déclin et se réfugiant dans les souvenirs d'une grandeur qui lui échappe peu à peu. Cette floraison vaut à la civilisation espagnole un incomparable **rayonnement** dans toute la première moitié du siècle. La plupart des pays d'Europe se mettent à l'école de l'Espagne, tout autant qu'à l'école de l'Italie : l'étiquette de la cour de Madrid est copiée par tous les grands souverains, de même que les modes et les goûts castillans ; poètes, romanciers, dramaturges sont lus, traduits, imités. En France, l'hispanophobie des classes populaires, soigneusement entretenue par la propagande officielle, contraste avec la faveur que l'aristocratie et l'élite cultivée réservent à tout ce qui vient d'Espagne ; l'année de Corbie (1636) est aussi l'année du *Cid* : les Parisiens applaudissent les aventures de Rodrigue empruntées par Corneille à Guilhem de Castro, au moment où les troupes de Philippe IV menacent le royaume. A partir de 1650-1660, c'est l'influence française qui commence à l'emporter en Europe ; à cette date, le Siècle d'or espagnol ne brille plus que de ses derniers feux.

Le Portugal espagnol, puis indépendant

a) Depuis 1580, le roi d'Espagne est en même temps roi de Portugal, réalisant ainsi l'unité de la péninsule. Certes, Philippe II et, à un moindre degré, Philippe III respectent le caractère d'**union personnelle** des deux Couronnes, laissant à leurs nouveaux sujets leurs lois et leur administration. Pourtant, les Portugais supportent mal la perte de leur indépendance, d'autant plus, qu'à la faveur de la guerre contre l'Espagne, les Hollandais s'emparent d'une grande partie de leurs colonies (*cf.* chapitre VII). De plus, Olivarès devenu premier ministre veut étendre au Portugal sa politique de centralisation au profit de la Castille ; il prépare la fusion administrative des deux royaumes et notamment l'absorption des *Cortès* portugaises par les *Cortès* castillanes ; il distribue à des nobles espagnols les hautes charges du royaume. La prise de Recife (1630) et d'une partie du Brésil côtier par les Hollandais exaspère les Portugais qui reprochent aux Espagnols de ne pas les avoir suffisamment défendus. En 1635-1637, l'introduction et la rigoureuse perception d'une taxe de 5 % sur tous les biens fonciers augmentent le mécontentement, moins contre la vice-reine Marguerite de Savoie, duchesse de Mantoue, que contre son ministre détesté, Vasconcellos, imposé par Olivarès. Pour calmer les esprits, celui-ci nomme gouverneur militaire le duc **Jean de Bragance**, descendant de l'ancienne dynastie royale portugaise. Mais poussé par sa femme l'ambitieuse Louise de Guzman, Bragance se rallie à l'opposition nationale encouragée en sous main par Richelieu. Le 1er décembre 1640, une insurrection éclate à Lisbonne : la garde castillane est attaquée, Vasconcellos tué, et Marguerite conduite à la frontière ; le 28 janvier 1641, le duc de Bragance, soutenu par le clergé et une grande partie de la noblesse, est proclamé **roi de Portugal** sous le nom de Jean IV.

Dès juin, le nouveau roi s'allie aux adversaires de l'Espagne, la France et la Hollande (moyennant une trêve de dix ans aux Indes orientales et au Brésil), puis l'année suivante à l'Angleterre. Madrid refusant de reconnaître le fait accompli, une **guerre** de 27 ans commence en marge du grand conflit franco-espagnol. La lutte est d'ailleurs menée assez mollement des deux côtés. Après avoir repoussé une armée envoyée par Philippe IV, les Portugais, aidés par des subsides français, envahissent la Galice (1641). Ils battent les Espagnols à Montijo en 1644, puis à Elvas en 1659. En même temps, Jean IV réussit à réprimer les complots fomentés par l'Espagne à l'intérieur du royaume. La paix des Pyrénées (1659) prive un moment le Portugal de l'aide financière de la France ; mais, dès 1661, Louis XIV qui tente par tous les moyens d'affaiblir l'Espagne, décide d'aider à nouveau Lisbonne sous le couvert de l'allié anglais :

> Je voyais, *écrit-il sans fard dans ses* Mémoires, que les Portugais, s'ils étaient privés de mon assistance, n'étaient pas suffisants pour résister seuls à toutes les forces de la Maison d'Autriche. Je ne doutais point que les Espagnols, ayant dompté cet ennemi domestique, entreprendraient plus aisément de troubler les établissements que je méditais pour le bien de mon État. Et néanmoins je faisais scrupule d'assister ouvertement le Portugal à cause du traité des Pyrénées. L'expédient le plus naturel pour me tirer de cet embarras était de mettre le roi d'Angleterre en état d'agréer que je donnasse sous son nom au Portugal toute l'assistance qui lui était nécessaire.

C'est ainsi que, grâce à l'appui des troupes françaises de Schomberg, les Portugais repoussent deux tentatives d'invasion des Espagnols, la première fois à Ameyxial en 1663, la seconde à Villa-Viçosa le 17 juin 1665. Cette dernière victoire, décisive, force les Espagnols à reconnaître **l'indépendance**

portugaise en échange de Ceuta, par le traité de Lisbonne signé le 13 février 1668.

b) A Jean IV, grand artisan de l'indépendance, a succédé en 1656 son fils **Alphonse VI** (1656-1683) ; mais c'est un malade et un déséquilibré qui, en 1667, est déclaré déchu et relégué aux Açores. Son frère Pierre devient régent, puis, à la mort d'Alphonse en 1683, roi sous le nom de **Pierre II** (1683-1706). Énergique et autoritaire, il s'efforce de mener une politique nationale et de gouverner en souverain absolu son royaume portugais et ce qui reste de l'empire colonial, c'est-à-dire le Brésil et quelques comptoirs en Afrique et dans l'Océan Indien : en 1684, un tarif douanier protecteur défend le Portugal contre les marchandises étrangères ; la découverte de mines d'or au Brésil vers 1690 assurant au roi des revenus réguliers lui permet de ne plus convoquer les *Cortès* à partir de 1697. La littérature, encore très hispanisante avec Manuel de Melo (1611-1667), retrouve son originalité tout en s'ouvrant à l'influence française.

Longtemps fidèle à la double alliance de l'Angleterre et de la France, Pierre II opte au début de la guerre de Succession d'Espagne pour l'alliance anglaise. Le traité de commerce négocié par Lord **Methuen** est signé le 27 décembre 1703 : les Anglais obtiennent, en échange de l'ouverture du marché britannique aux vins portugais, l'abrogation en leur faveur du tarif de 1684, le droit d'avoir des entrepôts à Lisbonne et de commercer librement avec le Brésil ; c'est le Portugal et l'immense marché brésilien qui s'ouvrent ainsi aux draps et aux autres produits des manufactures anglaises. **Le traité Methuen** scelle pour longtemps le destin du petit royaume atlantique, dont la souveraineté retrouvée cache mal désormais une étroite dépendance économique et même politique à l'égard de la Grande-Bretagne.

La Franche-Comté et les Pays-Bas espagnols

Avant de mourir en 1598, Philippe II a cédé en toute souveraineté la Franche-Comté et les Pays-Bas à sa fille **Isabelle** (qui épouse l'année suivante son cousin **l'archiduc Albert,** cardinal sécularisé). La mesure est habile puisqu'elle donne une évidente satisfaction aux Comtois et aux Belges épris d'autonomie ; par ailleurs, les deux princes savent se rendre sympathiques. Mais à la mort de l'archiduc Albert en 1621, les deux provinces retournent à la couronne espagnole, Isabelle n'ayant plus rang jusqu'à sa mort en 1633 que de gouvernante générale, et les gouverneurs qui après elle se succèdent à Bruxelles étant nommés par Madrid dans le seul souci des intérêts espagnols.

a) Le statut de **la Franche-Comté** au début du XVIIe siècle est fort complexe puisqu'elle fait partie de l'Empire, mais qu'elle est en même temps une possession espagnole administrée depuis les Pays-Bas, cependant que Besançon est ville libre impériale. Jusqu'en 1635, la Comté vit dans la paix et la Contre-Réforme y est active sous l'impulsion de l'archevêque Ferdinand de Rye. Mais avec la guerre franco-espagnole commencent pour la province douze années terribles (1636-1648) : le pays, « foulé » impitoyablement par les deux adversaires, ravagé par la peste, est dépeuplé et dévasté. Le retour de la paix dès 1648 (bien que Français et Espagnols soient toujours en guerre) s'accompagne d'une vigoureuse reconstruction, favorisée par vingt ans de calme. Conquise une première fois par Louis XIV en 1668, la Comté est rendue à l'Espagne quelques mois plus tard, mais les maladresses et les exigences des gouverneurs dressent bientôt contre Madrid une partie de la population comtoise attachée pourtant jusque-là au régime espagnol et à la semi-autonomie dont elle jouissait. Ce mécontentement facilite la seconde **conquête française** (1674), cette fois définitive. Pourtant, l'intégration de la province dans la monarchie française n'ira pas sans difficultés, car de nombreux Comtois évoquent avec nostalgie l'autonomie perdue. Les vieilles institutions (parlement, université) sont transférées de Dôle à Besançon, où réside également l'intendant qui administre avec d'autant plus d'autorité que les états ne sont plus convoqués. Ce n'est que vers 1700 que la Franche-Comté commence à s'intégrer réellement à la vie française.

b) **Les Pays-Bas espagnols** comprennent dix provinces : Flandre et Brabant (les plus riches et les plus peuplées, avec les grandes villes, Bruxelles, Anvers et Gand), Malines, Namur, Hainaut, Tournaisis, Artois et — au-delà de l'évêché de Liège, principauté ecclésiastique indépendante dans le cadre de l'Empire — Gueldre espagnole, Limbourg et Luxembourg. En 1609, au moment où intervient la trêve de Douze Ans, le pays est en grande partie ruiné par la guerre civile et les campagnes d'Alexandre Farnèse ; à cette date, le voyageur anglais Overbury venant du Nord décrit ainsi les provinces méridionales restées espagnoles :

> Un pays dévasté, des habitants découragés et plus mécontents de leur gouvernement que furieux contre l'ennemi, la noblesse et les marchands en décadence, les paysans labourant uniquement pour vivre et sans espoir d'améliorer leur sort, les villes à demi ruinées, et pour tout dire, une pauvreté générale en dépit d'impôts beaucoup moins lourds que ceux des Provinces-Unies.

Les années d'accalmie que procure la trêve sont employées, sous l'impulsion des archiducs, à un net **redressement économique.** Le relèvement de l'agriculture en est le premier aspect. L'exploitation des terres en Flandre et en Brabant est considérée à l'étranger comme un modèle ; l'usage intensif des engrais permet de substituer à la jachère la culture du navet ; à côté des céréales, le lin et le houblon font la richesse de la région ; on entreprend, à partir de 1612, l'asséchement des marais entre Dunkerque et Furnes. Le relèvement de l'industrie se traduit notamment par le développement de l'artisanat rural, aussi bien dans le travail des textiles que dans la métallurgie ; par ailleurs, l'extraction du charbon de terre en Hainaut prend une importance croissante. Toutefois, cette œuvre de redressement est largement freinée par le déclin du grand commerce d'exportation, du fait de la fermeture de l'Escaut, de la décadence de la marine flamande (ce qui force à recourir aux Hollandais), de la ruine de l'Allemagne, client traditionnel, enfin de la politique protectionniste des grands États voisins : Provinces-Unies, France, Angleterre. Le seul débouché aux produits flamands est l'Espagne mais, si celle-ci autorise en 1624 la création à Séville d'une Compagnie privilégiée, l'*Almirantzago* formée de Flamands résidant en Espagne, elle interdit, du moins jusqu'en 1640, à ses sujets des Pays-Bas de commercer avec ses colonies américaines.

La reprise de la lutte avec les Provinces-Unies en 1621, et surtout le début de la guerre franco-espagnole en 1635 compromettent en grande partie ces résultats et ouvrent dans l'histoire des Pays-Bas **le siècle de malheur.** En effet, ils deviennent à la fois le champ de bataille de l'Europe et l'un des enjeux des luttes entre les grandes puissances. Ils sont dévastés par les gens de guerre à différentes reprises et amputés successivement de la Flandre zélandaise et du Nord du Brabant (1648), de l'Artois et de Dunkerque (1659), de la Flandre occidentale et de la plus grande partie du Hainaut (1668-1678), cependant que les traités de la Barrière ouvrent plusieurs places fortes aux garnisons hollandaises. Les ravages des guerres continuelles, la confirmation en 1648 de la fermeture de l'Escaut provoquent une chute sensible de la population et **le marasme économique.** Le port d'**Anvers**, à qui le grand commerce maritime est désormais interdit, végète ; la ville conserve pourtant une certaine importance comme place bancaire, centre de diamantaires et d'imprimeurs, marché d'exportation d'œuvres d'art et de tapisseries. L'agriculture durement touchée ne peut faire face à tous les besoins ; l'activité manufacturière est ralentie faute de sécurité, de capitaux, de débouchés. Les gouverneurs successifs ne se préoccupent guère des véritables intérêts des provinces qu'ils administrent. Seul l'électeur de Bavière, Maximilien-Emmanuel, nommé gouverneur en 1692, a le mérite d'appuyer les efforts que déploie entre 1697 et 1700 le comte de **Bergeyck**, trésorier général des Finances. Celui-ci, « colbertiste » convaincu, crée à Ostende une Compagnie des Indes orientales et de la Guinée et obtient de Madrid une concession à Saint-Domingue pour y fonder une colonie ; il améliore les voies de communication et songe à unir la Meuse à la mer par Bruxelles et Gand ; il prend des mesures protectionnistes pour favoriser le redressement de l'industrie. Mais l'hostilité de l'Angleterre et des Provinces-Unies, l'indifférence de l'Espagne, la reprise de la guerre vouent très vite à l'échec les efforts de Bergeyck. Les Pays-Bas redeviennent, à partir de 1702, un champ de bataille et connaissent tour à tour l'occupation française et l'occupation anglo-hollandaise, avant de passer en 1714 sous **la domination autrichienne.** La population, ruinée par la guerre, excédée des Espagnols, redoutant autant les Français que les Hollandais calvinistes, accueille avec indifférence cette nouvelle sujétion.

Pourtant, ce siècle de malheur est aussi pour les Pays-Bas un **siècle glorieux.** Citadelle de la Contre-Réforme depuis le règne des archiducs, ils sont l'une des terres d'élection du **baroque** qui trouve certaines de ses plus belles expressions dans les églises édifiées par les architectes jésuites et surtout dans l'œuvre somptueuse et triomphante de Pierre-Paul Rubens (*cf.* chapitre II).

L'Italie espagnole et les États italiens indépendants

Présente directement au nord et au sud de la péninsule, l'Espagne exerce en même temps une influence plus ou moins importante sur les États italiens indépendants.

a) **Le Milanais**, au débouché des principaux cols alpins, est une des régions naturelles les plus riches de l'Italie, mais la domination espagnole exercée par un vice-roi qui nomme tous les fonctionnaires se traduit surtout par la stagnation économique. Repliée sur elle-même, en liaison avec la seule métropole, la région se dépeuple et perd peu à peu son ancienne prospérité : l'agriculture est à l'abandon, les manufactures périclitent, Milan qui comptait plus de 300 000 habitants au XVIe siècle n'en a plus que 100 000 en 1700.

A **Naples** et en **Sicile** où l'Espagne est représentée par deux vice-rois, l'un à Naples, l'autre à Palerme, l'autonomie n'est qu'apparente. Les états votent les impôts sans discuter et ne sont consultés que pour la forme ; ceux de Naples sont même supprimés en 1642. Les intérêts des deux royaumes sont d'ailleurs sacrifiés à ceux de l'Espagne : la majeure partie des impôts, très lourds, n'est pas employée sur place mais envoyée à Madrid ; l'exportation du blé, dont la production est en baisse, est soigneusement réglementée ; les rares industries, jadis prospères (soieries, draps), sont en pleine décadence.

Les vice-rois cherchent à s'appuyer sur le clergé dont l'influence est considérable et sur la noblesse qui, dans ses immenses domaines fonciers mal gérés et mal exploités par une paysannerie misérable, détient une énorme puissance. Pourtant, **les soulèvements populaires** contre l'occupant espagnol sont fréquents ; ils sont dus à la misère, à la famine ou à l'aggravation du fardeau fiscal et, le plus souvent, n'ont pas à l'origine de but politique précis. Les deux plus graves sont ceux de 1647 et de 1674. En 1647, Palerme, Salerne, la Pouille, la Calabre et surtout Naples s'insurgent à l'occasion de nouvelles taxes. A **Naples**, le pêcheur Thomas Aniello, dit Masaniello, prend un moment le pouvoir, puis est tué ; les insurgés napolitains font alors appel à la France, mais dès 1648 les Espagnols reprennent la situation en main. En 1674, c'est **Messine** qui se soulève et fait appel au roi de France ; celui-ci envoie un vice-roi, le duc de Vivonne, mais en 1678 Louis XIV devra abandonner la ville aux représailles espagnoles. En fait, en répondant aux appels des Napolitains et des Siciliens révoltés, les Français ne songent qu'à affaiblir l'Espagne, non à aider ceux-ci à recouvrer leur indépendance, comme en témoigne cette lettre envoyée de Messine à Colbert, le 7 octobre 1674, par le chevalier de Valbelle, chef d'escadre sous les ordres de Vivonne :

> Nous ne possédons rien en Italie, et avec Messine le roi pourrait s'agrandir quand il lui plairait. Au pis aller, on nous craindrait, si on ne nous y voulait pas aimer. Son phare fameux par tant de naufrages, le serait bien plus à l'avenir par la peine et le tourment qu'il donnerait au conseil d'Espagne, si le roi en était le maître puisque c'est le passage des blés des deux Calabres pour les porter dans le royaume de Naples ; en temps de guerre, nous ferions crier famine à cette grande ville (de Naples) et les Espagnols ne seraient pas peu embarrassés [...] Rien ne peut garantir le sénat et la ville de Messine que Sa Majesté, pourvu qu'elle ait le temps de les secourir. Les moyens de sauver ce pauvre peuple sont entre ses mains et jamais roi ne les eût si longues. Le bien de son service veut qu'il s'en serve pour la défense des faibles ; et la gloire de ses armes s'y rencontre.

En 1714, les possessions italiennes de l'Espagne, simple enjeu comme les Pays-Bas de la politique européenne, sont distraites de l'héritage de Philippe V et données à l'Autriche et au duc de Savoie : Milanais, Napolitains, Siciliens ne font que changer de maître.

b) Le reste de la péninsule comprend **neuf États indépendants.** Si c'est l'influence française qui l'emporte dans les petits duchés de Parme-Plaisance (aux Farnèse), de Modène-Reggio (aux Este) et de Mantoue-Montferrat (aux Gonzague), par contre **l'influence de l'Espagne** est prépondérante dans la république aristocratique de Lucques et surtout à Gênes et en Toscane. La république de **Gênes** est constituée, en plus de la Corse en perpétuelle rébellion, par une étroite bande côtière en Ligurie ; elle est étroitement soumise à l'Espagne qui utilise son port comme étape vers le Milanais ; cette quasi-vassalité lui vaut d'être bombardée par la flotte française en mai 1684. Les grands-ducs de **Toscane**, Cosme II Médicis (1608-1621) et son fils Ferdinand II (1621-1670), sont des administrateurs médiocres, condamnés à mener une politique prudente et effacée et à tolérer la présence des Espagnols dans les présides. Par ailleurs, la décadence de l'État florentin s'accélère : après le commerce et l'industrie, la banque périclite ; dans le domaine des lettres et des arts, Florence a perdu sa primauté de jadis ; il est vrai que le fondateur de la science moderne, Galilée, est Pisan et que la générosité de Ferdinand II permet au grand savant de passer à Florence les années les plus fructueuses de sa vie. Quant à Cosme III (1670-1722), c'est un prince fastueux, mais incapable de rendre à la Toscane son ancienne splendeur.

Seuls, les États du pape, le duché de Savoie et la république de Venise réussissent à échapper à la tutelle espagnole. **Les États de l'Église** constituent, au centre de la péninsule, un ensemble original. Souverains pontifes et chefs de la Chrétienté, les onze papes qui se succèdent de 1605 à 1721[1] sont en même temps souverains temporels et chefs de l'État pontifical. Si tous sont des pontifes honnêtes, pieux et pénétrés de leurs devoirs, deux d'entre eux seulement se montrent de grands papes : Urbain VIII, mécène, ami de Galilée (qu'il laisse pourtant condamner) et grand pape missionnaire, et Innocent XI qu'on a pu surnommer « le Grégoire VII du XVIIe siècle », réformateur inlassable et défenseur obstiné des droits de l'Église face à Louis XIV. Intimement mêlés aux intrigues et aux conflits qui opposent les grandes puissances, notamment les Habsbourg et la France catholiques, les papes ne peuvent empêcher une laïcisation progressive de la politique européenne basée désormais non sur l'idée de Chrétienté mais sur celle de raison d'État ; à cet égard, la protestation d'Innocent X contre les traités de Westphalie est à la fois vaine et significative. De plus, leurs efforts pour défendre l'intégrité de la foi et travailler à l'extension de l'Évangile se heurtent à bien des mécomptes : la Contre-Réforme, triomphante au début du siècle, marque le pas face au protestantisme après 1630, le jansénisme résiste à toutes les

1. Paul V Borghèse (1605-1621), Grégoire XV Ludovisi (1621-1623), Urbain VIII Barberini (1623-1644), Innocent X Pamphili (1644-1655), Alexandre VII Chigi (1655-1667), Clément IX Rospigliosi (1667-1669), Clément X Altieri (1670-1676), Innocent XI Odescalchi (1676-1689), Alexandre VIII Ottoboni (1689-1691), Innocent XII Pignatelli (1691-1700), Clément XI Albani (1700-1721).

condamnations, et l'œuvre missionnaire en Asie est compromise par la querelle des rites. Comme souverains italiens, ils continuent l'œuvre de mécènes de leurs prédécesseurs, au double point de vue de l'essor urbain et du rayonnement artistique de Rome ; ils essaient aussi de lutter contre l'anarchie grandissante de leurs États, mais trop d'entre eux pratiquent encore un népotisme qui accroît la richesse et la puissance de quelques grandes familles : la magnificence de la cour pontificale contraste avec la misère des campagnes où l'extension de l'élevage se fait aux dépens des cultures et où sévit un banditisme endémique.

Au nord-ouest de la péninsule, le duché de **Savoie-Piémont** à cheval sur les deux versants des Alpes regarde de plus en plus vers l'Italie : la capitale a été transférée de Chambéry à Turin en 1562, et en 1601 le duc Charles-Emmanuel Ier (1580-1630) cède à la France la Bresse, le Bugey et le pays de Gex en échange du marquisat de Saluces. Le duc réussit longtemps à louvoyer entre les intérêts divergents de la France et de l'Espagne, mais en 1629 Richelieu et Louis XIII, qui entendent se servir du duché pour combattre l'Espagne en Italie du Nord, attaquent Charles-Emmanuel et envahissent ses États. En 1631, le nouveau duc, Victor-Amédée Ier (1630-1637) fait la paix avec la France et lui cède Pignerol (traité de Cherasco). Pendant plus d'un demi-siècle, notamment sous Charles-Emmanuel II (1638-1675), le duché se trouve, avec des alternances de soumission et de mauvaise volonté, à la remorque de la politique française. Ce n'est qu'en 1689 que **Victor-Amédée II** (1675-1732), rompant avec ces liens d'étroite dépendance, adhère à la Ligue d'Augsbourg. Un moment allié de la France au début de la guerre de Succession d'Espagne, il se retourne à nouveau contre elle en 1703. De ce fait, la Savoie et une partie du Piémont sont à deux reprises occupées temporairement par les troupes françaises (1690-1696, 1703-1713), mais la participation de Victor-Amédée aux coalitions successives contre Louis XIV lui vaut en 1714 la Sicile et le titre de **roi.**

Si **Venise** réussit à préserver son indépendance à l'égard de l'Espagne, le XVIIe siècle n'en est pas moins pour la Sérénissime république un siècle de déclin. Occupant en Italie du Nord, dans l'Adriatique et en Méditerranée orientale une place de premier plan, elle est obligée, tout en affichant sa neutralité et ses désirs de paix, d'entretenir une flotte et une armée pour défendre, contre les Habsbourg et contre les Turcs, l'intégrité de ses possessions indispensables à son économie. Malgré ces efforts et l'aide française, elle doit pourtant abandonner Candie aux Ottomans (1669). Il est vrai que ceux-ci lui cèdent, en 1699, la Morée ; mais c'est là un succès plus apparent que réel, car le territoire acquis est pauvre et peu peuplé, et la guerre menée depuis 1684 a épuisé les finances de la république et fait apparaître la faiblesse de son gouvernement. En 1701, des instructions envoyées à l'ambassadeur de France précisent :

> (La république n'est plus) dans les temps où la sagesse de son gouvernement était admirée de toute l'Europe et que les forces qu'elle avait soutenaient les décisions de son sénat ; mais les dernières guerres contre les Turcs ont ruiné ses meilleures troupes et tellement épuisé ses finances que non seulement elle ne peut payer la moindre partie des dettes considérables qu'elle a contractées, mais il lui est encore très difficile de fournir aux dépenses courantes qu'elle est indispensablement obligée de faire.

Plus grave encore est le déclin de l'activité commerciale, dû à la diminution de sa flotte marchande, aux méfaits de la piraterie, surtout à la concurrence des puissances atlantiques. Certes, Venise reste un centre industriel actif (verrerie, soieries) et un port important, mais dont les débouchés sont de plus en plus limités aux seules possessions vénitiennes. La seule primauté qui lui reste, c'est d'être toujours, et pour longtemps encore, la capitale européenne du jeu et des plaisirs et l'une des villes les plus belles et les plus visitées de la péninsule.

c) Au vrai, c'est toute l'Italie qui conserve, pendant la plus grande partie du siècle, son incomparable **rayonnement.** Pour un artiste européen, à quelque pays qu'il appartienne, le « voyage d'Italie » constitue l'initiation jugée indispensable, et bien peu parmi les meilleurs sont ceux qui ne l'ont pas fait et n'en ont pas gardé l'empreinte profonde. Ce sont non seulement les vestiges de l'Antiquité gréco-romaine que l'on va chercher outre-monts, mais aussi les leçons des grands créateurs des deux siècles précédents et du siècle présent, des maîtres du *Quattrocento* au Caravage, de Michel-Ange au Bernin. C'est dans les cours italiennes que naissent, au début du siècle, l'opéra et la musique concertante bientôt imités dans toute l'Europe. Si l'on songe au rayonnement parallèle de l'Espagne, il est vrai de dire que dans les trois premiers quarts du XVIIe siècle, « c'est du Midi que vient la lumière ».

2 _ L'Empire et la monarchie autrichienne

Dans une Allemagne dont les traités de 1648 ont confirmé le morcellement, l'électorat de Brandebourg devient le royaume de Prusse déjà puissant en Allemagne du Nord, cependant que les Habsbourg tout en conservant la dignité impériale s'attachent à organiser leurs possessions propres en un vaste État danubien.

L'Empire et les principaux États allemands

a) **Les traités de Westphalie** ont enregistré **l'échec** de la tentative des empereurs **Ferdinand II** (1619-1637), puis **Ferdinand III** (1637-1658) pour faire du Saint-Empire un État allemand centralisé et catholique. **La division politique et religieuse** de l'Allemagne est confirmée, au nom des « libertés germaniques » et sous la garantie des puissances signataires. Les princes allemands sont, à l'intérieur de leurs États, pratiquement indépendants et jouissent de presque tous les droits régaliens : ils lèvent les impôts, battent monnaie, entretiennent des armées, concluent des traités avec qui bon leur semble (à condition qu'ils ne soient pas dirigés contre l'empereur ou l'Empire). La plupart d'entre eux limitent les droits des assemblées d'états *(Landstände)*, qui ne sont plus consultées que pour la forme ou même ne sont plus convoquées. Ce renforcement du pouvoir des princes se fait au détriment de la petite noblesse « immédiate » (c'est-à-dire relevant, en théorie, directement de l'empereur) et de certaines villes libres, en vertu du principe selon lequel la souveraineté du prince est absolue dans les limites de son territoire.

Les prérogatives de **l'empereur** sont désormais purement honorifiques ; comme prince allemand, il est lui-même soumis aux lois de l'Empire ; il est élu par le Collège électoral qui, de sept membres au début du siècle, passe à huit en 1648, puis à neuf en 1692 (le duc de Brunswick-Lünebourg, qui possède le Hanovre, étant promu au rang d'Électeur). En fait, selon l'expression qu'emploiera plus tard Frédéric II, « l'empereur n'est plus que le chef élu d'une noble république de princes ». A partir de 1663, **la Diète** avec ses trois Collèges devient perpétuelle, se transformant ainsi en un congrès permanent où les négociations, interminables et sans effet pratique, sont menées par les ambassadeurs des princes et non plus par les princes eux-mêmes.

A partir de 1648, **l'influence française** est prépondérante dans l'Empire. Mazarin, puis Louis XIV, qui songe à briguer la couronne impériale, se font les protecteurs des princes allemands qu'ils pensionnent largement. Mais la politique envahissante du roi de France, ses provocations, son attitude à l'égard des protestants finissent par lui aliéner la plupart des princes et par susciter dans l'opinion publique allemande un véritable sursaut national.

Au début du XVIIIe siècle, **l'influence autrichienne** a largement regagné du terrain en Allemagne du Sud, contrebalancée en Allemagne du Nord par l'influence grandissante du Brandebourg-Prusse.

b) **Le morcellement** se trouve encore aggravé par le fait que les princes continuent à pratiquer le partage de leurs domaines entre leurs enfants. C'est ainsi que la Maison de Saxe comprend, à la fin du XVIIe siècle, huit branches (Weimar, Gotha, Cobourg, etc.)., en plus de la famille électorale elle-même divisée en trois branches. Sur les quelque 350 **États** qui constituent l'Empire et qui tous évoluent plus ou moins vers l'absolutisme, les plus importants, en dehors de l'Autriche et du Brandebourg, sont la Saxe et la Bavière. La cour de l'électeur de **Saxe** à Dresde est une des plus brillantes d'Allemagne, mais l'importance de l'État saxon en Allemagne du Nord décroît du fait de la médiocrité de ses princes et des progrès du Brandebourg. A la fin du siècle, l'électeur Frédéric-Auguste Ier (1694-1733) se convertit au catholicisme afin de pouvoir se faire élire roi de Pologne sous le nom d'Auguste Ier, à la mort de Jean Sobieski (1696) ; il perd ainsi au profit des Hohenzollern le rôle de premier plan qu'il jouait auprès des princes protestants. Les électeurs de **Bavière**, catholiques, Maximilien Ier (1598-1651), Ferdinand-Marie (1651-1679) et Maximilien-Emmanuel II (1679-1726) oscillent entre l'alliance autrichienne et l'alliance française, et se trouvent mêlés à presque tous les conflits européens entre 1618 et 1714, pour le plus grand malheur de leur pays, ce qui n'empêche pas pourtant Ferdinand-Marie d'embellir Munich, sa capitale.

c) **Dévastée** par la guerre de Trente Ans, l'Allemagne ne se relève que lentement de ses ruines. Cependant, à la fin du siècle, de nombreuses terres ont été remises en culture, le commerce intérieur et le grand commerce maritime par Hambourg et Lübeck ont repris de l'importance, la population s'est accrue. Certains États, comme la Bavière et surtout le Brandebourg, réussissent mieux et plus vite que les autres cette tâche de **reconstruction** matérielle.

Mais l'Allemagne a été, aussi, **moralement ébranlée** par le terrible conflit. L'aggravation du morcellement politique et l'avènement d'une « anarchie constituée » rendent plus difficile le relèvement dans ce domaine. Les universités, en complète décadence vers 1648, ne retrouvent que peu à peu leur renom. **La littérature** de langue allemande ne commence à l'emporter sur la littérature de langue latine ou de langue française que dans les années 1680 ; Leibniz (1646-1716), le plus grand nom de la pensée et de la science allemandes au XVIIe siècle, écrit de préférence en latin ou en français. Sauf en musique (avec Schütz et Buxtehude), **l'art** manque d'originalité et de grands créateurs : les princes allemands s'efforcent de copier servilement

Versailles, dans la mesure de leurs moyens. Par contre, sur le plan religieux, l'Allemagne est le théâtre d'une véritable rénovation, **le mouvement piétiste.** Le luthérien Philippe-Jacques **Spener** (1635-1705), Alsacien d'origine, prêche la nécessité d'une transformation des mœurs ; il réagit contre l'ignorance religieuse et le formalisme, et préconise la constitution de petites assemblées *(collegia pietatis)* regroupant une fois par semaine les fidèles les plus pieux dans un but d'édification mutuelle. Le piétisme, très pratique et non dogmatique, se heurte à bien des méfiances officielles mais rencontre en même temps un très grand succès dans toute l'Allemagne, témoignage du renouveau de la pensée et des mœurs après la tourmente du début du siècle.

Le Brandebourg et la formation de l'État prussien

a) Électeurs de Brandebourg (pays de landes et de marais au centre de l'Allemagne), les Hohenzollern réussissent dans la première moitié du XVIIe siècle à **tripler l'étendue de leurs États.** Lorsqu'en 1609 meurt le duc de Clèves et de Juliers, l'électeur de Brandebourg Jean-Sigismond (1608-1619) fait immédiatement valoir ses droits sur l'héritage du duc défunt dont il était parent et, lorsqu'en 1614 intervient le règlement de cette succession contestée, il réussit à se faire accorder la ville et le riche duché de **Clèves** sur le Rhin, ainsi que les deux petits comtés voisins de Mark sur la Ruhr et de Ravensberg près de la Weser. En 1618, à la mort de son cousin Albert-Frédéric de Hohenzollern, duc de Prusse, décédé sans enfants, il hérite de **la Prusse**, vaste territoire pauvre et peu peuplé, situé hors de l'Empire mais sous la suzeraineté du roi de Pologne. Lorsque Jean-Sigismond meurt l'année suivante, ses possessions, très discontinues, s'étendent du Rhin au Niémen. Sous son successeur Georges-Guillaume (1619-1640), l'État brandebourgeois traverse la terrible épreuve de la guerre de Trente Ans. Du moins Frédéric-Guillaume, devenu Électeur à 20 ans, réussit-il à obtenir, lors des traités de Westphalie, de substantielles satisfactions territoriales : **la Poméranie orientale**, les évêchés sécularisés de **Minden**, d'**Halberstadt** et de **Magdebourg** (ce dernier effectivement occupé en 1666). Ces acquisitions accroissent considérablement l'étendue des domaines des Hohenzollern, mais compensent mal les ravages causés par la guerre et l'inorganisation de l'État. En 1661, les instructions données par Louis XIV à l'ambassadeur de France font le point en ces termes :

M. l'électeur de Brandebourg, quoique autrefois le dernier du collège électoral (ce qui n'est plus depuis la paix de Münster où il fut créé un huitième électorat pour M. l'électeur palatin) est certainement et sans contredit le plus puissant et le plus grand terrien de tous ses collègues électeurs, en sorte que si tous les États qu'ils possèdent étaient joints comme ils se trouvent dispersés, il y en aurait de quoi composer un royaume plus grand et plus considérable que n'est celui de Danemark, puisqu'il peut venir de Pologne en Flandre sans loger qu'une nuit ou deux hors des terres de son obéissance. Mais soit pour les malheurs des guerres de l'Empire qui ont pendant plus de trente années assez souvent désolé ses États, soit pour les dépenses qu'il a été forcé de soutenir pour l'entretien de ses troupes, et encore plus à ce qu'on croit par la mauvaise administration de ses officiers, ses finances se trouvent beaucoup plus épuisées que celles de plusieurs princes d'Allemagne bien moindres que lui.

b) Le mérite de **Frédéric-Guillaume**, dit le Grand Électeur (1640-1688) sera de faire de cet ensemble hétérogène et appauvri un grand **État moderne.** Élevé en partie en Hollande à l'université de Leyde et dans l'armée de Frédéric-Henri d'Orange-Nassau dont il épousera la fille, Frédéric-Guillaume se révèle un souverain laborieux et ambitieux, faisant passer avant tout l'intérêt de l'État ; de tempérament violent, il saura faire preuve de souplesse, voire de duplicité pour arriver à ses fins, sans jamais s'embarrasser de principes trop rigides. Ses efforts portent d'abord sur **l'unification administrative** de ses possessions. Il entre en conflit avec les assemblées provinciales *(Landtage)* de ses divers États et réussit à les priver de leurs prérogatives financières : les impôts, jusque-là fixés, répartis, perçus et administrés par chaque *Landtag*, le seront désormais par les fonctionnaires du prince. Le Conseil d'État secret siégeant à Berlin sous la présidence de l'Électeur devient le grand organe de gouvernement. Dans chacune des provinces, des fonctionnaires nouveaux, les « conseillers provinciaux » s'adjugent peu à peu l'essentiel de l'administration. En même temps, Frédéric-Guillaume s'assure des ressources financières régulières en créant de nouveaux impôts permanents : *accise* ou impôt sur les objets de consommation payable par les villes, *biergeld* ou impôt sur la bière, monopole de la vente du sel.

Surtout, il s'attache après 1660 à **repeupler et enrichir** ses États. Il fait appel à l'étranger pour coloniser les vastes espaces entièrement inhabités en Brandebourg, en Prusse, en Poméranie. Il attire des Hollandais dont les villages, les « hollanderies », constitueront de véritables fermes modèles. Bien que calviniste convaincu, il accueille tous ceux qui sont persécutés dans leurs pays pour des raisons religieuses : catholiques, sociniens, juifs, vaudois. Avant même la révocation de l'édit de Nantes, il fait les propositions les plus avantageuses aux calvinistes français (édit de Postdam, octobre 1684) : plus de 20 000 d'entre eux y répondent, s'engageant comme officiers dans l'armée, s'installant dans les campagnes, transformant Berlin où ils créent des jardins maraîchers *(Moabil)*, des fabriques, des collèges. Cet afflux d'étrangers permet le relèvement économique de l'État brandebourgeois. Dessèchement de nombreux marais, introduction de plantes nouvelles (tabac, mûrier), développement de la culture du froment, création de manufactures bien protégées par des tarifs douaniers (draperies, verreries, papeteries), creusement de canaux (Oder-Sprée-Elbe), mais aussi maintien et même aggravation du servage en Prusse et en Brandebourg, telles sont les principales réalisations qui contribuent à faire des domaines des Hohenzollern un État aussi riche et prospère que le permet la stérilité naturelle d'un sol ingrat (sauf dans les pays rhénans).

Cet enrichissement relatif joint à la perception d'impôts réguliers permet à Frédéric-Guillaume, hanté par l'exemple de Gustave-Adolphe, de réaliser son objectif le plus cher : l'entretien d'une **armée permanente** de plus de 30 000 mercenaires bien encadrés, bien armés et soumis à une discipline de fer. Un tel instrument lui paraît indispensable pour conserver et accroître ses domaines. Son intervention dans la guerre du Nord lui vaut d'obtenir de la Pologne la pleine souveraineté sur le duché de Prusse (1657). Lors de la guerre de Hollande, il se décide après bien des atermoiements à se joindre aux adversaires de Louis XIV ; attaqué par les Suédois alliés de la France, il remporte sur eux la brillante victoire de **Fehrbellin** le 28 juin 1675, et entreprend avec l'aide des Danois et des Hollandais la conquête des territoires suédois en Allemagne, Brême, Verden, Poméranie occidentale ; mais au lendemain de Nimègue, Louis XIV force le Grand Électeur à restituer à la Suède toutes ses conquêtes (traité de Saint-Germain, juin 1679). Malgré cette cruelle déconvenue, la guerre a fait apparaître la valeur de l'armée brandebourgeoise et les ambitions des Hohenzollern.

c) **Frédéric III** (1688-1713), qui succède à son père, est un prince de santé débile et d'esprit faible et chimérique. Il veut à tout prix, par vanité, porter le titre de roi comme ses cousins Guillaume d'Orange et Auguste de Saxe ; son intention est de prendre cette dignité royale non en Brandebourg, terre d'Empire, mais en Prusse où il est pleinement souverain. Il lui faut pour cela obtenir l'assentiment de l'empereur Léopold. Celui-ci se fait longtemps prier, mais en 1700, ayant besoin d'appuis dans la lutte qui va s'ouvrir pour la succession d'Espagne, il autorise Frédéric à prendre le titre de **roi en Prusse**, moyennant la promesse de 8 000 soldats brandebourgeois (traité de la Couronne, 16 novembre 1700). Le 18 janvier 1701, au cours d'une somptueuse cérémonie à Königsberg, l'électeur de Brandebourg

Frédéric III devenu **Frédéric Ier de Prusse** se place lui-même sur la tête la couronne royale. L'événement, bien qu'inspiré par la seule vanité, a une portée considérable : les Hohenzollern, supérieurs désormais à tous les autres princes allemands, apparaissent déjà comme les rivaux en Allemagne des Habsbourg catholiques.

La monarchie autrichienne

a) **Ferdinand II** (1619-1637), profondément imbu de ses droits d'empereur, se considère avant tout comme le chef de la Chrétienté et le défenseur du catholicisme en Allemagne et en Europe. Vrai successeur de Charles-Quint, il se fait le champion d'une **politique impériale** désormais dépassée, et l'échec de cette politique poursuivie par son fils **Ferdinand III** (1637-1658) marque un tournant capital dans l'histoire des Habsbourg : contraints d'abandonner le vieil idéal médiéval d'Empire et de Chrétienté, rejetés d'Allemagne où le titre d'empereur (qu'ils conservent) n'a plus guère qu'une portée symbolique, ils se retournent vers leurs États autrichiens et leurs royaumes de Bohême et de Hongrie, et s'attachent à en faire **un vaste État danubien**, jetant ainsi les bases de l'Autriche moderne.

b) Le long règne de **Léopold Ier** (1658-1705) est, à cet égard, décisif. Certes, Léopold, souverain laborieux mais médiocre, se préoccupe surtout de la succession d'Espagne qu'il entend régler à son profit et au détriment de Louis XIV. Mais la poursuite obstinée de cet objectif ne l'empêche pas de se consacrer à une meilleure organisation de ses États. Une étape importante avait déjà été franchie par Ferdinand II lorsqu'au lendemain de la Montagne Blanche, il avait transformé le royaume de **Bohême**, électif et jouissant d'importantes libertés politiques et religieuses, en un royaume héréditaire, catholique et largement germanisé. L'un des buts de Léopold est de réaliser la même chose dans le royaume électif de **Hongrie.** Mais le problème ici est double : il faut non seulement vaincre la résistance des habitants de la Hongrie royale attachés à leurs privilèges, mais aussi reprendre aux Turcs la plus grande partie du royaume qu'ils occupent depuis leur victoire de Mohacs (1526). Les Hongrois, dont beaucoup sont protestants, ont essayé à plusieurs reprises, dès la première moitié du siècle, de secouer le joug des Habsbourg en élisant comme roi le prince de Transylvanie (territoire autonome placé sous suzeraineté turque et peuplé en majorité de calvinistes), Bethlen (1613-1629), puis Georges Ier Rakoczi (1630-1648). Au lendemain de la paix de 1648, Ferdinand III et surtout, après lui, Léopold Ier commencent à s'en prendre aux libertés politiques et religieuses de la Hongrie royale, suscitant contre eux l'union de tous les Magyars, nobles et paysans, catholiques et protestants. Plusieurs complots éclatent mais sont découverts et réprimés, notamment en 1671 celui de trois comtes qui sont exécutés cependant qu'un régime de terreur s'abat sur le pays. Certains nobles, tel Toekeli, n'hésitent pas alors à faire cause commune avec les Turcs. Mais délivré du danger ottoman par la victoire du Kahlenberg (1683), Léopold décide de mater définitivement la Hongrie royale : un tribunal extraordinaire installé dans la ville d'Eperies se livre à de sanglantes représailles (les « boucheries d'Eperies ») ; en 1687, une diète réunie à Presbourg est contrainte de reconnaître le caractère **héréditaire** de la couronne de saint Étienne dans la Maison d'Autriche (le droit à l'élection ne pouvant s'exercer qu'au cas où la descendance masculine des Habsbourg viendrait à s'éteindre) ; pourtant, Léopold s'engage à maintenir les lois fondamentales et les institutions du royaume magyar. Peu de temps après, les victoires du prince Eugène sur les Turcs forcent ceux-ci à céder à Léopold la Transylvanie et la Hongrie ottomane, moins le banat de Temesvar (traité de Carlovitz, 1699). Le royaume de Hongrie est ainsi reconstitué sous l'autorité des Habsbourg. Mais la politique de ceux-ci à l'égard de leurs anciens et nouveaux sujets hongrois est si brutale et si maladroite qu'une **insurrection générale** éclate en 1703, en pleine guerre de Succession d'Espagne. Les « Mécontents » mettent à leur tête **François II Rakoczi**, descendant des princes de Transylvanie. Celui-ci, dont les drapeaux portent comme devise « Dieu, liberté et patrie », s'allie avec Louis XIV, menace Vienne en 1703, se fait élire en 1704 prince de Transylvanie puis de la « Confédération des ordres hongrois », et proclame en 1707 la déchéance des Habsbourg et l'indépendance de la Hongrie. Mais ne pouvant compter sur l'appui effectif de la France, Rakoczi est vaincu par les Autrichiens et doit en 1711 abandonner la lutte et quitter le pays. Le nouvel empereur **Joseph Ier** (1705-1711) accorde aux révoltés **la paix de Szathman** (1711) qui, au prix de quelques concessions, rétablit la domination des Habsbourg sur l'ensemble du royaume de Hongrie.

c) Parallèlement à ces efforts, Léopold Ier et Joseph Ier s'efforcent d'organiser l'ensemble de leurs possessions en un puissant **État moderne.** Ils le dotent d'une armée permanente à partir de 1680, d'impôts indirects réguliers et d'une administration un peu plus centralisée grâce au renforcement des pouvoirs des organismes traditionnels (le Conseil secret pour les affaires politiques, la Chambre aulique pour les questions de finances et de commerce, le Conseil de guerre, les trois chancelleries d'Autriche, de Bohême et de Hongrie). Après la double épreuve de la peste de 1679 et du siège de 1683,

Vienne, où les artistes baroques édifient églises et palais, fait de plus en plus figure de grande capitale.

Pourtant, au début du XVIIIe siècle, l'État autrichien **manque d'unité.** Les peuples qui l'habitent (Allemands d'Autriche et de Silésie, Slaves de Bohême et de Moravie, Magyars de Hongrie, Roumains de Transylvanie) sont séparés par les traditions, la langue, la religion. De plus, en dépit des quelques efforts de centralisation, l'unité politique est loin d'être réalisée : la Hongrie notamment conserve ses institutions propres, ses lois, sa Diète formée de deux Chambres qui sont obligatoirement convoquées une fois par an. Et si l'acquisition, en 1714, des Pays-Bas, du Milanais et du royaume de Naples augmente considérablement la puissance territoriale de la monarchie autrichienne, elle aggrave encore son caractère hétérogène et sa faiblesse profonde : le lien entre des territoires aussi dispersés et aussi divers ne réside véritablement que dans la personne même du souverain.

3 _ L'Europe septentrionale et orientale

Les pays scandinaves (Suède-Finlande, Danemark-Norvège) luthériens, la Pologne catholique, la Russie orthodoxe sont presque continuellement en guerre les uns contre les autres. États vastes et peu peuplés, ils connaissent, en dehors de problèmes propres, une évolution sociale assez comparable marquée par l'ascension de la noblesse terrienne et l'aggravation de la condition des paysans.

Les pays scandinaves

a) Proclamé roi de **Suède** à 17 ans, deux mois après la mort de son père (1611), **Gustave II Adolphe** a été préparé à sa tâche par de solides études et par une expérience précoce des problèmes politiques et militaires. Intelligent et volontaire, luthérien convaincu, roi ambitieux, celui qui allait se révéler le plus grand des Vasa veut à la fois travailler au progrès du luthéranisme, faire de la Suède une grande puissance européenne et transformer la Baltique en « lac suédois ».

Soucieux d'avoir les mains libres pour amorcer les nécessaires réformes intérieures, il liquide d'abord à son profit l'état de guerre avec ses deux voisins : par la paix de Knared (1613), le roi de Danemark Christian IV renonce à ses prétentions sur la couronne suédoise ; et par la paix de Stolbowo (1617), le tsar Michel Romanov abandonne à la Suède l'Ingrie et la Carélie. Le roi entreprend alors de **rénover l'État**, avec l'aide du chancelier Axel Oxenstierna ; très habilement, il sait se ménager l'appui du *Riksdag* ou diète, groupant des représentants des quatre ordres (noblesse, clergé luthérien, bourgeois, paysans). Diverses mesures comme la division du Conseil de gouvernement ou *Riksrad* en plusieurs Collèges, la création d'un tribunal suprême (1624) et la réforme de la justice et des finances tendent à associer la noblesse au gouvernement et contribuent à donner à la Suède une administration moderne et efficace. Par ailleurs, Gustave-Adolphe, qui attache la plus grande importance aux problèmes d'enseignement, fonde de nombreux « gymnases » (collèges), réorganise et dote richement l'université d'Upsala et crée celle de Dorpat aux pays baltes. Enfin, il développe l'économie suédoise, attirant dans les mines et l'industrie métallurgique des ouvriers et ingénieurs étrangers (notamment anglais, hollandais, flamands, tel Louis de Geer), fondant plusieurs villes, dont Göteborg, multipliant les mesures en faveur du commerce et de la marine.

Mais les efforts du roi portent surtout sur la mise sur pied d'une **armée puissante** dont il entend faire l'instrument de sa politique luthérienne et suédoise. La guerre avec la Pologne, poussée activement au lendemain de la paix avec la Russie, lui permet de remporter sur ses adversaires une série de victoires et de leur imposer en 1629 la trêve d'Altmark conclue pour six ans sur l'entremise de Richelieu : la Pologne abandonne à la Suède la Livonie maritime et les importants revenus des douanes de Dantzig et des ports prussiens. Deux ans plus tard, c'est **l'intervention en Allemagne** et la fulgurante campagne qui, en quelques mois, fait de Gustave-Adolphe l'arbitre de la situation en Europe, mais qui se termine tragiquement par sa mort sur le champ de bataille de **Lützen** le 6 novembre 1632.

b) Le *Riksdag* reconnaît aussitôt comme son successeur sa fille unique **Christine** âgée de 6 ans, organise **la régence** au profit d'un Conseil présidé par le chancelier **Oxenstierna**, et deux ans plus tard approuve une constitution (1634) qui donne toute la réalité du pouvoir à la noblesse et notamment aux parents et amis du chancelier-régent. Cette évolution vers un gouvernement aristocratique traduit la richesse croissante de **la noblesse** qui profite des difficultés financières de Gustave-Adolphe, et après lui du Conseil de régence, puis de Christine : malgré les subsides français, l'entretien de l'armée suédoise coûte cher, et le pouvoir à court d'argent doit multiplier les aliénations du domaine royal au profit de la noblesse qui en même temps rachète leurs terres à de nombreux paysans accablés d'impôts ou enrôlés dans l'armée. Vers 1650, près de 70 % du sol appartient aux nobles (22 %, cent ans plus tôt) et les paysans, libres mais de plus en plus fermiers et non plus propriétaires, se sentent menacés dans leur liberté même. En 1650, les trois ordres inférieurs du *Riksdag* protestent contre la situation financière et réclament énergiquement, mais en vain, la « réduction », c'est-à-dire la reprise par la Couronne des biens aliénés aux nobles.

En 1648, le traité d'Osnabrück voit le triomphe de la Suède, appauvrie mais agrandie de la Poméranie occidentale et des bouches de l'Oder et de la Weser. Cependant, **Christine** est devenue majeure en 1645. Intelligente et instruite, fastueuse et passionnée, elle décide de gouverner par elle-même, s'efforce d'abaisser la puissance du clan Oxenstierna et, refusant de se marier, désigne en 1649 comme son successeur son cousin Charles-Gustave de Palatinat-Deux-Ponts. En 1654, elle abdique en sa faveur, afin de pouvoir se convertir au catholicisme (elle mourra à Rome, en 1680, après une existence agitée). Le nouveau roi **Charles X-Gustave** (1654-1660) donne partiellement satisfaction aux ordres inférieurs du *Riksdag* en prononçant la réduction d'une fraction des biens aliénés et en levant une contribution sur les biens nobles (1655), mais ambitieux et chimérique, il rêve à la fois d'expansion sur le continent et d'union scandinave : il s'engage dans une nouvelle guerre contre la Pologne, puis contre le Danemark et meurt en février 1660, quelques semaines avant que l'appui diplomatique de la France n'assure à la Suède par les traités d'Oliva et de Copenhague (mai-juin 1660) la possession de la Livonie intérieure et de la Scanie (*cf.* chapitre III). Le rêve de Gustave-Adolphe est pratiquement réalisé : la Baltique est très largement devenue un lac suédois.

Le fils de Charles X-Gustave, **Charles XI** (1660-1697) n'ayant que 5 ans, une nouvelle **régence** est instituée au profit de la reine-mère et de cinq représentants de la haute aristocratie, dont le chancelier Magnus de La Gardie. L'aggravation des difficultés financières entraîne le retour à la pratique des aliénations. A l'extérieur, la Suède un moment rapprochée de l'Angleterre et de la Hollande (Triple-Alliance de 1668) revient en 1672 à l'alliance avec la France. Cette même année, Charles XI prend en main le pouvoir, tout en conservant La Gardie. En 1674, il attaque le Brandebourg, mais est battu à Fehrbellin par le Grand Électeur (1675), cependant que les Danois prennent Wismar et entrent en Scanie. Charles XI vainqueur à Lund (décembre 1676) écarte le danger danois, mais ne peut empêcher le Grand Électeur de s'emparer des possessions suédoises en Allemagne. Il est vrai que l'intervention de

Louis XIV permet au roi de Suède de récupérer les territoires perdus (traité de Saint-Germain, juin 1679).

Ayant réussi à préserver l'intégrité du royaume, Charles XI s'attache à réparer le désordre intérieur. Le *Riksdag* décide de faire rendre gorge aux membres du Conseil de régence et de procéder à la **réduction** à la Couronne de tous les biens aliénés par les rois précédents. Ces deux mesures atteignent la richesse foncière et surtout la puissance politique de la haute aristocratie et permettent de rétablir l'équilibre des finances. En même temps, le *Riksdag* déclare que le roi n'est plus lié par la constitution de 1634 et peut, sinon lever l'impôt, du moins légiférer sans recourir à lui. A sa mort en 1697, Charles XI est en fait un souverain absolu ; la tentative d'instauration d'un régime aristocratique a échoué.

c) L'évolution de **la monarchie danoise** ressemble par bien des traits à celle de la monarchie suédoise. **Christian IV** (1588-1648), vaincu par l'empereur puis par les Suédois, doit peu à peu composer avec une aristocratie particulièrement riche et puissante et renoncer à améliorer le sort des paysans. En 1648, son fils **Frédéric III** (1648-1670) doit pour être élu accepter une charte qui impose au souverain la tutelle du *Rigsraad* ou Sénat formé des représentants de la noblesse. Mais aux états réunis en 1660, le clergé et la bourgeoisie réclament l'abolition des privilèges fiscaux de la noblesse. Devant le refus de celle-ci, le roi, s'appuyant sur l'opposition et notamment la milice bourgeoise qui bloque Copenhague, proclame l'hérédité de la couronne et annule la charte de 1648 (13 octobre 1660). La proclamation du pouvoir absolu du roi en janvier 1661 est complétée par le *Kongelov* ou loi royale, du 14 novembre 1665, véritable constitution qui fait du souverain danois un roi héréditaire, absolu, luthérien et de droit divin et dote le Danemark d'une administration moderne et centralisée sur le modèle suédois (collèges ministériels au sommet, fonctionnaires nommés à la tête des provinces). Sous **Christian V** (1670-1699) qui s'entoure de toute une noblesse de cour d'origine allemande, l'évolution se poursuit dans le sens du renforcement de l'absolutisme au détriment de la vieille aristocratie danoise.

d) **Les problèmes sociaux et économiques** se posent dans l'ensemble des pays scandinaves à peu près dans les mêmes termes : concentration de la propriété au profit de la noblesse, aggravation de la condition paysanne, difficultés industrielles et commerciales. Si, à la fin du XVIIe siècle, **la noblesse** a perdu la plus grande partie de son pouvoir politique au profit des deux rois devenus souverains absolus, elle a conservé l'essentiel de sa richesse foncière (même en Suède où la réduction ne dépouille vraiment que quelques grandes familles). En même temps le sort des **paysans** s'est aggravé. Certes, les situations sont assez diverses : les paysans suédois sont libres, représentés au *Riksdag* et souvent propriétaires ; par contre, le servage est maintenu dans les provinces baltes et allemandes annexées par la Suède, cependant qu'au Danemark les paysans, libres, sont sans droits politiques. Mais d'une façon générale, les charges pesant sur la paysannerie se font plus lourdes : corvées plus nombreuses sur les domaines de la noblesse et sur ceux de la Couronne, augmentation des impôts (notamment en Suède). Enfin, dans les deux royaumes, les souverains se sont efforcés de promouvoir une grande **politique économique** de type mercantiliste, avec création de manufactures et de compagnies de commerce et essai de colonisation (Nouvelle Suède en Amérique du Nord). Mais ces tentatives, beaucoup trop ambitieuses pour des pays aux ressources faibles en hommes et en argent, se soldent par des échecs face à la concurrence des grandes puissances économiques : Hollande, Angleterre, France. Par contre, l'industrie minière et métallurgique de la Suède, elle aussi encouragée (création du Collège ou Conseil des mines en 1634), est très prospère, contribuant à la supériorité de l'armée suédoise et permettant de profitables exportations de fer et de cuivre.

En 1697, les deux royaumes scandinaves connaissent depuis 1679 une paix bienfaisante après un siècle de guerres presque incessantes. Mais l'avènement de Charles XII de Suède va les rejeter dans l'aventure et précipiter, après Poltava (1709), la décadence du royaume suédois.

La Pologne

a) Sous **Sigismond III** Vasa (1587-1632) et sous son fils **Ladislas IV** (1632-1648), la Pologne vit les dernières décennies de son **Siècle d'or.** Mais déjà **les difficultés** intérieures et extérieures se multiplient. Sigismond échoue dans sa tentative pour instaurer une monarchie absolue et héréditaire (1606-1609) et accroît ainsi la défiance de la noblesse à l'égard de la Couronne. Les progrès de la Contre-Réforme s'accompagnent d'abord d'une réelle tolérance à l'égard des confessions non romaines, mais la dispersion des sociniens de Rakow en 1638 est une première victoire de l'intolérance. Par ailleurs, la société tend à se figer en deux classes : une noblesse constituée en caste jalousement fermée et détenant la richesse foncière, et une paysannerie misérable et de plus en plus réduite en servage ; la bourgeoisie, instruite et riche du fait du développement des villes et du commerce extérieur (exportation de blé et de lin), est faible numériquement.

Les problèmes extérieurs sont les plus importants aux yeux des deux souverains Vasa qui vont sacrifier les réalités polonaises à leurs chimères, les trônes de Suède et de Moscovie. Sigismond doit renoncer à faire couronner tsar son fils Ladislas (1610-1613) et doit s'incliner devant Gustave-Adolphe (trêve d'Altmark, 1629) ; Ladislas devenu roi repousse une invasion des Moscovites (1632-1634), mais doit abandonner toutes ses prétentions sur la couronne des tsars (paix de Polianov, 1634).

b) Le règne de **Jean-Casimir V** Vasa (1648-1668), élu roi à la mort de son frère, correspond à un véritable **effondrement** de la Pologne. Aux confins russo-polono-turcs, **les Cosaques d'Ukraine** sont les uns vassaux du tsar (Cosaques du Don), les autres vassaux de la Pologne (Cosaques Zaporogues du Dniepr). Or, depuis la fin du XVIe siècle, les Polonais ont entrepris une colonisation systématique de l'Ukraine au détriment des Zaporogues qui, peu à peu refoulés, se soulèvent en 1648 sous la direction de l'*hetman* Bodgan Chmielnicki, chassent les Polonais et se placent en 1654 sous la protection du tsar Alexis. Celui-ci accepte l'offre qui lui est faite, s'empare de Smolensk et de Wilno, et entre en Lithuanie et en Ukraine. Profitant de la situation, le roi de Suède Charles X-Gustave envahit la Grande Pologne qu'il occupe un moment presque entièrement. Pour s'assurer l'appui de l'électeur de Brandebourg, Jean-Casimir renonce à la suzeraineté sur le duché de Prusse, cependant qu'un sursaut national permet de repousser les envahisseurs. Mais le roi est contraint d'abandonner à la Suède la Livonie intérieure (traité d'Oliva, 1660), à la Russie une partie de la Russie Blanche avec Smolensk et toute l'Ukraine à l'est du Dniepr avec Kiev (traité d'Androussovo, 1667).

Au lendemain de cette série d'invasions (le « déluge »), le royaume polono-lithuanien est dans un état lamentable (diminution du tiers ou de la moitié de la population, dévastation de régions entières, destruction de nombreuses villes et effondrement du commerce extérieur) et malgré les efforts de reconstruction, il ne se relèvera jamais de cette terrible épreuve. Tirant les leçons du désastre, Jean-Casimir essaie de promouvoir une réforme des institutions, avec la cération d'impôts permanents et l'abolition du *liberum veto* adopté par la diète de 1652 ; mais il provoque une insurrection de la noblesse, abandonne ses projets et abdique en 1668.

c) Par réaction nationale, la Diète décide alors d'élire non le duc d'Enghien comme l'escomptait Jean-Casimir, mais un prince polonais **Michel Korybut** Wisniowiecki (1669-1673) qui se révèle incapable de faire face à une invasion turque et doit céder au sultan la Podolie et l'Ukraine polonaise (1672). L'année suivante, le maréchal Jean Sobieski écrase les Turcs à Chocim (11 novembre 1673), puis est élu roi à la mort de Michel (1674). Le nouveau souverain, **Jean III Sobieski** (1674-1696) est intelligent, courageux et chevaleresque. Il repousse en 1676 une nouvelle invasion turque et en 1683, répondant à l'appel de l'empereur, il bat l'armée ottomane au Kahlenberg et sauve ainsi Vienne et la Chrétienté. Accaparé sans profit immédiat par la croisade contre les Turcs, il ne peut rien contre les maux dont souffre l'État ; désabusé mais lucide, il disait à la fin de sa vie : « J'ai pu remporter des victoires de temps à autre, mais je reconnais que je ne possède aucun moyen de sauver mon pays ».

d) De fait, lorsqu'il meurt en 1696 à l'âge de 76 ans, les causes intérieures de **décadence de la Pologne** se sont encore accentuées. La faiblesse du pouvoir politique semble irrémédiable et l'anarchie grandit à la faveur du *liberum veto* ; cet usage, désormais bien ancré, force la plupart des diètes et des diétines provinciales à « se rompre » sans avoir rien décidé et apparaît à la plupart des nobles polonais comme la rançon de la liberté dont ils sont fiers ; ils partagent à cet égard le point de vue qu'exprime, en 1671, le jésuite Peski :

> Quant à notre liberté, qui ne souffre pas la digue de l'esclavage, elle a toutefois cet inconvénient que, à la manière des rivières, elle déborde parfois impétueusement, ne coule jamais sans s'accompagner du murmure des discordes et des querelles et, changeant de cours, nuit au bon gouvernement [...] Chez nous, un seul veto embourbe souvent dans des difficultés et des embarras si grands qu'un étranger l'a appelé le purgatoire de la Pologne. Malgré cela, nous aimons mieux subir ce purgatoire de la liberté, si incommode et funeste qu'il soit en quelque mesure, que de suivre les autres dans l'enfer de la servitude où les tient le despotisme.

L'évolution sociale au lendemain du « déluge » aboutit à un effondrement de la bourgeoisie consécutif à la décadence des villes et du commerce, à un renforcement du servage auquel se trouvent réduits désormais presque tous les paysans, à la prédominance politique et économique de la noblesse comprenant une grande aristocratie de magnats riches et souvent instruits et une *szlachta* (petite noblesse) besogneuse et inculte, égoïste et turbulente. L'existence au sein de l'État de peuples différents, Polonais, Lithuaniens, Allemands, Russes, reste un obstacle au renforcement de l'unité nationale. Enfin, les divisions religieuses se sont aggravées du fait de la politique de la Contre-Réforme à l'égard des confessions non romaines : les juifs sont peu à peu exclus de la Diète, des diétines et des fonctions judiciaires ; les orthodoxes, qui constituent dans les provinces limitrophes de la Russie une masse paysanne misérable et illettrée, sont abandonnés à eux-mêmes ; même les 4 millions d'uniates, Ruthènes de rite orthodoxe ralliés à Rome en 1596, sont considérés avec méfiance par les catholiques polonais. Ce problème religieux est d'autant plus grave que les dissidents, mécontents du sort qui leur est fait, sont portés à chercher des protecteurs au-delà des frontières, les protestants en Brandebourg-Prusse, les orthodoxes et les uniates en Russie.

La Russie

a) Devenu tsar en 1613, après la longue période troublée qu'a connue la Russie, **Michel Romanov** s'attache à la pacification intérieure et à la défense extérieure du pays. Il est grandement aidé par son père le moine Fédor, qui est élu patriarche de Moscou sous le nom de **Philarète** et qui se révèle un homme d'État autoritaire et clairvoyant. S'appuyant sur le *Zemski Sobor* (assemblée représentative) qu'il sait ménager, Philarète réprime les abus des *voïevodes* (gouverneurs de provinces), met de l'ordre dans les finances, fait dresser un cadastre général, augmente les effectifs des *streltsi* (troupes du tsar), encourage l'activité économique, renforce la hiérarchie de l'Église orthodoxe.

A la mort de Michel, son fils **Alexis** (1645-1676) lui succède. Cultivé et d'esprit ouvert, le nouveau tsar, l'un des plus grands souverains russes, essaie de promouvoir d'importantes **réformes.** Le code de 1649 renforce les pouvoirs du souverain au détriment du *Zemski Sobor* (qui ne sera plus convoqué après 1653), organise une administration fortement centralisée avec, à la tête, un ensemble de *prikazes* (ministères) dirigés par des boyards, définit les droits et surtout les devoirs des différentes classes sociales et consacre l'attachement des paysans à la terre. En 1667, à l'issue d'une guerre de treize ans contre la Pologne, toute l'Ukraine à l'est du Dniepr, plus Kiev, devient russe. En Asie, l'exploration et l'occupation de la Sibérie se poursuivent ; dès 1649, le Pacifique est atteint et Okhotsk, fondé ; villes, forts, champs cultivés commencent à jalonner les cours d'eau. Mais les tentatives d'organisation de la Russie en État centralisé, l'augmentation des impôts et l'asservissement des paysans provoquent de redoutables **soulèvements populaires** : à Moscou en 1648 et en 1662, à Novgorod en 1650 ; le plus dangereux est le soulèvement des cosaques du Don sous la direction de Stenka Razine ; le mouvement, qui est dirigé non contre le tsar lui-même mais contre ses fonctionnaires et les propriétaires nobles, fait bientôt tache d'huile et affecte la plus grande partie de la Russie, jusqu'à ce que Razine soit pris et exécuté à Moscou (1669-1671).

A sa mort, Alexis laisse d'un premier mariage avec Marie Miloslavski deux fils, Féodor et Ivan, et plusieurs filles dont Sophie, et d'un second mariage avec Nathalie Narychkine, un autre fils, Pierre, né en 1672. Conformément à la volonté du tsar défunt, **Féodor** lui succède ; mais il n'a que 14 ans et mourra à 20 ans, après un court règne (1676-1682) où le pouvoir est en fait exercé successivement par la famille Miloslavski avec Sophie, puis par la famille Narychkine, très ouverte aux idées occidentales. Avant de mourir, Féodor sous l'influence de Nathalie a choisi Pierre pour lui succéder, mais les *streltsi* se soulèvent et exigent que la Couronne soit confiée conjointement aux deux demi-frères **Ivan** et **Pierre**, sous la régence de leur sœur **Sophie** (mai 1682). Celle-ci, ambitieuse et énergique, se retourne ensuite contre les *streltsi* et leur chef, le puissant prince Khovanski qui est arrêté et décapité. Cependant que Pierre et sa mère Nathalie sont relégués aux portes de la capitale à proximité de la Sloboda, faubourg des étrangers, Sophie et Ivan résident au Kremlin ; en fait, Ivan étant simple d'esprit, c'est Sophie et son amant le prince Golitsyne qui gouvernent et décident notamment de se joindre à la Sainte Ligue contre les Turcs (1686) et de traiter avec la Chine la cession de la région de l'Amour (1689). En septembre 1689, Pierre, maintenant âgé de 17 ans, se débarrasse de Sophie qu'il fait enfermer dans un couvent et sans rien entreprendre contre Ivan (qui mourra en 1696) décide de gouverner avec sa mère Nathalie.

b) A la date où Pierre Ier prend ainsi le pouvoir, **la Russie** ne touche pas encore la Baltique et la Mer Noire, mais **englobe** Smolensk et une partie de la Russie Blanche, Kiev et toute l'Ukraine orientale, atteint le Caucase et la Mer Caspienne et couvre toute l'Asie septentrionale jusqu'au Pacifique. Les premiers Romanov et, notamment, Alexis ont cherché à faire de ce vaste ensemble un **État** mieux **centralisé** et plus moderne, tout en restant dans la ligne des traditions nationales : l'introduction de l'imprimerie à Moscou au début du siècle favorise un très relatif élargissement de l'instruction ; la littérature proprement russe naît avec le récit que le protopope Avvakoum fait de sa *Vie* (1672-1675) ; l'architecture civile et religieuse produit des créations originales, surtout à Moscou et à Iaroslav ; la vie matérielle devient plus confortable, du moins dans les classes riches. En même temps, les influences européennes commencent à pénétrer **la société** russe, mais cela au moment même où son évolution tend à l'opposer plus profondément à l'Europe occidentale.

En effet, en dehors d'une grande bourgeoisie marchande en voie de formation et encore très peu nombreuse, seules comptent deux classes, la noblesse et la paysannerie. **Les nobles**, dont la richesse est essentiellement foncière, sont tenus de servir le tsar, soit comme fonctionnaires (notamment les boyards), soit comme militaires. En échange de ces services, ils jouissent de droits de plus en plus importants sur **les paysans.** De fait, la situation de ceux-ci ne cesse de se dégrader depuis la fin du XVIe siècle. Le code de 1649 achève d'institutionnaliser le servage en supprimant toute prescription dans le droit de recherche des paysans fugitifs. Ainsi, rigoureusement attaché à la terre, privé de la plupart des droits civils (il ne peut ester en justice), le paysan russe est devenu un serf, même s'il ne peut encore être acheté ni vendu, comme cela se fera à partir du XVIIIe siècle ; de plus, qu'il vive sur un domaine de la Couronne, un domaine d'Église ou une terre noble, il doit au seigneur une partie de ses récoltes et d'astreignantes corvées sur la réserve seigneuriale. Seuls, les paysans du Nord et de la Sibérie sont libres. Cet asservissement ne s'impose pas sans résistances : nombreux sont les serfs qui individuellement fuient vers les terres de Sibérie ou d'Ukraine, nombreux sont aussi les soulèvements collectifs. Ces résistances expliquent en partie le succès du grand schisme (ou *raskol*) que connaît l'Église russe au XVIIe siècle.

c) Au lendemain du « temps des troubles », une profonde **réforme de l'Église** est réclamée par tous ceux qui s'inquiètent devant les progrès de l'impiété et de la superstition, les graves insuffisances d'un clergé « blanc » (les popes) inculte et débauché, le relâchement de la discipline monastique. Vers 1635, le successeur de Philarète au patriarchat de Moscou écrit :

> Dans la ville souveraine de Moscou, dans les cathédrales et les églises règnent le désordre, le scandale et l'offense à la foi. Le service de Dieu est dit avec hâte ; on récite les textes liturgiques à cinq, six ou même davantage de voix, et les fidèles se tiennent à l'église sans crainte et sans respect pour le saint lieu. Certains prêtres eux-mêmes causent entre eux et obéissant à la goinfrerie et à l'ivrognerie, chantent la messe sans la faire précéder des heures [...] De plus, lors des fêtes, au lieu de s'adonner aux joies spirituelles, les gens se divertissent par des amusements sataniques ; ils commandent aux saltimbanques et aux montreurs d'ours, dans les rues et les places publiques, de battre les tambourins, de souffler dans les trompettes, de danser et de claquer des mains. Non seulement, les jeunes gens mais les vieillards eux-mêmes se réunissent et s'adonnent à des batailles à poings nus, ce qui provoque des meurtres, et dans ces jeux-là des hommes périssent avant d'avoir eu le temps de se repentir.

Mais alors que pour certains, tel **Nicon** nommé patriarche de Moscou en 1651, la réforme doit se faire de façon autoritaire avec l'appui de l'État et doit porter surtout sur l'instruction des popes et des fidèles et sur l'épuration de certains rites liturgiques en s'inspirant des usages de l'Église grecque, pour d'autres, très attachés aux traditions, tel le protopope **Avvakoum** et le groupe des « Amis de Dieu », la réforme doit être essentiellement un approfondissement de la vieille foi orthodoxe russe. Le conflit longtemps latent éclate en 1653, provoqué par les réformes que Nicon a introduites avec l'appui du tsar Alexis : révision des livres religieux débarrassés de maintes erreurs de copistes, adoption du signe de croix à trois doigts (au lieu de deux), interdiction des prosternations successives, introduction de la polyphonie (venue de Pologne) et de la prédication dans les églises. La grande masse du peuple, à la suite des popes et de nombreux moines, proteste contre ces « nouveautés » empruntées à l'Église grecque et même suspectes, aux yeux de certains, d'« hérésie latine ». Alexis, qui soutient Nicon et approuve ses réformes, sévit contre ses adversaires (Avvakoum est déporté en Sibérie en 1656), mais bientôt excédé par ses manières despotiques, le contraint à démissionner et à s'exiler (1664).

Les réformes n'en sont pas moins maintenues et confirmées solennellement par un grand **concile** de prélats russes et grecs qui lance l'anathème sur la « vieille foi » et excommunie ses tenants (1666). Mais les « vieux croyants », déniant toute compétence à un concile non exclusivement russe, refusent de s'incliner. Le schisme ou *raskol* est alors consommé : en marge d'une Église officielle de plus en plus soumise à l'État, une partie du peuple entend rester fidèle à la « vieille foi », à ses coutumes, à ses valeurs proprement religieuses et ascétiques ; cette fidélité va chez certains *raskolniks* jusqu'au « refus du monde » et de ses compromissions ; Avvakoum conseillait en ces termes le refuge au « désert » :

> Fuyez, mes chers, dans les bois noirs ; gagnez, mes chers, les monts, les antres ; enfoncez-vous, mes chers, dans les abîmes de la terre. Ah, si quelqu'un me construisait une cellule au fond des bois, où nul humain n'allât, ne volât nul oiseau ; où seul, Christ, tu te plusses au salut de nos âmes ; où je ne visse pas tout le scandale du monde !

Ainsi, au-delà de son contenu religieux et en dépit de toutes les persécutions exercées contre lui, le *raskol* bientôt divisé en nombreuses sectes contribue à entretenir dans le peuple russe une attitude de repli sur le passé et de protestation anarchisante et égalitaire contre la centralisation, le servage et toutes les nouveautés.

LECTURES COMPLÉMENTAIRES

Trevor Davies (R.), *Spain in decline, 1621-1700*, Londres, Macmillan and C°, nouv. éd. 1961, 180 p.

Pirenne (Henri), *Histoire de Belgique*, t. IV et V, Bruxelles, H. Lamertin, 1911-1920, 495 et 584 p.

Zollner (Erich), *Histoire de l'Autriche des origines à nos jours*, s.l., éd. Horvarth, 1965, 729 p.

Jeannin (Pierre), *Histoire des pays scandinaves*, Paris, P.U.F. (« Que sais-je ? »), 2e éd. 1965, 128 p.

Portal (Roger), *Les Slaves, peuples et nations*, Paris, A. Colin (« Destins du monde »), 1965, 519 p.

Jobert (Ambroise), *Histoire de la Pologne*, Paris P.U.F. (« Que sais-je ? »), 1953, 128 p.

Pascal (Pierre), *Histoire de la Russie des origines à 1917*, Paris, P.U.F. (« Que sais-je ? »), 5e éd. 1963, 128 p.

Schakovskoy (Princesse Z.), *La Vie quotidienne à Moscou au XVIIe siècle*, Paris, Hachette, 1963, 315 p.

CHAPITRE VII

L'AFRIQUE, L'ASIE ET L'AMÉRIQUE AU XVIIe SIÈCLE

1 — L'Afrique et l'Asie du Sud-Ouest

L'empire ottoman et l'empire perse, puissances musulmanes rivales, connaissent au XVIIe siècle les débuts d'une lente décadence, cependant qu'en Afrique noire les progrès de la traite négrière condamnent l'ensemble du continent à la régression.

L'empire ottoman

Par ses origines, sa civilisation et son extension territoriale, l'empire ottoman est plus asiatique et africain qu'européen : né dans les steppes du Turkestan, il s'étend vers 1600 des confins algéro-marocains à la Mésopotamie et de la plaine hongroise à l'Arabie. Son histoire pendant le XVIIe siècle est celle d'une **décadence** qui, amorcée dès les années 1600, ne cesse de s'aggraver dans la première moitié du siècle, puis un moment enrayée entre 1656 et 1676, s'accélère bientôt irrémédiablement.

a) Le sultan **Ahmed Ier** (1604-1617), aux prises avec une nouvelle guerre contre les Perses et avec une série de révoltes intérieures (Anatolie, Syrie, Liban), fait appel comme grand-vizir au vieux Mourad Pacha. Celui-ci réussit par sa diplomatie et son habileté à rétablir partiellement la situation : il écrase la révolte des Syriens et des Druses du Liban et, en 1618, signe la paix avec la Perse (la Turquie renonce à la région de Tabriz conquise au XVIe siècle). Du côté de l'Europe chrétienne, la paix de Sitvatorok signée avec l'empereur en 1606 sera maintenue pendant cinquante ans, le Habsbourg étant accaparé par la guerre de Trente Ans, et les Turcs incapables de profiter de la situation. A Ahmed Ier succède son frère Moustafa, bientôt déposé par un fils d'Ahmed, Osman, qui se fait proclamer sultan en 1618. **Osman II** (1618-1622) est un homme énergique, conscient de la nécessité de réformes profondes ; mais quand il veut réorganiser le corps des janissaires en imposant à ceux-ci le retour à la stricte discipline d'antan, il provoque leur révolte et sa propre chute : il est fait prisonnier, puis étranglé en mai 1622, cependant que Moustafa est replacé sur le trône. Cette **révolution de palais** est le premier exemple, mais non le dernier, de la déposition et de l'exécution d'un sultan par les janissaires. Ceux-ci ont pris conscience de leur puissance et vont désormais imposer leur volonté chaque fois que la faiblesse des sultans ou des grands-vizirs le leur permettra.

Moustafa Ier étant mort l'année suivante, un frère d'Osman, **Mourad IV** (1623-1640), lui succède ; il n'a que douze ans en 1623 et les affaires sont en fait dirigées pendant les neuf premières années du règne par la sultane-mère. Cette minorité aggrave **l'anarchie** : les grands-vizirs sont sans autorité, les troupes menacent sans cesse de se révolter, la guerre civile reprend en Anatolie, les Perses recommencent les hostilités, envahissent la Mésopotamie et entrent à Bagdad en 1623. En 1632, Mourad IV décide de prendre les affaires en main ; il lutte avec une énergie impitoyable contre l'anarchie intérieure, réprimant toutes les révoltes, imposant sa volonté aux janissaires, remettant de l'ordre dans les finances ; à l'extérieur, il bat les Perses et leur reprend Tabriz et Bagdad. Mais il meurt en février 1640 et son successeur, Ibrahim Ier, est un fou cruel et débauché qui, en huit ans de règne, remet en question toute l'œuvre accomplie par Mourad, avant d'être assassiné le 8 août 1648 pour être remplacé par un enfant de sept ans, **Mohammed IV.** Le désordre est alors à son comble : la mère et la grand-mère du sultan se disputent le pouvoir ; les grands-vizirs se succèdent sans avoir le temps d'agir (on en compte neuf en quatre ans) ; le corps des janissaires est en pleine décomposition, les hommes ne sont plus recrutés parmi les enfants chrétiens, ils se marient et résident où ils veulent, ils vendent même leurs charges à des artisans ou des boutiquiers attirés par les privilèges qui y sont attachés ; à Stamboul, les corporations de métiers se soulèvent à différentes reprises ; plusieurs gouverneurs de province se considèrent comme pratiquement indépendants ; la vénalité des charges devient courante ; l'Anatolie se révolte à nouveau ; le siège de Candie défendue par les Vénitiens est abandonné (1645-1649). C'est alors que l'intervention de deux grands-vizirs énergiques va arrêter pour un temps l'anarchie et opérer un **redressement** spectaculaire mais éphémère.

b) En septembre 1656, Mohammed IV nomme grand-vizir un simple pacha albanais de 75 ans, **Mohammed Keuprulu** (ou Keuprili), qui a posé comme condition à son acceptation la possibilité d'agir en toute liberté. Faisant régner une impitoyable terreur (qui lui vaudra le surnom de Cruel), il réussit en cinq ans à rétablir l'ordre et à rendre la Sublime Porte à nouveau redoutable à ses voisins. A sa mort en 1661, son fils **Ahmed Keuprulu,** dit le Politique, lui succède comme grand-vizir et poursuit pendant quinze ans (1661-1676) l'œuvre paternelle, mais avec plus d'humanité et de ménagements. Inaccessibles l'un et l'autre à la corruption, ils réorganisent les janissaires et les spahis, forcent à l'obéissance beys et pachas, rétablissent l'ordre en Anatolie. Keuprulu II, savant cultivé et tolérant, ménage les chrétiens et encourage les lettres et les arts. En même temps, la Turquie retrouve sa combativité : en 1661, Keuprulu II pénètre en Transylvanie, puis envahit la Hongrie royale avec 120 000 hommes ; il est battu à Saint-Gothard, sur le Raab, le 1er août 1664, par l'armée autrichienne commandée par Montecuccoli et renforcée de contingents étrangers, notamment français ; mais ses adversaires ne peuvent exploiter leur victoire et doivent signer, le 10 août 1664, le traité de Vasvar qui est conclu pour vingt ans et confirme l'autonomie de la Transylvanie sous suzeraineté turque. Le 27 septembre 1669, après un long siège, Keuprulu II s'empare de Candie défendue par le doge Contarini et un contingent français ; Venise doit signer la paix et abandonner la Crète aux Ottomans. En 1672 et 1676, deux guerres victorieuses contre la Pologne permettent à la Turquie d'annexer la Podolie et une partie de l'Ukraine.

c) Mais ce redressement inattendu est de courte durée. En 1676, le gendre de Keuprulu II, Kara Moustafa devient Grand-Vizir, mais c'est un extravagant, avare et voleur, qui est exécuté en 1689. Le passage au grand-vizirat d'un troisième Keuprulu, Moustafa dit le Vertueux, courageux, intelligent et intègre, est beaucoup trop bref (1689-1691) pour permettre d'enrayer la décadence. Les successeurs de Mohammed IV, déposé par les janissaires en 1687, sont des sultans incapables ; la décomposition intérieure reprend et s'accélère ; l'Islam même perd son rayonnement à tel point que, dans la seconde moitié du siècle, des Grecs commencent à pénétrer dans la hiérarchie administrative sans se convertir à la religion musulmane. Beaucoup plus grave est le début du **repli en Europe centrale.** En 1682, voulant profiter des difficultés de l'empereur en Hongrie royale, les Turcs décident de reprendre l'offensive et, sous la conduite de Kara Moustafa, viennent mettre le siège devant **Vienne** en juillet 1683. Cependant que la ville résiste héroïquement, une armée autrichienne renforcée des troupes polonaises de Jean Sobieski écrase les Ottomans à la bataille du **Kahlenberg,** le 12 septembre et les forcent à refluer en désordre jusqu'à Belgrade. La défaite turque a un énorme retentissement dans toute l'Europe chrétienne. L'année suivante, à l'instigation du pape, une Sainte Ligue groupant l'empereur, Venise, la Pologne, et un peu plus tard la Russie est organisée contre les Turcs. Pendant que les Russes attaquent en Crimée, et les Vénitiens en Morée et en Attique (destruction partielle du Parthénon en 1687), les Impériaux commandés par Eugène de Savoie achèvent la conquête de la Hongrie (prise de Bude en 1686) et entrent à Belgrade (1688). La guerre de la Ligue d'Augsbourg, qui détourne l'empereur des affaires orientales, permet aux Turcs de reprendre Belgrade (1690) et de chasser les Vénitiens de Morée, mais le 11 septembre 1697, le prince Eugène écrase une armée turque à Zenta, en Hongrie ; l'année précédente, Pierre le Grand s'est emparé du port d'Azov. Dans ces conditions, les Turcs acceptent la médiation de l'Angleterre et des Provinces-Unies et signent, le 26 janvier 1699, **le traité de Carlovitz** : ils abandonnent à l'Autriche la Transylvanie et la Hongrie (moins le banat de Temesvar), à Venise la Morée et une partie de la côte dalmate, à la Russie Azov, et restituent à la Pologne la Podolie et l'Ukraine. Le recul ottoman en Europe est commencé. Il n'est que le signe le plus marquant d'une décadence irrémédiable.

La Perse des Séfévides

a) Avec le règne de Chah Abbas Ier dit le Grand (1587-1629), la Perse connaît **l'apogée** de la dynastie séfévide, bientôt suivie des premières manifestations d'un lent déclin. **Chah Abbas** écarte d'abord la menace que font peser sur le pays ses divers voisins musulmans : ceux-ci reprochent aux Persans leur chiisme et convoitent les routes de commerce, qui à travers la Perse font communiquer l'Asie et la Méditerranée orientale (route terrestre du plateau iranien et route maritime du Golfe Persique). La réorganisation de l'armée, grâce au concours d'instructeurs anglais, lui permet de battre les Ouzbeks du Turkestan à Hérat (1597) et de mettre fin à leurs razzias annuelles dans le nord du pays (Khorassan) ; pour protéger la région, il y intalle 27 000 familles kurdes et arméniennes. Il se retourne alors contre les Turcs, leur reprend en 1602 Tabriz et l'Azerbaïdjan, puis en 1623 Bagdad et une partie de la Mésopotamie. En 1622, il bat les troupes du Grand Mogol et s'empare de Kandahar. La même année, il chasse les Portugais d'Ormuz avec l'aide des Anglais, à qui il accorde une situation privilégiée dans le grand port. Prince tolérant, il accueille par milliers les Arméniens chassés de Turquie. Il noue des relations avec plusieurs États européens, notamment l'Angleterre. La prospérité de la Perse est d'ailleurs largement tributaire de ces relations. En effet ce sont les commerçants anglais qui par Bendar Abbas (le port du Golfe qui remplace bientôt Ormuz) exportent vers l'Extrême-Orient mais surtout vers l'Europe les produits persans, soieries, tapis, diamants, perles, et qui apportent en Perse les draps d'Angleterre et de Hollande, les dentelles et les glaces de Venise, la quincaillerie anglaise. Des artistes européens répondent à l'appel du souverain et travaillent notamment dans la nouvelle capitale, Ispahan, qui fait l'admiration de tous les voyageurs, tel le Français Chardin qui y réside à deux reprises entre 1665 et 1677 :

> La ville d'Ispahan, en y comprenant les faubourgs, est une des plus grandes villes du monde [...] Plusieurs gens font monter le nombre de ses habitants à onze cent mille âmes. Ceux qui en mettent le moins assurent qu'il y en a six cent mille [...] Après tout, je crois Ispahan autant peuplée que Londres qui est la ville la plus peuplée de l'Europe. On y trouve toujours une telle foule dans les bazars, que les gens qui vont à cheval font marcher devant eux des valets de pied pour fendre la presse et se faire faire passage [...] (La place Royale) en été, et surtout quant il n'y a rien d'étalé, qu'elle est arrosée et que l'eau court dans le canal jusqu'aux bords est, à ce que je crois la plus belle place du monde [...] La beauté d'Ispahan consiste particulièrement dans un grand nombre de palais magnifiques, de maisons gaies et riantes, de caravansérails spa-

cieux, de fort beaux bazars, et de canaux et de rues dont les côtés sont couverts de hauts platanes [...] (Les rues) ne sont point pavées, non plus que les rues des autres villes de Perse. Mais comme d'un côté l'air est sec, et que de l'autre chacun arrose devant soi, matin et soir, il n'y a ni tant de crotte, ni tant de poussière qu'en nos pays.

Dans l'architecture et la sculpture, dans les tapisseries et les miniatures, triomphe un art original où se mêlent les influences asiatiques et européennes. La langue persane, illustrée par des poètes et des historiens, est parlée dans tout le monde musulman d'Afrique et d'Asie. La prospérité économique et la civilisation intellectuelle et artistique sont à leur apogée.

b) Aprés Chah Abbas, **le déclin** commence. Il l'a lui-même préparé par sa défiance maladive et sa cruauté qui l'ont amené à faire tuer ou aveugler ses trois fils ; par ailleurs, pas plus que les sultans turcs, il n'a réussi à donner une structure solide et efficace à l'État, continuant à considérer ses sujets comme des vaincus soumis par des guerriers victorieux et l'Empire comme un domaine à exploiter. **Ses successeurs**, Chah Safi (1629-1642), Abbas II (1642-1667), Soliman (1667-1694), élevés parmi les eunuques et les femmes, sont des incapables sanguinaires et vicieux qui compromettent l'œuvre accomplie. L'armée mal payée se désorganise ; les gouverneurs de province trafiquent de leurs fonctions. Pendant ce temps, les Européens se disputent la première place dans le commerce de la Perse ; profitant du repli anglais au moment de la guerre civile, les Hollandais supplantent leurs rivaux à partir de 1645 et obtiennent le monopole du commerce de la soie, avec exemption des droits de douane ; mais la Compagnie française des Indes, fondée en 1664, se fait accorder des avantages similaires, et en 1683, Louis XIV obtient d'être reconnu comme protecteur des chrétiens, notamment arméniens, vivant dans l'Empire. Beaucoup plus grave est le danger extérieur : les Turcs reprennent Bagdad et la Mésopotamie en 1638 ; les Ouzbeks recommencent leurs pillages dans le Khorassan ; à l'est, les Afghans, musulmans sunnites, supportent mal d'être traités en vassaux et s'agitent ; enfin au nord, une nouvelle menace apparaît à la fin du siècle, celle des Russes qui depuis la Mer Caspienne se préparent à attaquer la Perse. Le mot de Chardin se vérifiait cruellement : « Lorsque Chah Abbas le Grand cessa de vivre, la Perse cessa de prospérer ».

L'Afrique

a) En **Afrique septentrionale**, les trois régences de Tripoli, Tunis et Alger sont théoriquement des provinces de l'Empire turc gérées comme les autres.

En fait, l'éloignement de Constantinople aboutit à rendre pratiquement indépendants **les États barbaresques** comme on les appelle en Europe : les pachas, nommés tous les trois ans par le sultan, sont sans autorité ; à Alger, ce sont les Conseils des janissaires turcs qui sont les vrais maîtres, puis à partir de 1671, les deys élus à vie ; à Tunis, le pouvoir est aux mains des beys, chefs des troupes indigènes. **La piraterie** en Méditerranée et jusqu'en Atlantique reste l'activité essentielle : de 1619 à 1627, 936 bâtiments européens sont ramenés dans le seul port d'Alger. De temps en temps des expéditions chrétiennes de représailles sont organisées, sans grand succès : en 1601, Andrea Doria échoue contre Alger ; en 1607, Silvio Piccolomini s'empare pour peu de temps de Bône ; en 1664, le duc de Beaufort échoue dans l'attaque de Djidjelli ; Alger est bombardée par les Français en 1665, par les Anglais en 1668 et en 1671, à nouveau par les Français en 1682 et en 1684 ; Tripoli est également bombardée en 1671 et en 1692. Certains pays, comme la Suède ou les Provinces-Unies, préfèrent acheter à prix d'or la liberté de leur navigation. L'existence de très nombreux captifs dans les ports barbaresques pose aux chrétiens d'Europe un grave problème de conscience : en effet, si les captifs les plus riches réussissent à se libérer en payant rançon, les autres n'ont pas cette ressource et finissent souvent par se convertir à l'Islam et rester sur place. Cette situation a déjà amené dans le passé la création d'œuvres pour le rachat des captifs. En 1646, les lazaristes ou prêtres de la Mission sont officiellement chargés des consulats d'Alger et de Tunis ; à ce titre, ils sont jusqu'en 1676 les intermédiaires agréés auprès des autorités barbaresques pour le rachat des esclaves chrétiens.

b) A l'ouest du Maghreb, **le Maroc** reste totalement indépendant de la Turquie. A la mort d'Ahmed El-Mançour (1603), trois de ses fils se disputent le pouvoir ; après l'élimination de l'un deux, les deux autres se partagent le pays qui se retrouve, comme au XVe siècle, divisé en deux royaumes, Fès et Marrakech. En fait, la réalité du pouvoir appartient aux marabouts ; de plus, l'immigration massive des Morisques expulsés d'Espagne par Philippe III en 1609-1614 pose un redoutable problème, car les nouveaux venus s'intègrent mal à une société très différente de celle de la péninsule. Après un demi-siècle d'anarchie, une puissante famille du Tafilelt, les Alaouites, rétablit l'ordre : Moulay Rachid se fait proclamer sultan le 6 juin 1666 et en quatre ans refait l'unité de presque tout le Maroc. Son frère et successeur **Moulay Ismaïl** (1672-1727) est le plus grand des souverains alaouites. Il commence par ramener l'ordre, le plus souvent par la terreur ; ses besoins d'argent, notamment pour la construction de sa nouvelle capitale, Meknès, l'amènent à imposer à ses sujets une fiscalité écrasante. Il réorganise l'armée grâce à 40 000 esclaves noirs groupés en 76 forteresses disséminées à travers le territoire. Champion de l'Islam, il reprend le guerre sainte contre les places chrétiennes du littoral marocain : il s'empare de Larache, mais échoue devant Ceuta et Melilla. En même temps, il entretient des relations commerciales avec l'Angleterre, la Hollande et surtout la France avec laquelle il signe un traité d'amitié (qui restera sans lendemain).

c) Au-delà du Sahara, **l'Afrique soudanaise** connaît pendant tout le siècle une période d'**effacement** et de décadence. Cela est dû d'abord à la destruction de l'Empire de Gao par les Marocains entre 1591 et 1605 ; mais ceux-ci sont bientôt incapables de se maintenir dans le pays qui est livré à l'anarchie. Les nomades blancs du désert, les Touareg, en profitent pour multiplier leurs incursions dans les villes du Niger et au-delà du fleuve ; ils font peser la même menace constante, entre Niger et Tchad, sur les riches cités commerçantes des États Haoussas et sur l'Empire musulman du Bornou. L'autre raison de la décadence de l'Afrique soudanaise réside dans l'existence d'un double courant de **traite**, l'un vers la Méditerranée et l'empire turc à partir des régions tchadiennes, l'autre vers le golfe de Guinée et le Nouveau Monde à partir des régions proches de la côte : les malheureux Africains sont « pris entre la Porte et les Indes ». C'est depuis le milieu du XVIe siècle que la côte atlantique de l'Afrique entre le cap Vert et l'Angola est devenue un réservoir d'esclaves pour les mines et les plantations du Nouveau Monde. Sur la côte du golfe de Guinée (du cap Vert au fleuve Congo), les Hollandais prennent à partir des années 1600 la suite des Portugais, occupant notamment les comptoirs d'Elmina et de Ouidah (ou Juda) ; ce quasi-monopole est de plus en plus entamé, à partir de 1670-1680, par les Anglais et les représentants d'autres puissances européennes (France, Danemark, Brandebourg). Par contre, les Portugais réussissent à se maintenir au sud du fleuve Congo, dans le petit royaume du même nom (d'ailleurs en pleine décadence) et sur la côte de l'Angola, à Loanda et à Benguella (créé en 1617). Quelle que soit leur nationalité, **les négriers européens** emploient tous les mêmes méthodes : ils ne recherchent jamais eux-mêmes leurs esclaves mais les troquent à des intermédiaires côtiers contre des marchandises européennes (tissus dits « pièces de Guinée », armes à feu, alcool). Voici ce qu'un trafiquant hollandais dit de la traite à Ouidah à la fin du XVIIe siècle :

> Les gens de Juda s'attachent si fort au négoce d'esclaves qu'ils peuvent en fournir mille tous les mois [...] Quand les esclaves sont arrivés à Juda, on les met tous ensemble dans une prison et, lorsque nous voulons les acheter, on nous les amène dans une grande place où, après qu'ils ont été mis tout nus sans distinction de sexe, ils sont visités jusqu'au moindre de leurs membres par nos chirurgiens [...] Nous ne sommes pas longtemps à faire marché de ces esclaves, le prix en est réglé, et les femmes valent

un quart ou un cinquième moins que les hommes. On remet ensuite les esclaves dans la prison où ils vivent à nos dépens [..] ; ainsi pour éviter la dépense, nous les envoyons à la première occasion à bord de nos vaisseaux [...] Il y en a quelquefois jusqu'à six ou sept cents dans un navire.

Les méfaits de la traite sur les peuples d'Afrique noire (cycle infernal de la guerre entre tribus, régression démographique, économique et culturelle) seront plus sensibles encore au XVIIIe siècle.

d) **L'Afrique orientale et centrale** connaît des problèmes assez semblables. Le puissant royaume du Monomotapa, qui en 1629 se déclare vassal de la couronne portugaise, est détruit par ses voisins au cours du siècle. Au cœur du continent (bassin du Zambèze, Grands Lacs), des royaumes ou des confédérations de tribus s'organisent, puis disparaissent. Sur la côte, **les Portugais** perdent une partie des comptoirs de l'Estado da India ; en effet, certains ports (notamment Kiloa, Mombasa, Mélinde, Mogadisch) supportent mal la rude tutelle portugaise et le monopole commercial qu'elle impose ; ils trouvent un allié précieux en la personne de l'*iman* d'Oman sur le golfe Persique. Entre 1622 et 1650, les Arabes d'Oman évincent peu à peu les Portugais et rétablissent sur une grande échelle le trafic des esclaves entre la côte africaine et Bombay. En 1698, les Arabes se sont rendus pratiquement les maîtres de toute la côte au nord du cap Delgado. Les Portugais se trouvent donc cantonnés dans la région de Mozambique, mais la colonie séparée administrativement de Goa, trop loin du Brésil pour servir de réservoir d'esclaves, est pratiquement laissée à elle-même et aux « prazeros » (métis négro-portugais).

e) **L'Afrique du Sud** est la seule région du continent qui soit le théâtre d'une véritable colonisation européenne. Depuis le voyage de Vasco de Gama, les navigateurs portugais en route vers l'Océan Indien ont pris l'habitude de faire escale en des points divers dans les parages du cap de Bonne-Espérance. Ce n'est qu'en 1652 que la Compagnie hollandaise des Indes orientales décide l'installation dans la baie de la Table d'une escale fixe de « rafraîchissement » pour ses navires. Les cinquante **Hollandais** qui arrivent sur place avec, à leur tête, le chirurgien Jan van Riebeeck fondent Le Cap. En 1680, ils sont 600, à la suite d'unions soit avec des Hollandaises, soit avec des femmes indigènes (Hottentotes). En 1685, quelque 300 huguenots français, notamment des Cévenols et des Provençaux, viennent se joindre à eux. Ainsi, dès la fin du siècle, un peuple nouveau est en formation à l'extrémité de l'Afrique : Hollandais et Français, installés en majorité assez loin du Cap pour échapper aux tracasseries administratives des employés de la Compagnie des Indes et répudiant tout lien avec leur patrie d'origine, deviennent peu à peu des *Afrikaaners*, fiers d'être Blancs, face aux métis ou *bastaards* réduits à une situation subalterne et aux Hottentots refoulés vers l'intérieur.

2 — L'Asie du Sud-Est et l'Extrême-Orient

Cependant que dans l'Inde, Aurengzeb connaît de multiples difficultés et qu'en Chine, les Mandchous prennent le pouvoir, Hollandais, Anglais et Français prennent peu à peu la place des Portugais dans l'Océan Indien.

L'Inde d'Aurengzeb

a) Au lendemain de la mort d'Akbar (1605), son fils et héritier **Jahanguir** (1605-1627) doit faire face à la révolte successive de deux de ses fils ; il fait exécuter le premier ; le second, **Chah Jahan** (1627-1657) lui succède mais voit à son tour trois de ses fils se soulever contre lui ; finalement, l'un d'eux, **Aurengzeb** bat l'armée impériale, jette son père en prison, fait exécuter ses frères et se proclame empereur (1659). Ces tragédies familiales n'empêchent pas d'ailleurs ces tyrans sanguinaires de compléter l'œuvre d'Akbar, en entreprenant **la conquête du Deccan.** Jahanguir puis Chah Jahan font une série de campagnes et imposent aux souverains musulmans, au sud de la Godaveri, des traités de suzeraineté (1636). Mais le problème prend bientôt un redoutable aspect religieux. En effet, rompant avec le syncrétisme d'Akbar, Chah Jahan et surtout Aurengzeb se montrent des musulmans sunnites intolérants. En 1669, Aurengzeb ordonne à tous les gouverneurs de province de détruire les temples des « infidèles ». Entraîné par son fanatisme, il chasse les Persans chiites qui constituaient le noyau de son armée et attaque les petits souverains musulmans du Deccan, également chiites. Mais en même temps il provoque une violente réaction hindoue. Celle-ci est le fait des Radjpoutes du Radjpoutana, et surtout des **Mahrattes**, agriculteurs des Ghâtes occidentales entre Goa et le Godavéri, qui servaient volontiers comme cavaliers dans les armées des princes musulmans du Deccan central. Vers 1648, le Mahratte Sivaji (1627-1680), hindou fanatique, organise la région des Ghâtes en un puissant État militaire. Se posant en défenseurs des hindous opprimés, les cavaliers mahrattes multiplient les raids non seulement contre les royaumes musulmans voisins, mais contre l'Empire mogol lui-même. A la suite de plusieurs défaites de ses généraux, Aurengzeb prend en 1681 le commandement de l'énorme armée mogole et, après 26 ans de campagnes dévastatrices, réussit à soumettre toute la péninsule du Deccan (royaumes de Bidjapour et de Golconde notamment), à l'exception de l'extrême pointe méridionale. Après la mort de Sivaji, il refoule les Mahrattes dans leurs forts des Ghâtes, mais ceux-ci ne sont pas soumis pour autant et restent menaçants.

Au **nord-ouest** de la péninsule indienne, la réaction hindoue contre le fanatisme musulman des successeurs d'Akbar est le fait des **Sikhs** de la vallée de l'Indus (Pendjab). Né au XVIe siècle d'une véritable révolution religieuse au sein de l'hindouisme, le mouvement Sikh, sans détruire celui-ci, entend le dépasser (affirmation plus nette du monothéisme, rejet du régime des castes). La persécution commencée sous Jahanguir s'accentue avec Aurengzeb et provoque plusieurs révoltes des Sikhs qui, surtout avec Gobind Singh, menacent à plusieurs reprises l'empire du Grand Mogol. A la mort d'Aurengzeb (1707), les Sikhs, bien organisés autour de leur cité sainte Amritsar, sont prêts à se jeter sur la plaine du Gange.

b) Dans cet Empire agrandi mais menacé de l'intérieur, **la misère de la masse** de la population frappe tous les voyageurs ; le Français Tavernier, qui séjourne dans l'Inde à différentes reprises entre 1648 et 1669, note par exemple :

> Le quicheri est du riz qu'ils font cuire avec une graisse de ce nom dans l'eau et le sel ; pour le manger ils trempent auparavant le bout de leurs doigts dans du beurre fondu, et c'est la nourriture ordinaire tant des soldats que du pauvre peuple [...] Les paysans n'ont pour tout habit qu'un morceau de toile qui leur couvre seulement les parties que la pudeur naturelle veut quc l'on cache, et ils sont réduits à la plus grande pauvreté, parce que dès que les gouverneurs savent qu'ils ont quelque chose, ils s'en saisissent incontinent de droit ou de force. On voit aux Indes des provinces toutes désertes, d'où les paysans s'en sont fuis à cause de la tyrannie des gouverneurs ; sous ombre qu'ils sont mahométans, ils persécutent à outrance ces pauvres idolâtres.

Écrasés d'impôts, foulés par les gens de guerre, en butte s'ils sont hindous aux vexations des gouverneurs, les paysans vivent dans un état d'insécurité perpétuelle et sont décimés périodiquement par les famines et les épidémies ; les famines de 1630 et de 1650 sont les plus terribles et dépeuplent le Deccan. La misère des artisans n'est pas moindre, et la production des cotonnades et des multiples ouvrages de l'artisanat indien connaît de brutales variations avant de subir, à la fin du siècle, un ralentissement général.

Le contraste est saisissant avec les fabuleuses **richesses** d'Agra, de Delhi et des autres capitales de la péninsule. Un art mixte, indien autant que musulman, naît et produit des chefs-d'œuvre délicats. A Agra, Chah Jahan fait construire le fameux Taj Mahal, tombeau de marbre blanc élevé à sa femme. A Delhi dont Aurengzeb fait sa capitale, le palais et la grande mosquée sont d'une incomparable splendeur. Mais derrière cette façade brillante, la situation de l'Empire du Grand Mogol ne cesse de s'aggraver : menaces intérieures des Mahrattes et des Sikhs, misère générale, ingérence de plus en plus marquée des Européens dans le commerce de l'Inde. A sa mort à 89 ans (1707), Aurengzeb est assez lucide pour mesurer l'étendue de ses échecs.

La Chine des Mandchous et le Japon du shogounat

a) Au début du XVIIe siècle, **la Chine des Ming** est en pleine **décadence.** Le pouvoir appartient moins aux empereurs qu'aux eunuques, aux impératrices ou aux concubines. A la frontière du Nord, **les Mandchous,** théoriquement vassaux de l'empire, envahissent la Chine à plusieurs reprises notamment en 1616 et en 1629 ; en 1636, le chef mandchou Abahay se proclame empereur, adoptant le nom de Tsing comme nom dynastique, puis s'empare de la Corée et du pays au nord de la Grande Muraille. A l'intérieur, la corruption et le désordre s'installent dans tout le pays. Les troupes mal payées se livrent au brigandage et, constituées en immenses bandes, dévastent les provinces où la misère est encore aggravée par une série de terribles famines. En 1640, le chef de bande Li Tseu-Tcheng, parti du Chen-si à la tête de 200 000 hommes, se nomme lui-même généralissime et se proclame indépendant ; en 1644, il s'empare de Pékin où le dernier des empereurs Ming se suicide. Le général Wou, chef de l'armée impériale chargée de garder la Grande Muraille face aux Mandchous, s'entend alors avec ceux-ci et conjointement avec eux chasse Li Tseu-Tcheng de Pékin. Mais Dorgon qui a succédé à son frère Abahay comme chef des Mandchous s'installe en empereur à Pékin (1644), puis l'année suivante s'empare de Nankin où un Ming avait tenté de reconstituer l'empire ; le dernier prince Ming, soutenu par les Portugais de Macao, doit en 1651 se réfugier en Birmanie. Avec un minimum de forces venues de leur pays d'origine et réparties aux points stratégiques, les Mandchous réussissent à conquérir, puis à tenir l'immense pays.

b) Après le court règne d'un des fils d'Abahay, Chouen-tche (1651-1661), le fils de celui-ci devient empereur sous le nom de **K'ang-hi** (1661-1722) : ce sera le règne le plus long et le plus glorieux de l'histoire des **Tsing.** Intelligent et courageux, K'ang-hi écrase la révolte des généraux de Chine du Sud, notamment le général Wou qui est battu et éliminé en 1678. Il reprend Formose qui était devenue le point d'appui du corsaire Koxinga, puis de son fils. Les Russes s'étant installés sur les rives de l'Amour, il entreprend de les en chasser : aux termes du traité de Nertchinsk (1689), Moscou abandonne toutes prétentions sur la vallée de l'Amour mais reçoit en échange l'autorisation de commercer librement avec la Chine. Délivré du souci russe, K'ang-hi se tourne alors vers les Éleuthes, redoutables tribus nomades qui ravageaient la Mongolie et menaçaient directement la Chine, et les détruit ou les soumet en 1696. A cette date, la paix règne dans tout l'empire et à ses frontières.

Conquérants victorieux, les Mandchous ne se mêlent pas aux Chinois vaincus : il y a superposition, non fusion des deux sociétés. Il est vrai que, vivant au contact de la brillante civilisation chinoise, ces « barbares » étaient déjà largement « sinisés » au moment de la conquête. Par ailleurs, les bienfaits du long règne de K'ang-hi facilitent l'acceptation résignée par les Chinois de la domination mandchoue : l'ordre et la paix règnent à nouveau dans l'empire, ce qui entraîne une croissance rapide de la population ; l'influence chinoise s'étend à toute l'Asie centrale, et les marins chinois commercent dans toute l'Asie du Sud-Est ; le confucianisme est respecté, et la hiérarchie des lettrés maintenue ; prince cultivé et tolérant, K'ang-hi s'intéresse aussi bien au bouddhisme qu'au christianisme et protège les jésuites installés à Pékin. L'Empire du Milieu reste, comme au temps des Ming, largement ouvert sur le dehors.

c) Il n'en est pas de même au **Japon,** où la victoire de Tokugawa Ieyasu en 1600 sur les daïmios révoltés et sa nomination au shogounat en 1603 ouvrent **l'ère des shogouns Tokugawa.** Le régime du shogounat (ou *Bakufu*) est à la fois féodal et absolutiste. Les seigneurs ou *daïmios* sont maîtres de leurs seigneureries et des paysans qui y vivent ; ils ont à leur service les *samouraïs*, guerriers nobles, et sont liés au shogoun par un lien vassalique constitué par le fief. Toujours pris désormais dans la famille Tokugawa, le *shogoun* est (sous l'autorité toute nominale du mikado) le chef absolu du gouvernement central : dispensateur des fiefs, il peut les amputer ou les confisquer à son gré ; de plus, il impose à tous les *daïmios*, pour mieux les surveiller, l'obligation de résider une année sur deux dans la capitale : Yedo (l'actuelle Tokyo). La politique de « fermeture de l'État » complète le système *Bakufu* : venant après une série de mesures partielles, l'édit de 1638 interdit à tout Japonais de sortir du Japon sans autorisation et ferme complètement le pays aux étrangers (à l'exclusion des seuls Hollandais, à qui est concédé l'îlot de Deshima, en baie de Nagasaki). Le Japon, figé dans une structure féodale et militaire, se replie sur lui-même pour près de cent cinquante ans.

Les Européens en Asie

Trois grands faits caractérisent l'histoire des Européens en Asie au XVIIe siècle : la relève des Portugais par les Hollandais et les Anglais, les progrès de l'exploitation commerciale et capitaliste, et l'échec des tentatives d'évangélisation.

a) Après le premier voyage hollandais dans les îles de la Sonde en 1595-1596, la création à Amsterdam de la Compagnie des Indes orientales (1602) témoigne de la volonté des Provinces-Unies de supplanter **les Portugais** dans l'Océan Indien, profitant du fait qu'elles sont en guerre contre l'Espagne (jusqu'en 1609, puis après 1621) et que les deux couronnes espagnole et portugaise sont unies. Menacés également par les Anglais qui fondent dès 1600 leur Compagnie des Indes orientales, les Portugais sont peu à peu évincés de leurs comptoirs de l'Océan Indien et ne conservent plus, à la fin du siècle, que Goa et Diu et, en Chine, Macao. Les Hollandais s'installent solidement dans les îles de la Sonde soit qu'ils occupent directement le pays (Amboine et Banda dans les Moluques, à partir de 1605 ; partie occidentale de Java, où Batavia est fondée en 1619), soit qu'ils imposent des traités aux souverains ou sultans locaux (Sumatra, Java, Bornéo, Célèbes). De plus, ils prennent pied dans l'île Maurice en 1638, à Cochin en 1663, à Colombo en 1656, à Malacca en 1641, à Formose en 1624 (ils en sont chassés en 1662 par le pirate Koxinga), cependant qu'ils obtiennent du Japon l'îlot de Deshima. Quant aux **Anglais**, s'ils doivent s'incliner devant les Hollandais en Indonésie (massacre d'Amboine en 1624), ils réussissent à installer sur les côtes de l'Inde plusieurs comptoirs dont les plus importants sont Madras (1639), Bombay (1661), Calcutta (1690). De leur côté, **les Français** fondent en 1664 une Compagnie des Indes orientales qui crée des comptoirs à Pondichéry (1674), puis à Chandernagor (1686). Ainsi succèdent au monopole portugais, dans les îles de la Sonde, le monopole hollandais, et dans le reste de l'Asie, notamment dans l'Inde, la concurrence des grandes puissances maritimes.

b) **L'exploitation commerciale** est la première conséquence de cette présence européenne en Asie. Beaucoup plus soucieux de profits que de prosélytisme, **les Hollandais** entreprennent l'exploitation systématique du domaine colonial créé en **Insulinde.** Ayant vaincu les résistances locales et éliminé les concurrents européens, la Compagnie des Indes, qui a le monopole de l'exploitation, impose aux indigènes et aux princes vassaux les cultures qui lui paraissent les plus rémunératrices (girofle, muscade, poivre, canne à sucre, plus tard café), éventuellement aux dépens des cultures vivrières. Tous les produits sont concentrés à Batavia, qui devient le grand entrepôt de l'Asie du Sud-Est, où arrivent les lourds voiliers venus d'Amsterdam en droiture par le cap de Bonne-Espérance et d'où ils repartent vers l'Europe en faisant escale dans les comptoirs de l'Inde. En 1669, Colbert peut écrire, non sans amertume :

> Il est certain que les flottes qui arrivent tous les ans en Hollande apportent des marchandises de valeur de 10 à 12 millions de livres, qu'ils distribuent ensuite dans tous les royaumes d'Europe et en tirent l'argent qui cause leur puissance ; que la compagnie qui produit cet avantage au général du pays a mis en mer à ses propres dépens jusques à 30 vaisseaux pendant la dernière guerre d'Angleterre, que cette compagnie a plus de 150 vaisseaux dans les Indes, qu'elle a fait et soutenu la guerre contre les Portugais avec les avantages ci-dessus marqués, qu'elle l'a continuée contre divers rois du même pays, et toujours avec avantage, qu'elle mit sur pied dans les mêmes Indes des armées de terre de 10 à 12 000 hommes et de mer de 40 à 50 vaisseaux, qu'elle est maîtresse de toutes les îles et a seule son commerce établi dans la Chine et le Japon et pour mieux dire dans toutes les Indes.

Pourtant, **les Philippines** sont toujours possession espagnole et regardent au-delà du Pacifique vers l'Amérique ibérique, où elles envoient tous les ans par les galions de Manille les soieries et les porcelaines chinoises en provenance de Macao (ce trafic Chine-Philippines cesse pratiquement en 1640 avec la sécession du Portugal). Tout en restant maîtres de Macao, les Portugais ont dû consentir dès la fin du XVIe siècle à ouvrir leur comptoir non seulement aux Espagnols mais aussi aux Anglais, et un peu plus tard aux Hollandais et aux Français. Mais le trafic qui porte surtout sur l'or, le thé, la soie et les porcelaines reste très limité, d'autant plus que le cabotage le long des côtes chinoises et les échanges de l'empire mandchou avec l'Asie du Sud-Est sont aux mains des marins chinois. Le commerce « à la Chine » ne prendra de l'importance qu'au XVIIIe siècle après l'ouverture du port de Canton aux Européens (1685). Dans l'Inde par contre, où les empereurs mogols n'ont jamais cherché à fonder leur puissance sur mer, Anglais, Hollandais et Français s'efforcent d'obtenir les privilèges susceptibles de leur assurer la première place dans le commerce indien. En dépit des progrès faits par les Français après 1664 et de la concurrence des marchands arabes, c'est à la fin du siècle la compagnie anglaise qui est de beaucoup la plus active grâce au cabotage en Inde même, au trafic dans l'Océan Indien et à l'acheminement vers l'Europe des cotonnades indiennes auxquelles s'ajoutent les produits de l'artisanat persan.

c) Commerçants, les Européens se veulent aussi **missionnaires.** Dès leur arrivée en Asie, les Portugais ont tenté un effort d'évangélisation dont les résultats ont été décevants. En 1610, le jésuite Nobili met en lumière la cause profonde de cet échec :

> Une grande imprudence qu'ont commise les Portugais, c'est d'accepter et de s'approprier eux-mêmes le nom de « frangui » dont les désignaient les Hindous et d'avoir même appelé le christianisme la religion des franguis, comme on le voit dans leur catéchisme. Il y est dit que « pratiquer la religion chrétienne c'est vivre en frangui ». De là est venu dans ce pays le préjugé que le christianisme était exclusivement la religion des franguis et que le crucifix était leur signe propre. De telles imprudences rendaient à jamais impossible la prédication du saint évangile chez ces peuples.

Cette lucidité est à l'origine du remarquable effort entrepris par **les jésuites** au début du XVIIe siècle pour s'adapter aux conditions spéciales de l'évangélisation en Asie. C'est le fait d'abord de l'Italien Mathieu **Ricci** (1532-1610). Arrivé en Chine en 1583, celui-ci décide de « se faire chinois avec les Chinois » ; il apprend la langue, s'habille à la chinoise, étudie de près le confucianisme (beaucoup plus répandu que le taoïsme et le bouddhisme) et s'efforce de faire apparaître ses points de convergence avec le christianisme ; en 1600, il est reçu à la cour de Pékin. Dans les années suivantes, ses successeurs imitant ses méthodes réussissent à s'implanter à la cour où ils se font apprécier par leurs qualités de savants et de techniciens. Leur situation, un moment compromise par l'arrivée des Mandchous, se consolide sous l'empereur K'ang-hi qui en 1692 signe en leur faveur un édit de Tolérance :

> Les Européens qui sont à ma cour président depuis longtemps aux mathématiques. Durant les guerres civiles, ils m'ont rendu un service essentiel par le moyen du canon qu'ils ont fait fondre. Leur prudence et leur adresse singulière, jointes à beaucoup de zèle et à un travail infatigable, m'obligent encore à les considérer. Outre cela, leur Loi n'est point séditieuse et ne porte pas les peuples à la révolte. Ainsi, il nous semble bon de la permettre afin que tous ceux qui voudront l'embrasser puissent librement entrer dans les églises et faire une profession publique du culte qu'on y rend au Souverain Seigneur du Ciel.

Dans le même temps, un autre jésuite italien, Robert de **Nobili** (1577-1656), réalise dans l'Inde une expérience du même ordre. Arrivé à Goa en 1604, il est bientôt envoyé à Maduré dans le sud de la péninsule ; là, il s'initie à l'hindouisme et décide de vivre complètement en *sanyassi* (pénitent ou ascète) ; s'adressant aux brahmes, il leur montre que le christianisme ne fait que dépasser l'hindouisme sans le répudier totalement et que la conversion ne signifie pas ralliement au « franguisme » et trahison à l'égard de l'Inde. Les résultats ne se font pas attendre : dès 1609, 70 brahmes se convertissent, bientôt imités par de nombreuses personnes des hautes castes ; à la fin du XVIIe siècle, il y a plus de 150 000 chrétiens dans l'Inde méridionale.

Mais de telles tentatives suscitent très vite la méfiance des autorités ecclésiastiques en Asie et en Europe et la jalousie des autres ordres missionnaires. Pourtant, en 1623, en dépit de diverses pressions, le pape Grégoire XV qui vient de fonder la congrégation *De Propaganda Fide* (1622) pour coordonner les efforts des missions approuve expressément les méthodes employées par Nobili en Inde. Mais bientôt, **la querelle des rites** rebondit. En 1645, le dominicain espagnol Morales obtient de la congrégation de la Propagande la condamnation de certaines des pratiques des jésuites en Chine : ceux-ci, considérant que les honneurs rendus à Confucius et les cérémonies à la mémoire des ancêtres n'avaient rien d'idolâtre, autorisaient les Chinois convertis à continuer la pratique de ces rites. Ainsi attaqués, les jésuites ripostent vivement, et la querelle ne tarde pas à s'envenimer de part et d'autre ; tous les adversaires de la Compagnie de Jésus se jettent dans la bataille : dominicains, franciscains, prêtres de la Société des Missions étrangères fondée à Paris en 1659, jansénistes, certaines congrégations romaines ; entre 1657 et 1700, plus de 200 livres ou opuscules paraissent sur le sujet, en France seulement. Finalement, en 1704, le Saint-Office déclare les rites chinois entachés de paganisme et de superstition et les interdit formellement ; un légat, Mgr de Tournon, se rend en Inde où il arrête l'effort d'adaptation poursuivi par les successeurs de Nobili, puis en Chine où il communique aux divers missionnaires les décrets du Saint-Office. La teneur de ceux-ci et la maladresse du légat indisposent l'empereur K'ang-hi qui décide pratiquement de réserver le droit de pénétrer en Chine aux seuls jésuites. De plus, l'obligation d'observer la décision romaine va peu à peu tarir les conversions ; comme l'écrira de Chine, en 1726, un jésuite : « Les lettrés qui voudraient se faire chrétiens nous quittent dès lors que, sur l'ordre du Saint-Père, nous leur publions les décrets ». La querelle des rites (qui se poursuivra jusqu'en 1742) aboutit à compromettre irrémédiablement l'œuvre difficile d'évangélisation entreprise en Inde, en Chine et dans la péninsule indochinoise : Siam et Tonkin. (Au Japon, le christianisme avait été éliminé dès le début du XVIIe siècle par une série de persécutions).

Ainsi les Européens, qui, en dépit de leur évidente supériorité militaire, scientifique et technique ont reculé devant la conquête des immenses empires asiatiques et se sont contentés (sauf les Hollandais en Insulinde) d'une solide implantation en quelques points des côtes, exploitent sans scrupule et avec succès les produits du pays susceptibles d'être vendus avec profit en Europe, mais leurs divisions, leur cupidité et leur sectarisme expliquent en grande partie le refus qu'oppose l'Asie aux tentatives d'évangélisation.

3 _ L'Amérique coloniale

Alors que l'exploitation de l'Amérique centrale et méridionale par les Espagnols et les Portugais se poursuit avec des fortunes diverses, Français, Anglais et Hollandais commencent à s'installer dans la mer des Antilles et sur les côtes de l'Amérique du Nord. Pourtant, à la fin du XVIIe siècle, en dépit des dominations théoriques, d'immenses régions des deux Amériques échappent encore totalement au contrôle des Blancs.

L'Amérique espagnole

a) S'étendant des hauts plateaux mexicains à la Terre de Feu (Brésil excepté), l'Amérique espagnole est le plus vaste domaine colonial alors existant. **Sa structure politique et administrative** reste ce qu'elle était au XVIe siècle : en Espagne, le Conseil des Indes est théoriquement le grand organe de décision, cependant que l'importance de la *Casa de la Contratacion* chargée de superviser les échanges commerciaux entre les colonies et leur métropole tend à diminuer, du fait que son siège est encore à Séville alors que Cadix est maintenant le port de départ et d'arrivée des convois ; l'Amérique elle-même est divisée en deux vice-royautés : la Nouvelle-Espagne (capitale Mexico) et le Pérou (capitale Lima), et celles-ci en dix **audiencias**, organismes à la fois judiciaires et administratifs dont le ressort correspond à une zone de peuplement centrée sur une ville importante. Au XVIIe siècle, l'autorité de la monarchie espagnole sur l'Amérique tend à se relâcher, laissant la place à une décentralisation progressive. Non seulement les pouvoirs des vice-rois et des *audiencias* s'accroissent en fait, mais les grands domaines ou **haciendas** s'organisent peu à peu en unités pratiquement indépendantes ; le propriétaire est un véritable seigneur exerçant une autorité sans limites sur ses esclaves noirs ou indiens et même sur ses *peóns* (travailleurs indiens libres) ; la forme d'exploitation de l'homme que représente le grand domaine se substitue ainsi à la pratique de l'*encomienda* en voie de disparition. A côté des *haciendas*, se développent **les réductions** : ce sont de gros villages fédérés créés par les jésuites pour regrouper les Indiens nomades convertis. La première « réduction » est fondée, en 1610, chez les Guaranis de la région du Paraguay dont les jésuites ont obtenu le gouvernement. Elles se multiplient bientôt dans le pays compris entre Paraguay et Uruguay, permettant aux Guaranis d'échapper aux razzias des chasseurs d'esclaves venant du Brésil et de vivre en communautés paisibles et équilibrées (agriculture et artisanat) sous l'autorité patriarcale de deux ou plusieurs pères jésuites par « réduction » de 3 000 à 8 000 Indiens chacune. Vers 1650, 35 000 Guaranis sont ainsi regroupés ; ils seront près de 100 000 au début du XVIIIe siècle. D'autres « réductions » sont créées en divers points de l'Amérique espagnole sur le modèle paraguayen.

b) Mais la réussite, d'ailleurs discutable, des « réductions » cache mal l'échec majeur de la colonisation espagnole, à savoir **l'inassimilation des Indiens**, race jugée inférieure, de ce fait asservie et méprisée ou, dans le meilleur des cas, les « réductions », artificiellement isolée et maintenue à un stade infantile. La christianisation contribue elle aussi, indirectement, à cette ségrégation. En effet, après les conversions massives du XVIe siècle réalisées trop hâtivement, le clergé espagnol ou créole, constatant le caractère souvent très superficiel de ces conversions, a tendance à considérer les Indiens comme des chrétiens mineurs qu'il convient notamment d'écarter du sacerdoce. De même, alors que les premiers missionnaires s'étaient astreints à évangéliser les Indiens dans leurs propres langues, cet effort se relâche peu à peu : au XVIIe siècle, la plupart des curés ignorent les langues indigènes, cependant que rien n'est fait sérieusement pour apprendre l'espagnol aux Indiens.

c) **La société** coloniale évolue peu. Pourtant, Espagnols et créoles sont de plus en plus nombreux, passant de 130 000 en 1570 à plus d'un million vers 1700 ; les métis eux aussi sont en augmentation constante. Mais la masse des Indiens et des Noirs reste sensiblement égale à elle-même (autour de 9 millions), en dépit du développement de la traite négrière. Au point de vue **économique**, si les vingt ou trente premières années du XVIIe siècle prolongent, mais de façon de plus en plus amortie, la grande vague d'expansion du siècle précédent, on assiste à partir des années 1620 à un fléchissement général des importations à Cadix de l'or de Colombie, de l'argent du Mexique et du Potosi, mais aussi des cuirs, du sucre, des produits tinctoriaux et pharmaceutiques d'outre-Atlantique. Cela est dû d'abord à une baisse de la production, notamment minière, mais aussi au développement de la société créole et au progrès du commerce de contrebande ou **interlope** : une part sans cesse croissante du profit de l'exploitation des ressources américaines par l'effort conjugué des Indiens et des Noirs est, soit absorbée sur place par l'élite blanche, soit détournée par « l'interlope » (à l'encontre du principe de **l'exclusif**) vers la Hollande, la France et, surtout, l'Angleterre. Voici, selon le père Labat (1663-1738), l'un des moyens pratiqués à la fin du XVIIe siècle pour trafiquer clandestinement avec un port d'Amérique espagnole :

> Lorsqu'on veut entrer dans quelqu'un de leurs ports pour y faire le commerce, on feint qu'on a besoin d'eau, de bois, de vivres, on envoie un placet au gouvernement par un officier qui expose les besoins du bâtiment. D'autres fois c'est un mât qui a craqué ou une voie d'eau considérable qu'on ne peut trouver ni étancher sans décharger le bâtiment et le mettre à la bande. On détermine le gouverneur à croire ce qu'on veut qu'il croit par un présent considérable qu'on lui fait. On aveugle de la même manière les officiers dont on a besoin, et puis on obtient permission d'entrer, de décharger le bâtiment pour chercher la voie d'eau et remettre le bâtiment en état de continuer son voyage. Les formalités sont observées : on enferme soigneusement les marchandises et on met le sceau à la porte du magasin par laquelle on les fait entrer, mais on a soin qu'il y en ait une autre qui n'est point scellée, par laquelle on les fait sortir de nuit et l'on remplace ce que l'on ôte par des caisses d'indigo, de cochenille, de vanille, par de l'argent en barres ou monnayé, du tabac et autres marchandises, et dès que le négoce est achevé, la voie d'eau se trouve étanchée, le mât assuré, le bâtiment prêt à mettre à la voile.

Pour toutes ces raisons, l'empire espagnol cesse pratiquement, à partir de 1650, de constituer un profit pour sa métropole.

Le Brésil portugais

L'histoire du Brésil au XVIIe siècle est marquée par l'échec des Hollandais pour tenter d'y supplanter les Portugais, par la prospérité du Brésil côtier et par les débuts de l'exploration de l'intérieur.

a) En créant la Compagnie des Indes occidentales en 1621, au moment de la reprise de la guerre d'Indépendance, **les Hollandais** montrent leur volonté d'expansion commerciale et coloniale outre-Atlantique au détriment des Hispano-Portugais. En 1624, ils s'emparent de la capitale brésilienne,

Bahia, dans la baie de Todos os santos, et s'y maintiennent quelques mois. Dans les années suivantes, en dépit de la résistance de leurs adversaires, ils multiplient les coups de main contre les possessions et les flottes ibériques. En 1630, ils s'emparent de Pernambouc (Recife), le grand centre de la région à sucre et le port américain le plus proche de l'Europe ; il va devenir, pendant 24 ans, la capitale d'un **Brésil hollandais.** De 1637 à 1641, Jean-Maurice de Nassau étend la conquête à toute la côte du Nord-Est, de Sao-Luis de Maranhao à Sergipe del Rey ; ces quatre années constituent l'apogée de la colonie et des exportations de sucre à destination d'Amsterdam. Mais le rappel de Jean-Marie de Nassau, l'hostilité des grands planteurs portugais, le puritanisme des Hollandais entraînent bientôt pour la Compagnie des Indes occidentales de multiples difficultés. Simple façade commerciale dressée sur le littoral, sans racines profondes ni dans l'arrière-pays, ni même dans la société de la côte, la colonisation hollandaise ne tarde pas à s'effondrer. A partir de 1644, les révoltes se multiplient chez les planteurs portugais aidés par leurs compatriotes de Bahia. La perte de Pernambouc en janvier 1654 marque la fin du Brésil hollandais. Pourtant, les *flamengos* ne sont pas totalement chassés d'Amérique latine : ils restent à Curaçao, dont ils font un actif centre de contrebande (de même que de Surinam après sa cession par l'Angleterre, en 1667).

b) Le Brésil côtier, c'est **le Brésil sucrier.** Introduite dès 1532, la canne à sucre a fait bientôt la prospérité de la région littorale comprise entre les bouches de l'Amazone et Espirito-Santo ; en 1584, on compte déjà 108 moulins à broyer la canne ; ils sont plusieurs centaines un siècle plus tard. Politiquement, l'autorité du gouvernement général créé en 1549, et dont Bahia est la capitale, s'étend essentiellement à cette côte du Nord-Est. Toute une **société esclavagiste** s'y est peu à peu constituée, dont l'élément de base est le grand domaine dans lequel le maître blanc, le « seigneur de moulins », fait travailler, à défaut des Indiens trop rares et enfuis vers l'intérieur, des Noirs amenés de plus en plus nombreux des côtes de l'Angola (5 000 par an en moyenne, au milieu du siècle) ; si la loi portugaise interdit l'union avec une femme de couleur, par contre le concubinage avec ses esclaves est la règle pour le maître dont les bâtards viennent grossir le nombre des métis, cependant que ses fils légitimes sont élevés par une nourrice noire qui leur conte des légendes bantoues. Ainsi, en marge des rapports économiques, se tissent, de maîtres à esclaves, des liens complexes et profonds : tout en maintenant une rigoureuse stratification sociale et raciale, ces liens rapprochent les races et les cultures et créent une civilisation profondément originale qui se reflète dans la religion et l'art, ce christianisme et ce baroque brésiliens importés d'Europe mais pénétrés d'influences africaines. La production du sucre, activité essentielle de ces grands domaines, ne cesse de croître au cours du XVIIe siècle qui représente, dans l'histoire du Brésil, le « cycle de la canne à sucre » auquel succèdera après 1720 le « cycle de l'or » que l'on commence à exploiter dès les années 1690 dans les futures Minas Geraes.

c) Mais déjà au sud, dans la région de São Paulo, un **Brésil intérieur** est en voie de création. Les Paulistes sont pour la plupart des métis (ou *mamelucos*) qui, trop pauvres pour acheter des esclaves noirs, préfèrent se procurer directement une main-d'œuvre servile en faisant des raids sur les villages indiens de l'intérieur :

> Saint-Paul qui est à dix lieues dans les terres, *écrit en 1697 un voyageur français*, tire son origine d'un assemblage de brigands de toutes nations, qui peu à peu y ont formé une grande ville et une espèce de république où ils se font une loi de ne point reconnaître le Gouverneur [...] Ces Paulistes vont jusqu'à 40 ou 50 ensemble, armés de flèches et de boucaniers (= fusils) dont ils se servent plus adroitement que nation du monde ; ils traversent tout le Brésil, vont jusqu'aux rivières ou de la Plata, ou des Amazones, et s'en reviennent au bout de quatre ou cinq mois, quelquefois avec plus de 300 esclaves, qu'ils touchent comme des troupeaux de bœufs ; et lorsqu'ils les ont un peu assujettis, ils les envoient à la campagne cultiver la terre ou les emploient à pêcher de l'or.

Ces razzias esclavagistes amènent les *bandeirantes* paulistes jusqu'au pied des Andes et jusqu'au bassin de l'Amazone, et contribuent ainsi à l'exploration progressive du continent.

Les Antilles

a) L'affaiblissement de la puissance navale espagnole dans les années 1630 laisse pratiquement le champ libre dans les îles et dans la mer des Antilles aux aventuriers européens de tous pays, vivant de la chasse (boucaniers) et de la piraterie (flibustiers). Parallèlement, Français et Anglais entreprennent la colonisation systématique de certaines îles. Dès 1625, **les Français** s'installent à Saint-Christophe et, en 1635, à la Guadeloupe et à la Martinique. Mais cette première colonisation française profite surtout aux Hollandais : en effet, la Compagnie de Saint-Christophe, qui devient en 1635 la Compagnie des Iles, n'a pas les moyens suffisants pour contrôler l'exploitation ; aussi, sur place, les gouverneurs pratiquement indépendants et même officiellement propriétaires après la dissolution de la compagnie (1648) s'adressent-ils aux Hollandais qui introduisent la culture de la canne et assurent les liaisons commerciales avec l'Europe ; cependant, des colons « engagés » en Bretagne, Normandie, Anjou, Poitou, Saintonge commencent à venir s'installer : ils sont 15 000 vers 1650, à côté de 12 000 esclaves noirs. Mais après 1661, Colbert décide de reprendre en mains ces îles françaises. Le monopole de leur exploitation est confié à la Compagnie des Indes occidentales créée en 1664 ; Colbert écrira quelques années plus tard :

> Le principal dessein de Sa Majesté en remettant toutes les îles françaises sous la main de la compagnie des Indes occidentales, a été de garantir ses sujets qui les habitent de toutes sortes de vexations que le nombre différent de seigneurs et propriétaires rendait fort communes et ordinaires [...] et en outre d'établir un grand et considérable commerce à l'avantage de sesdits sujets, en donnant l'exclusion aux étrangers, qui jusqu'alors en avaient tout le profit.

Après la dissolution de la compagnie en 1674, les îles (Saint-Christophe, la Guadeloupe, la Martinique, la partie occidentale de **Saint-Domingue** où les Français prennent pied à partir de 1665) passent sous l'administration directe du roi et sont ouvertes à tout bateau français portant des marchandises en provenance de la métropole :

> La maxime d'exclure les étrangers, *précise Colbert en 1670*, veut que tout vaisseau étranger ou français chargé de marchandises prises en pays étrangers (même dans les îles voisines), abordant ou navigant aux environs des îles, soit confisqué [...] La maxime de la liberté aux Français veut que tout vaisseau français porteur d'une permission du roi soit reçu dans toutes les îles et y ait une entière liberté de trafiquer, vendre et débiter ses marchandises à tel prix que bon lui semblera ; comme aussi la même liberté doit être donnée aux habitants des îles de vendre leurs sucres.

Cette reprise en main ne va pas sans conflits avec les colons, les boucaniers, les Espagnols, les Hollandais. De plus, la population va évoluer peu à peu : les planteurs blancs (nobles ou anciens « engagés ») tendent de plus en plus à utiliser non une main-d'œuvre d'origine française, onéreuse et éventuellement concurrente (les « engagés », après trois ans de service, s'établissaient à leur compte), mais la main-d'œuvre servile des Noirs amenés d'Afrique ; ceux-ci qui sont près de 50 000 en 1700 sont théoriquement protégés par le Code noir (1685), en fait mal appliqué. Ces esclaves travaillent sur les plantations de sucre, de tabac, d'indigo, de café, seule activité autorisée par la métropole. Ainsi se crée une société coloniale assez analogue à celle du Nord-Est brésilien.

b) De leur côté, **les Anglais** se sont installés en 1612 aux Bermudes et en 1625 à la Barbade. En 1655, à la faveur de l'alliance anglo-française contre l'Espagne, ils s'emparent de **la Jamaïque** qui, dès 1680, devient la plus riche de toutes les îles à sucre. La plus grande partie du commerce des îles anglaises est assurée par la Compagnie royale d'Afrique dont les bateaux font généralement le trafic triangulaire (Angleterre, Guinée, Antilles). De plus, en 1667, les Anglais prennent pied sur le continent américain au Honduras et, en 1670, dans les îles Bahamas.

L'importance des Antilles dans l'économie mondiale s'affirme nettement à la fin du XVIIe siècle. La partie française de Saint-Domingue et la Jamaïque anglaise voient leur production de canne à sucre augmenter constamment : dès les années 1720, elles supplanteront le Brésil comme premier producteur mondial de sucre.

Français et Anglais en Amérique du Nord

a) C'est en 1608 que le Français Samuel **Champlain** (1570-1635) fonde, sur la rive gauche du Saint-Laurent, le port de Québec. Il convainc Henri IV de créer, dans la vallée du grand fleuve et sur les rives de la presqu'île d'Acadie, une **Nouvelle-France** dont il vante ainsi les charmes, un peu plus tard, dans une lettre au roi Louis XIII :

> Le pays est rempli de grandes et très hautes forêts, de toutes les mêmes sortes de bois que nous avons en France ; l'air, salubre et les eaux excellentes, sur les mêmes parallèles de notre France [...] Ce pays peut produire au service de Votre Majesté, les mêmes avantages que nous avons en France [...] Dans le pays de votre Nouvelle France, il y a nombre infini de peuples sauvages, les uns sont sédentaires amateurs du labourage, qui ont villes et villages fermés de palissades, les autres, errants qui vivent de la chasse et pêche de poisson, et n'ont tous aucune connaissance de Dieu ; mais il y a espérance que les Religieux qu'on y a menés et qui commencent à s'y établir, faisant des séminaires, pourront en peu d'années y faire des progrès pour la conversion de ces peuples [...] (Chaque habitant venu de France) pourra défricher les terres, faire des jardins, y planter, enter et faire pépinière, semer de toutes sortes de grains, plusieurs racines, légumes, salades et autres herbes potagères, outre la culture de la vigne [...] Il s'y pourrait nourrir telle quantité de bœufs et vaches [...] (et) par le soin qu'on aurait des brebis et moutons, il s'en pourrait faire de grands troupeaux dont on tirerait quantité de laines.

En fait, les résultats sont longtemps médiocres. Les colons venus de la métropole sont en nombre insuffisant. La Compagnie de la Nouvelle-France, fondée en 1628 à l'instigation de Richelieu, manque de moyens. En 1629, à la faveur des événements de La Rochelle et de la rupture entre l'Angleterre et la France, les Anglais s'emparent de Québec ; il est vrai qu'en 1632, après le traité de Saint-Germain qui restitue Québec à la France, une escadre commandée par Razilly ramène Champlain au Canada. **Les jésuites**, qui aux côtés d'autres ordres religieux entreprennent l'évangélisation des tribus huronnes et iroquoises, s'efforcent de créer en France par leurs *Relations de la Nouvelle-France*, véritables organes de propagande, un climat favorable à l'entreprise canadienne : c'est ainsi que sur l'initiative d'un pieux laïc angevin est fondée, en 1642, Montréal. En 1659, Mgr de Laval devient premier évêque de Québec. Mais en 1660, la colonie ne compte encore que quelque 2 000 Blancs (agriculteurs, commerçants, coureurs des bois, missionnaires) à la merci des attaques des Iroquois.

b) En 1663, Colbert qui veut relancer la Nouvelle-France envoie le régiment de Carignan contre les Iroquois, transforme la colonie en possession de la Couronne et lui donne la structure administrative d'une **province française**, avec gouverneur (Frontenac, de 1672 à 1682 et de 1689 à 1698), intendant (Jean Talon, de 1665 à 1672), Conseil souverain (équivalant à un parlement) ; toute la législation française devient applicable au Canada, sauf décision du roi sur avis du Conseil souverain. Pour compléter cette politique d'assimilation, Colbert encourage le départ outre-Atlantique de plus de 4 000 paysans « engagés » et recommande « d'appeler les habitants du pays en communautés de vie avec les Français », de les instruire « dans les maximes de notre religion et même dans nos mœurs », afin de faire de tous les habitants du Canada, quelle que soit leur origine, un seul et même peuple. Mais ce programme hardi se heurte sur place à bien des difficultés, et notamment à l'attitude des jésuites qui redoutent pour les Indiens le contact avec les Blancs et cherchent à les isoler près des Grands Lacs dans des « réductions » de type paraguayen. Quoi qu'il en soit, les Canadiens sont près de 12 000 à la fin du siècle.

En même temps, la Nouvelle-France tend à **s'agrandir** sous les efforts conjugués des missionnaires et des soldats, des commerçants et des coureurs des bois. En 1669-1670, un jésuite, le père Marquette, et un négociant de Québec, Louis Joliet, explorent le pourtour des Grands Lacs et placent sous la protection du roi de France les tribus indiennes qui y vivent ; en 1673, partis du lac Michigan, ils découvrent le Mississipi et en commencent la descente. En 1681-1682, Cavelier de La Salle descend le grand fleuve jusqu'à son embouchure et, le 9 août 1682, prend possession au nom de Louis XIV de tout le pays, qu'il baptise Louisiane. D'autres explorateurs atteignent vers l'ouest le lac Winnipeg et la Saskatchewan, cependant que trafiquants et pêcheurs français s'efforcent de disputer aux Anglais la région de la baie d'Hudson et les rives de Terre-Neuve. Ainsi, vers la fin du siècle, c'est presque toute l'Amérique du Nord qui serait en passe de devenir française, si les Anglais n'étaient pas solidement implantés le long de l'Atlantique.

c) Fondé en 1608 dans la baie de Chesapeake par 120 colons envoyés par la Compagnie virginienne de Londres, Jamestown est le premier établissement **anglais** sur la côte américaine (après l'éphémère Roanoke Island, 1584-1591). En fait, ces pionniers rencontrent des difficultés de toutes sortes (insalubrité du pays, famine, attaque des Indiens), et les derniers survivants sont sauvés *in extremis*, en novembre 1621, par l'arrivée d'un bateau de secours. La reconstruction de Jamestown en 1622 marque le vrai point de départ de **la Virginie**, colonie de la Couronne. Dans les cinquante années suivantes, l'expansion se fait vers l'intérieur le long des rivières et sans s'en écarter beaucoup, jusqu'à la Fall Line. La population est formée essentiellement d'*indentured servants* (employés sous contrat), l'équivalent des « engagés » français qui, après plusieurs années de travail, pour paiement de leur traversée, reçoivent des terres et s'installent à leur compte. Ce courant d'immigration d'abord important, notamment à l'époque de la « tyrannie » de Charles Ier se raréfie à partir de 1640, cependant que les premiers esclaves noirs sont importés d'Afrique (1638). Vers 1680, la société virginienne tend à se stabiliser : les grands planteurs, descendants des *indentured servants* qui ont réussi, exploitent avec une main-d'œuvre noire de grands domaines où l'on cultive essentiellement le tabac, à côté du blé nécessaire à la subsistance de la colonie. Au point de vue religieux, les Virginiens restent fidèles à l'anglicanisme. Au nord du Potomac, **le Maryland** ainsi baptisé en l'honneur de la Vierge Marie par les catholiques de Lord Baltimore (1632) est socialement et économiquement très semblable à la Virginie, mais ouvert aux catholiques. Au sud de la Roanoke river, **la Caroline** est créée en 1663, Charleston, la capitale, en 1670 ; la croissance de la population, d'origine anglaise mais aussi française (huguenots) est lente : en 1700, 2 500 Blancs et autant d'esclaves noirs commencent à implanter le long de la côte la culture du riz et de l'indigo.

Le 9 novembre 1620, le *Mayflower* débarque près du cap Cod, à 1 000 kilomètres au nord de Jamestown, 102 pères « pélerins » parmi lesquels se trouve un certain nombre de puritains anglais réfugiés en Hollande. La nouvelle colonie, le Massachussets, s'organise en communauté autonome, bientôt ouverte aux seuls presbytériens. De 1630 à 1640, 20 000 puritains chassés par la politique religieuse de l'archevêque Laud viennent grossir la jeune colonie, cependant que certains pionniers, victimes des tracasseries puritaines, préfèrent fonder des colonies indépendantes, le New-Hampshire (1624), le Connecticut (1636), le Rhode-Island (1636). Ainsi se constitue peu à peu une **Nouvelle-Angleterre** socialement et économiquement très différente de la Virginie : une bourgeoisie puritaine et cultivée (1636, fondation de l'université d'Harvard) vit tournée vers la mer beaucoup plus que vers l'intérieur (où l'on pratique élevage et polyculture) ; les ports (Boston est fondé en 1630) alimentent les Antilles anglaises en bois et en goudron, en poisson et en pelleteries.

d) Entre la Virginie et la Nouvelle-Angleterre il y a encore, au milieu du siècle, un vide que la colonisation anglaise ne comblera qu'après l'élimination de certains concurrents. En effet, en 1624, l'année du massacre d'Amboine et de la prise de Bahia, **les Hollandais** fondent dans la vallée de l'Hudson, remarquable voie de pénétration vers l'intérieur, une série de comptoirs, de Fort-Orange (Albany) à **la Nouvelle-Amsterdam.** Plus au sud, le long de la Delaware, une compagnie suédoise fonde en 1638 une Nouvelle-Suède autour de Fort-Christine, peuplée de Suédois, de Finlandais, d'Allemands ; mais en 1655, l'ensemble des établissements suédois tombe aux mains des Hollandais. A leur tour ceux-ci, trop peu nombreux pour résister longtemps à la pression des colons de Nouvelle-Angleterre, perdent en août 1664 la Nouvelle-Amsterdam, bientôt rebaptisée **New-York**, et abandonnent aux Anglais par le traité de Bréda (1667) tous leurs comptoirs de l'Hudson et de la Delaware. A ces nouvelles colonies anglaises, s'ajoute en 1681 **la Pennsylvanie** fondée par William Penn (1644-1718), disciple de George Fox fondateur de la secte des *Quakers* ; répondant à son appel, des immigrants européens, notamment allemands, viennent s'installer en Pennsylvanie dont la capitale, Philadelphie, est en 1715 la seconde ville d'Amérique du Nord, derrière Boston.

e) A cette date, **les colonies anglaises** (sans compter les annexions de 1713 : Acadie, Terre-Neuve, baie d'Hudson) forment un front continu le long de l'Océan, du Canada à la Floride. Sous des régimes juridiques variés (colonies de la Couronne, gouvernements propriétaires, colonies à charte), elles sont dotées d'institutions assez voisines : à côté d'un gouverneur qui représente le roi, une assemblée élue par les propriétaires représente les colons. De plus, malgré les distances qui les séparent et les différences profondes qui existent entre elles, une certaine solidarité naît du fait qu'elles ont à affronter des problèmes similaires : le péril indien, qui croît à mesure que les colons commencent à s'enfoncer dans l'intérieur ; les rapports difficiles avec la métropole, qui tient ses colonies dans une étroite sujétion politique et économique (à la suite d'une révolte du Massachussets en 1684, sa constitution est abolie, puis rétablie en 1691) ; enfin, la menace d'encerclement que font peser les Français, maîtres du Canada et de la Louisiane : il est vrai que, dès le début du XVIIIe siècle, face aux 15 000 Français, les 450 000 colons anglais possèdent l'avantage du nombre, qui sera décisif lors de l'inévitable affrontement.

LECTURES COMPLÉMENTAIRES

MANTRAN (Robert), *Histoire de la Turquie*, Paris, P.U.F. (« Que sais-je ? »), 1952, 128 p.

MANTRAN (Robert), *La Vie quotidienne à Constantinople au temps de Soliman le Magnifique et de ses successeurs (XVIe et XVIIe siècles)*, Paris, Hachette, 1965, 319 p.

CORNEVIN (Robert), *Histoire de l'Afrique*, t. II : *L'Afrique précoloniale du tournant du XVIe siècle au tournant du XXe siècle*, Paris, Payot, 1966, 638 p.

COQUERY (Catherine), *La Découverte de l'Afrique. L'Afrique noire atlantique des origines au XVIIIe siècle*, Paris, Julliard (« Archives »), 1965, 255 p.

GROUSSET (René), *Histoire de l'Asie*, Paris, P.U.F. (« Que sais-je ? »), 1943, 128 p.

ETIEMBLE, *Les Jésuites en Chine. La querelle des rites, 1552-1773*, Paris, Julliard (« Archives »), 1966, 296 p.

BRUHAT (Jean), *Histoire de l'Indonésie*, Paris, P.U.F. (« Que sais-je ? »), 1958, 128 p.

PICARD (R.), KERNEIS (J.-P.), BRUNEAU (Y.), *Les Compagnies des Indes. Route de la porcelaine*, Paris, Arthaud, 1966, 386 p.

CHAUNU (Pierre), *L'Amérique et les Amériques*, Paris, A. Colin (« Destins du monde »), 1964, 470 p.

FREYRE (Gilberto), *Maîtres et esclaves*, traduction de R. Bastide, Paris, Gallimard (« La Croix du Sud »), 1952, 550 p.

BONNAULT (Claude de), *Histoire du Canada français, 1534-1763*, Paris, P.U.F. (« Colonies et Empires »), 1950, 346 p.

PASQUET (D.), *Histoire politique et sociale du peuple américain*, t. I, Paris, Picard, 1924, 411 p.

MAURO (Frédéric), *L'Expansion européenne, 1600-1870*, Paris, P.U.F. (« Nouvelle Clio »), 1964, 417 p.

CHAPITRE VIII

LA FRANCE DE LOUIS XIV DE 1661 A 1685

1 _ Le roi et le renforcement de l'autorité

Dès le lendemain de la mort de Mazarin (9 mars 1661), Louis XIV fait savoir à toute la cour sa volonté de ne plus jamais prendre de premier ministre. Aidé par quelques grands commis, bien choisis, qui le conseillent mais ne décident pas, il s'efforce de renforcer dans tous les domaines l'autorité monarchique et d'appliquer la « maxime de l'ordre ».

Le roi et la cour

a) Né à Saint-Germain-en-Laye, le 5 septembre 1638, devenu roi et orphelin à moins de 5 ans le 14 mai 1643, **Louis XIV** a subi dans son enfance deux **influences** déterminantes : celle de sa mère Anne d'Autriche qui a négligé quelque peu son instruction générale mais lui a inculqué de profonds sentiments religieux, le goût de l'étiquette à l'espagnole, le sens de la grandeur royale ; et celle de Mazarin qui, après 1646, s'est préoccupé avec beaucoup de sérieux de son éducation politique sous une forme moins livresque que pratique et concrète : admis à différents Conseils dès 1650 en spectateur muet mais attentif, le jeune Louis y a appris peu à peu son « métier de roi » et y a acquis l'art du secret et une profonde connaissance de l'Europe et de ses problèmes diplomatiques et militaires. En même temps, les tribulations de la Fronde, qui l'ont profondément marqué, lui ont permis de parcourir une partie de son royaume. Un peu plus tard, devenu jeune et brillant cavalier, il a participé activement à la vie de cour, fêtes, danses, carrousels, premières amours, sans cesser de se préparer au moment à la fois espéré et redouté où il serait seul maître.

b) Le roi, qui est beau et plein de majesté sans être grand, est d'une santé et d'une vitalité à toute épreuve. Il mène de front ses plaisirs et l'exercice exact de son métier de roi. Cette **application au travail** est facilitée par le plaisir qu'il éprouve à le faire :

> Je m'imposai pour loi, *écrira-t-il dans ses* Mémoires, de travailler régulièrement deux fois par jour, et deux ou trois heures chaque fois, avec diverses personnes, sans compter les heures que je passai seul en particulier, ni le temps que je pourrais donner aux affaires extraordinaires s'il en survenait [...] Je ne puis vous dire quel fruit je recueillis aussitôt après cette résolution. Je me sentis comme élever l'esprit et le courage, je me trouvai tout autre, je découvris en moi ce que je n'y connaissais pas, et je me reprochai avec joie de l'avoir trop longtemps ignoré. Cette première timidité qu'un peu de jugement donne toujours et qui d'abord me faisait peine, surtout quand il fallait parler quelque temps et en public, se dissipa en moins de rien. Il me sembla alors que j'étais roi, et né pour l'être. J'éprouvai enfin une douceur difficile à exprimer et que vous ne connaîtrez point vous-même qu'en la goûtant comme moi.

Laborieux et ponctuel, le roi est aussi d'une étonnante **maîtrise de soi**, liée à son sens de la majesté royale et à son goût pour le secret et la dissimulation. S'il n'est pas d'intelligence supérieure, il est doté d'un solide **bon sens** qui lui dicte les solutions les plus sages quand son orgueil ne l'aveugle pas. **L'orgueil** est en effet la passion qui chez lui domine tout, qui constitue sa nature même. A vrai dire, quand il prend le soleil pour emblème et *Nec pluribus impar* pour devise, il ne fait que se conformer aux leçons qu'on lui a inculquées dès l'enfance et qu'il entendra pendant toute sa vie. Pour les théoriciens de **l'absolutisme**, du juriste Cardin Le Bret (*Traité de la souveraineté du roi*, 1632) au pasteur Elie Merlat ou à l'évêque Bossuet

(*Politique tirée de l'Écriture sainte*, 1677), le roi est le représentant de Dieu et il n'a de comptes à rendre qu'à lui seul. Il est l'incarnation même de l'État, il a tous les pouvoirs et doit être obéi par tous sous peine non seulement de lèse-majesté mais de sacrilège. Il est source de toute justice : certes, il délègue ses pouvoirs aux divers tribunaux, mais il peut toujours exercer ce droit directement par évocations en son Conseil, Commissions extraordinaires, lettres de grâce, lettres de cachet. Il est source de toute législation ; il est la loi vivante selon le vieil adage *Rex, Lex* ; il légifère par ordonnances, édits, déclarations ou arrêts du Conseil. Il est enfin source de toute autorité administrative ; il délègue une partie de cette autorité à des agents, officiers ou commissaires, qui demeurent théoriquement sous son contrôle ; il lève les impôts de par sa seule volonté, il est seul juge des dépenses. L'unique limite officiellement reconnue à l'absolutisme du roi réside dans le respect auquel il est tenu à l'égard des « lois fondamentales » du royaume (notamment la loi dite salique et l'inaliénabilité du domaine royal) et des privilèges et franchises de certains corps et de certaines provinces.

c) Élevé dans de tels principes, profondément imbu de la dignité royale et des droits et des devoirs qu'elle implique, Louis XIV se considère véritablement comme « le lieutenant de Dieu sur la terre ». Cette conviction inspire toutes ses actions et tous ses gestes mêmes les plus quotidiens, et sa personne devient l'objet d'un véritable culte s'exerçant dans le cadre de **la cour.** Celle-ci reste itinérante jusqu'en 1682. Elle ne séjourne plus que rarement au Louvre ou aux Tuileries, mais elle est tantôt à Fontainebleau, réparé et agrandi, tantôt à Saint-Germain, parfois à Chambord ou à Versailles, où Louis XIV fait commencer les travaux qui transformeront le petit pavillon de Louis XIII en une résidence digne de lui.

Quel que soit l'endroit où se trouve la cour, la vie y est réglée selon une étiquette en partie empruntée à l'Espagne. **La famille royale** occupe le premier rang après le roi. Des six enfants que celui-ci aura de la reine Marie-Thérèse, personnalité effacée, un seul survivra, Louis, né en 1661, dit le Grand Dauphin ou Monseigneur. Le frère du roi, Philippe d'Orléans, Monsieur, né en 1640, épouse en 1661 Henriette d'Angleterre et après la mort subite de celle-ci, en 1670, la princesse Palatine qui sera la mère du duc de Chartres ; le roi écarte son frère de toute fonction et le laisse à ses plaisirs douteux. Les princes du sang sont eux aussi écartés du pouvoir : Condé rentré en grâce est soit à la tête des armées, soit dans son château de Chantilly ; son frère Conti meurt en 1666, laissant deux fils. **Les maîtresses du roi** tiennent une place importante à la cour, mais ne jouent aucun rôle politique : à Louise de La Vallière qui se retire définitivement chez les carmélites de Chaillot en 1674, succède dès 1667 l'altière Athénaïs de Rochechouart-

Mortemart, marquise de Montespan, qui a du roi huit enfants. La masse des **courtisans** se partage les multiples charges et services de la cour, sources d'honneurs et de profits. Ils deviennent ainsi les ministres du culte monarchique, participant selon un cérémonial compliqué aux grands moments de la journée du roi (le lever et le coucher notamment), passant l'essentiel de leur temps en fêtes (comédies, bals), en mesquines intrigues, voire en plus sombres jeux (l'affaire des Poisons compromet entre 1670 et 1680 plusieurs personnages de la cour). En les réduisant à ce rôle, Louis XIV entend à la fois rehausser son propre prestige et prévenir le retour de troubles comme ceux de la Fronde ; aussi réserve-t-il jalousement ses faveurs à ceux de ses nobles qui, en dehors de leur présence à l'armée, paraissent régulièrement à la cour ou mieux encore en font leur résidence ordinaire.

Conseils et « ministres »

a) S'il gouverne et décide seul, Louis XIV ne peut se passer de **collaborateurs.** Il prend soin de les choisir non dans la famille royale, la haute noblesse ou le haut clergé, mais parmi des bourgeois ou des robins fraîchement anoblis qui lui seront d'autant plus attachés qu'ils lui devront tout, anoblissement, honneurs, fortune, pour eux et leur famille :

> Il n'était pas de mon intérêt de prendre des hommes d'une qualité plus éminente. Il fallait avant toutes choses, établir ma propre réputation, et faire connaître au public, par le rang même d'où je les prenais, que mon intention n'était pas de partager mon autorité avec eux. Il m'importait qu'ils ne conçussent pas eux-mêmes de plus hautes espérances que celles que je leur voudrais donner, ce qui est difficile aux gens d'une grande naissance.

Ces collaborateurs sont d'ailleurs peu nombreux : trois ou quatre ministres d'État, une trentaine de conseillers d'État et moins d'une centaine de maîtres des requêtes. Tout en conservant les anciens rouages, Louis XIV les concentre autour de sa personne et les rend plus souples, par la pratique notamment des cumuls et des chevauchements de fonctions : ainsi Colbert à la fin de sa vie sera contrôleur général des finances, surintendant des bâtiments, arts et manufactures, secrétaire d'État à la Marine et à la Maison du roi.

b) A l'issue d'une lente évolution, **le Conseil du roi** se trouve en 1661 divisé en plusieurs sections spécialisées, siégeant à des jours différents ;

les trois premières sont toujours présidées par le roi, la dernière le plus souvent par le chancelier. **Le Conseil d'en haut** (dit aussi étroit, ou des affaires, ou du ministère) est le vrai Conseil du gouvernement. Là sont examinées, à peu près un jour sur deux, les grandes affaires de politique intérieure et extérieure. Le roi y convoque qui il veut ; le fait d'y avoir été appelé même une seule fois donne droit au titre de ministre d'État. Au lendemain de la mort de Mazarin, Louis XIV y appelle Fouquet, Le Tellier et Lionne. Mais le 5 septembre 1661, il fait arrêter Fouquet, dont le luxe et la vanité l'offusquent, et qui paiera non seulement pour ses propres malversations mais aussi pour celles de Mazarin : traduit devant une Commission extraordinaire, il sera condamné au bannissement le 20 décembre 1664, et le roi de sa propre autorité commuera la peine en celle de détention perpétuelle. Dès septembre 1661 Colbert, principal artisan de la perte du surintendant, lui succède comme ministre d'État. Jusqu'en 1671, le roi n'appelle au Conseil d'en haut que la nouvelle triade Le Tellier-Lionne-Colbert. En 1671, à la mort de Lionne, Louvois (fils de Le Tellier) et Arnauld de Pomponne (remplacé après sa disgrâce en 1679 par Colbert de Croissy) entrent à leur tour au Conseil.

Le Conseil des dépêches regroupe, tous les quinze jours en principe, le personnel gouvernemental, notamment les secrétaires d'État. On y lit les dépêches reçues des provinces et on y prépare les réponses. **Le Conseil royal des finances** est créé en septembre 1661 en remplacement de la surintendance ; il comprend, outre le chef du Conseil (charge purement honorifique), les intendants des Finances et, après 1665, le contrôleur général ; il s'occupe de toutes les questions financières. Quand au **Conseil d'État** ou **privé** ou **des parties**, c'est moins un Conseil de gouvernement comme les précédents qu'une véritable assemblée présidée par le chancelier (à gauche du fauteuil vide du roi) et composée, à côté des ministres d'État et des secrétaires d'État, de magistrats professionnels : 30 conseillers d'État, et 80 à 100 maîtres des requêtes. Ce Conseil a compétence administrative (pour certaines questions financières, notamment), législative (il rend les arrêts du Conseil et prépare les édits et ordonnances), surtout judiciaire (il constitue la juridiction suprême en matière civile et administrative).

c) Les principaux **collaborateurs** du roi (qui n'ont droit au titre de ministres d'État que dans la mesure où ils siègent au Conseil d'en haut, ce qui est loin d'être toujours le cas) sont le chancelier, le contrôleur général des Finances et les quatre secrétaires d'État. **Le chancelier**, second personnage du royaume en dignité, est le chef de la magistrature et a la garde des sceaux ; il est inamovible, mais le roi peut toujours lui retirer les sceaux, c'est-à-dire la réalité de ses fonctions. En fait, les chanceliers Séguier (mort en 1672) et d'Aligre (1674-1677) ne jouent qu'un rôle très secondaire dans le gouvernement ; quant à Le Tellier, ministre d'État, le fait de succéder à d'Aligre est davantage la récompense d'une belle carrière qu'un réel accroissement de pouvoir (1677-1685).

Le titre de **contrôleur général des finances** n'est créé qu'en 1665 au profit de Colbert. Le roi a supprimé la charge de surintendant en septembre 1661, mais dès cette date, Colbert en exerce en fait les fonctions, comme ministre d'État, intendant des Finances et membre du Conseil des finances. Le contrôleur général est non seulement à la tête de toute l'administration des Finances, mais il dirige aussi toute l'activité économique.

Les quatre **secrétaires d'État** (« Étrangers », Guerre, Marine, Maison du roi) possèdent les attributions qu'implique leur titre et conservent de plus un certain droit de regard sur l'administration des provinces, selon un « département » (ou distribution) d'ailleurs variable. Aux « Étrangers », Arnauld de Pomponne (1672-1679), puis Colbert de Croissy (1679-1696) succèdent à Hugues de Lionne ; à la Guerre, Michel Le Tellier, secrétaire d'État de 1643 à 1685, a obtenu pour son fils Louvois la survivance de sa charge dès 1655 et l'associe aux affaires dès 1662 ; il lui abandonne la direction de la Guerre en 1677, lorsqu'il devient chancelier ; à la Marine, Colbert devient secrétaire d'État en 1669 et s'adjoint très tôt son fils Seignelay.

d) Ainsi, au Conseil d'en haut et dans les postes gouvernementaux, le personnel se renouvelle peu. Le roi qui n'aime point les visages nouveaux favorise l'ascension de deux ou trois **dynasties** de serviteurs fidèles et éprouvés, les Colbert, les Le Tellier et secondairement les Phélypeaux (La Vrillière et Pontchartrain). En fait, deux hommes jouent, dans la première partie du règne personnel de Louis XIV, un rôle de premier plan : Colbert et Louvois.

Jean-Baptiste **Colbert** (1619-1683), d'une famille de bourgeois rémois marchands et officiers du roi, a commencé sa carrière en 1640 comme commis de Michel Le Tellier, beau-frère d'un de ses oncles. En 1650, Le Tellier le recommande à Mazarin qui en fait son homme de confiance ; il s'occupe des affaires privées du cardinal, commence sa propre fortune et s'initie aux grands problèmes de l'État. En 1661, sur la recommandation de Mazarin, Louis XIV le nomme intendant des Finances. Colbert s'acharne alors à perdre Fouquet et à lui succéder. Son étonnante puissance de travail, son esprit ordonné et méthodique lui permettent d'assumer pendant plus de vingt ans une tâche énorme, faisant à lui seul le travail de plusieurs ministres et s'occupant pratiquement de toute l'administration du royaume, à l'exception des affaires étrangères et militaires. C'est un caractère renfrogné et abrupt, qui joint à une vanité parfois ridicule une avidité insatiable, trait courant à un pareil poste : non seulement il amasse une énorme fortune mais il assure celle de sa famille, poussant ses frères, ses fils, ses cousins, ses neveux aux plus hauts postes de l'État ou de l'Église et mariant ses filles à trois ducs et pairs (Chevreuse, Beauvillier, Mortemart). Sa grandeur est dans l'énergie avec laquelle il se voue au service du roi et de l'État.

François-Michel Le Tellier, marquis de **Louvois** (1641-1691), associé très jeune à son père, tend à devenir à partir de 1662 le vrai chef du département de la Guerre, en attendant son entrée au Conseil d'en haut en 1672 et la succession paternelle en 1677. Esprit net et précis, il est aussi grand travailleur que Colbert et aussi avide que lui. Mais ambitieux et brutal, il ne ménage personne, sauf Louis XIV qu'il sait flatter sans vergogne. Son influence sur le roi, surtout à partir de 1679, contribue à donner à la politique française son caractère agressif et envahissant. Mais quel que soit le rôle joué par Colbert et Louvois, Louis XIV, qui joue d'ailleurs de la rivalité permanente qui oppose les deux hommes, reste à tout moment le maître qui seul décide et sans qui ces grands commis retourneraient au néant.

Le rétablissement de l'ordre

« Le désordre régnait partout », écrit le roi dans ses *Mémoires*, non sans quelque exagération d'ailleurs, à propos de la situation intérieure en 1661 ; la tâche à laquelle il se consacre d'abord, avec l'aide de Colbert, est donc le rétablissement de l'ordre.

a) **La surveillance des grands corps de l'État** en est le premier aspect. La noblesse est réduite au silence et « domestiquée » à la cour ; les gouverneurs de province sont toujours des grands seigneurs, mais ils ne sont plus nommés que pour trois ans (renouvelables) et sont tenus de résider près du roi et non dans leur gouvernement, où leurs fonctions militaires sont aux mains de lieutenants généraux de moindre noblesse. Les Assemblées du clergé et les menées des dévots sont soigneusement surveillées. Les cours souveraines (qui ne sont plus dites que « supérieures » à partir de 1665) sont matées pour longtemps : les parlements doivent enregistrer les édits sans délibération ni vote (décembre 1665) et ne peuvent présenter de « respectueuses remontrances » qu'après cet enregistrement ; encore le roi n'en tient-il généralement aucun compte ; à la moindre velléité de résistance, les parlementaires sont envoyés en exil, tels ceux de Rennes en 1675. Les autres compagnies d'officiers sont mises dans l'impossibilité de renouveler la révolte de la Fronde ; trésoriers de France et élus sont tenus en 1662 de dissoudre les syndicats qu'ils avaient constitués et sont placés sous le contrôle direct des intendants ; la diminution du nombre de leurs offices par rachat est même amorcée, mais vite arrêtée il est vrai, faute de moyens financiers suffisants.

Les états provinciaux subsistent, notamment en Bretagne, Bourgogne, et Languedoc, mais l'élection de leurs membres n'est plus libre, leurs sessions sont espacées et rapides, leurs pouvoirs deviennent purement virtuels ; il en est de même pour l'Assemblée des communautés qui, en Provence, a remplacé les états en 1639. Madame de Sévigné qui assiste en août 1671, à Vitré, à la session des états de Bretagne n'est pas dupe :

> Les états ne doivent pas être longs ; il n'y a qu'à demander ce que veut le roi ; on ne dit pas un mot : voilà qui est fait. Pour le gouverneur, il y trouve, je ne sais comment, plus de quarante mille écus qui lui reviennent. Une infinité d'autres présents, des pensions, des réparations des chemins et des villes, quinze ou vingt grandes tables, un jeu continuel, des bals éternels, des comédies trois fois la semaine, une grande « braverie » ; voilà les états. J'oublie quatre cents pièces de vin qu'on y boit ; mais si j'oubliais ce petit article, les autres ne l'oublieraient pas, et c'est le premier [...] Je partis lundi de cette bonne ville (de Vitré). Toute la Bretagne était ivre ce jour-là [...] ; le prétexte était une joie et une reconnaissance extrême de cent mille écus que le roi a donné à la province sur le présent qu'on lui a fait, voulant récompenser la bonne grâce qu'on a eue à lui obéir, par cet effet de sa libéralité.

Quant aux villes, plusieurs d'entre elles, foyers d'agitation pendant la Fronde, sont privées du droit d'élection de leurs magistrats municipaux, désormais nommés par le roi ; dans les autres, les élections sont très surveillées ; enfin, sous prétexte de mettre de l'ordre dans leur comptabilité souvent obérée, l'intendant intervient constamment dans leur administration. A Paris, l'édit de mars 1667 crée un nouveau magistrat, le lieutenant général de police dont les fonctions sont très étendues : sécurité, édilité, subsistances, épidémies, surveillance des mœurs, censure des livres ; le premier titulaire de la charge, Nicolas de La Reynie remarquablement zélé et énergique, contribue à en faire un poste de première importance.

b) **La réforme de la législation** découle elle aussi de l'application de la « maxime de l'ordre ». Regrettant la diversité des pratiques juridiques en usage (droit romain dans le Sud, coutumes variées dans le Nord), le roi et Colbert essaient d'établir une certaine unité de législation. A cet effet, ils créent en septembre 1665 un Conseil de justice qui associe des conseillers d'États et des parlementaires et rédige six grands codes. L'Ordonnance civile de Saint-Germain ou Code Louis (1667), l'Ordonnance des eaux et forêts (1669), l'Ordonnance criminelle (1670), l'Ordonnance commerciale ou Code marchand (1673), l'Ordonnance maritime (1681), l'Ordonnance coloniale ou Code noir (1685) s'efforcent, chacune dans leur domaine, de fixer les principes d'une réorganisation méthodique et uniforme. En fait, la distance sera souvent grande de ces textes à leur application, et les imperfections de la justice, notamment, resteront évidentes : multiplicité des juridictions, lenteur et coût des procès, cruauté de la procédure criminelle.

c) **Le maintien de la tranquillité publique** est évidemment, aux yeux du roi, une exigence essentielle. En 1665-1666, une Commission extraordinaire du parlement de Paris va tenir à Clermont les Grands Jours d'Auvergne pour châtier un certain nombre de seigneurs brigands qui rançonnaient le pays. Des **soulèvements populaires**, moins fréquents que dans la première moitié du siècle, ne s'en produisent pas moins encore de temps en temps, provoqués comme toujours par la misère ou la création de quelque impôt nouveau. Ils sont impitoyablement réprimés, ainsi dans le Boulonnais en 1662, en Chalosse et Béarn en 1664 (un gentilhomme, Audijos, est à la tête des révoltés), dans le Vivarais en 1670, en Guyenne et en Bretagne en 1675. Si, dans les cas de rébellion ouverte, l'envoi de troupes royales est indispensable, en temps ordinaire la vigilance des intendants suffit à prévenir le désordre et, le cas échéant, à le réprimer.

d) **Les intendants** deviennent en effet les grands instruments du renforcement de l'autorité monarchique. Rétablis au lendemain de la Fronde, ce ne sont encore à cette date que des commissaires départis à titre temporaire pour enquêter et inspecter dans une ou plusieurs généralités ; tel est le but que leur assigne Colbert lors de la grande enquête de 1664, premier exemple d'une description statistique et systématique du royaume. En fait, l'évolution sensible depuis Richelieu s'accélère et s'achève : vers 1670, il y a dans toutes les généralités ou provinces (sauf en Béarn et en Bretagne) un intendant fixe et permanent, qui de simple enquêteur est devenu administrateur. Commissaire choisi le plus souvent parmi les maîtres des requêtes, l'intendant est doté de pouvoirs énormes qui en font vraiment « le roi présent en la province », comme en témoigne, parmi d'autres, la lettre de commission de Le Bret envoyé en Provence en 1687 :

> [...] Nous vous avons commis, ordonné et député [...] intendant de justice, police et finances en notre dit pays de Provence, Forcalquier et terres adjacentes pour, en cette qualité, [...] entrer et prendre séance en nos cours de parlement et de nos comptes, aides et finances audit pays ; assister à toutes assemblées d'états ou de communautés [...]; seoir et présider en tous sièges royaux de ladite province ; procéder au réglement et réformation de la justice selon nos ordonnances ; reconnaître si nos officiers font leur devoir en l'exercice et fonction de leurs charges ; ouir les plaintes de nos sujets [...] ; présider aux assemblées des

villes [...] ; informer de tous désordres et menées secrètes contre notre service et de tous ports d'armes et assemblées illicites, comme aussi vous enquerrez du déportement et façon de vivre des gens de guerre en garnison dans les villes dudit pays [...] ; avoir l'œil et direction générale sur l'imposition, levée et perception de tous les deniers de ladite province, et maniement et distribution d'iceux [...] ; et généralement faire, pour l'observation de nos ordonnances touchant la justice, police et finances, tout ce qui pourra dépendre de votre charge d'intendant.

Intendant de Justice, il surveille tous les officiers de son ressort, peut présider tous les tribunaux et instituer des Commissions extraordinaires ; intendant de Police, il maintient l'ordre, s'occupe des problèmes de subsistances et de ponts et chaussées, surveille les municipalités ; intendant de Finances, il veille à la répartition et à la levée de la taille par les élus et les trésoriers de France en pays d'élections et soumet aux états provinciaux les exigences royales en pays d'états. Pour exercer ces pouvoirs considérables, les intendants sont au début peu aidés, sinon par quelques officiers locaux qu'ils choisissent eux-mêmes (souvent à l'encontre des consignes de Colbert) et qui acceptent de remplir sans titre officiel et sans gages le rôle de subdélégués.

Les attributions multiples des intendants contribuent à étouffer peu à peu l'activité réelle des autres pouvoirs locaux et, si à leur très modeste place **les communautés villageoises** restent vivantes, c'est parce qu'elles servent d'intermédiaires obligés entre l'intendant et le paysan taillable : l'assemblée générale des principaux chefs de famille (le « général de la paroisse », comme l'on dit dans certaines régions) se réunit le dimanche après la messe, sous la présidence du représentant du seigneur (ou plus simplement d'un syndic élu et du curé), pour s'occuper surtout de la gestion des biens communaux et de la répartition de la taille. Elle est le dernier maillon de la chaîne qui relie chaque sujet au roi et l'astreint à obéir et à payer.

2 _ Le roi et les réalités économiques

L'énorme labeur de Colbert réussit un moment à rétablir l'équilibre des finances et à développer les exportations, mais les dépenses engagées pour la guerre de Hollande et les difficultés liées à une conjoncture de dépression expliquent en grande partie la réapparition du déficit et le demi-échec du colbertisme, en dépit d'incontestables réussites.

Les problèmes financiers

a) Profitant de douze années de paix de 1660 à 1672 (la guerre de Dévolution fut rapide et peu coûteuse), Colbert réussit à remettre de l'ordre dans les finances et à assurer un **budget en équilibre**, grâce à une comptabilité sévère, à la diminution des charges, à un meilleur rendement de la fiscalité. Exaspéré par le désordre et la confusion que Fouquet et ses prédécesseurs ont introduits dans la gestion du Trésor public, il décide, en bon comptable, d'établir des relevés simples et commodes des recettes et des dépenses, afin que le roi puisse à tout moment connaître la situation précise de sa caisse. A cet effet, il fait tenir régulièrement à partir de 1667 un « Grand Livre » des recettes et un « Journal » des dépenses, visés chaque mois par le roi ; en matière budgétaire, un « état de prévoyance » établit dès octobre le budget provisoire de l'année suivante et l'« état au vrai » dresse en février les comptes définitifs de l'année écoulée.

En outre, Colbert s'acharne à **diminuer les charges** de l'État. Il rachète un certain nombre d'offices inutiles dont le paiement coûtait fort cher. Il procède à des réductions ou même à des annulations de rentes, intérêts des emprunts d'État contractés surtout sous Richelieu et Mazarin et dont le paiement absorbait chaque année plus du tiers des revenus. L'économie annuelle ainsi réalisée est de plusieurs millions, et la part des charges budgétaires permanentes (gages des officiers, rentes) diminue en dix ans de plus de moitié. Une Chambre de justice siège de 1662 à 1669 pour « la recherche des abus et malversations commis depuis 1635 » ; si les financiers les plus compromis réussissent à s'enfuir, du moins le Trésor réussit-il à se faire restituer plus de 100 millions de livres.

Enfin, Colbert s'efforce d'**augmenter les recettes** grâce à un meilleur rendement de l'impôt. Certes, il connaît mieux que personne les vices du système fiscal : les impôts sont à la fois lourds et insuffisants parce que mal répartis et mal levés. De la taille (dite personnelle ou réelle selon qu'elle porte sur les revenus arbitrairement appréciés, soit des personnes, soit des biens) sont exempts non seulement les membres des deux ordres privilégiés, mais aussi certains officiers, les habitants des villes dites franches, quelques provinces. Les impôts indirects (aides, traites, gabelle) étant levés par des financiers à qui ils sont affermés, coûtent beaucoup plus aux imposés qu'ils ne rapportent au roi. Ne pouvant refondre totalement un système qui met notamment en cause la structure sociale de l'État, Colbert s'efforce du moins d'en atténuer certaines imperfections : il diminue progressivement la taille personnelle dont le poids est devenu intolérable à la suite des augmentations qui se sont succédé depuis 1635 ; en même temps, la perception en est rendue plus facile, plus rapide et surtout moins onéreuse ; la chasse aux exempts abusifs (notamment les faux nobles) permet une meilleure répartition du fardeau commun. De même, le produit des impôts indirects se trouve substantiellement accru moins par l'augmentation des tarifs que par une étroite surveillance des traitants auxquels ils sont affermés ; il en est de même pour les revenus du domaine royal. Par contre, certains impôts sont augmentés, ainsi les dons gratuits du clergé et de certaines provinces et la taille réelle, beaucoup moins lourde jusque-là que la taille personnelle.

Ces efforts méthodiques portent leurs fruits : de 1661 à 1671, les revenus de l'État doublent largement ; dès 1662, les recettes excèdent les dépenses, ce qui est le cas chaque année jusqu'en 1672 (sauf en 1668).

b) Mais avec la guerre de Hollande commencent des **difficultés financières** qui ne vont plus cesser désormais ; **le déficit** budgétaire devient la règle. Cela s'explique essentiellement par les dépenses sans cesse plus lourdes qu'entraînent la politique agressive du roi en Europe, la construction de Versailles et l'entretien de la cour. De plus, malgré les objurgations de son ministre, Louis XIV multiplie en cours d'année les « acquits au comptant » sans justification, rendant ainsi illusoires les calculs budgétaires et l' « état de prévoyance ». Pour faire face à la situation, Colbert se résout à augmenter les impôts (tailles, aides, gabelle) et surtout à recourir aux « affaires extraordinaires », c'est-à-dire à la pratique des expédients abandonnée depuis Fouquet : ventes d'offices, emprunts aux particuliers (grâce à une Caisse des emprunts créée en 1674), aliénation partielle du domaine royal, création de taxes nouvelles (monopole du tabac, extension de l'obligation du papier timbré). La création, en 1680, de la « Ferme générale » pour la levée des impôts indirects permet au roi de toucher en bloc les revenus de ces impôts, mais aggrave encore l'arbitraire de leur perception. En 1681, Colbert désabusé écrit à Louis XIV :

> Après les huit à neuf années de guerre et une dépense de 110 à 120 millions par chaque année, V. M. n'avait consommé que 22 millions sur les années suivantes. En 1680, la dépense excède la recette de 20 millions [...] Tout ce que l'on peut penser sur cette matière ne peut aboutir qu'à augmenter la recette et diminuer la dépense. Pour l'augmentation de la recette, je ne puis m'empêcher de dire à V.M. qu'il y a à craindre que je n'aille trop loin et que les prodigieuses augmentations des fermes ne

soient fort à charge aux peuples. C'est la seule chose qui soit commise à mes soins, V. M. ayant réglé les tailles [...] A l'égard de la dépense, quoique cela ne me regarde en rien, je supplie seulement V. M. de me permettre de lui dire qu'en guerre et en paix elle n'a jamais consulté ses finances pour résoudre ses dépenses, qui est si extraordinaire qu'assurément il n'y en a point d'exemple. Et si elle voulait bien se représenter et comparer les temps et les années passées depuis vingt ans que j'ai l'honneur de la servir, elle trouverait que, quoique les recettes aient beaucoup augmenté, les dépenses ont excédé de beaucoup les recettes, et peut-être que cela convierait V. M. à modifier et retrancher les excessives, et mettre par ce moyen un peu plus de proportion entre les recettes et les dépenses.

Projets économiques et premières réalisations

a) La politique financière tentée par Colbert suppose un pays riche et capable de soutenir par l'impôt « la gloire du roi ». Le ministre partage avec ses contemporains la conviction que la quantité d'or et d'argent en circulation dans le monde est à peu près constante, et que la richesse d'un État se mesure en numéraire. Il faut donc, pour enrichir le royaume, **acheter peu** aux étrangers et leur **vendre beaucoup.** Il exposera lui-même ses idées dans ce domaine à différentes reprises :

Je crois que l'on demeurera facilement d'accord sur ce principe qu'il n'y a que l'abondance d'argent dans un État qui fasse la différence de sa grandeur et de sa puissance [...] Il n'y a qu'une même quantité d'argent qui roule dans toute l'Europe et qui est augmentée de temps en temps par celui qui vient des Indes occidentales [...] On ne peut augmenter l'argent dans le royaume qu'en même temps que l'on en ôte la même quantité dans les États voisins [...] Il n'y a rien de plus nécessaire dans un État que le commerce ; c'est lui qui le rend florissant [...] Ce royaume a tout généralement en lui-même, si l'on en excepte très peu de chose ; mais il n'en est pas de même des États qui lui confinent, et il faut de toute nécessité qu'ils aient recours à nous.

En voulant réaliser une telle politique économique, Colbert ne fait que reprendre à son compte **les idées « mercantilistes** » que la France de Sully ou de Richelieu, l'Angleterre d'Élisabeth, la Hollande indépendante avaient tenté avec plus ou moins de succès de mettre en pratique. Ce qui est nouveau, c'est l'effort systématique qu'il entreprend pour diriger l'économie française et la plier à ses vues, transposant ainsi l'absolutisme monarchique dans le domaine économique.

Les problèmes agricoles ne l'intéressent que secondairement. D'ailleurs, l'agriculture se serait mal prêtée à l'application de projets trop rigides. Pourtant, il souhaite qu'elle puisse fournir aux villes pain et matières premières à bon marché, ce qui est le cas entre 1663 et 1674 (une fois passée la terrible crise de subsistances de 1661-1663) du fait de la conjoncture de baisse et de conditions météorologiques favorables.

b) **La production manufacturière** retient par contre toute l'attention de Colbert qui s'efforce de la développer, de la réglementer, de la protéger. **Le développement** de la production est assuré par la chasse aux oisifs et la diminution du nombre des fêtes chômées, par l'imitation des productions étrangères (dentelles de Hollande, glaces de Venise, soieries d'Italie), surtout par la création de manufactures privilégiées travaillant essentiellement pour l'exportation : les unes, les manufactures d'État, appartiennent à l'État et travaillent directement pour lui, par exemple la manufacture de tapisserie des Gobelins (1667) ; les autres, les manufactures royales, appartiennent à des particuliers mais reçoivent du roi des privilèges importants comme des exemptions fiscales, un monopole de fabrication, l'assurance d'une aide financière, en échange d'engagements précis en matière de production (quantité et surtout qualité) ; c'est le cas de la manufacture de bonneterie de Troyes (dispersée en petits ateliers) ou de la manufacture de draps créée à Abbeville en 1665 par le Hollandais Van Robais et dont le privilège de fondation stipule entre autres :

> Nous permettons et accordons audit Van Robais de venir s'habituer dans la dite ville d'Abbeville avec cinquante ouvriers hollandais et d'établir en icelle une manufacture de draps fins, tels qu'ils se fabriquent en Espagne et Hollande et pour cet effet, d'y faire transporter et dresser trente métiers à draper [...] Nous voulons que lui et ses associés et ouvriers étrangers servant actuellement à la dite manufacture soient censés et réputés véritables Français régnicoles et naturalisés [...] Ils seront aussi exempts de tous autres subsides, impositions, logements de gens de guerre, charges de ville, corvées et autres charges publiques pendant le temps de la présente concession [...] Et afin qu'ils puissent vivre avec la même liberté de religion dans laquelle ils ont été élevés, nous permettons audit entrepreneur et à ses associés et ouvriers de continuer à faire profession de la religion prétendue réformée [...] Et pour davantage témoigner audit entrepreneur et à ses associés la satisfaction que nous recevons de leur entreprise, nous avons ordonné et ordonnons [...] (qu') il soit payé et délivré comptant la somme de 12 000 livres audit entrepreneur [...] Et afin que le suppliant puisse jouir en toute liberté des fruits de son travail, nous avons fait défense à tous ouvriers et à autres personnes, de quelque qualité et condition qu'elle puisse être, d'imiter ou contrefaire la marque desdits draps, pendant le temps de vingt années, ni d'établir dans ladite ville et à dix lieues aux environs d'icelle pareils métiers à draper.

La réglementation est le fait du Conseil du commerce, qui est réorganisé en 1665 et publie à partir de 1666 des règlements généraux sur les manufactures et des édits particuliers sur les divers métiers, fixant les détails techniques de la fabrication et punissant rigoureusement les malfaçons. Pour mieux assurer l'exécution de ces prescriptions, Colbert favorise la multiplication des métiers jurés (appelés plus tard corporations) et fait la chasse aux métiers libres (édit de 1673). De leur côté, les inspecteurs des manufactures (dont la fonction est créée en 1669) et les intendants reçoivent pleins pouvoirs de contrôle.

La protection des manufactures françaises est assurée, en 1664, par un nouveau tarif douanier qui frappe lourdement les produits étrangers à leur entrée en France ; une nouvelle aggravation, en 1667, aboutit à prohiber presque tous les produits anglais et hollandais.

Dans les années 1664-1672, **les résultats** de ces efforts sont spectaculaires ; ils ressortent du bulletin de victoire dressé par Colbert en 1669 :

> État des manufactures — Serges de Londres, 120 métiers à Autun, Auxerre, Gournay, augmenteront et se perfectionneront tous les jours. Bas d'Angleterre, établis en plus de 30 villes ou bourgs, 6 000 métiers. Points de France, idem, 6 000 métiers [...] Draps, à Abbeville (50 métiers), Dieppe, Fécamp, Rouen, Sedan, Carcassonne. Cuivre jaune, à Bellecombre et à la Ferté-Alais. Canons de fer, armes, fer-blanc et toutes sortes de manufactures de fer qui venaient de Biscaye et de Suède, en Nivernais et Dauphiné. Salpêtres, poudres et mèches, partout. Toiles de Hollande, à Moret, Laval, Louviers et le Bec. Toiles à voile, à Vienne. Grosses ancres, à Vienne et à Rochefort. Crics, en Nivernais [...] Glaces de miroirs, à Paris et Cherbourg, commencent à en envoyer dans les pays étrangers [...] Recherches des mines, de toutes parts, en Languedoc, Rouergue, Foix, Roussillon, Auvergne, Normandie. Chanvres, achetés dans toutes les provinces au lieu de les prendre à Riga et en Prusse. Moulins à soie, établis dans les Pyrénées, Auvergne, Dauphiné et Provence. Fonderies de fonte, établies à Lyon, Toulon et Rochefort. Grands ateliers de la marine, établis à Toulon, Rochefort, Brest, le Havre et Dunkerque. Sucreries, établies à Bordeaux, la Rochelle, Nantes, Rouen, Dieppe et Dunkerque [...] Bâtiments — Eaux à Versailles, recherches. Eaux pour Saint-Germain grande terrasse à achever, jardins idem. Le Louvre, à continuer [...] Arc de triomphe pour les conquêtes de terre. Observatoire pour les cieux. Grandeur et magnificence.

c) Produire n'est pas tout ; il faut **vendre à l'étranger.** Cela suppose d'abord que les produits puissent circuler dans les meilleures conditions **à l'intérieur** du royaume et notamment en direction des grands ports d'embarquement. Colbert aurait souhaité réaliser l'unité douanière par la suppression des douanes existant aux frontières de chaque province et des péages municipaux ou seigneuriaux. Il ne réussit que très partiellement, notamment avec l'unification douanière des provinces du centre du royaume qui constituent, à partir de 1664, les « cinq grosses fermes ». Des efforts sont faits pour améliorer la circulation sur les voies d'eau (canal d'Orléans ; canal des Deux-Mers entre Toulouse et Sète, construit grâce à l'obstination de Riquet entre 1666 et 1680). Seules les routes vers les grands ports (ainsi que les routes stratégiques du Nord-Est) sont l'objet de travaux d'entretien, aux résultats d'ailleurs médiocres.

L'essentiel c'est d'augmenter le volume et la valeur du commerce **extérieur** et, surtout, de faire en sorte qu'il soit assuré par des bateaux français. Or, vers 1660, ce sont toujours les navires hollandais qui font la plus grande part du commerce français. Pour tenter de se débarrasser de ces intermédiaires, Colbert favorise la construction navale en accordant des primes aux armateurs et, surtout, s'efforce de créer des Compagnies de commerce dotées de monopoles d'exploitation et d'importants privilèges : en 1664, la Compagnie des Indes orientales pour le commerce avec l'Océan Indien et les terres à épices, et la Compagnie des Indes occidentales pour l'exploitation des îles à sucre (Saint-Christophe, la Guadeloupe, la Martinique, bientôt la partie occidentale de Saint-Domingue) ; en 1669, la Compagnie du Nord pour le trafic dans la Baltique ; en 1670, celle du Levant à destination de la Méditerranée orientale. Louis XIV et Colbert ne ménagent aucun effort pour tenter de drainer vers ces compagnies les capitaux privés : propagande, pressions, menaces. Mais les résultats sont si décevants, et les positions commerciales des Hollandais en France et dans le monde sont si peu entamées que, dès 1670, le roi et son ministre sont persuadés que l'indépendance économique du royaume et l'essor de son commerce extérieur ont pour préalable la défaite militaire, voire l'annexion pure et simple des Provinces-Unies.

Désillusions et réalités

a) **La guerre** déclenchée en 1672 **n'aboutit pas aux résultats escomptés.** Certes, la Hollande sort du conflit épuisée et en partie ravagée, mais elle n'est ni vaincue ni démembrée, et Louis XIV est même obligé d'abandonner, par une clause du traité de Nimègue, le tarif douanier de 1667. Les grandes Compagnies de commerce, mal soutenues par des capitaux privés insuffisants, périclitent ou disparaissent dès que **l'aide de l'État se fait plus chiche** : la Compagnie des Indes occidentales se dissout dès 1674 ; celle du Nord est incapable d'enlever aux Hollandais la primauté du commerce baltique et disparaît en 1684 ; celle du Levant sera liquidée en 1690 ; seule, la Compagnie des Indes orientales réussit à se maintenir grâce à l'habileté de certains de ses agents (tel François Martin, fondateur du comptoir de Pondichéry en 1674), mais elle ne distribue à ses actionnaires que des dividendes dérisoires et doit même, en 1682, renoncer à son monopole. De même, le relâchement du soutien financier apporté par l'État aux grandes manufactures, sauf celles intéressant l'effort de guerre (forges, arsenaux) ou la gloire du roi (Gobelins), entraîne, après 1674, la disparition de plusieurs d'entre elles créées à grands frais dans les années 1660.

b) Le fait qu'après 1672, les finances publiques en difficulté ne peuvent plus soutenir comme auparavant l'économie française ne suffit pas à expliquer **le demi-échec du colbertisme.** Celui-ci a des racines plus profondes dans les résistances rencontrées à l'intérieur du royaume, dans la puissance des concurrents étrangers et dans la conjoncture économique.

L'intervention de l'État et la réglementation systématique imposées par Colbert sont **impatiemment supportées** aussi bien par les artisans ou les grands fabricants que par les négociants ou les armateurs. Les uns et les autres, qui ont l'habitude de la liberté, acceptent mal les règlements et les monopoles et essaient de les tourner, souvent avec succès. Les efforts des inspecteurs se révèlent d'ailleurs d'autant plus vains qu'une grande partie de l'activité manufacturière échappe à tout contrôle : métiers libres dans les villes (malgré l'édit de 1673), travail des artisans ou des paysans des campagnes. Une partie des milieux d'affaires souhaite même que la liberté soit étendue aux relations commerciales avec les pays voisins ; dès 1668, un mémoire anonyme critique en ces termes la politique mercantiliste et protectionniste de Colbert :

> M. Colbert ne prend pas garde qu'en voulant mettre les Français en état de se pouvoir passer de tous les autres peuples, il les conduit à faire la même chose de leur côté, car il est certain qu'ils ont pris une autre route pour aller chercher ailleurs la plupart des choses dont ils se venaient fournir dans nos provinces. Puisqu'une des principales causes de la disette d'argent que nous voyons en France, au milieu d'une si grande abondance de blés et de vins, procède de ce que les Hollandais ne les viennent plus enlever comme ils faisaient autrefois parce que la conduite que nous tenons avec eux à l'égard du commerce, leur fait voir clairement que nous ne voulons rien prendre en échange.

Plus lourde de conséquences est **l'indifférence** à laquelle se heurtent le roi et son ministre dans leurs efforts pour drainer les capitaux de la bourgeoisie française vers le grand commerce maritime et les manufactures. Les demandes de participation aux deux Compagnies des Indes se heurtent, en 1664, à de nombreux refus de la part des collectivités ou des individus auxquels elles s'adressent. « Il ne s'est trouvé personne en cette ville qui ait voulu entrer en ladite association, répond par exemple le maire d'Angers, et cela procède de la pauvreté des habitants ». Excuse commode, en partie exacte, mais en tout cas très incomplète. En fait, la richesse française préfère s'investir en placements fonciers, en emprunts d'État, en constitutions de rentes entre particuliers, en achats d'offices. Quant aux grands armateurs et négociants, ils aiment mieux courir les risques d'une entreprise commerciale strictement privée, plutôt que d'investir leurs profits dans ces grandes compagnies dont ils redoutent le monopole et les privilèges et qu'ils considèrent comme trop liées à l'État. Ce qui est vrai dans le domaine commercial l'est aussi très largement dans le domaine manufacturier.

D'autre part, Anglais et Hollandais sont des **concurrents** trop redoutables pour être évincés en quelques années. Les produits des manufactures anglaises et hollandaises sont d'une qualité et d'un débit difficiles à égaler ; de même les positions commerciales des deux pays dans la mer du Nord, l'Atlantique et l'Océan Indien ne sont pas faciles à entamer ; grâce à leur flotte et à leur Banque, les Hollandais restent les « rouliers des mers » les plus sûrs et les moins chers.

Enfin, les difficultés rencontrées par Colbert s'expliquent en grande partie par **le climat conjoncturel** de dépression générale dans lequel s'inscrivent ses efforts : baisse de la production des mines américaines et raréfaction du numéraire en circulation en Europe, aboutissant à une « disette monétaire » qui explique la « politique d'argent » menée par Colbert ; baisse lente des prix découlant en partie de cette « disette » et affectant presque tous les produits ; baisse du profit, elle-même liée à la baisse des prix et entraînant à son tour un ralentissement dans les affaires et une méfiance en matière d'investissements. A ce marasme, s'ajoutent les effets d'une diminution sensible de la population : à partir de 1650, celle-ci fléchit presque partout, ou du moins cesse d'augmenter, conséquence des hécatombes du temps de la Fronde puis de la terrible famine de 1661-1663. Si cela a pour effet de ramener la population au niveau des subsistances, cela signifie aussi une diminution du nombre d'hommes pour animer l'économie et supporter le fardeau fiscal. Certes, la dépression économique et les difficultés démographiques sont des phénomènes européens et non strictement français ; il n'en reste pas moins qu'ils expliquent très largement le demi-échec de Colbert.

c) Si le décalage entre les projets grandioses du ministre et les réalisations acquises à la veille de sa mort permet de parler à juste titre de demi-échec, **certaines réussites** de l'économie française entre 1660 et 1680 sont pourtant incontestables et riches d'avenir. Le tonnage de la flotte marchande, médiocre en 1660, double en vingt ans. Le commerce extérieur s'accroît en volume et est assuré de plus en plus par des navires français. Saint-Malo, premier port français, est en relation notamment avec Terre-Neuve, l'Italie et l'Espagne. Rouen, Nantes, La Rochelle, Bordeaux sont prospères. Marseille réussit à développer le commerce du Levant malgré la concurrence anglaise. Certaines fabrications stimulées par les progrès du commerce extérieur résistent victorieusement au marasme.

Au total, en dépit de multiples difficultés que compense en partie une tranquillité intérieure que le royaume n'avait pas connue depuis longtemps, l'économie française est, vers 1680, dans une situation meilleure que vingt ans plus tôt.

3 _ Le roi et les affaires religieuses

Jaloux de ses droits sur l'Église de France, soucieux de rétablir dans le royaume l'unité de foi, Louis XIV entre en conflit avec le pape, lutte contre les jansénistes, révoque l'édit de Nantes. Mais en marge de cette politique le plus souvent décevante, l'Église de France poursuit avec succès l'œuvre de réforme amorcée dans la première moitié du siècle.

Jansénisme et gallicanisme

« Roi Très Chrétien », tenant son pouvoir de Dieu seul, revêtu de l'onction du sacre, Louis XIV se considère comme responsable devant Dieu du salut de ses sujets et même plus largement des intérêts de la Chrétienté (du moins lorsqu'ils concordent avec les siens propres) : c'est ainsi qu'il envoie des troupes contre les Turcs (Saint-Gothard, 1664 ; Candie, 1668-1669) et fait bombarder à plusieurs reprises les ports barbaresques. En même temps, il pense que son autorité dans le royaume est inséparable de l'unité de foi et exige l'obéissance du clergé au même titre que celle des autres ordres.

a) Au lendemain de la mort de Mazarin, Louis XIV, très hostile aux jansénistes dont il met en doute le loyalisme monarchique, s'applique, selon ses propres termes, à « détruire **le jansénisme** et à dissiper les communautés où se fomentait cet esprit de nouveauté ». Le 23 avril 1661, un arrêt du Conseil prescrit impérativement la signature du Formulaire aux prêtres, religieux et religieuses. Or, le 8 juin, les grands vicaires qui administrent le diocèse de Paris à la place de Retz promulguent un mandement ordonnant la signature mais introduisant la distinction du droit et du fait ; le 22 juin, les religieuses de **Port-Royal** cédant aux instances d'Arnauld acceptent de signer le Formulaire au bas du mandement et en y joignant une clause explicative ; elles maintiennent leur attitude, même après que les grands vicaires condamnés par Rome et par le roi aient rétracté leur mandement (octobre-novembre). Pourtant, la situation reste au point mort jusqu'en 1664. En effet, c'est seulement à cette date qu'Hardouin de Péréfixe, nommé en 1661 archevêque de Paris à la place de Retz démissionnaire, reçoit de Rome ses bulles de nomination. Les 21 et 26 août 1664, il vient lui-même à Port-Royal de Paris et, au cours de deux visites dramatiques, somme les religieuses de signer le Formulaire sans distinction du droit et du fait, mais se heurte à leur opposition intraitable. Douze d'entre elles (dont la mère Agnès et la sœur Angélique de Saint-Jean, sœur et nièce de la mère Angélique morte en 1661) sont alors dispersées dans divers couvents ; le reste de la communauté est privé des sacrements et placé sous la surveillance de six visitandines et des archers du lieutenant civil. Dans les semaines qui suivent, seules quelques religieuses cèdent et signent le Formulaire. En 1665, les opposantes sont regroupées à Port-Royal-des-Champs étroitement gardé par la police ; les « Solitaires », qui se sont installés en 1648 aux Granges, à peu de distance de l'abbaye, sont contraints de fermer leurs Petites Écoles et de se disperser.

Cependant, au sein même de **l'épiscopat**, une nouvelle opposition prend corps. Une bulle papale ayant une fois de plus prescrit la signature du Formulaire, quatre évêques (Pavillon d'Alet, Henri Arnauld d'Angers, Choart de Beauvais et Caulet de Pamiers) décident de promulguer cette bulle dans leurs diocèses par des mandements introduisant la distinction du droit et du fait (1665). Cette opposition épiscopale beaucoup plus grave que celle des religieuses de Port-Royal embarrasse non seulement le pape (une vingtaine d'évêques se solidarisent avec leurs quatre confrères), mais aussi le roi, inquiet de voir le Saint-Siège multiplier ses interventions dans le royaume. En 1667, le nouveau pape Clément IX et Louis XIV cherchent à sortir de l'impasse. Après de longues tractations, on aboutit à un compromis : les quatre évêques écriront au pape pour s'engager à faire signer le Formulaire, mais le pape consentira tacitement à ce que les signatures soient faites au bas de mandements distinguant le droit et le fait. Cette **paix de l'Église** (ou paix clémentine), rendue officielle par un arrêt du Conseil (23 octobre 1668) et un bref du pape (14 janvier 1669), amène une détente provisoire (les religieuses de Port-Royal se décident à signer le 15 février), mais ne résout en rien les problèmes de fond. Ce n'est qu'une trêve, qui constitue pourtant un tournant décisif dans l'histoire du mouvement janséniste : elle fait cesser presque toute controverse pour plus de trente années au cours desquelles le jansénisme, dont Port-Royal-des-Champs reste le bastion, consolide sans bruit ses positions à Paris et en province, dans la noblesse et la bourgeoisie parlementaire, dans le bas-clergé et certains ordres religieux (oratoriens, bénédictins, dominicains).

b) Face au Saint-Siège et au roi, **l'Église de France** revendique depuis longtemps un certain nombre de libertés. Tout en reconnaissant au pape une primauté d'honneur, **les gallicans** considèrent qu'il n'a la plénitude de la puissance apostolique que conjointement avec les évêques ; un syndic de la Sorbonne, Edmond Richer (1559-1631), a même soutenu les droits des prêtres à côté de ceux des évêques, mais les idées richéristes ne se répandront vraiment qu'à partir de la fin du siècle. De plus, selon les idées gallicanes, chaque Église nationale doit pouvoir disposer de ses propres revenus et jouir d'une large autonomie en matière disciplinaire. Mais l'Église de France entend bien se défendre aussi contre les empiétements du roi et affirmer son indépendance à l'égard du pouvoir temporel. En fait celle-ci ne peut être qu'en grande partie illusoire, puisque, depuis le concordat de 1516, la nomination aux grands bénéfices ecclésiastiques, notamment les évêchés, appartient au roi (le pape accordant ensuite l'investiture spirituelle). De plus, parallèlement à ce gallicanisme ecclésiastique, s'est développé un gallicanisme politique : pour les légistes de la haute administration monarchique, le roi est maître absolu des personnes et des biens de son royaume et est investi d'un véritable « sacerdoce royal » ; il a donc un droit de regard sur les affaires ecclésiastiques, non seulement au point de vue temporel mais même dans une certaine mesure au point de vue spirituel : il peut notamment refuser de recevoir les décisions pontificales considérées comme contraires aux « libertés de l'Église gallicane ». Les deux gallicanismes, ecclésiastique et politique, s'accordent donc dans une même méfiance à l'égard de Rome et des prétentions ultramontaines, mais diffèrent nettement quant aux relations de l'Église de France avec le roi.

En fait, celui-ci s'assure un haut clergé docile et fidèle et, s'appuyant au besoin sur lui, entend affirmer son **indépendance à l'égard du pape.** Dès 1662, un incident mineur (une rixe entre gardes pontificaux et pages de l'ambassade de France) est pour Louis XIV l'occasion de confisquer provisoirement Avignon et le Comtat et d'exiger du pape d'humiliantes excuses. Plus grave est **l'affaire de la Régale.** En vertu de ses droits souverains, le roi administre dans beaucoup de diocèses les revenus de ceux-ci (régale temporelle) et nomme aux bénéfices locaux (régale spirituelle), pendant les vacances du siège épiscopal. En 1673, Louis XIV, poussé par Colbert pour des raisons fiscales, décide d'étendre ce droit de régale à tous les diocèses dans lesquels il n'avait pas cours jusque-là, notamment dans le Midi. Seuls deux évêques protestent, Pavillon d'Alet et Caulet de Pamiers, connus pour leur indépendance, leur rigueur morale et leurs sympathies jansénistes. En 1677, Pavillon meurt, mais il a eu le temps auparavant de faire appel au Saint-Siège. Or le pape, élu en 1676 sous le nom d'Innocent XI, est un réformateur pieux et autoritaire, intransigeant sur les droits de la papauté. Considérant l'extension de la régale au Midi de la France comme un dangereux exemple d'usurpation commise par la puissance laïque au détriment du sacerdoce, il condamne sans ménagements le « prétendu droit de régale » par trois brefs successifs (1678-1679) et invite Louis XIV à y renoncer ; puis, devant les réponses évasives de ce dernier, il refuse le vicaire capitulaire nommé à Pamiers par le roi après la mort de Caulet (1680). Louis XIV décide alors d'opposer au pape le clergé de France. L'Assemblée du clergé, réunie du 30 octobre 1681 au 9 mai 1682 et formée de députés soigneusement choisis (parmi lesquels Bossuet s'efforce de jouer un rôle modérateur), adopte, le 19 mars, non sans hésitations ni scrupules, **la Déclaration des quatre articles** :

> 1 — [...] Les rois et les souverains ne sont soumis à aucune puissance ecclésiastique, par l'ordre de Dieu, dans les choses temporelles [...]
>
> 2 — [...] Les papes, vicaires de Jésus-Christ, ont pleine puissance en matière spirituelle, sous la réserve que les décrets rendus dans les sessions IV et V du concile œcuménique de Constance, sur l'autorité des conciles généraux, demeureront dans leur force et vertu.
>
> 3 — [...] On doit observer, à l'égard de la puissance apostolique, les canons inspirés de Dieu et consacrés par le respect du monde entier, et aussi les règles, coutumes et constitutions admises dans le royaume [...]
>
> 4 — Quoique le pape ait la principale part dans les questions de foi et que ses décrets regardent toutes les Églises et chacune d'elles, cependant son jugement n'est irréformable que si le consentement de l'Église s'y ajoute.

Ce texte vague, de valeur juridique contestable (l'Assemblée de 1682 n'avait pas la compétence d'un concile) est doublé le jour même d'un édit royal qui en prescrit l'enseignement dans les séminaires et l'acceptation écrite par tous les aspirants à des grades universitaires. Innocent XI, exaspéré, casse toutes les décisions de l'Assemblée mais ne condamne pas solennellement Louis XIV, afin de ne pas créer une situation irrémédiable. Du moins décide-t-il de refuser l'investiture canonique à tous les nouveaux évêques nommés par le roi. Les deux adversaires restent alors sur leurs positions sans aller jusqu'à la rupture.

Pourtant, en 1687, le conflit s'aggrave encore à propos d'un incident diplomatique, **l'affaire des Franchises** (ou du Quartier) : comme Louis XIV, seul de tous les souverains d'Europe, s'obstine à ne pas renoncer au droit d'asile dont jouissaient les quartiers des ambassades, le pape excommunie l'ambassadeur de France ; Louis XIV riposte en faisant occuper à nouveau Avignon et le Comtat. La situation dans le royaume, cependant, ne peut s'éterniser sans risques graves : en 1688, 35 diocèses sont sans évêque. Par ailleurs, les difficultés extérieures forcent Louis XIV à rechercher la neutralité du pape. La mort d'Innocent XI en 1689 va permettre la réconciliation souhaitée par tous.

La révocation de l'édit de Nantes

a) Si Mazarin et le jeune Louis XIV n'ont eu qu'à se louer du loyalisme des **protestants** pendant la Fronde, il n'en reste pas moins que pour le roi l'édit de Nantes, revu par celui d'Alès, n'est qu'un compromis provisoire et le retour du royaume à l'unité de foi, une préoccupation majeure ; ce point de vue est d'ailleurs partagé par le clergé et par l'immense majorité des catholiques. Vers 1660, les réformés sont plus d'un million et demi, répartis en quelque 600 « églises » dans le Midi (Dauphiné, Languedoc), dans l'Ouest (Poitou, Aunis, Normandie) et à Paris, sans compter les luthériens alsaciens à qui l'édit de Nantes ne s'applique pas, mais qui ont vu leur liberté religieuse garantie par le traité de Münster. On trouve des protestants dans tous les milieux : haute noblesse (ainsi le duc de La Force, Turenne), manufacturiers, négociants, artisans, paysans.

b) **Jusqu'en 1679,** Louis XIV s'en tient au plan qu'il s'est tracé en 1661, et qu'il expose lui-même dans ses *Mémoires au Dauphin* (dictés vers 1672) :

> Je crus, mon fils, que le meilleur moyen pour réduire peu à peu les huguenots de mon royaume était de ne les point presser du tout par quelque rigueur nouvelle, de faire observer ce qu'ils avaient obtenu sous les règnes précédents, mais aussi de ne leur accorder rien de plus, et d'en renfermer même l'exécution dans les plus étroites bornes que la justice et la bienséance le pouvaient permettre [...] Mais quant aux grâces qui dépendaient de moi seul, je résolus et j'ai assez ponctuellement observé depuis, de n'en faire aucune à ceux de cette religion [...] Pour profiter cependant de l'état où ils se trouvaient d'écouter plus volontiers qu'autrefois ce qui pouvait les détromper, je résolus aussi d'attirer par des récompenses ceux qui se rendraient dociles, d'animer autant que je le pourrais les évêques, afin qu'ils travaillassent à leur instruction.

Cette politique de relative modération s'explique sans doute par l'influence de Colbert qui sait la puissance économique que représentent les protestants (sans proportion avec leur nombre), par l'espoir de voir ceux-ci rentrer d'eux-mêmes au bercail, par le climat irénique lié aux projets d'union des Églises un moment esquissés, notamment par Leibniz et Bossuet (1670-1671). **L'application restrictive de l'édit de Nantes** (tout ce qui n'est pas autorisé à la lettre est interdit) se traduit par une série d'enquêtes sur les infractions commises par les huguenots, la destruction de nombreux temples (135 en Languedoc, 64 en Poitou), l'obligation de procéder aux enterrements de nuit, la limitation à douze des participants aux mariages et aux baptêmes. En 1665, un arrêt du Conseil stipule que les enfants de protestants qui manifesteraient, les garçons à 15 ans, les filles à 12, l'intention de devenir catholiques pourront le faire malgré l'avis contraire de leurs parents et être élevés dans un couvent aux frais de ceux-ci. Les artisans protestants se voient refuser, dans certaines villes, l'accession à la maîtrise.

Parallèlement, le clergé catholique qui refuse d'accorder la moindre valeur à la foi réformée s'efforce d'opérer des conversions, mais celles-ci restent trop peu nombreuses pour que l'on puisse espérer résoudre le problème par ce moyen. Bossuet notamment croit aux vertus de la controverse, mais s'il convertit Turenne (1668), il ne réussit pas à convaincre le pasteur Claude de la fausseté de la « religion prétendue réformée » (1678). La Caisse des conversions créée en 1676 par l'académicien Pellisson, lui-même ancien huguenot, ne ramène vers l'Église romaine que quelques milliers de convertis, d'une qualité fort douteuse.

c) **A partir de 1679**, l'attitude du roi se durcit peu à peu. Plus que son évolution personnelle vers la dévotion, des considérations de politique générale expliquent sans doute **ce durcissement.** Le roi s'est heurté pendant la guerre de Hollande à la coalition des puissances protestantes : Angleterre, Suède et, surtout, Provinces-Unies ; or c'est à elles que les huguenots français demandent appuis et pasteurs. De plus, en 1683, l'empereur vainqueur des Turcs sans l'aide française fait figure de sauveur de la Chrétienté ; extirper le protestantisme du royaume apparaît à Louis XIV comme la seule mesure capable de contrebalancer auprès des puissances catholiques et du pape (alors intransigeant dans l'affaire de la Régale) l'immense prestige ainsi acquis par l'empereur. Par ailleurs, à l'influence de Colbert succèdent, avant même la mort de celui-ci (1683), l'influence de Le Tellier et de Louvois et, secondairement celle de Mme de Maintenon et du confesseur jésuite le père La Chaise.

Pendant six ans, de 1679 à 1685, toute une série d'arrêts s'attaque à l'édit de Nantes et le vide peu à peu de son contenu : suppression des Chambres mi-parties, exclusion des huguenots de tous les offices et de la plupart des professions libérales, conversions des enfants autorisées dès l'âge de 7 ans, interdiction des mariages mixtes, pressions sur les malades et les mourants. A cette **violence légale**, s'ajoute bientôt **la violence militaire.** Usant d'un procédé de police traditionnel consistant à imposer le logement de gens de guerre aux sujets indociles ou mauvais payeurs, l'intendant de Poitiers, Marillac, décide en 1681 de loger les dragons de passage chez les huguenots les plus riches et les plus influents. Sûrs de l'impunité, les « missionnaires bottés » se déchaînent, et Marillac peut annoncer plusieurs milliers de conversions. Malgré un premier désaveu (le roi rappelle Marillac), **les dragonnades** sont bientôt étendues par Louvois aux intendances du Midi, en Béarn avec Foucault, en Languedoc avec Lamoignon de Bâville. Des villages, des villes même abjurent en bloc à la seule annonce de l'arrivée des dragons. D'interminables listes de convertis arrivent à Versailles.

En fait, le roi n'ignore ni dans quelles conditions ces conversions sont obtenues, ni qu'il subsiste encore de nombreux protestants dans le royaume ; mais il se laisse facilement convaincre par le vieux chancelier Le Tellier de l'intérêt qu'il y aurait à révoquer l'édit de Nantes : les nouveaux convertis seront ainsi ramenés à la condition commune et privés notamment des exemptions fiscales qu'on leur a consenties pour faciliter leur conversion ; les pasteurs étant expulsés, puisque le protestantisme désormais illégal, les derniers huguenots récalcitrants seront rapidement contraints à l'abjuration. Par ailleurs, la trêve de Ratisbonne laisse au roi les mains libres en Europe. En janvier 1685, un groupe de pasteurs adresse en vain une dernière requête à Louis XIV : le 18 octobre de la même année, celui-ci signe **l'édit de Fontainebleau** qui porte révocation de l'édit de Nantes :

> [...] Nous voyons présentement avec la juste reconnaissance que nous devons à Dieu, que nos soins ont eu la fin que nous nous sommes proposée, puisque la meilleure et la plus grande partie de nos sujets de ladite Religion Prétendue Réformée ont embrassé la Catholique [...]
>
> 1— [...] Avons par ce présent édit perpétuel et irrévocable, supprimé et révoqué, supprimons et révoquons l'édit du roi notre dit aïeul, donné à Nantes au mois d'avril 1598 [...]
>
> 2 — Défendons à nos dits sujets de la R.P.R. de plus s'assembler pour faire l'exercice de ladite religion en aucun lieu ou maison particulière, sous quelque prétexte que ce puisse être [...]
>
> 4 — Enjoignons à tous ministres de ladite R.P.R. qui ne voudront pas se convertir et embrasser la Religion Catholique, Apostolique et Romaine, de sortir de notre royaume et terres de notre obéissance, quinze jours après la publication de notre présent édit [...] à peine des galères.
>
> 8 — A l'égard des enfants qui naîtront de ceux de ladite R.P.R., voulons qu'ils soient dorénavant baptisés par les curés des paroisses [...]
>
> 10 — Faisons très expresses et itératives défenses à nos sujets de ladite R.P.R. de sortir, eux, leurs femmes et enfants, de notre dit royaume,

pays et terres de notre obéissance, ni d'y transporter leurs biens et effets, sous peine pour les hommes, des galères, et de confiscation de corps et de biens pour les femmes [...] Pourront au surplus lesdits de la R.P.R., en attendant qu'il plaise à Dieu les éclairer comme les autres, demeurer dans le royaume et y continuer leur commerce et jouir de leurs biens, sans pouvoir être troublés ni empêchés sous prétexte de ladite R.P.R., à condition, comme dit est, de ne point faire d'exercice, ni de s'assembler sous prétexte de prières ou de culte de ladite Religion, de quelque nature qu'il soit, sous les peines ci-dessus de corps et de biens.

d) L'édit de Fontainebleau est **accueilli** dans l'enthousiasme par l'opinion catholique, qui par la bouche de Bossuet exalte « le nouveau Constantin ». Pourtant, l'existence de huguenots encore nombreux et de nouveaux convertis reniant leur conversion pose à partir de 1685 une redoutable **question protestante**. Malgré les rigueurs prévues par l'édit et l'étroite surveillance des ports et des frontières, 100 à 300 000 « religionnaires » se décident à l'exil : artisans, manufacturiers, banquiers, écrivains, marins, soldats s'enfuient vers les pays de refuge de l'Europe protestante (notamment Hollande, Suisse, Angleterre, Brandebourg). Quant à leurs coreligionnaires restés dans le royaume et qui tous sont officiellement des « nouveaux convertis », ils opposent une résistance passive à l'obligation d'assister aux offices catholiques et s'efforcent de pratiquer clandestinement leur culte. Enfin, la révocation provoque en Europe l'indignation des puissances réformées et contribue à renforcer leur détermination d'attaquer la France.

Le clergé et la vie religieuse

a) Si la tentative de rétablir l'unité de foi se solde dès 1685 par un échec, par contre le mouvement de **réforme catholique** se poursuit et s'approfondit. La multiplication des séminaires diocésains en est l'un des aspects les plus importants. Vers 1700, il y aura un séminaire dans la plupart des 130 diocèses du royaume ; ils sont confiés le plus souvent soit aux jésuites, soit aux sulpiciens. De plus, quelques évêques, comme ceux de La Rochelle et d'Angers, instituent des retraites et des conférences ecclésiastiques pour suppléer à l'absence de formation des curés les plus âgés et pour prolonger chez les plus jeunes les bienfaits du séjour au séminaire. Ainsi un clergé intellectuellement et spirituellement mieux armé peut se consacrer à une meilleure instruction des fidèles, avec l'aide des divers ordres religieux.

Catéchismes, retraites, missions, confréries constituent autant de formes de pastorale, dont les effets sont sensibles à la fin du siècle : la pratique quasi unanime recouvre une piété plus profonde, plus épurée et mieux comprise qu'un siècle plus tôt ; l'usage de la communion fréquente se répand, ainsi que la dévotion au Sacré-Cœur (à l'instigation d'une visitandine de Paray-le-Monial, Marguerite-Marie Alacoque) ; les cérémonies du culte sont généralement mieux suivies et plus dignes ; les œuvres de charité se multiplient ; les vocations religieuses sont, dans tous les milieux, très nombreuses ; les ouvrages de spiritualité, de théologie ou de controverse connaissent un étonnant succès ; la construction, l'aménagement et l'ornementation des églises témoignent aussi de la ferveur générale : c'est ainsi que les retables, dont la vogue est grande dans la France de l'Ouest, sont jusque dans les plus humbles églises de campagne des illustrations des grands dogmes réaffirmés à Trente : eucharistie, rédemption, communion des saints. C'est toute la vie quotidienne de la naissance à la mort, qui est placée sous le signe de la religion, d'autant plus que le clergé, premier ordre du royaume, joue à côté de son rôle proprement spirituel un important rôle administratif (par exemple, la tenue des registres paroissiaux par les curés, rendue obligatoire par l'ordonnance de 1667).

b) Pourtant, il subsiste bien des **ombres au tableau.** La première est le fait que le **haut clergé** est encore trop souvent au-dessous de sa tâche. A côté d'excellents prélats qui résident dans leur diocèse, font régulièrement les visites pastorales et tiennent synodes, nombreux sont ceux qui, cadets de familles nobles, entrés sans vocation dans la carrière ecclésiastique, préfèrent la résidence de Paris ou de la cour à celle de leur diocèse (dont ils laissent alors la direction à quelque grand vicaire) et mènent une vie peu édifiante, parfois même scandaleuse. Par ailleurs, trop d'évêques (dont la nomination ou la promotion dépendent du roi) sont d'une excessive servilité à l'égard du souverain et de ses ministres. Même **Bossuet** (1627-1704) n'y échappe pas totalement : grand orateur de cour, précepteur du Grand Dauphin, héraut de la monarchie de droit divin, inspirateur de la déclaration de 1682, mais aussi administrateur consciencieux de son diocèse de Meaux, il est un bon exemple de la situation équivoque dans laquelle vivent les meilleurs prélats de son temps, soucieux de réforme pastorale mais aussi de la grandeur du Roi Très Chrétien ; la tentation est grande pour les faibles et les ambitieux de faire passer celle-ci avant celle-là. La dépendance étroite à l'égard du pouvoir constitue, pour le haut clergé français, une menace redoutable qui ne fera que s'aggraver au siècle suivant.

Ombres aussi dans la ferveur des **fidèles.** Celle-ci n'exclut ni la superstition dans les campagnes (recours aux sorciers), ni l'immoralité à la cour (fléau du jeu ; adultères et bâtardises, l'exemple venant de haut ; messes noires et poisons), ni la persistance d'un courant libertin qui, pour être condamné au silence ou à la clandestinité, n'en est pas moins vivant (Saint-Évremond, Bussy-Rabutin) et prêt à profiter d'un climat plus favorable.

LECTURES COMPLÉMENTAIRES

GOUBERT (Pierre), *L'Avènement du Roi-Soleil, 1661*, Paris, Julliard (« Archives »), 1967, 300 p.

GOUBERT (Pierre), *Louis XIV et vingt millions de Français*, Paris, Fayard, (« L'Histoire sans frontières »), 1966, 252 p.

MÉTHIVIER (Hubert), *Le Siècle de Louis XIV*, Paris, P.U.F. (« Que sais-je ? »), 3e éd. 1962, 128 p.

GAXOTTE (Pierre), *La France de Louis XIV*, Paris, Hachette (« Les grandes époques de l'histoire »), 1946, 396 p.

MONGRÉDIEN (Georges), MEUVRET (Jean), MOUSNIER (Roland), WEIGERT (R.-A.), MANDROU (Robert), ADAM (Antoine), TAPIE (Victor-L.), *La France au temps de Louis XIV*, Paris, Hachette (« Ages d'or et Réalités), 1965, 294 p.

MONGRÉDIEN (Georges), *La Vie quotidienne sous Louis XIV*, Paris, Hachette, 1950, 250 p.

SAINT-GERMAIN (Jacques), *La Reynie et la police au Grand Siècle*, Paris, Hachette, 1962, 342 p.

CHAPITRE IX

LOUIS XIV ET L'EUROPE, DE 1661 A 1688

1 — La politique extérieure de Louis XIV : les buts et les moyens

La politique extérieure de Louis XIV répond au souci essentiel d'affirmer partout sa gloire et sa puissance. Lorsque les voies de la diplomatie ne suffisent plus, il hésite d'autant moins à recourir aux armes qu'il a fait de l'armée française la première armée d'Europe.

Les buts : « Nec pluribus impar »

a) Il serait vain de chercher dans la politique extérieure de Louis XIV une unité profonde autre que le souci de sa gloire. « Tout l'art de la politique, a-t-il écrit lui-même, est de se servir des conjonctures ». Comme Richelieu et Mazarin avant lui, le roi est un opportuniste sachant tirer parti des circonstances. S'il a tenté à différentes reprises de **renforcer les frontières stratégiques** de la France, notamment au Nord-Est, on ne peut dire qu'il ait suivi dans ce domaine une politique délibérée d'annexions jusqu'aux Alpes et au Rhin. S'il a voulu apparaître comme **le défenseur du catholicisme** en Europe, contre les Turcs (Saint-Gothard, 1664) ou en faveur des rois Stuarts, il a refusé de se porter au secours de la Chrétienté menacée par les Ottomans en 1683 et n'a pas hésité à faire la guerre aux catholiques Habsbourg, voire même au pape. S'il a, dès 1661, attaché la plus grande importance à une éventuelle **succession d'Espagne** (Philippe IV laisse le trône en 1665 à un enfant de quatre ans, de très chétive santé, Charles II), ce souci majeur n'explique pourtant pas à lui seul les relations de Louis XIV avec l'Europe dans les vingt-cinq premières années de son règne personnel : les manifestations de « magnificence » des années 1661-1664 répondent à des objectifs, dont la préoccupation de la succession espagnole est absente ; il en est de même, plus tard, de la guerre de Hollande engagée surtout pour des raisons économiques, et de la politique des « réunions ». D'ailleurs, le roi Charles II se survit, bientôt se marie (1679), et la question de sa succession se trouve de ce fait ajournée.

b) Renforcement des frontières stratégiques, défense du catholicisme, prétentions à la succession d'Espagne, aucun de ces objectifs ne rend compte entièrement de la politique étrangère de Louis XIV entre 1661 et 1688. En fait, le seul facteur d'unité de celle-ci est **l'amour du roi pour la gloire.** Devenu le maître au moment où les traités de 1648-1659 assurent la prépondérance française en Europe, il se considère comme le monarque le plus puissant de la terre *(Nec pluribus impar)* et entend bien profiter de toutes les occasions pour affirmer cette puissance et éventuellement l'accroître. Loin d'hésiter devant les risques de la guerre, il considère que le prestige acquis sur les champs de bataille est la consécration indispensable d'un grand règne et que, selon ses propres termes, « s'agrandir est la plus digne et la plus agréable occupation des souverains ».

C'est pourquoi, beaucoup plus nettement encore que pour les affaires

LA SUCCESSION D'ESPAGNE

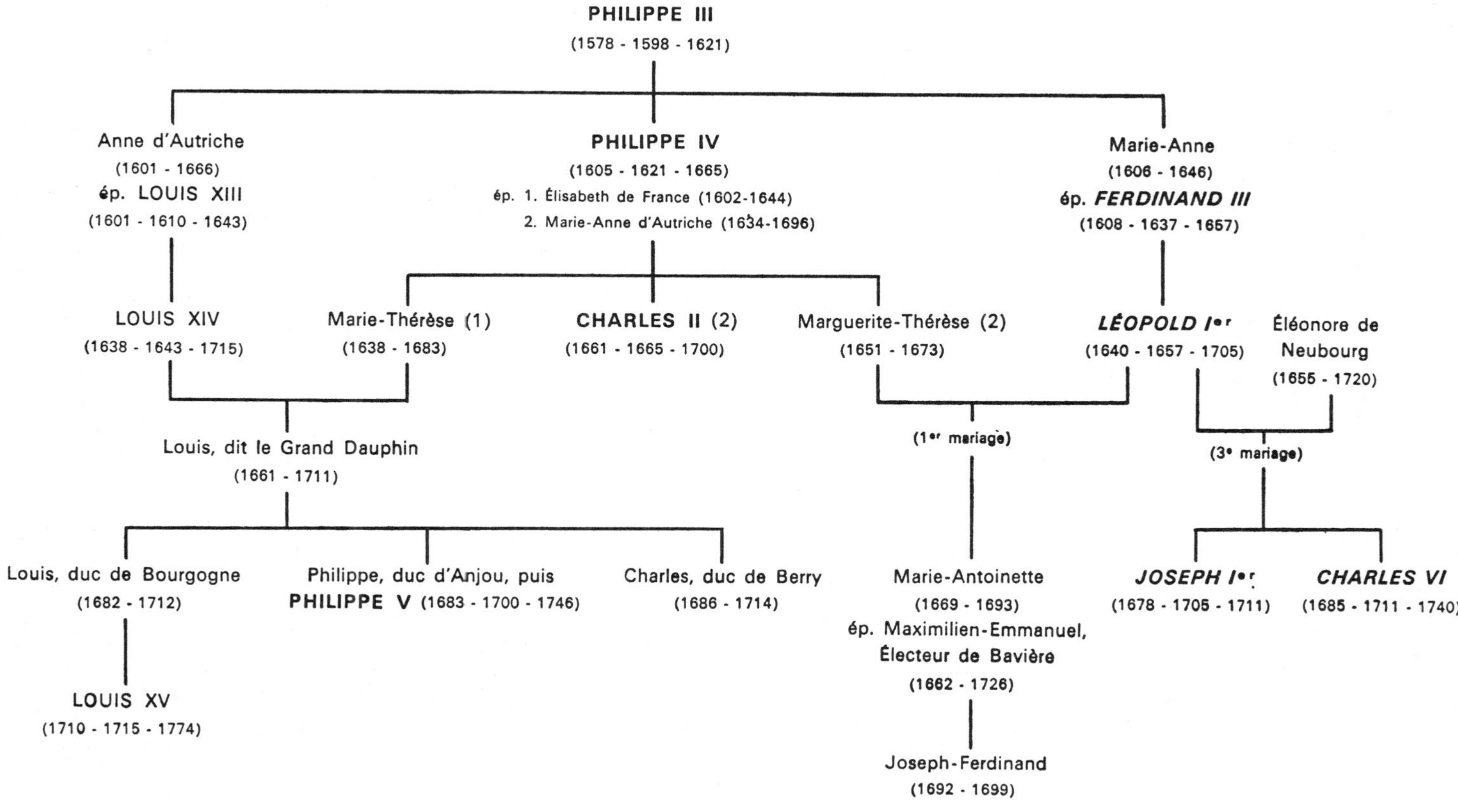

FERDINAND III : Empereurs   LOUIS XIV : Rois de France   **PHILIPPE IV** : Rois d'Espagne   (1) Enfant issu du premier mariage   (2) Enfant issu du second mariage

N. B. **Lorsqu'il y a trois dates, la seconde est celle de l'accession au Trône.**

du dedans, il entend suivre de très près **par lui-même** tout ce qui concerne les affaires du dehors : elles intéressent trop directement sa gloire pour qu'il s'en remette à quiconque du soin de juger et de décider. C'est ainsi qu'il convient de ramener à de modestes proportions l'influence, dans ce domaine, de Colbert et même de Louvois : au moment des choix décisifs, leurs conseils ne sont suivis que dans la mesure où ils correspondent aux aspirations profondes du souverain.

Les moyens : la diplomatie

a) Vantant à son fils le métier de roi, Louis XIV écrit vers 1672 :

> Nulle satisfaction n'égale celle de remarquer chaque jour quelque progrès à des entreprises glorieuses et hautes, et à la félicité des peuples dont on a soi-même formé le plan et le dessein. Tout ce qui est le plus nécessaire à ce travail est en même temps agréable, car c'est en un mot, mon fils, avoir les yeux ouverts sur toute la terre, apprendre à toute heure les nouvelles de toutes les provinces et de toutes les nations, le secret de toutes les cours, l'humeur et le faible de tous les princes et de tous les ministres étrangers, être informé d'un nombre infini de choses qu'on croit que nous ignorons.

De fait, le roi est très au courant de la situation de l'Europe grâce à **un personnel diplomatique** de premier ordre que dirige le secrétaire d'État « aux Étrangers ». Ce poste est occupé, de 1663 à 1671, par Hugues de Lionne ; artisan de la paix des Pyrénées, il connaît fort bien l'échiquier européen et se montre à la fois très fin et très entreprenant. Simon Arnaud de Pomponne, qui lui succède en 1671, est un diplomate conciliant et scrupuleux qui encourt la disgrâce royale en 1679, moins à cause de ses sympathies jansénistes que d'une timiditée jugée excessive par le roi :

> Il a fallu que je lui ordonne de se retirer parce que tout ce qui passait par lui, perdait de la grandeur et de la force qu'on doit avoir en exécutant les ordres d'un roi de France qui n'est pas malheureux.

Il est remplacé par un frère de Colbert, Charles Colbert de Croissy, juriste ambitieux et plein de ressources, ancien intendant d'Alsace et inspirateur de la politique des « réunions ».

Bien qu'il n'existe pas de carrière diplomatique au sens propre, certains personnages émanant des milieux les plus divers (noblesse, armée, clergé) font déjà figure de diplomates de métier (ministres résidents ou envoyés) sous l'autorité du secrétaire d'État. Le roi utilise aussi les services de « pensionnaires », sujets étrangers qui travaillent pour la France moyennant pensions et servent d'agents de renseignements ou d'intermédiaires, tels la duchesse de Portsmouth en Angleterre, Guillaume-Egon de Fürstenberg en Rhénanie, Matthioli ministre du duc de Mantoue.

b) Pourtant, malgré ce réseau d'informateurs officiels ou officieux, Louis XIV se fait de l'Europe **une idée incomplète** et de moins en moins conforme à la réalité à mesure que le règne avance. Connaissant fort bien les Cours et les Maisons souveraines, il voit l'Europe comme un aréopage de princes plus ou moins puissants parmi lesquels il convient de se faire, à prix d'argent, le plus grand nombre de clients. Mais il semble trop souvent ignorer les peuples eux-mêmes et minimiser l'importance des mentalités collectives et des grands courants d'opinion. Il est vrai qu'il partage de tels préjugés avec tous les souverains ou hommes d'État de son temps. Mais ses erreurs de jugement concernant les intérêts économiques et religieux et les moyens financiers des puissances maritimes, Provinces-Unies et Angleterre, seront particulièrement graves et lourdes de conséquences. Aveuglé par son orgueil et son amour de la gloire, Louis XIV méconnaîtra trop souvent la force de l'adversaire et s'en remettra avec trop de présomption à la fortune des armes. Il est vrai que l'outil qu'il s'est forgé constitue bientôt la meilleure armée de l'Europe.

Les moyens : l'armée et la marine

a) Grand instrument de sa gloire, **l'armée** est l'objet de toute **la prédilection du roi.** Toute sa vie, il se plaît à passer les troupes en revue lors de grandes parades près de Fontainebleau ou de Saint-Germain. Jusqu'en 1692, il paraît à plusieurs reprises à la tête de ses armées, transformant les sièges en spectacles de choix offerts à ses courtisans et à ses maîtresses. Mais au-delà de ce goût un peu vain, le roi a une connaissance profonde des choses militaires. Son maître en la matière est **Turenne,** qui est nommé maréchal-général en 1660 (titre créé pour lui et qui en fait une sorte de généralissime) et reste jusqu'à sa mort, en 1675, le conseiller le plus écouté du roi. De plus, celui-ci a la chance de pouvoir s'appuyer sur les deux titulaires du département de la Guerre qui vont être les grands artisans de la réorganisation de l'armée, Michel **Le Tellier** et son fils **Louvois.** Il n'est pas toujours possible de bien distinguer la part de l'un et de l'autre dans l'œuvre entreprise : le père semble avoir été depuis Paris l'initiateur des réformes les plus importantes, cependant que le fils a eu le mérite de les faire passer dans les faits, grâce à son énergie brutale et à son activité inlassable partout où étaient les troupes. Ils savent s'entourer, dans les bureaux de la Guerre et aux armées, de collaborateurs zélés et compétents. Le résultat de ces efforts conjugués est une armée monarchique plus nombreuse, plus disciplinée, mieux équipée.

b) Au lendemain de la paix des Pyrénées et des licenciements qui ont suivi, les troupes régulières n'atteignent pas 40 000 hommes. Louis XIV, maître d'un royaume mieux pourvu en hommes et en argent que n'importe quel autre État, augmente rapidement ces **effectifs** et entretient une armée permanente toujours plus nombreuse : 72 000 hommes en 1667, 120 000 en 1672, plus de 200 000 en 1680. Le recrutement de forces aussi considérables est assuré par le système traditionnel du **racolage** : chaque capitaine recrute sa propre compagnie grâce à des sergents-recruteurs qui s'efforcent d'obtenir les engagements nécessaires par tous les moyens, depuis les cadeaux et les promesses fallacieuses jusqu'aux violences et aux enrôlements forcés. Si Louvois ferme volontiers les yeux sur ce qu'il qualifie de « petites tromperies », par contre il réprime sévèrement l'abus des passe-volants, faux soldats que les capitaines présentaient lors des montres (ou revues) afin de faire croire à des effectifs plus nombreux et de toucher une solde globale plus élevée. Par ailleurs, le roi fait toujours appel aux mercenaires étrangers, notamment suisses, lorrains, corses. Par contre, on abandonne après 1674 l'habitude de lever le ban et l'arrière-ban de la noblesse, dont l'utilité et la valeur étaient fort médiocres, les meilleurs des nobles servant déjà comme officiers.

c) A cette armée nombreuse est imposée **une discipline** aussi stricte que possible. Le pillage et la maraude ayant souvent pour cause le non-paiement de la solde ou l'absence de ravitaillement régulier, un règlement de 1670 ordonne que le prêt (solde modique de cinq sous par jour pour les fantassins, quinze pour les cavaliers) soit exactement versé par les capitaines tous les dix jours ; en même temps, des mesures sont prises pour l'entretien des troupes : création, aux lieux d'étapes et aux frontières, de magasins administrés par les commissaires des vivres et d'un service de chariots suivant les troupes en campagne ; généralisation de l'uniforme, différent selon les régiments ; construction d'hôpitaux militaires (en nombre, il est vrai, très insuffisant) et de l'hôtel des Invalides pour les soldats mutilés (1674). Certes, bien des problèmes restent imparfaitement résolus : service de santé, logement des troupes (toujours à la charge des habitants, les premières casernes datant du début du XVIIIe siècle). Pourtant, les mesures prises permettent d'exiger des **soldats** une meilleure tenue (au moins en temps de paix) et justifient les peines très dures (châtiments corporels, pendaison) dont sont passibles les contrevenants.

Exiger des **officiers** une stricte obéissance aux volontés du roi se révèle une tâche plus difficile. Les offices de colonel et de capitaine étant vénaux, leurs titulaires, nobles propriétaires de leur charge, parfois sans aucune compétence, se considèrent volontiers comme les seuls maîtres de leur unité et se conduisent souvent à leur guise ; beaucoup en temps de paix, certains même en temps de guerre ne font que de rares apparitions à la tête de leur régiment ou de leur compagnie et vivent à la cour ou sur leurs terres. Pour réprimer ces abus, Louvois sévit contre l'absentéisme, impose à tous l'obéissance, exige des futurs officiers de passer d'abord dans des compagnies de cadets où ils reçoivent une instruction appropriée. De plus, sans supprimer la vénalité des offices de capitaine et de colonel, il crée des grades non vénaux pour les officiers pauvres : major et lieutenant-colonel entre capitaine et colonel, brigadier au-dessus de colonel. Enfin un service d'inspection est créé, avec des inspecteurs généraux et des commissaires des guerres.

Le haut commandement lui-même est réorganisé. Maréchaux de camp, lieutenants-généraux et maréchaux de France ne reçoivent plus d'ordres que du roi et de son secrétaire d'État. Afin d'éviter toutes contestations entre chefs du même grade, Louvois établit en 1675 l'ordre du **Tableau** où les officiers sont inscrits par ordre d'ancienneté, le plus ancien dans le grade le plus élevé devant prendre automatiquement le commandement. Le Tableau, en basant l'avancement non sur la faveur ou la naissance mais sur l'ancienneté et incidemment sur le choix lié à la valeur, allait se révéler une réforme profonde et durable.

d) Cette armée, plus nombreuse et plus disciplinée, est en même temps réorganisée dans sa **composition** et son **armement** afin de tenir compte des progrès de l'art militaire. Les régiments de la Maison du roi (15 000 hommes) continuent à constituer un corps d'élite dont l'organisation est autonome. **La cavalerie** reste l'arme noble par excellence, mais elle perd peu à peu de son importance sur le champ de bataille ; la cavalerie légère dotée du sabre et parfois de la carabine (corps spéciaux de carabiniers) augmente au détriment de la cavalerie lourde ; elle est renforcée de régiments de dragons, fantassins montés escortant à cheval les convois pendant les marches mais servant à pied pendant les combats.

L'infanterie représente plus des deux tiers des effectifs. Elle est toujours dotée du mousquet et de la pique ; pourtant, des armes nouvelles commencent à apparaître, qui vont peu à peu évincer les armes anciennes. Le fusil à pierre (d'invention allemande) a sur le mousquet l'avantage de simplifier le tir en permettant d'enflammer directement la poudre ; il permet, de ce fait, d'accroître sensiblement la puissance de feu. Une ordonnance de 1670 stipule que chaque compagnie devra comprendre au moins quatre fusiliers. L'intérêt de la baïonnette (fabriquée à l'origine à Bayonne) se révèle d'abord médiocre, car pour l'utiliser on fixe la lame dans le canon même du fusil, ce qui rend celui-ci inutilisable. Enfin, des fantassins armés de grenades sont constitués en compagnies spécialisées de grenadiers.

Quant à **l'artillerie**, Louvois s'efforce de l'organiser de façon autonome en formant progressivement des compagnies de canonniers et de bombardiers, alors que jusque-là les canons du roi étaient conduits et servis en campagne par des cavaliers et des fantassins. De même, Louvois juge nécessaire de grouper en un corps particulier les officiers d'infanterie qui servaient comme ingénieurs. Organisé à partir de 1671, **le génie** est dirigé par le commissaire général des fortifications. **Vauban** (1633-1707), qui s'est rendu célèbre dès 1667 par les travaux de fortification de Lille, est nommé à ce poste en 1672. Il va, pendant quarante ans, justifier la réputation qui lui est faite : « Ville assiégée par Vauban, ville prise ; ville fortifiée par Vauban, ville imprenable ». Il dirige plus de cinquantes sièges, toujours avec succès, et perfectionne les procédés d'attaque en inventant le tir à ricochet et les retranchements parallèles aux remparts assiégés. Il est surtout le constructeur de près de 300 places fortes, soit qu'il en ait dirigé lui-même les travaux soit qu'il en ait dressé les plans ; il reprend à son compte une invention d'ingénieurs italiens du XVIe siècle, celle des fortifications rasantes (avec glacis, fossé et bastion) qui, presque enterrées, n'offrent que peu de prise à l'artillerie ennemie ; de Dunkerque à Toulon et Perpignan, de Brest à Bayonne, il crée ainsi un ensemble de places qui constitue aux limites du royaume une redoutable ceinture de pierre.

Enfin, Louis XIV a la chance d'avoir à la tête de ses armées jusqu'en 1676 les deux plus grands hommes de guerre du temps, **Condé et Turenne.** L'un et l'autre sont, avec des tempéraments très différents, les disciples indirects de Gustave-Adolphe et les partisans de la guerre-éclair. Tirant le meilleur parti des qualités manœuvrières des troupes qui leur sont confiées, ils recherchent, chaque fois que cela est possible, la bataille susceptible d'entraîner la destruction de l'armée ennemie.

e) L'intérêt du roi pour sa **marine** n'égale pas celui qu'il porte à son armée. Mazarin, qui avait laissé à l'abandon la flotte reconstituée par Richelieu, n'avait pas su intéresser le jeune roi aux problèmes de la mer. Pourtant, Louis XIV, qui ne consentira qu'en 1680 à passer en revue l'escadre à Dunkerque, a le mérite d'appuyer Colbert et son fils Seignelay (associé à son père pour le département de la Marine dès 1672) dans leurs efforts pour doter le royaume d'une marine de guerre digne de lui. En 1661, le roi ne dispose plus que de 18 vaisseaux (dont 10 en mauvais état) et 6 galères capables de tenir la mer ; dès 1670, il a 120 vaisseaux de ligne et 25 frégates sur l'Atlantique et une trentaine de galères en Méditerranée ; en 1683, à la mort de Colbert, la marine royale comprend plus de 250 bâtiments, compte tenu de la flotte auxiliaire montée par les corsaires de Dunkerque, Dieppe, Saint-Malo, La Rochelle. Pour recruter les équipages de la flotte de l'Atlantique, Colbert décide de renoncer à la « presse » (qui consistait, en cas de besoin, à embarquer de gré ou de force tous les marins disponibles dans les ports) et d'établir le système de **l'inscription maritime** : moyennant certains avantages, tous les hommes des paroisses côtières, pêcheurs et gens de mer, répartis en trois ou quatre classes selon leurs charges de famille, devront servir une année sur trois sur les vaisseaux du roi ; après l'ordonnance de 1669, c'est l'édit de 1673 qui organise définitivement l'inscription maritime :

> Lesdits officiers mariniers et gens de mer compris auxdits rôles entreront incessamment à notre service alternativement de trois années l'une, suivant la division qui sera faite par lesdits rôles. Pendant le temps qu'ils serviront actuellement (= effectivement) sur nos vaisseaux, ils seront payés de leur solde entière, suivant les états et rôles d'armement que nous ferons expédier et lorsqu'ils seront à terre ils seront payés de la moitié de leur solde [...] Et pour donner moyen auxdits gens de mer enrôlés, de vaquer à notre service avec plus de liberté, et leur départir nos grâces, nous voulons que pendant les années qu'ils seront par nous employés et seront à notre solde, ils jouissent de l'exemption du logement des gens de guerre, de guet, gardes aux portes des villes et châteaux [...], collecte des tailles [...] ; comme aussi nous voulons que pendant l'année de service et qu'ils recevront notre solde, ils jouissent de la surséance et suspension de toutes poursuites en leurs procès et différends civils et de toutes contraintes en leurs personnes et biens pour raison de dettes.

Malheureusement, l'application de l'édit de 1673 se révèle décevante, et il faudra encore, de temps à autre, recourir à la presse. Quant aux galères de Méditerranée, leurs équipages sont formés soit d'esclaves turcs, soit de condamnés (droit commun, protestants) qui vivent enchaînés à leurs bancs dans des conditions inhumaines. Colbert recommande aux tribunaux de multiplier les condamnations aux galères plutôt que les condamnations à mort, afin de pouvoir faire face aux besoins grandissants.

Il est exigé des officiers, indispensables à l'encadrement des équipages, la même obéissance et la même compétence que de leurs camarades de l'armée de terre. Colbert crée à leur intention des compagnies de gardes de la Marine, véritables écoles navales. De plus, il institue à côté des officiers combattants, tous nobles et très imbus de l'esprit de corps, une administration civile d'intendants et de commissaires de la marine. Enfin, il veille à la mise en état des trois ports de Brest, Rochefort (remplaçant Brouage) et Toulon, dont les arsenaux construisent les bâtiments et dont les bassins bien protégés servent de ports d'attache aux deux flottes du Ponant et du Levant. Bien équipées, bien armées (de 20 à 120 canons par unité), bien commandées (Duquesne, Tourville), les escadres françaises pratiquent partout l'offensive et remportent jusqu'en 1692 d'éclatants succès sur les escadres anglaises et hollandaises.

2 _ Les guerres victorieuses, 1661-1679

Tout en affirmant sa puissance par des actes de « magnificence », Louis XIV se prépare à recueillir une partie de l'héritage espagnol. En fait, à l'issue de la guerre dite de Dévolution, la réaction des puissances maritimes le force à se contenter de quelques places de Flandre. Il veut ensuite tirer vengeance de la Hollande, mais celle-ci suscite contre lui une puissante coalition.

Magnificence et diplomatie, 1661-1667

a) Dès le début de son règne personnel, Louis XIV tient à affirmer hautement à la face de toute l'Europe **la prééminence** absolue de la couronne de France. Deux affaires de préséance sont, en 1661-1662, particulièrement significatives. Une contestation étant survenue à Londres entre l'ambassadeur de France et l'ambassadeur d'Espagne à propos de leur rang respectif dans un cortège officiel (10 octobre 1661), Louis XIV exige les « excuses d'Espagne » ; le 4 mai 1662, un envoyé extraordinaire de Philippe IV présente au roi les excuses de son maître et accepte en son nom que l'ambassadeur de France prenne toujours le pas sur celui de Madrid :

> Je ne sais, *écrit Louis XIV dans ses* Mémoires, si depuis le commencement de la monarchie il s'est rien passé de plus glorieux pour elle : car les rois et les souverains que nos ancêtres ont vus quelquefois à leurs pieds pour leur rendre hommage n'y étaient pas comme souverains et comme rois, mais comme seigneurs de quelque principauté moindre qu'ils tenaient en fief et à laquelle ils pouvaient renoncer. Ici c'est une espèce d'hommage véritablement d'une autre sorte, mais de roi à roi, de couronne à couronne, qui ne laisse plus douter à nos ennemis mêmes que la nôtre ne soit la première de toute la Chrétienté.

Cet orgueil ainsi étalé se manifeste à nouveau dans l'affaire du « pavillon ». Le roi d'Angleterre Charles II est sommé de renoncer en faveur de la France au droit de faire saluer le pavillon anglais par tous les vaisseaux étrangers sur les « mers étroites » voisines de la Grande-Bretagne (1662). Plus grave encore, mais non moins significative, est l'humiliation imposée au pape dans l'affaire de la garde corse (*cf.* chapitre VIII). Enfin, disputant à l'empereur la gloire de sauver la Chrétienté, Louis XIV envoie en Europe centrale un contingent de 6 000 hommes qui joue un rôle décisif lors de la victoire de Saint-Gothard sur les Turcs (1er août 1664).

b) Mais tout en se livrant à ces gestes de magnificence et de prestige, le roi aidé par Lionne s'efforce de **resserrer les liens** qui unissent la France à de nombreux États européens, afin d'**isoler l'Espagne et l'empereur** dans la perspective de la mort de Philippe IV et de l'ouverture de sa succession. Le 27 avril 1662, il conclut avec les Provinces-Unies une alliance offensive et défensive de vingt-cinq ans. En octobre de la même année, il rachète Dunkerque au roi d'Angleterre moyennant la somme de 25 millions de livres et s'assure l'amitié, sinon du peuple anglais furieux de la cession du port, du moins du roi gagné à la cause française par d'importants subsides secrets. Dans la péninsule Ibérique, la France continue à aider les Portugais en guerre contre les Espagnols, par l'envoi d'argent et de soldats. Du côté de l'Empire, Louis XIV renouvelle en 1663 la Ligue du Rhin, alliance de neutralité dirigée en fait contre les Habsbourg, et réussit à y faire entrer de nouveaux princes, notamment le roi de Danemark (ce qui suscite la colère des Suédois, alliés de la France mais adversaires des Danois). Il est vrai qu'un peu plus tard, certaines interventions intempestives de la France dans les affaires allemandes suscitent l'inquiétude de plusieurs princes, notamment l'électeur de Brandebourg Frédéric-Guillaume. A l'est de l'Europe, Louis XIV s'abouche avec les Hongrois révoltés, cependant qu'en Pologne le mariage en 1663 du duc d'Enghien, fils aîné du Grand Condé, avec la nièce du roi Jean-Casimir contribue à resserrer les liens entre les deux pays et permet même, un moment, d'espérer l'élection de ce prince français au trône de Pologne. Enfin, aux frontières du royaume, la Lorraine cédée sous conditions par le duc Charles IV (traité de Montmartre, 6 février 1662) est partiellement occupée dès 1661.

c) Parallèlement à ce travail diplomatique, Louis XIV prépare très soigneusement **la succession espagnole.** Il entend bien tirer parti, le moment venu, des ambiguïtés du traité des Pyrénées, le non-paiement de la dot de la reine Marie-Thérèse rendant caduque selon lui la renonciation de celle-ci à l'héritage paternel. Dès février 1662, Lionne exhume une coutume du droit privé brabançon, selon laquelle les enfants du premier lit (c'est le cas de la reine, non de son frère Charles) sont les seuls héritiers et les biens de leurs parents leur sont dévolus. Au début de 1665, avant même la mort de Philippe IV et en prévision de la mort attendue du futur Charles II, Louis XIV fait proposer secrètement un partage des possessions espagnoles à l'empereur Léopold dont les droits sont assez comparables aux siens, puisqu'il est lui aussi fils et époux d'infantes ; il est vrai qu'il s'agit d'infantes cadettes mais qui, contrairement à Anne d'Autriche et Marie-Thérèse, n'ont pas été tenues lors de leurs mariages à renoncer à leurs droits. Aux termes de ce projet, la France recevrait les Pays-Bas et la Franche-Comté, Naples et la Sicile, les ports des côtes d'Afrique et les Philippines. Mais Léopold, timide et hésitant, ne se décide pas à donner son accord

Au lendemain de la mort de Philippe IV (17 septembre 1665), Louis XIV fait publier un *Traité des droits de la reine*, dans lequel le droit de « dévolution » brabançon est étendu au droit international public et sert ainsi de fondement juridique pour réclamer, au nom de Marie-Thérèse, une partie de l'héritage espagnol. La reine-régente d'Espagne refusant de se rendre aux raisons de la France, Turenne et Louvois préparent l'invasion des Pays-Bas. Pourtant, l'entreprise se trouve ajournée pendant plus d'un an, du fait de la seconde guerre anglo-hollandaise qui a éclaté en mars et qui met Louis XIV dans une situation embarrassante : en effet, il est tenu par le traité de 1662 d'aider la Hollande, mais il est d'autant moins pressé de le faire qu'il ne veut pas se brouiller avec le roi d'Angleterre. Du moins envoie-t-il quelques troupes pour protéger les frontières des Provinces-Unies menacées par les mercenaires de l'évêque de Münster au service des Anglais. Les deux adversaires se décident enfin à signer la paix à Bréda, le 31 juillet 1667 (*cf.* chapitre x). A cette date, les troupes françaises ont déjà pénétré aux Pays-Bas.

1 1654-1660, 1672-1679 : Guerres dans le Nord.
2 1652-1654, 1665-1667, 1672-1674 : Guerres anglo-hollandaises
3 Guerres victorieuses de Louis XIV :
1648-1659 : Fin de la guerre contre l'Espagne;
1667-1668 : Guerre de Dévolution ;
1672-1679 : Guerre de Hollande.
4 1640-1668 : Guerre d'indépendance du Portugal.
5 1661-1669 : Offensives turques en Crète et vers l'Autriche.
6 1683 : Siège de Vienne par les Turcs.

D'après Ch. MORAZÉ et Ph. WOLFF, *XVIIe et XVIIIe Siècles*, Paris, A. Colin, 1953, p. 190

LES CONFLITS EUROPÉENS, DE 1650 A 1685

De la guerre de Dévolution à la guerre de Hollande, 1667-1672

a) **La guerre dite de Dévolution** n'est, en fait, qu'une promenade militaire. A l'armée française forte de plus de 70 000 hommes, l'Espagne ne peut opposer aux Pays-Bas que quelque 20 000 soldats indisciplinés et mal équipés. En mai, Turenne entre en **Flandre** et s'empare d'une douzaine de places fortes, notamment Tournai, Douai et Lille, puis en novembre prend ses quartiers d'hiver. La lutte se transporte alors sur le plan diplomatique. Louis XIV et Lionne s'assurent l'alliance du Brandebourg (décembre 1667) et réussissent à obtenir de l'empereur Léopold, accaparé par des soucis intérieurs, non seulement qu'il reste neutre mais encore qu'il donne son accord au projet de partage de 1665 (traité secret, dit de Grémonville du nom de l'ambassadeur français, 19 janvier 1668). Mais au même moment, les deux puissances maritimes, Angleterre et Provinces-Unies, qui viennent de se réconcilier et qui sont également inquiètes de l'avance française aux Pays-Bas, signent le 23 janvier 1668 une alliance qui, sous couvert de médiation, est en fait dirigée contre la France (en avril, l'accord anglo-hollandais deviendra une **Triple-Alliance** par l'adhésion de la Suède).

Reculant devant cette menace déguisée et sûr de la neutralité de l'empereur, Louis XIV décide alors de ne pas reprendre l'offensive en Flandre, mais de faire occuper la Franche-Comté. C'est chose faite par Condé en une campagne de trois semaines (février 1668). Pourtant, peu de temps après, le roi doit se résigner à la paix : les Portugais ont traité avec l'Espagne en février, les Suisses s'inquiètent du voisinage de Condé, et surtout l'Angleterre et la Hollande multiplient intrigues et préparatifs.

b) **Le traité d'Aix-la-Chapelle** est signé le 2 mai 1668. Placée devant l'alternative offerte par la France, c'est-à-dire le choix entre la perte de la Franche-Comté ou celle des places fortes de Flandre, l'Espagne se résout à la seconde solution et cède à la France non un territoire continu, mais douze villes avec leurs dépendances : Furnes, Bergues, Armentières, Menin, Lille, Douai, Courtrai, Audenarde, Tournai, Ath, Binche et Charleroi. La plupart de ces villes, qui constituent des postes avancés en territoire espagnol, sont immédiatement fortifiées par Vauban. Ainsi, la guerre a permis de prouver la valeur sans égale de l'armée française, de renforcer la frontière du Nord et de confirmer les prétentions de la France sur la succession espagnole. Le roi s'en explique lui-même dans ses *Mémoires* :

Je remarquais que ce dédommagement, pour médiocre qu'il parût à l'égard de ce que je pouvais acquérir par les armes, était néanmoins plus important qu'il ne semblait, parce que m'étant cédé par un traité volontaire, il portait un secret abandonnement des renonciations par lesquelles seules les Espagnols prétendaient exclure la reine de toutes les successions de sa maison ; que si je m'opiniâtrais maintenant à la guerre, la ligue qui s'allait former pour la soutenir demeurerait ensuite pour toujours comme une barrière opposée à mes plus légitimes prétentions, au lieu qu'en m'accomodant promptement, je la dissipais dès sa naissance et me donnais le temps de faire naître des affaires aux ligués, qui les empêcheraient de se mêler de celles que le temps me pouvait fournir ; que quant même il n'arriverait rien de nouveau je ne manquerais pas d'occasions de rompre quand je voudrais avec l'Espagne ; que la Franche-Comté que je rendais, se pouvait réduire en tel état que j'en serais le maître à toute heure, et que mes nouvelles conquêtes bien affermies m'ouvriraient une entrée plus sûre dans le reste des Pays-Bas ; que la paix me donnerait le loisir de me fortifier chaque jour de finances, de vaisseaux, d'intelligences et de tout ce que peuvent ménager les soins d'un prince appliqué dans un État puissant et riche.

En fait, Louis XIV ne considère la paix que comme une trêve et songe déjà à tirer vengeance des Hollandais, actifs artisans de la Triple-Alliance et coupables de l'avoir forcé à modérer ses ambitions.

c) Dès 1668, **les Provinces-Unies** deviennent en effet **l'adversaire à abattre.** Non seulement le roi ne peut oublier leur « ingratitude » et leur « perfidie » dans le récent conflit, mais de plus tout l'irrite dans cette république de marchands calvinistes, à commencer par l'insolence à son égard des gazetiers d'Amsterdam. De son côté, Colbert ne se montre pas moins acharné : il a pris conscience que l'essor de l'économie française, et surtout de son commerce extérieur, exige l'abaissement des Provinces-Unies, première puissance économique de l'Europe. Dès 1667, l'adoption d'un nouveau tarif douanier frappant très lourdement les marchandises étrangères est une mesure spécialement dirigée contre les Hollandais. Ceux-ci ne s'y trompent pas et ripostent en taxant de droits exorbitants le sel, les vins et les autres produits venant de France.

La guerre jugée inévitable est soigneusement **préparée** par Louis XIV pendant près de quatre ans, sur le double plan militaire et diplomatique. Les effectifs de **l'armée** sont portés à plus de 100 000 hommes que commanderont Turenne et Condé ; les Hollandais ne pourront leur opposer que des troupes insuffisantes en nombre et en qualité et des places fortes en mauvais état. Par contre, la flotte hollandaise sous le commandement de Ruyter est redoutable, et tous les efforts de Colbert tendent à lui opposer une marine comparable. Sur **le plan diplomatique**, le roi très bien secondé par Lionne, puis par Arnauld de Pomponne s'ingénie à isoler le futur adversaire. L'effort principal consiste à disloquer la Triple-Alliance. Après des pourparlers difficiles où Henriette, duchesse d'Orléans, sœur de Charles II Stuart, joue un rôle important aux côtés de Colbert de Croissy, le roi d'Angleterre s'engage par le traité secret de Douvres (1er juin 1670) à aider la France sur terre et sur mer et à travailler au rétablissement du catholicisme en Angleterre ; en échange, Louis XIV lui accorde un subside annuel de trois millions de livres et la promesse de plusieurs ports hollandais. La Suède sera plus difficile à convaincre : il faut tous les efforts d'Arnauld de Pomponne pour la ramener à l'alliance française, le 11 avril 1672. Entre temps, devant l'attitude équivoque du duc de Lorraine qui ne respecte pas le traité de Montmartre, le roi fait occuper Nancy et l'ensemble du duché, rendant ainsi impossible aux Espagnols la liaison directe entre la Franche-Comté et les Pays-Bas, puis il obtient de l'empereur une promesse de neutralité (1er novembre 1671) et signe des alliances offensives avec le roi de Portugal, le duc de Savoie et deux princes allemands, l'évêque de Münster et l'archevêque-électeur de Cologne qui est en même temps prince-évêque de Liège (appui capital dans la perspective d'une invasion des Provinces-Unies). D'autres princes allemands promettent leur neutralité moyennant d'importants subsides ; c'est le cas notamment des électeurs palatin, de Brandebourg, de Bavière et de Saxe. Fort de l'appui des uns et de la neutralité des autres, Louis XIV semble assuré d'un succès facile.

La guerre de Hollande et les traités de Nimègue, 1672-1679

a) L'initiative est prise par Charles II d'Angleterre qui, le 28 mars 1672, déclare **la guerre aux Provinces-Unies.** Le 6 avril, Louis XIV, Condé, Turenne et Luxembourg à la tête de l'armée française marchent vers le Rhin, depuis Charleroi et Sedan, à travers les évêchés de Liège et de Cologne. Trompant les troupes hollandaises qui, sous les ordres de Guillaume d'Orange les attendent entre l'Issel et le Zuiderzee, les Français franchissent le Rhin presque sans résistance au **gué de Tolhuis** le 12 juin, et le 20 entrent à Utrecht (dont la cathédrale est rendue au culte catholique) ; mais le même jour, les Hollandais ouvrent les digues de Muiden aux eaux du Zuiderzee qui bientôt submergent une grande partie de la province de Hollande, détruisant le labeur de plusieurs générations mais forçant les Français à s'arrêter et sauvant Amsterdam. En même temps, les États-Généraux viennent demander la paix en échange de la cession de toute la rive gauche de la Meuse (pays de la Généralité) et d'une indemnité de guerre de 10 millions de livres. Le roi, enivré par ses succès et poussé par Louvois, exige davantage : cession de la région entre Rhin et Meuse, 20 millions, rétablissement du catholicisme. Il provoque ainsi la rupture des pourparlers (19 juin) et un sursaut d'indignation dans tout le pays, dont profite Guillaume d'Orange qui est élu, en juillet, *stathouder* par les provinces de Hollande et de Zélande et capitaine général à vie par les États-Généraux ; le 20 août, Jean de Witt et son frère, tenus pour responsables de l'impréparation du pays et du désastre subi, sont assassinés par un groupe d'orangistes surexcités. Malgré son jeune âge (il a 22 ans) et sa chétive santé, Guillaume d'Orange, « passionnément hollandais et protestant » selon le mot de Charles II, devient l'âme de la résistance et l'adversaire le plus acharné de Louis XIV.

b) En quelques mois, il réussit à **redresser la situation.** Sur le plan militaire, la flotte de Ruyter vainqueur des Anglo-Français à Sole Bay, le 7 juin, est intacte. La rupture volontaire de nouvelles digues force les Français à se replier sur la Hollande orientale ; en décembre, Guillaume vient même assiéger Charleroi (il est vrai qu'il échoue et qu'en revanche il ne peut empêcher Louis XIV de prendre Maestricht, le 30 juin 1673). Sur le plan diplomatique, il s'entend avec le duc de Lorraine, le roi d'Espagne et l'empereur qui s'engagent à lui fournir une aide militaire (traité de La Haye, 30 août 1673) ; le roi de Danemark et plusieurs princes allemands, notamment l'électeur de Brandebourg et l'électeur palatin, inquiets de la présence des troupes françaises en Rhénanie et gagnés par les florins hollandais, acceptent à leur tour de venir au secours des Provinces-Unies ; le 19 février 1674, Charles II Stuart cédant aux pressions de l'opinion publique anglaise et aux instances de Guillaume signe avec la Hollande la paix séparée de Westminster. Ainsi, c'est la France qui se trouve isolée à son tour : face à une coalition d'une partie de l'Europe, elle ne peut plus guère compter que sur l'électeur de Bavière et la Suède (engagée au même moment dans une guerre difficile contre le Brandebourg).

c) De ce fait, le théâtre des **opérations militaires** se déplace. Retirant ses troupes de Hollande orientale où, condamnées à l'inaction, elles vivaient sans ménagement sur le pays (décembre 1673), Louis XIV aidé de Vauban s'empare sans peine de la Franche-Comté (février-juillet 1674). Mais Condé, sur la frontière des Pays-Bas, et Turenne, en Alsace envahie par 50 000 Impériaux, sont réduits à la défensive ; ils réussissent du moins à repousser leurs adversaires, le premier à Seneffe près de Charleroi (11 août 1674), le second à Turckheim (5 janvier 1675) à l'issue d'un audacieux mouvement tournant par les Vosges et Belfort effectué en plein hiver (novembre-décembre 1674). Fort de ce succès, Turenne passe à l'offensive : au printemps de 1675, il franchit le Rhin, bouscule les Impériaux de Montecuculli, mais est tué à Salzbach le 27 juillet :

> Il croyait donner la bataille, *écrira quelques jours plus tard Mme de Sévigné à sa fille*, et monta à cheval à deux heures le samedi, après avoir mangé. Il avait bien des gens avec lui ; il les laissa tous à trente pas de la hauteur où il voulait aller [...] Il aperçut Saint-Hilaire qui lui dit, le chapeau à la main : « Jetez les yeux sur cette batterie que j'ai fait mettre là ». Il retourna deux pas, et, sans être arrêté, il reçut le coup qui emporta le bras et la main qui tenaient le chapeau de Saint-Hilaire, et perça le corps après avoir fracassé le bras de ce héros. Ce gentilhomme le regardait toujours ; il ne le voit point tomber ; le cheval l'emporta où il avait laissé le petit d'Elbeuf ; il n'était point encore tombé, mais il était penché le nez sur l'arçon : dans ce moment, le cheval s'arrête ; il tomba entre les bras de ses gens ; il ouvrit deux fois de grands yeux et la bouche, et puis demeura tranquille pour jamais : songez qu'il était mort et qu'il avait une partie du cœur emportée [...] On lui a fait un service militaire dans le camp, où les larmes et les cris faisaient le véritable deuil : tous les officiers pourtant avaient des écharpes de crêpes ; tous les tambours en étaient couverts, qui ne frappaient qu'un coup ; les piques traînantes et les mousquets renversés ; mais ces cris de toute une armée ne se peuvent pas représenter sans que l'on n'en soit ému.

Non seulement l'offensive prévue par Turenne se trouve stoppée, mais les Français sont contraints de battre en retraite et de repasser le Rhin ; l'Alsace, à nouveau menacée d'invasion (siège de Haguenau par Montecuculli) est sauvée en novembre par Condé dont c'est la dernière campagne.

Cependant que la guerre se poursuit sur le Rhin avec des fortunes diverses (prise de Fribourg-en-Brisgau par Créqui en 1677), l'essentiel de l'effort français se porte sur **les Pays-Bas** espagnols dont Louis XIV et Vauban entreprennent la conquête systématique, place après place : siège et prise de Liège (occupée par les Hollandais) en 1675, de Condé et de Bouchain en 1676, de Valenciennes, de Saint-Omer et de Cambrai en 1677, de Gand et d'Ypres en 1678. **Sur mer**, la flotte française de Méditerranée commandée par Vivonne et Duquesne se porte au secours des Siciliens révoltés contre l'Espagne et, après un engagement indécis devant l'île Stromboli (6 janvier 1676), écrase au large d'Agosta, près de Syracuse, la flotte hispano-hollandaise de Ruyter qui est blessé mortellement dans la bataille (22 avril 1676) ; cette victoire, complétée par celle de Palerme le 2 juin, assure à la France la maîtrise de la Méditerranée et consacre la décadence de la marine espagnole.

d) Depuis 1675, un **congrès** s'est ouvert à **Nimègue**, mais les négociations traînent, chacun espérant en la fortune des armes. Pourtant, au début de 1678, les pourparlers prennent un tour plus décisif. En effet, Louis XIV est inquiet de l'attitude des Anglais qui poussent leur roi à intervenir directement contre la France. De plus, il est déçu par les résultats de sa politique orientale : l'allié suédois est vaincu par le Brandebourg, la Hollande et le Danemark réunis ; la Pologne refuse d'intervenir et finalement se rapproche de Vienne. Enfin, la prolongation de la guerre aggrave la situation financière du royaume déjà très préoccupante. Toutes ces raisons l'incitent à traiter, d'autant plus que, fort des gages dont il s'est emparé (Franche-Comté, Pays-Bas) et de la crainte qu'inspirent ses armées, il peut espérer le faire dans de bonnes conditions. De leur côté, les coalisés sont las et divisés : les bourgeois hollandais (sinon Guillaume d'Orange, toujours acharné contre Louis XIV) aspirent à la paix, nécessaire à la reprise des affaires ; l'Espagne est épuisée ; l'empereur songe surtout à la révolte hongroise et à la menace turque.

Trois **traités** successifs entre la France d'une part, les Provinces-Unies (10 août 1678), l'Espagne (17 septembre 1678) et l'empereur (5 février 1679) d'autre part aboutissent au rétablissement de la paix. La Hollande ne perd rien de son territoire et obtient même l'abrogation du tarif douanier français de 1667 ; il y a loin de ces conditions aux espoirs et aux exigences de Louis XIV en 1672. Par contre, l'Espagne fait les frais de la guerre : elle abandonne la Franche-Comté, le reste de l'Artois (Aire et Saint-Omer), le Cambrésis, une partie de la Flandre (Cassel, Ypres) et du Hainaut (Bouchain, Valenciennes, Condé, Maubeuge) ; bien faible compensation, elle récupère quelques places avancées, qui avaient été cédées à la France en 1668 mais qui n'offrent plus pour celle-ci d'intérêt stratégique : Charleroi, Binche, Audenarde, Ath, Courtrai. Ainsi, la frontière française du Nord, jusque-là discontinue, avec des forteresses échelonnées et enclavées en terre étrangère, devient continue et cohérente, englobant un vaste territoire d'un seul tenant que Vauban s'empresse de fortifier. Quant à l'empereur, il cède à la France Fribourg-en-Brisgau, place forte permettant de mieux protéger l'Alsace, mais récupère Philippsbourg. Par ailleurs, Louis XIV s'engage à restituer la Lorraine à son duc, moins Nancy, Longwy et quatre routes vers l'Alsace, et l'empereur promet de son côté de ne pas intervenir dans la guerre de l'Europe du Nord, ce qui permet à la France d'imposer au Brandebourg la restitution à la Suède des territoires conquis sur elle (traité de Saint-Germain-en-Laye, juin 1679).

Ainsi, à l'issue d'une guerre beaucoup plus longue, beaucoup plus difficile et beaucoup plus coûteuse pour le royaume qu'il ne l'avait escompté, Louis XIV n'a pu tirer de la Hollande la vengeance éclatante qu'il espérait, mais a réussi, après avoir résisté à la coalition des principales puissances, à consolider la frontière française au Nord et à l'Est, à agrandir le « pré carré » et à faire figure d'arbitre de l'Europe.

3 _ Les « réunions » et la formation de la Ligue d'Augsbourg, 1679-1688

Au lendemain de la paix de Nimègue, le roi conserve toute l'armée sur pied de guerre et remplace le timide Pomponne par Colbert de Croissy. Sûr de n'avoir plus rien à redouter sur le continent, écoutant Louvois dont les vues ambitieuses correspondent aux siennes, il se lance dans une politique aventureuse d'annexions en pleine paix et de provocations de toutes sortes qui, en moins de dix ans, réussit à souder contre lui une nouvelle coalition de presque toute l'Europe.

Les « réunions » et la trêve de Ratisbonne, 1679-1684

a) **La politique des « réunions »**, inspirée par Colbert de Croissy et Louvois, n'est pas chose entièrement nouvelle : elle consiste à interpréter dans le sens le plus large les articles des traités antérieurs, stipulant que les territoires cédés le sont « avec leurs dépendances » ou « avec leurs droits et appartenances ». Dans cet esprit, Louis XIV charge le Conseil souverain de Brisach pour l'Alsace, une Chambre spéciale du parlement de Metz pour les Trois Évêchés, et le parlement de Besançon pour la Franche-Comté d'examiner tous les cas litigieux soulevés par l'application des clauses territoriales des traités de Westphalie et de Nimègue et de prononcer, le cas échéant, des arrêts de « réunion à la Couronne », les villes ou territoires ainsi déclarés réunis étant immédiatement occupés par les troupes françaises. C'est ainsi que Sarrebourg, Sarrelouis, Pont-à-Mousson et de nombreux villages du Luxembourg sont annexés comme anciennes dépendances de l'évêché de Verdun ; de même, la ville et le comté de Montbéliard appartenant au duc de Wurtemberg sont déclarés dépendances de la Franche-Comté et, à ce titre, confisqués et occupés (1680). En Alsace, les villes de la Décapole et tous les seigneurs de Haute et Basse-Alsace sont mis dans l'obligation de rompre les liens qui les unissent encore à l'Empire (à la faveur de l'ambiguïté des textes de 1648) et de reconnaître Louis XIV « pour leur seul souverain et monarque » ; même les princes allemands possessionnés en Alsace, tel le margrave de Bade, sont tenus de faire ce serment d'hommage, ainsi que le duc de Deux-Ponts dont la petite principauté est déclarée réunie par arrêt du Conseil de Brisach.

Cette politique est complétée par l'occupation de la ville libre de **Strasbourg** qui, pendant la guerre de Hollande, a ouvert à plusieurs reprises le pont de Kehl aux Impériaux ; en septembre 1681, sans s'embarrasser de prétexte juridique, Louis XIV dépêche Louvois et 30 000 hommes cerner la ville qui ne peut que capituler le 30. Une médaille commémorative tire la leçon de l'événement : *Clausa Germanis Gallia.* Ainsi, toute l'Alsace (à l'exception de Mulhouse) est désormais intégralement terre française, ce que les habitants acceptent d'autant mieux que le roi a l'habileté de leur conserver au sein du royaume de nombreux privilèges, comme en témoignent par exemple les principaux articles de la capitulation de Strasbourg :

> 1 — La ville de Strasbourg, à l'exemple de M. l'Évêque de Strasbourg [...] et de la noblesse de la Basse-Alsace, reconnaît Sa Majesté Très Chrétienne pour son souverain seigneur et protecteur.
> 2 — Sa Majesté confirmera tous les anciens privilèges, droits, statuts et coutumes de la ville de Strasbourg, tant ecclésiastiques que politiques, conformément au traité de Westphalie confirmé par celui de Nimègue.
> 3 — Sa Majesté laissera le libre exercice de la religion, comme il a été depuis l'année 1624 jusques à présent [...]
> 4 — Sa Majesté veut laisser le Magistrat dans le présent état avec tous ses droits et libre élection de leur Collège [...], l'Université avec tous leurs docteurs, professeurs et étudiants, en quelque qualité qu'ils soient, le collège, les tribus et maîtrises, avec la juridiction civile et criminelle [...]
> 6 — Toute la bourgeoisie demeurera exempte de toutes contributions et autres paiements, Sa Majesté laissant à la ville tous les impôts ordinaires et extraordinaires pour sa conservation [...]

b) Mais les annexions françaises (auxquelles s'ajoute l'occupation de Casal en Italie, vendue par le duc de Mantoue en septembre 1681) soulèvent **en Europe inquiétudes et protestations.** Dans l'Empire, la francophobie de la « nation allemande » se rallume et suscite de nombreux pamphlets antifrançais ; la diète germanique élève une protestation officielle contre les « réunions ». De son côté, Guillaume d'Orange très inquiet de la poussée française en Luxembourg signe un traité défensif avec le roi de Suède, Charles XI, furieux de la réunion du duché de Deux-Ponts dont il est l'héritier (10 octobre 1681). Bientôt, l'annonce du siège de Luxembourg par Louis XIV amène un rapprochement entre l'Espagne, l'empereur, la Suède, la Hollande et de nombreux princes allemands (février-juin 1682). Mais l'attaque des Ottomans sur Vienne détourne un moment l'attention de tous vers la frontière orientale de la Chrétienté. La victoire du Kalhenberg (12 septembre 1683), obtenue sans la participation des Français, témoigne de la nouvelle puissance des Habsbourg et assure à Léopold un immense prestige dans toute l'Europe. Repoussant les appels du pape avec lequel il est alors en conflit et dédaignant de participer à la Sainte Ligue contre les Turcs, Louis XIV signe des traités avec le Danemark et le Brandebourg (octobre-novembre 1683) et répond à la déclaration de guerre, que lui adresse l'Espagne le 26 octobre, par le siège de Courtrai et une nouvelle invasion du Luxembourg, tout en acceptant en décembre les offres de médiation de l'Angleterre. Ni l'empereur occupé à reconquérir la Hongrie sur les Turcs, ni les princes allemands inquiets mais impuissants, ni les Provinces-Unies où Guillaume d'Orange ne réussit pas à convaincre une bourgeoisie avide de paix ne peuvent empêcher Louis XIV de s'emparer de Courtrai, de Dixmude et de Luxembourg (4 juin 1684) et de faire bombarder, le 15 mai 1684, Gênes coupable de fournir des galères à l'Espagne.

c) Rien ne semble devoir résister à la puissance française. Aussi, l'Espagne qui se sait incapable de lutter seule et l'empereur qui veut avoir les mains libres pour poursuivre ses avantages contre les Turcs décident-ils de faire la paix avec Louis XIV. Le 15 août 1684, sont signés à Ratisbonne les deux traités connus sous le nom de **trêve de Ratisbonne.** L'Espagne laisse à la France, pour vingt ans, la forteresse de Luxembourg et quelques villages des Pays-Bas. L'empereur et l'Empire reconnaissent pour le même temps les réunions et annexions antérieures au 1er août 1681 :

> Sa Majesté Très Chrétienne demeurera durant ladite trêve de vingt années, dans la libre et paisible possession de la ville de Strasbourg, du fort de Kehl [...], comme aussi de tous les lieux généralement quelconques qui ont été occupés dans l'Empire en vertu des arrêts des chambres royales de Metz et de Brisach et du parlement de Besançon, jusqu'au premier jour d'août de l'année 1681.

De la trêve à la guerre, 1684-1688

a) La trêve de Ratisbonne marque **le point culminant de l'expansion française.** Selon le mot de Saint-Simon, « ici finit l'apogée de ce règne, et ce comble de gloire et de prospérité ». En effet, Louis XIV au faîte de la puissance, loin de faire preuve de la prudence et de la modération qui auraient peut-être permis de faire oublier cette puissance et de transformer la trêve de vingt ans en paix définitive, va multiplier les gestes d'intimidation, comme pour mieux faire sentir à l'Europe qu'elle s'est donné un maître. En janvier 1685, le doge de Gênes, à qui pourtant les lois de la république interdisent de quitter la ville, doit venir en personne à Versailles présenter excuses et soumission. En mars, à la mort de l'électeur palatin Charles II qui n'avait pas d'enfant, Louis XIV réclame une partie du **Palatinat,** au nom de la duchesse d'Orléans, sœur de l'Électeur défunt, et au détriment du nouvel électeur Philippe-Guillaume de Bavière-Neubourg, beau-père de l'empereur. En octobre, la révocation de l'édit de Nantes suscite la violente indignation des puissances protestantes, notamment les Provinces-Unies, l'Angleterre et le Brandebourg, qui accueillent de nombreux réfugiés huguenots ; à l'indignation s'ajoute l'inquiétude lorsqu'en mai 1686, Catinat, gouverneur de Casal, procède au massacre des vaudois sur les terres du duc de Savoie.

De plus, le roi Charles II d'Espagne, qui a épousé en 1679 Marie-Louise d'Orléans (fille de Monsieur et d'Henriette d'Angleterre), n'a toujours pas d'enfant et semble bien ne pouvoir en espérer. De ce fait, le problème de sa succession reprend toute son acuité à partir de 1685 environ, et les prétentions opposées de la France et de l'Autriche s'expriment de plus en plus nettement : Louis XIV, qui serait prêt à renoncer pour lui-même aux droits qu'il estime tenir de la reine, considère que le futur roi d'Espagne doit être l'un de ses petits-fils ; par contre, Léopold estime que son second fils, l'archiduc Charles né en 1685, devra succéder à Charles II.

Tous ces faits expliquent la formation, le 9 juillet 1686, de la **Ligue d'Augsbourg** entre l'empereur et plusieurs princes allemands (duc de Bavière, électeur palatin, princes rhénans et franconiens), auxquels se joignent les rois d'Espagne et de Suède pour leurs terres d'Empire. Le but de la Ligue est le strict maintien des traités de Nimègue et de Ratisbonne et la défense de ceux de ses membres qui seraient « attaqués ou inquiétés par des recherches injustes et des demandes illégitimes ». Parallèlement, l'électeur de Brandebourg Frédéric-Guillaume rompant de fait son alliance avec la France a conclu secrètement avec Léopold un traité défensif de vingt ans (mars 1686) et s'est rapproché de Guillaume d'Orange, qui de son côté s'intéresse de très près aux affaires anglaises et cherche à exploiter à son profit les difficultés que rencontre le catholique Jacques II devenu roi d'Angleterre en février 1685.

b) Pourtant, Louis XIV, plus sensible aux suggestions de Louvois qu'aux conseils relativement modérés de Colbert de Croissy, poursuit ses **provocations.** En 1687, l'affaire des Franchises amène une rupture brutale avec le pape. Beaucoup plus grave est **l'affaire de Cologne**, car elle touche directement l'Allemagne. L'archevêque-électeur de Cologne et évêque de Liège Maximilien-Henri de Bavière, qui était depuis 1671 l'allié fidèle de la France, étant mort le 3 juin 1688, Louis XIV veut faire élire à sa place un de ses plus fidèles agents, le cardinal Guillaume-Egon de Fürstenberg, déjà évêque de Strasbourg et coadjuteur de Cologne ; l'empereur lui oppose Joseph-Clément de Bavière, neveu de l'archevêque défunt. Le Chapitre de Cologne n'ayant accordé les voix nécessaires à aucun des deux candidats, la décision appartient au pape Innocent XI qui, en septembre 1688, tranche en faveur du candidat de l'empereur. Furieux, Louis XIV riposte immédiatement en faisant occuper Avignon et le Comtat et en lançant, le 27 septembre, un manifeste à l'Europe dans lequel il donne à l'Empire un délai de trois mois pour reconnaître définitivement toutes les « réunions », installer à Cologne le cardinal de Fürstenberg et accorder des compensations à la duchesse d'Orléans ; le roi annonce en même temps qu'il occupera de nouveaux territoires à titre de garantie. De fait, le jour même, une armée française vient mettre le siège devant Philippsbourg et commence l'invasion du Palatinat. Quelques jours plus tard, le roi envoie des troupes installer Fürstenberg à Cologne et occuper non seulement l'électorat mais aussi l'évêché de Liège. Conformément au traité de la Ligue d'Augsbourg, l'empereur et les princes membres de la Ligue rompent avec la France et dirigent leurs forces vers le Rhin. Le 10 octobre 1688, Leibniz écrit à l'un de ses amis :

> L'Allemagne n'ayant jamais été mieux unie qu'elle l'est à présent et toute l'Europe étant unie contre la France, à la réserve des rois d'Angleterre et de Danemark, on a lieu d'espérer quelque changement, pourvu qu'on s'y prenne de bonne façon et qu'on corrige les fautes de la guerre passée.

Le 26 novembre, la France répond aux protestations de la Hollande par une déclaration de guerre. A cette date, la révolution anglaise a entraîné la chute de Jacques II, allié et client de Louis XIV, et la victoire de l'adversaire le plus acharné de celui-ci, Guillaume d'Orange qui, bientôt reconnu roi d'Angleterre, réalise en quelque sorte en sa personne l'union des deux grandes puissances maritimes contre la France, complétant ainsi la coalition d'Augsbourg. Une nouvelle guerre européenne est commencée.

LECTURES COMPLÉMENTAIRES

Voir les ouvrages cités à la fin du chapitre VIII et ajouter :

ANDRÉ (Louis), *Louis XIV et l'Europe*, Paris, A. Michel (« L'Évolution de l'Humanité »), 1950, XXIX, 395 p.

CHAPITRE X

L'ANGLETERRE ET LES PROVINCES-UNIES DANS LA SECONDE MOITIÉ DU XVIIe SIÈCLE

1 _ L'Angleterre, de la restauration de 1660 à la révolution de 1688

Les questions religieuses liées au problème des alliances extérieures créent en Angleterre, de nouvelles difficultés. Si Charles II (1660-1685) réussit à se maintenir sur le trône, son frère Jacques II provoque par ses maladresses la révolution de 1688.

Les débuts du règne de Charles II, 1660-1665

a) Intelligent et aimable, sceptique et débauché, **Charles II** va faire preuve d'une grande habileté pour conserver son trône et ne plus « s'embarquer en ses voyages », en s'efforçant de concilier ses tendances absolutistes et procatholiques avec les sentiments de la grande majorité de ses sujets. **La réaction,** qui suit la période cromwellienne et son austérité puritaine, se manifeste d'abord **sur le plan moral** : la cour, le roi en tête, donne l'exemple de l'immoralité et du cynisme ; l'ivrognerie et le goût pour les spectacles même les plus grossiers se répandent dans toutes les classes de la société, et John **Milton** (1608-1674), qui publie en 1667 son grand poème mystique, le *Paradis perdu*, apparaît à beaucoup comme le représentant attardé d'une époque révolue.

La réaction politique, menée par le roi et le Parlement Convention, est assez modérée : les régicides sont exclus du bénéfice de l'amnistie décidée par le roi, et 29 d'entre eux sont traduits en justice (10 seront exécutés et le corps de Cromwell, exhumé et pendu) ; les lois votées depuis mai 1642 sont abrogées, à l'exception des plus indispensables ; les biens, naguère confisqués aux Stuarts, à l'Église anglicane et à certains royalistes, sont restitués ; l'armée de Cromwell enfin est licenciée, moyennant le paiement d'un acompte et la promesse de versements ultérieurs. Mais les députés du Parlement Convention, où les presbytériens sont nombreux aux côtés des anglicans, ne peuvent se mettre d'accord sur le problème religieux et se séparent en décembre 1660.

b) Les élections envoient à Westminster une Chambre des communes composée en majorité de grands propriétaires royalistes et anglicans, ce qui vaut au nouveau **Parlement** le surnom de **Cavalier.** En accord avec Lord **Clarendon**, membre du Conseil privé, à qui Charles Ier laisse toute initiative, le Parlement cavalier s'oriente vers une brutale **réaction religieuse** : le *prayer book* est rétabli et révisé dans un sens antipuritain ; l'épiscopat est reconstitué ; l'exercice des fonctions publiques, notamment celle de *squire*, est réservé aux anglicans. Le 19 mai 1662, **l'Acte d'uniformité** oblige tous les ecclésiastiques à souscrire au nouveau *prayer book* ; 1 760 pasteurs s'y refusent et, le 24 août 1662, sont chassés de leur paroisse et privés de leur traitement (c'est la « Saint-Barthélemy des puritains ») ; en 1664, **le Five mile Act** les condamne à vivre à plus de cinq miles d'un *borough* ou de leur ancienne paroisse. En 1664, **l'Acte contre les conventicules** frappe d'amende ou de déportation tous ceux qui se réuniront pour célébrer le culte en dehors des édifices anglicans ; la mesure vise tous les dissidents, presbytériens et indépendants, et notamment parmi ces derniers la secte des *quakers* fondée en 1647 par George Fox (1624-1690) et qui groupe déjà des milliers d'adeptes en Angleterre. Avec cet ensemble législatif appelé **code Clarendon**, l'Angleterre revient ainsi à l'anglicanisme intolérant des deux premiers Stuarts.

En même temps le Parlement cavalier vote, en dépit de son respect pour la prérogative royale, **le Triennal Act** (5 avril 1664) aux termes duquel le royaume ne peut être privé de Parlement pendant plus de trois ans. Il prend surtout une série de mesures tendant à favoriser les intérêts de la classe capitaliste, grands propriétaires fonciers et milieux d'affaires : les premières lois autorisant librement les *enclosures* sont votées en 1662, et deux nouveaux textes viennent, en 1660 et 1663, compléter l'Acte de navigation : l'Acte de 1660 renouvelle celui de 1651 ; **le Staple Act** de 1663 soumet à l'obligation de l'entrepôt dans un port anglais tous les produits manufacturés provenant d'un pays européen et destinés à l'Écosse, l'Irlande ou une colonie anglaise, de même que certains produits agricoles écossais, irlandais et coloniaux (notamment le sucre) destinés à l'exportation vers un pays étranger.

c) L'accord entre le roi et le Parlement se retrouve non sans équivoque, en matière de **politique extérieure.** Si la vente de Dunkerque à la France, en octobre 1662, mécontente fort l'opinion publique, par contre la politique antiespagnole lui donne satisfaction : un traité anglo-portugais est signé le 23 juin 1662, Charles II épouse Catherine de Bragance qui apporte en dot Tanger et Bombay, et des troupes anglaises et françaises aident les Portugais à remporter sur les Espagnols la victoire décisive de Villa-Viçosa, le 17 juin 1665. Cette même année, en mars 1665, le roi, cédant à la pression de l'opinion, déclare la guerre aux Provinces-Unies.

Les difficultés de Charles II : alliances extérieures et problèmes religieux, 1665-1678

a) Directement atteints dans leurs intérêts commerciaux par **le Staple Act**, l'annexion de Tanger et de Bombay et la prise de la Nouvelle-Amsterdam dès août 1664 par les colons anglais, **les Hollandais** se lancent dans **la guerre** avec détermination. D'abord défaits en Mer du Nord, le 3 juin 1665 (Southwold bay), ils prennent leur revanche dès novembre en venant bloquer la Tamise. L'année suivante, Ruyter bat l'escadre anglaise à hauteur du cap North Foreland, du 11 au 14 juin 1666 (« bataille des quatre jours »), mais il est battu à son tour le 4 août au large de Norfolk (King's Channel). Quelques semaines plus tard, Londres, qui avait été durement touchée en 1665 par une terrible épidémie de **peste**, est ravagée par un **incendie** qui, du 2 au 6 septembre 1666, détruit dans le centre 13 000 maisons et 87 églises ; un bon témoin, Samuel Pepys, écrit dans son *Journal*, le 5 septembre :

> En m'approchant de l'incendie, je vis qu'il avait beaucoup diminué d'intensité depuis qu'on avait fait sauter les maisons et grâce aux secours apportés par les ouvriers des chantiers du roi. A l'église d'à côté, seuls ont brûlé le cadran de l'horloge et une partie du porche. Du haut du clocher j'ai eu devant les yeux un spectacle de désolation. Partout des

incendies : des celliers d'huile, du soufre brûlaient. Je finis par avoir peur d'être resté là-haut si longtemps et je redescendis le plus vite que je pus. Le feu s'étendait aussi loin que le regard pouvait porter [...] Je repartis à travers la ville. Des rues entières en cendres. A la Bourse, plus une statue ni une colonne encore debout. Les semelles presque rôties à force d'avoir marché sur des charbons, j'allai jusqu'à Moorfields encombré de malheureux qui veillent sur leurs biens. C'est une chance qu'il fasse beau, car ils restent là sans abri nuit et jour. J'ai été boire et j'ai payé deux pence un simple petit pain d'un penny. Je m'en suis retourné en passant par Cheapside et Newgate entièrement détruits.

En novembre, **Écossais** et **Irlandais** s'agitent. Ils ont retrouvé en 1660 leur autonomie perdue dix ans plus tôt, mais ils sont lésés dans leurs intérêts économiques par le *Staple Act* et mécontents pour des raisons différentes de la politique religieuse de Charles II : les Écossais presbytériens lui reprochent d'avoir aboli le *Covenant* et rétabli l'Église épiscopalienne, et de nombreux Irlandais catholiques estiment insuffisantes la tolérance de fait dont ils jouissent et les mesures prises en 1662 pour atténuer les effets des spoliations du temps de Cromwell.

Cependant, **la seconde guerre anglo-hollandaise**, mal préparée et mal conduite par l'Amirauté, est de plus en plus impopulaire. Le 20 juin 1667, l'escadre de Ruyter remonte la Tamise, brûle plusieurs vaisseaux anglais et s'empare du fort de Sheerness ; le surlendemain, elle brise la chaîne d'une vingtaine de bateaux qui barrent à Chatham l'entrée de la Medway où se trouvent les chantiers de la marine ; à Londres, c'est à la fois la panique et la colère contre le roi et Clarendon, jugés responsables de la catastrophe ; Samuel Pepys, qui est secrétaire de l'Amirauté, note le 12 juin :

Quand j'arrivai chez Sir W. Coventry, son commis me dit qu'on avait reçu de mauvaises nouvelles : les Hollandais ont brisé la chaîne de Chatham. Cela me frappa au cœur. A Whitehall où j'étais allé pour savoir si c'était vrai, j'entendis les laquais commenter les mauvaises nouvelles et dire que tout le monde à la cour avait l'air d'avoir pleuré. Aussi, je ne voulus pas me montrer et je sortis furtivement [...] Rentré chez moi le cœur bien lourd. Car la nouvelle est exacte : les Hollandais ont rompu la chaîne et brûlé nos vaisseaux en particulier le *Royal Charles*. A la vérité j'ai si peur que le royaume ne soit perdu que j'ai résolu de décider dès ce soir, avec ma femme et mon père, ce que je vais faire de mon argent. Dieu nous protège ! Dieu sait dans quels désordres nous allons peut-être tomber. N'y aura-t-il pas des violences commises au bureau et même sur nos personnes, car les sots pourraient nous rendre responsables de tout ceci.

Mais les Hollandais, inquiets de l'avance française aux Pays-Bas, acceptent de signer **la paix** le 31 juillet, **à Bréda**, où des pourparlers ont été entamés dès le mois de mai : en échange de la Nouvelle-Amsterdam et de la Delaware, l'Angleterre cède aux Provinces-Unies son établissement de Surinam, mais maintient les Actes de navigation avec, comme seule concession, une dispense pour les produits rhénans transportés par des bateaux néerlandais. Soucieux de répondre aux critiques formulées par le Parlement cavalier en dépit de son loyalisme et de donner satisfaction à l'opinion publique inquiète des ambitions françaises, Charles II se débarrasse de Clarendon en octobre 1667 et signe avec la Hollande, puis la Suède la Triple-Alliance (janvier-avril 1668), qui amène Louis XIV à signer la paix d'Aix-la-Chapelle.

b) Mais à partir de 1668, le roi, qui s'est montré jusque-là si prudent, s'oriente vers une **politique personnelle** marquée par l'alliance avec Louis XIV et la tolérance à l'égard des catholiques. S'appuyant sur une équipe formée de cinq collaborateurs, membres du Conseil privé, et surnommée *Cabal* d'après les initiales des noms de ses membres, Charles II qui veut se procurer des ressources sans recourir au Parlement signe avec Louis XIV le traité de Douvres (1er juin 1670) : en échange du paiement de 225 000 livres sterling par an, il s'engage à aider la France contre la Hollande et promet de plus par des articles secrets de s'employer à restaurer le catholicisme en Angleterre. Pour prouver à Louis XIV sa bonne volonté, il abolit en Irlande le serment de suprématie, ce qui permet aux catholiques d'accéder aux magistratures locales. En Angleterre, une déclaration royale du 15 mars 1672, prise sans l'avis du Parlement, accorde la liberté de culte non seulement aux catholiques mais aussi aux protestants dissidents, mesure habile qui cherche à désarmer l'antipapisme des puritains. Enfin, le 28 mars 1672, Charles II déclare la guerre aux Provinces-Unies, avant même que les armées de Louis XIV ne soient entrées en campagne.

En fait, cette **politique française et catholique exaspère les Anglais.** La majorité d'entre eux désapprouvent l'alliance française contre la Hollande, rivale économique certes, mais puissance protestante, alors que les Français sont des papistes et, de surcroît, des concurents économiques plus redoutables désormais que les Hollandais eux-mêmes. Par ailleurs, les anglicans sont farouchement opposés à la tolérance religieuse, et les dissidents de leur côté refusent une liberté de culte accordée en même temps aux catholiques. Un vaste mouvement d'opposition se déchaîne dans le pays. Le Parlement cavalier lui-même impose au roi le retrait de la déclaration d'indulgence de 1672 et vote, en mars 1673, le bill du *Test* (ou de l'épreuve) qui impose à tout candidat à un emploi public ou à un siège au Parlement un serment de non-adhésion aux dogmes de l'Église romaine :

> Je professe, témoigne et déclare de tout mon cœur, en présence de Dieu Tout-Puissant, que je ne crois point, en ma conscience, que l'Église

romaine soit la seule Église catholique et universelle du Christ, hors de laquelle il n'y ait point de salut ; ou que le Pape ait aucune juridiction ou suprématie sur l'Église catholique en général, ni sur moi en particulier ; ou qu'il appartienne à l'Église romaine seule de juger du sens et de l'interprétation des Saintes Écritures ; ou que dans le Saint-Sacrement de l'Eucharistie, il se fasse un parfait changement de la substance du pain dans le corps du Christ, lequel changement ladite Église romaine appelle transsubstantiation ; que je ne crois point que la Vierge Marie ou aucun autre saint ne doivent être adorés ou servis, ni qu'on doive leur adresser des prières ; je renonce et désavoue toutes les doctrines et propositions susdites, comme fausses, erronées et contraires à la parole de Dieu et à la religion.

De nombreux catholiques démissionnent de leurs fonctions ; le frère du roi, le duc d'York converti au catholicisme depuis 1670 et qui vient de se remarier avec une princesse catholique, Marie de Modène, doit abandonner la charge de grand amiral et le commandement de la flotte. Par ailleurs, **la troisième guerre anglo-hollandaise** est difficile pour la flotte anglaise qui est battue par Ruyter à Southwold Bay (ou Solebay), le 7 juin 1672 et au Texel, le 21 août 1673. Cédant à la pression de l'opinion, Charles II abandonne l'allié français et signe une paix séparée avec la Hollande, le 19 février 1674.

c) Tirant la leçon des événements, le roi décide alors de reprendre **la politique anglicane** de Clarendon, en s'appuyant sur la *gentry* et l'Église anglicane et en ménageant le Parlement cavalier. Thomas Osborne, comte de **Danby**, se fait l'artisan de cette politique nouvelle : il s'efforce de restaurer l'équilibre financier ; il prône un rapprochement actif avec la Hollande, mais doit vaincre les réticences du roi, soucieux de ménager Louis XIV qui lui accorde toujours des subsides secrets ; le 15 novembre 1677, Marie, fille d'un premier mariage du duc d'York et protestante comme sa sœur Anne, épouse Guillaume III d'Orange, lui-même neveu de Charles II par sa mère ; et le 10 janvier 1678, l'alliance anglo-hollandaise est signée ; quelques mois plus tard, Louis XIV signe la paix de Nimègue.

Pourtant, la politique protestante de Danby ne suffit pas à calmer les inquiétudes de l'opinion anglaise. En août 1678, un imposteur **Titus Oates** fait courir le bruit de l'existence d'un vaste **complot papiste** fomenté par les jésuites et par un secrétaire de la duchesse d'York, pour massacrer les protestants anglais avec l'aide de soldats français. Une véritable frénésie antipapiste gagne l'Angleterre ; la terreur règne dans la capitale ; des milliers de catholiques sont jetés en prison, des jésuites condamnés à mort et exécutés. Le Parlement prononce l'exclusion des pairs catholiques de la Chambre des lords et s'en prend même bientôt à Danby, accusé de tyrannie et de malversations. Excédé, Charles II prononce, le 24 janvier 1679, la dissolution du Parlement cavalier qui siégeait depuis plus de dix-huit ans.

Le problème de la succession et la fin du règne de Charles II, 1679-1685

a) Les élections se font au milieu d'une vive agitation. L'un des grands problèmes qui divisent l'opinion est celui de **la succession** de Charles II, qui n'a pas d'enfant légitime. Certains Anglais, que leurs adversaires surnomment **whigs** du nom de dissidents écossais, veulent exclure du trône le duc d'York, jugé indésirable du fait de son catholicisme, et lui substituer soit sa fille Marie, soit le duc de Monmouth, fils naturel de Charles II ; par ailleurs, les whigs défendent la prépondérance du Parlement et se recrutent surtout parmi les presbytériens et les dissidents. En face d'eux, les **tories** (du nom des rebelles catholiques d'Irlande), en très grande majorité anglicans, sont les partisans décidés de la prérogative royale et refusent d'admettre l'exclusion du duc d'York, estimant qu'il suffira d'obtenir de lui certaines garanties sur le plan religieux. La Chambre, élue en février, comprend une très grande majorité de whigs qui votent, le 22 mai, le bill d'Exclusion. De plus, pour bien marquer leur opposition à toutes formes d'arbitraire royal, les whigs votent, le 27 mai, le **bill d'Habeas corpus** qui garantit la liberté individuelle contre l'arbitraire : toute personne emprisonnée peut réclamer d'un juge un *wril* d'*Habeas corpus*, c'est-à-dire un ordre écrit de présenter immédiatement le détenu afin que soit vérifiée la régularité de son emprisonnement. Le roi, qui a accepté de remplacer son Conseil privé par une Commission de trente membres comprenant plusieurs députés de l'opposition whig, notamment Shaftesbury et Halifax, sanctionne le *bill* d'*Habeas corpus* et consent à la suppression de la censure, mais repousse le bill d'Exclusion et, en juillet, dissout le Parlement. La nouvelle Chambre des communes, où les whigs sont encore en majorité, vote une seconde fois le bill d'Exclusion, mais le roi fait pression sur les lords qui, en novembre 1680, rejettent le bill par 63 voix contre 30 ; peu de temps après, Charles II dissout les Chambres. Les communes du nouveau Parlement (le troisième en moins de deux ans) comprennent un peu moins de whigs, mais n'en votent pas moins une troisième fois l'exclusion, le 26 mars 1681 ; deux jours plus tard, le roi prononce la dissolution des deux Chambres.

b) La situation intérieure est alors grave. Mais la majorité des Anglais ne souhaitent pas le retour de la guerre civile, et **les whigs** vont se déconsidérer en tentant de **recourir à la force.** Un premier complot fomenté par Shaftesbury échoue, et ce dernier doit s'enfuir en Hollande (1682). L'année suivante, certains chefs whigs sont compromis dans une vaste conspiration qui se proposait de soulever simultanément les grandes villes d'Angleterre et d'Écosse, d'assassiner le roi et le duc d'York près de Rye-House et de porter Monmouth

LES ROIS D'ANGLETERRE AU XVIIe SIÈCLE

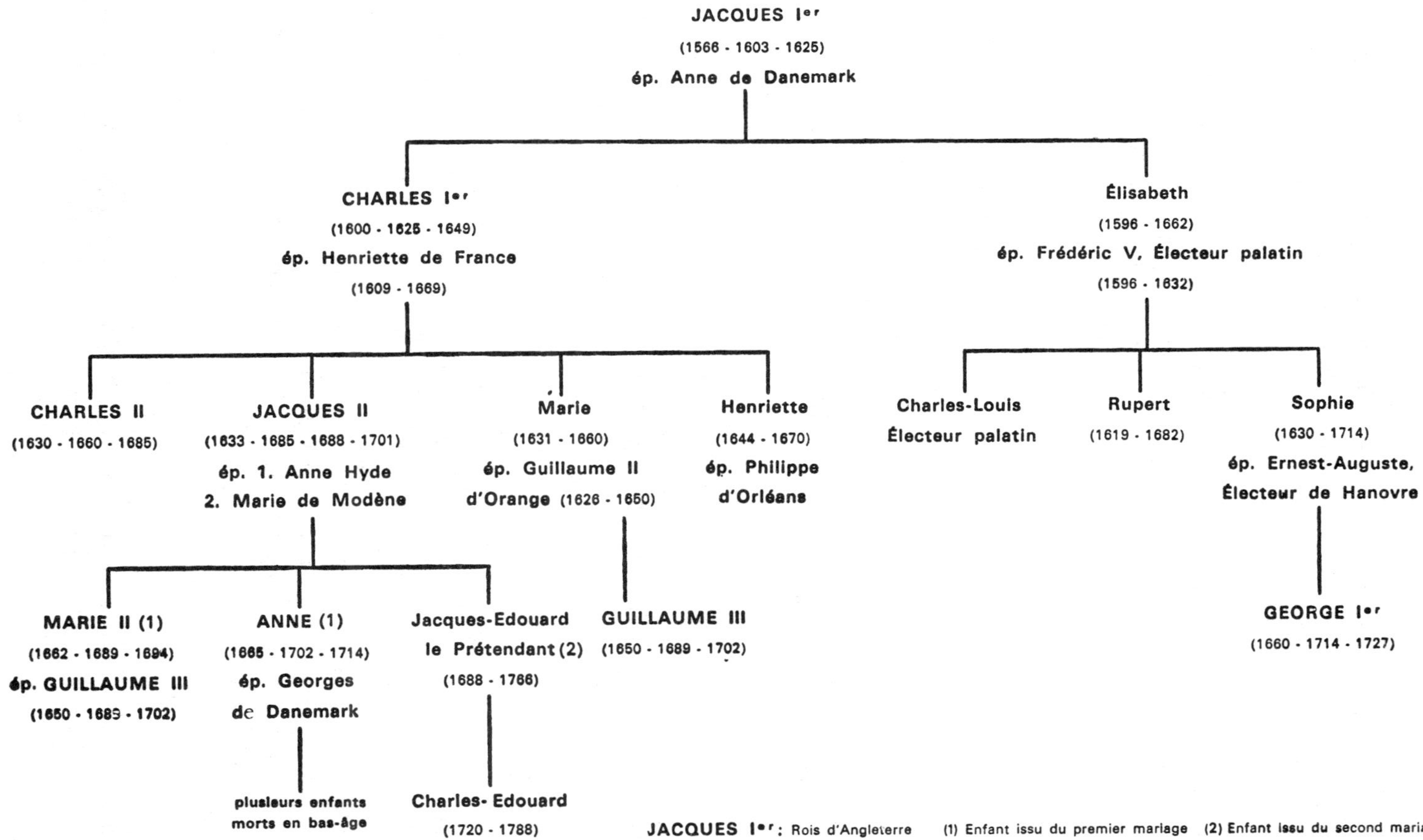

JACQUES Ier : Rois d'Angleterre (1) Enfant issu du premier mariage (2) Enfant issu du second mariage

N. B. Lorsqu'il y a trois dates, la seconde est celle de l'accession au Trône.

sur le Trône ; le complot est bientôt découvert, plusieurs conjurés accusés de haute trahison sont exécutés, cependant que Monmouth se réfugie en Hollande (1683). Charles II prend prétexte de la situation pour garder une armée permanente, rétablir la censure, supprimer la charte de la cité de Londres et de 65 autres villes compromises dans le complot. Il rappelle son frère qui avait quitté l'Angleterre en 1679 et, fort d'importants subsides français, il s'abstient de convoquer le Parlement, en violation du *Triennal Act*. Il règne en **souverain presque absolu**, lorsqu'il meurt le 6 février 1685 après s'être converti, sur son lit de mort, au catholicisme.

Le règne de Jacques II, 1685-1688

a) Le bill d'Exclusion n'ayant pas été voté par les lords, le duc d'York succède sans difficulté à son frère et devient roi sous le nom de Jacques II. Brave, loyal et patriote, il est égoïste et borné et va provoquer sa chute par ses maladresses. Le règne pourtant **commence bien** : feignant la modération, le roi se fait couronner selon le rite anglican et convoque le Parlement qui, presque exclusivement tory (à la suite de multiples pressions lors des élections), lui accorde tous les crédits demandés. En fait, l'immense majorité des Anglais se résigne, dans la perspective d'un règne court (le roi a déjà 52 ans) et d'une succession protestante en la personne de sa fille Marie, épouse du *stathouder* de Hollande. Le comte d'**Argyll** et le duc de **Monmouth** échouent dans leur tentative de soulever le premier l'Écosse, le second la Cornouaille (défaite de Monmouth à Sedgemoor, le 6 juillet 1685). Pourtant, la sévérité de la répression émeut l'opinion : non seulement Argyll, Monmouth et plusieurs de leurs partisans sont immédiatement exécutés, mais une Commission présidée par le juge Jeffreys prononce au cours d' « assises sanglantes » de multiples condamnations à la mort, à la prison ou à la déportation aux colonies. De plus, l'annonce en octobre de la révocation de l'édit de Nantes bouleverse les Anglais, qui craignent une entente secrète entre Louis XIV et Jacques II pour en finir avec le protestantisme des deux côtés de la Manche. Mais **le roi**, faisant fi des conseils de prudence que lui prodiguent le pape et même Louis XIV, **commet de nouvelles imprudences** : il demande au Parlement des crédits supplémentaires, une armée permanente et l'abolition du *Test* et de l'*Habeas corpus* ; en dépit de leur loyalisme tory, les députés des communes refusent. Jacques II, passant outre, réunit près de 30 000 soldats aux portes de Londres et nomme des fonctionnaires papistes ; en même temps, il encourage les conversions au catholicisme en autorisant les pasteurs convertis à conserver leurs bénéfices anglicans ; il reçoit avec les plus grands honneurs un nonce du pape, devant lequel il va jusqu'à s'agenouiller ; il autorise plusieurs ordres religieux à s'établir à Londres. Renouvelant le geste de Charles II, il essaie de gagner les dissidents en signant, le 4 avril 1687 une **déclaration d'indulgence** dispensant pour un an du serment du *Test* les candidats aux charges publiques, suspendant toutes les mesures pénales contre les diss dents et autorisant la célébration publique des cultes catholique et dissidents. En fait, la manœuvre échoue : la majorité des presbytériens et des indépendants font cause commune avec les anglicans contre le roi et les papistes. Un an plus tard, une nouvelle déclaration d'indulgence renouvelle la première et en impose la lecture dans les églises anglicanes (27 avril 1688). Sept évêques, dont l'archevêque de Canterbury, ayant protesté et réclamé la révocation des deux déclarations, le roi les fait emprisonner et juger ; le 30 juin, ils sont acquittés par le jury au milieu de l'allégresse générale. Quelques jours plus tôt, le 10, la reine a mis au monde un fils, **Jacques-Édouard**, qui est aussitôt baptisé par un prêtre catholique et dont les droits priment ceux de la princesse Marie.

b) **L'événement inquiète** à la fois **les Anglais** qui se trouvent devant la perspective d'une succession catholique **et Guillaume d'Orange** qui a besoin de l'alliance anglaise contre la France. Le 20 juin, sept lords anglais représentant les deux partis whig et tory, l'Église anglicane, l'armée et la marine adressent un appel au *stathouder* pour lui demander de venir au secours de la religion protestante menacée, et lui accordent l'argent nécessaire. Guillaume, qui redoute une attaque brusquée de Louis XIV contre la Hollande à travers les Pays-Bas espagnols, décide d'attendre avant d'agir tout en faisant ses préparatifs. L'offensive française sur le Palatinat, en octobre, écarte tout danger immédiat et Guillaume, qui a réuni 15 000 soldats et 600 vaisseaux de transport, débarque à Torbay, le 5 novembre, avec sur sa bannière l'inscription *Pro religione protestante, pro libero Parlamento.* Il entre à Exeter puis marche sur Salisbury, où s'est concentrée sans hâte l'armée royale : mais celle-ci bat en retraite vers Londres et se débande le 27 novembre, après que ses chefs, notamment John Churchill, futur duc de Marlborough, se soient ralliés à Guillaume. Jacques II, abandonné de tous et craignant pour sa vie, prend la fuite le 11 décembre, mais il est arrêté à Faversham et ramené à Londres ; Guillaume, que la présence de son beau-père embarrasse fort, favorise secrètement une seconde tentative de fuite qui cette fois réussit, le 22 décembre ; le 25, Jacques II débarque en France et quelques jours plus tard, il est accueilli magnifiquement par Louis XIV qui lui donne pour résidence le château de Saint-Germain-en-Laye. Le 28, le prince d'Orange fait son entrée à Londres.

2 — Puissance et déclin des Provinces-Unies, de 1650 à 1713

Jusqu'en 1672, les Provinces-Unies restent à beaucoup d'égards la première puissance économique de l'Europe. Mais la redoutable concurrence de la France et surtout de l'Angleterre, et le poids sans cesse plus lourd de la participation à la guerre contre Louis XIV entre 1672 et 1713 entraînent l'effacement relatif de la puissance néerlandaise.

Jean de Witt et l'apogée de la puissance néerlandaise

a) **La mort** inopinée **de Guillaume II** d'Orange le 6 novembre 1650, huit jours avant la naissance de son fils Guillaume III, sème le désarroi dans le Parti orangiste. Les états de Hollande au contraire tirent tout de suite parti de ce revirement inattendu de la situation. A leur demande, une assemblée générale des états des sept provinces, destinée à faire pièce aux États-Généraux jugés trop orangistes, se réunit à La Haye, le 18 janvier 1651. Elle décide de déclarer chaque province souveraine, même en matière militaire et religieuse et de ne pas donner de successeur à Guillaume II dans ses charges de capitaine général et de *stathouder* de cinq provinces (son cousin Guillaume-Frédéric restant *stathouder* de Frise et de Groningue). En réduisant ainsi au minimum les liens unissant entre elles les sept provinces, l'assemblée fait triompher **les thèses républicaines** et assure l'hégémonie de la Hollande qui, de beaucoup la plus peuplée et la plus riche, n'aura plus à consacrer une partie de cette richesse à l'entretien des provinces les plus pauvres et n'aura pas de peine à imposer sa volonté à ses six partenaires. Mais une telle organisation affaiblit dangereusement la république en rendant plus difficiles encore toutes décisions communes en cas de péril grave ; par ailleurs, les orangistes n'ont pas désarmé et attendent impatiemment que le jeune Guillaume III arrive à l'âge d'homme. Pourtant, cette première période sans *stathouder*, qui va durer jusqu'en 1672, correspond à l'apogée de la puissance néerlandaise. Cela est dû en partie à la forte personnalité de **Jean de Witt** (1625-1672) qui, élu Pensionnaire de Hollande en 1653 et réélu ensuite trois fois pour cinq ans, va pratiquement assumer pendant près de vingt ans la direction de la république ; le comte d'Estrades, ambassadeur de France, le présente ainsi dans une lettre à Louis XIV, en 1663 :

> Certainement c'est un grand homme et d'une grande capacité. Quand Votre Majesté saura qu'il n'a que trente-six ans, qu'il y a dix ans qu'il est dans les grandes charges, qu'il gouverne toutes les affaires étrangères aussi bien que celles du dedans avec cœur, adresse et autorité lorsqu'il la faut faire éclater, je m'assure qu'elle sera persuadée que c'est un homme d'un mérite extraordinaire [...] Il a grand esprit, une grande fermeté dans les mauvais événements, rempli d'expédients pour ramener les esprits, tellement maître de soi-même que personne ne l'a jamais vu en colère. Mais avec tout cela, il abonde si fort dans son sens qu'il est impossible de le faire revenir, quelque raison qu'on lui allègue [...] C'est un homme si désintéressé qu'il ne prendrait pour rien au monde aucune gratification.

A l'intérieur, Jean de Witt se préoccupe de consolider le régime de 1651 en développant les libertés urbaines et en essayant de rendre impossible l'arrivée au pouvoir de Guillaume III : en 1654, à la demande de Cromwell, les états de Hollande s'engagent à exclure à jamais la Maison d'Orange du stathoudérat de la province (Acte de « séclusion » ou d'exclusion) ; en 1667, ils votent l'abolition de la charge elle-même (Édit perpétuel) ; en 1670, l'Acte d'harmonie interdit le cumul des fonctions de capitaine général et de *stathouder* d'une des six autres provinces ; cependant, Guillaume III, qui vient d'avoir 20 ans, devient membre du Conseil d'État.

En même temps, Jean de Witt défend les intérêts (surtout économiques) de la république devant **les menaces extérieures.** Une diplomatie active et vigilante et une flotte de guerre bien commandée par les deux Tromp, Ruyter et Cornélis de Witt, frère de Jean, sont les instruments de cette politique. **L'Angleterre** qui, vers 1650, sort de l'effacement auquel l'ont condamnée ses luttes civiles devient très vite une redoutable concurrente sur toutes les mers du globe ; mais les deux guerres engagées contre elle pour lui imposer l'abolition des Actes de navigation n'apportent pas les résultats escomptés (1652-1654, 1665-1667). Quant à **la France** de Louis XIV et de Colbert, avide de conquête aux Pays-Bas espagnols et soucieuse d'indépendance économique, elle constitue bientôt le danger le plus menaçant : une alliance offensive et défensive est d'abord conclue avec elle en 1662, mais les succès rapides des troupes françaises en Flandre en 1667 amènent Jean de Witt à constituer avec l'Angleterre et la Suède la Triple-Alliance, qui sous couvert de médiation est directement dirigée contre la France et contraint Louis XIV à signer le traité d'Aix-la-Chapelle. Mais déjà, les deux pays se livrent une véritable guerre de tarifs douaniers, prélude à la guerre tout court.

b) A la veille de l'invasion de 1672, les Provinces-Unies restent malgré les progrès de l'Angleterre et de la France **la première puissance commerciale**

et maritime de l'Europe. Dans l'Océan Indien, la Compagnie des Indes orientales, dont le privilège est renouvelé en 1647, poursuit activement l'exploitation de l'Insulinde, et la part que tient le commerce des épices dans l'ensemble du trafic néerlandais ne cesse de croître. Si le Brésil est définitivement abandonné en 1654, et les établissements d'Amérique du Nord en 1667, Curaçao et Surinam (acquis en 1667) sont des centres actifs de commerce interlope vers les colonies espagnoles et portugaises, cependant que depuis 1640 l'Espagne concède aux marchands hollandais le privilège de la traite des noirs à destination de ses colonies *(asiento)*. En Europe même, les Néerlandais restent les maîtres du commerce de transit et d'entrepôt, non seulement en Mer du Nord et en Baltique mais même en Méditerranée. Le crédit de la Banque d'Amsterdam est plus solide que jamais ; en 1672, William Temple, ambassadeur d'Angleterre, note à ce propos :

> Il est impossible de savoir bien pertinemment, même de deviner, quelle proportion il y a entre le trésor effectif et le crédit de la Banque. C'est pourquoi la sûreté de la Banque ne consiste pas seulement dans l'or, l'argent qui s'y trouve en effet, mais aussi au crédit de toute la ville, de tout l'État d'Amsterdam dont le fonds, le revenu est aussi grand que celui de quelques royaumes [...] Les plus grands payements qui se passent ordinairement entre les marchands de la ville se font par des billets de banque, non seulement dans plusieurs autres villes des Provinces, mais aussi en plusieurs autres villes marchandes du monde. Tellement que l'on peut dire que cette Banque est proprement la caisse générale où chacun serre son argent, parce qu'on le juge là en plus grande sûreté, l'on en dispose plus facilement, tant en payant qu'en recevant, que si on le tenait en ses propres coffres.

Les capitaux, ainsi accumulés grâce aux bénéfices du grand commerce maritime, sont investis soit dans l'agriculture de plus en plus perfectionnée, soit dans l'indnstrie qui tend à se développer hors du cadre traditionnel des guildes ou corporations et avec des préoccupations essentiellement commerciales.

En même temps, **la civilisation** néerlandaise continue à rayonner sur toute l'Europe par ses peintres (Rembrandt meurt en 1669, Vermeer en 1675), ses savants (Huygens, Swammerdam, Leeuwenhoeck), ses imprimeurs, ses gazetiers. La liberté d'expression, qui règne en Hollande malgré certaines tracasseries, permet à Spinoza de publier son *Traité théologico-politique* et d'écrire son *Éthique*, et attire tous les persécutés.

La crise de 1672 et le relatif déclin des Provinces-Unies

a) **L'invasion des Provinces-Unies**, en avril 1672, ouvre pour la république la crise la plus grave de son histoire. Devant l'imminence du péril et sous la pression de l'opinion publique, Jean de Witt laisse les États-Généraux nommer, le 24 février 1672, Guillaume III capitaine et amiral général pour la durée de la campagne qui va s'ouvrir. En fait, Witt minimise la valeur du jeune prince d'Orange et la puissance de ses partisans. Par ailleurs, alors qu'il a porté tous ses soins à la flotte avec l'aide de son frère Cornélis, il a négligé l'armée en partie par sentiment antiorangiste : celle-ci trop peu nombreuse, mal équipée, est très mal préparée à repousser l'envahisseur. Le pasteur français Jacques Basnage, réfugié en Hollande en 1684, analysera avec pertinence les causes de la chute du Grand Pensionnaire, artisan de son propre malheur :

> Il ne put s'imaginer qu'un jeune prince qui n'avait rien fait de grand, put saper les fondements d'un gouvernement qu'il avait formé avec tant de soins et tant de peines. Au contraire, il crut que l'opposition que le parti républicain ferait à l'élévation de son Altesse, serait toujours assez forte pour l'empêcher de parvenir au stathoudérat. Il n'aimait ni les soldats, ni les officiers, parce qu'ils étaient entièrement attachés au prince, qu'ils regardaient comme leur chef. N'ayant qu'une idée très superficielle de la guerre, il s'imaginait qu'une armée pouvait se faire en un jour et qu'il suffit de commander dans une place pour la bien défendre, et ce fut là une des grandes sources de son malheur. Il négligea trop les murmures du peuple et les sermons des prédicateurs séditieux qui animaient la multitude. Enfin, il ne savait ce que c'était que de céder au temps ; et trop ferme dans ses résolutions, il exigeait de ses amis qu'ils les approuvassent, et les forçait de le faire s'ils voulaient conserver son amitié.

Le passage du Rhin par les Français, le 12 juin et la prise d'Utrecht, le 20 provoquent un sursaut national. L'ouverture des digues inonde en partie la Hollande mais sauve Amsterdam. Le 2 juillet, les états de Zélande nomment **Guillaume d'Orange stathouder ;** le 3, ceux de Hollande en font autant, après avoir voté l'abolition de l'Édit perpétuel ; enfin le 8, les États-Généraux acceptent le rétablissement du stathouderat et, malgré l'Acte d'harmonie, nomment Guillaume capitaine général et amiral général à vie. Mais les passions populaires ne se calment pas pour autant : le 20 août, Jean et Cornélis de Witt, jugés responsables du désastre, sont **assassinés** à La Haye. Guillaume, qui n'a rien fait pour empêcher le double meurtre, refuse d'en punir les coupables.

b) **Le triomphe des orangistes** est complet. Guillaume reçoit le droit de choisir les membres des Conseils de ville et tous les officiers jusqu'au grade de colonel ; en 1675, ses charges de *stathouder* (de cinq provinces) et de capitaine général sont déclarées héréditaires. S'appuyant sur le grand pensionnaire Gaspard Fagel, orangiste qui a succédé à Jean de Witt, il vient à bout de l'opposition républicaine et des émeutes fomentées à Haarlem et à Amsterdam.

Surtout, il réussit en quelques années à redresser la situation extérieure, en agissant tant sur le plan militaire que sur le plan diplomatique : il signe avec l'Angleterre une paix séparée en 1674, gagne l'appui de l'empereur, de l'Espagne et de plusieurs princes allemands, transformant ainsi la guerre en un conflit européen, et signe la paix à Nimègue à des conditions inespérées, puisqu'elles maintiennent l'intégrité du territoire. Bientôt, les ambitions et les provocations de Louis XIV paraissent à Guillaume une menace pour la paix de l'Europe et pour la religion protestante ; aussi s'attache-t-il à préparer une nouvelle coalition contre lui. Il est vrai qu'en Hollande même, les bourgeois républicains, commerçants et hommes d'affaires, répugnent d'abord à de nouvelles aventures, mais la révocation de l'édit de Nantes, qui soulève une vive émotion aux Provinces-Unies et provoque une importante immigration française, facilite la tâche du *stathouder*. De plus, en octobre 1688, les États-Généraux, inquiets de la politique de Jacque II, acceptent d'aider Guillaume à passer en Angleterre ; ils le font savoir en ces termes aux ambassadeurs étrangers :

> Les liaisons étroites du roi de la Grande-Bretagne avec Sa Majesté Très-Chrétienne nous ayant inspiré des alarmes légitimes pour le maintien de notre religion et de notre indépendance, nous avons jugé convenable d'assister le prince d'Orange avec des forces navales et militaires pour aller rétablir l'ordre et le règne de la loi en Angleterre.

Le prestige du stathouder est alors considérable. Il en profite pour accroître ses pouvoirs, malgré l'opposition républicaine qui a bientôt beau jeu de montrer que les Néerlandais ne tirent aucun avantage du fait que leur *stathouder* soit devenu roi d'Angleterre : non seulement les Actes de navigation ne sont pas modifiés en leur faveur comme certains l'avaient espéré, mais les intérêts des Provinces-Unies sont très vite sacrifiés à ceux de leur grande rivale. La guerre de la Ligue d'Augsbourg coûte très cher à la république et lui rapporte peu. Pourtant Guillaume, aidé par Antoine Heinsius (1641-1720), Grand Pensionnaire depuis 1689, sait tirer parti des maladresses de Louis XIV en 1701 et réussit à convaincre les États-Généraux de prendre la tête de la Grande Alliance de La Haye. Mais lorsqu'il meurt sans enfant le 19 mars 1702, les états de Hollande et ceux des quatre autres provinces dont il était *stathouder* refusent de désigner pour son successeur son cousin Jean-Guillaume d'Orange. La seconde période sans *stathouder* commence ; elle devait durer jusqu'en 1747.

c) Le grand pensionnaire **Heinsius** joue jusqu'à sa mort, en 1720, un rôle de premier plan. Ancien collaborateur de Guillaume et continuateur de sa politique, il est facilement suivi par les orangistes, cependant que les républicains, satisfaits de la disparition du stathoudérat et très inquiets malgré leur pacifisme de l'attitude de Louis XIV, acceptent de se rallier au Pensionnaire. Ils le font d'autant plus volontiers que celui-ci, tout entier aux soucis de la guerre, laisse quelques familles de régents ou magistrats locaux accaparer peu à peu le pouvoir. Mais ces bourgeois n'ont plus les vertus de leurs pères ; égoïstes et cupides, ils ne songent qu'à s'enrichir aux dépens de leurs compatriotes ; en 1728, lors de son séjour à La Haye, Montesquieu pourra écrire :

> Le malheur de la république est que la corruption s'y est mise tellement que les magistrats s'entendent avec ceux qui afferment les revenus publics, (et) les leur afferment à bon marché. Aussi un député aux États, un bourgmestre ont-ils d'abord fait leur fortune [...] Il règne à Amsterdam un dégoût général pour ses magistrats dont on tient la conduite (pour) reprochable [...] Les bourgmestres ne se soucient pas que l'État périsse après eux, pourvu que pendant qu'ils gouvernent, leurs charges soient lucratives.

De plus, **la guerre de Succession d'Espagne achève d'épuiser les Provinces-Unies** : les efforts militaires et financiers qu'elles sont obligées de consentir et qui s'ajoutent à ceux des guerres précédentes sont hors de proportion avec les possibilités de ce petit peuple de moins de deux millions d'habitants, si riche soit-il. Enfin tout au long du conflit et au cours des négociations d'Utrecht, la politique extérieure de la république est apparue de plus en plus dépendante de la Grande-Bretagne, qui l'a forcée à renoncer à toute idée d'annexion des Pays-Bas espagnols et à se contenter de l'occupation militaire des quelques places de la Barrière.

Minées intérieurement, épuisées financièrement, **les Provinces-Unies** sont vers 1713 non seulement subordonnées politiquement à l'Angleterre, mais largement **dépassées au point de vue économique** par les progrès éclatants de leur heureuse rivale. Certes, elles conservent les riches Indes néerlandaises, des ports actifs, des vaisseaux nombreux. Mais, victimes de la concurrence anglaise, elles le sont aussi de l'exiguïté de leur territoire, de la faiblesse numérique de leur population, des insuffisances de leurs institutions politiques. Le « miracle néerlandais » réside précisément dans le fait que, pendant près d'un siècle, ces conditions défavorables n'ont pas empêché la république d'assumer le rôle de grande puissance mondiale.

3 _ L'Angleterre, de 1689 à 1714

La Déclaration des droits du Parlement en 1689, l'Acte d'établissement écartant les Stuarts catholiques en 1701 et l'Acte d'union de l'Angleterre et de l'Écosse en 1707 assurent le triomphe, dans le nouveau Royaume-Uni de Grande-Bretagne, d'une monarchie tempérée et protestante.

La « glorieuse révolution » de 1689

a) A son arrivée à Londres, le 28 décembre 1688, **Guillaume d'Orange** se montre très prudent. Écartant l'idée de s'emparer de la Couronne comme le lui suggèrent certains membres de son entourage, il se fait confier par les lords le gouvernement provisoire du royaume et décide l'élection d'une nouvelle Chambre des communes afin de constituer un **Parlement Convention.** Celui-ci, réuni à Westminster le 22 janvier 1689, étudie la situation exceptionnelle créée par les événements de novembre et décembre 1688. Si les whigs, majoritaires aux Communes, et les tories, majoritaires à la Chambre des lords, sont d'accord pour constater la fuite de Jacques II, ils diffèrent sur la solution à apporter : les premiers proposent de proclamer la déchéance du roi, coupable d'arbitraire et de tyrannie, et de procéder à l'élection de Marie et de Guillaume ; mais la plupart des tories reculant devant une telle façon de faire, attentatoire selon eux à la dignité royale, prétendent que, quand bien même le départ du roi équivaudrait à une abdication implicite, le Trône doit revenir de droit et sans autre procédure à Marie, fille du roi précédent, le prince d'Orange devant se contenter du titre de régent. Cette formule se heurte non seulement à l'opposition des whigs, mais aussi à celle de Guillaume qui refuse d'être simplement « l'huissier de sa femme » et menace de rentrer en Hollande.

En même temps qu'il cherche une solution au problème de la succession royale, le Parlement Convention rédige une **Déclaration des droits** qui, après avoir énuméré les illégalités commises par Jacques II en violation des libertés anglaises traditionnelles, rappelle les droits respectifs du roi et du Parlement :

> [...] Les Lords spirituels et temporels et les Communes [...] déclarent d'abord, comme leurs ancêtres ont toujours fait en pareil cas, pour assurer leurs anciens droits et libertés :
>
> 1 — Que le prétendu pouvoir de l'autorité royale de suspendre les lois ou l'exécution des lois sans le consentement du Parlement est illégal ;
>
> 2 — Que le prétendu pouvoir de l'autorité royale de dispenser des lois ou de l'exécution des lois, comme il a été usurpé et exercé par le passé, est illégal ; [...]
>
> 4 — Qu'une levée d'argent pour la Couronne ou à son usage, sous prétexte de prérogative, sans le consentement du Parlement, pour un temps plus long et d'une manière autre qu'elle n'est ou ne sera consentie par le Parlement, est illégale ; [...]
>
> 6 — Que la levée et l'entretien d'une armée dans le royaume, en temps de paix, sans le consentement du Parlement, est contraire à la loi ; [...]

8 — Que les élections des membres du Parlement doivent être libres ;
9 — Que la liberté de la parole, ni celle des débats ou procédures dans le sein du Parlement, ne peut être entravée ou mise en discussion en aucune cour ou lieu quelconque autre que le Parlement lui-même ; [...]
13 — Qu'enfin, pour remédier à tous griefs et pour l'amendement, l'affermissement et l'observation des lois, le Parlement devra être fréquemment réuni ;
Et ils requièrent et réclament avec instance toutes les choses susdites comme leurs droits et libertés incontestables [...]

Un compromis étant intervenu entre whigs et tories, le Trône est déclaré vacant ; **Guillaume et Marie** sont proclamés conjointement roi et reine d'Angleterre, le 13 février (22 février, selon le calendrier grégorien), après que lecture leur ait été faite du bill des Droits.

b) Si un tel texte n'est que le rappel de principes anciens, **la révolution de 1689** n'en a pas moins une **portée considérable.** En effet, en subordonnant la proclamation de Guillaume et de Marie à la reconnaissance par ceux-ci du bill des Droits, elle substitue de fait et en dépit des tories la monarchie constitutionnelle, basée sur la souveraineté de la nation et l'idée de contrat, à la monarchie héréditaire de droit divin ; en même temps, elle sanctionne la défaite des prétentions absolutistes des Stuarts et fonde sur des bases solides l'exercice de la monarchie tempérée par les droits du Parlement. Quelques semaines plus tard, **le Toleration Act** (24 mai) vient compléter le bill des Droits, en accordant aux protestants dissidents (mais non aux catholiques) la liberté de culte public, le droit d'ouvrir des écoles et l'accès à toutes les fonctions à condition de communier selon le rite anglican (c'est la « conformité occasionnelle »). Ainsi, les querelles religieuses qui avaient opposé les protestants anglais tout au cours du siècle trouvent-elles leur solution dans la liberté religieuse, de même que les querelles politiques trouvent la leur dans l'équilibre des pouvoirs du roi et du Parlement. L'année suivante, John Locke formulera la théorie du nouveau régime dans son *Essai sur le pouvoir civil*, contribuant à donner à l'expérience anglaise un grand retentissement qui n'ira qu'en s'amplifiant au cours du siècle suivant.

Les prolongements de la révolution, 1689-1714

a) **Guillaume III** est, jusqu'en 1697, presque complètement accaparé par la conduite de la guerre contre la France : en 1690, il se rend en Irlande et bat Jacques II débarqué l'année précédente avec l'appui de la flotte française ; à partir de 1692, il est fréquemment sur le continent, à la tête des armées opérant aux Pays-Bas. Le Parlement en profite pour étendre progressivement ses droits au détriment de la prérogative royale : le second *Triennal Act* (1694) limite à trois ans la durée d'une législature, ce qui interdit au roi de proroger indéfiniment une assemblée docile ; les Chambres votent le budget pour un an et contrôlent de façon de plus en plus stricte les dépenses du gouvernement, le roi ne disposant en toute liberté que d'une liste civile assez réduite. Le Conseil privé, jadis organe de l'absolutisme royal, subsiste, mais tout pouvoir réel lui échappe : la politique est arrêtée par le **Cabinet**, réunion de quelques ministres autour du roi ; en 1697, celui-ci formera pour la première fois un Cabinet homogène choisi parmi les whigs, majoritaires au Parlement (Cabinet Sunderland). Si la puissance du roi est encore importante, grâce notamment à la nomination à toutes les fonctions publiques, elle est de plus en plus limitée non seulement par le texte de 1689, mais par l'application qui en est faite dans les années suivantes. De plus, en 1695, le Parlement vote la suppression de la censure et accorde toute liberté aux journaux et libelles, permettant ainsi à l'opinion publique de mieux s'exprimer et de mieux participer à la vie politique.

b) Après **la mort de Marie**, sans enfant, en décembre 1694, **Guillaume** règne **seul.** Il doit faire face, en 1696, à un complot des partisans de Jacques II et surtout à une grave crise économique provoquée par la prolongation de la guerre contre la France ; cette crise, qui compromet un moment l'existence de la Banque d'Angleterre créée deux ans plus tôt pour permettre de faire face aux dépenses militaires, est surmontée grâce notamment à une augmentation du capital de la Banque, cependant qu'en septembre 1697 la paix est signée à Ryswick.

La mort en juillet 1700 du dernier fils d'Anne Stuart, mariée au prince Georges de Danemark et héritière désignée de Marie et de Guillaume, pose le problème de **la succession** au trône d'Angleterre. L'**Acte d'établissement** (10 février 1701) décide d'écarter tout prétendant catholique (donc Jacques II et son fils Jacques-Édouard) et prévoit que la Couronne reviendra à la petite-fille de Jacques Ier, la protestante Sophie de Hanovre et à ses héritiers ; en même temps, il confirme et complète le bill des Droits :

> Pour une plus ample provision de la succession de la couronne dans la ligne protestante, Nous, les très obéissants et très fidèles sujets de Votre Majesté, les Lords spirituels et temporels et les Communes assemblés en ce présent Parlement, supplions V. M. qu'il soit établi et déclaré par S. M. le roi que la très excellente princesse Sophie, électrice et duchesse douairière de Hanovre, petite-fille de feu notre souverain seigneur le roi Jacques 1er, soit et est par celles-ci, déclarée être la plus prochaine à la succession dans la ligne protestante à la couronne d'Angleterre, après S. M. et la princesse Anne de Danemark, et à défaut respectivement de lignée de ladite princesse Anne et de S. M. [...]
>
> Que toutes et chacune personne et personnes qui hériteront ou pour-

ront hériter ladite couronne [...], qui auront communion avec le siège ou l'Église de Rome ou qui se marieront à des papistes, seront sujets aux incapacités déclarées par ledit Acte [...] Que quiconque viendra ci-après à la possession de cette couronne se conformera à la communion de l'Église anglicane, ainsi qu'elle est établie par les lois [...]

Que nulle personne qui a un office ou charge de profit sous le roi ou qui reçoit une pension de la couronne, ne sera capable de servir comme membre de la Chambre des communes [...]

Que les lois d'Angleterre sont les droits naturels du peuple d'icelle et que tous les rois et reines qui monteront sur le trône de ce royaume, doivent le gouverner conformément auxdites lois [...]

L'année suivante, Guillaume, qui a contribué plus que quiconque à la formation de la Grande Alliance de La Haye contre Louis XIV, meurt le 19 mars 1702, quelques semaines avant que ne commence la guerre de Succession d'Espagne. Resté toute sa vie hollandais et calviniste, il est peu regretté de ses sujets britanniques.

c) La reine **Anne** (1702-1714) au contraire, profondément anglaise et sincèrement anglicane, est très populaire. En fait, sans grande capacité, elle est sous l'influence de son amie et confidente Sarah Jennings, épouse de John Churchill, duc de **Marlborough.** Celui-ci, capitaine-général des armées anglaises, exerce, à la faveur du conflit européen, la réalité du pouvoir dévolu à la reine. Il s'appuie sur les whigs, partisans de la guerre, mais il doit compter avec l'opposition des tories qui, anglicans intransigeants, réclament l'abolition du *Toleration Act* et, pacifistes, font campagne dans leurs journaux contre la poursuite des hostilités. Il doit compter aussi avec l'attitude des Écossais qui revendiquent le droit de choisir le successeur d'Anne et en 1704, par un vote du Parlement d'Édimbourg, déclarent rejeter l'Acte d'établissement. Mais les brillants succès remportés en Europe par l'armée et la flotte anglaise, en 1704 et 1705, facilitent la tâche de Marlborough : les whigs, qui obtiennent la majorité aux élections de 1705, contraignent les tories à abandonner leur projet d'abolition du *Toleration Act* et ouvrent des négociations avec le Parlement d'Édimbourg.

Les Écossais, conscients qu'ils seraient les grandes victimes d'une rupture avec l'Angleterre, acceptent **l'Acte d'union** du 6 mars 1707 : l'union personnelle des deux royaumes est remplacée par une union politique, sous le nom de **Royaume-Uni de Grande-Bretagne** ; les Écossais perdent leur Parlement mais reçoivent le droit d'envoyer 16 lords et 45 députés dans les deux Chambres du Parlement de Londres, désormais commun ; formant avec l'Angleterre un seul et même marché national, l'Écosse participera à tous les avantages des Actes de navigation et des traités de commerce, cependant qu'elle conservera son Église presbytérienne, ses lois et ses tribunaux. Ainsi, bien que les jacobites, partisans du prétendant Jacques III, restent nombreux en Écosse, le problème de la succession semble résolu, en même temps qu'est réalisée l'unité de la Grande-Bretagne.

Mais **la guerre** extérieure s'éternise, et l'opposition à ce conflit interminable et onéreux se fait de plus en plus vive, surtout après que l'intransigeance de Marlborough et d'Heinsius ait fait échouer les négociations avec la France (1709, 1710). Face aux whigs représentant les intérêts des milieux d'affaires qui soutiennent financièrement la guerre et en profitent souvent scandaleusement, les tories réclament la paix au nom des propriétaires fonciers dont les revenus diminuent et du peuple anglais tout entier dont les charges ne cessent de croître (nouvelles taxes sur le sucre, les épices, la bière). En même temps, les tories, dont la presse se déchaîne contre les whigs et Marlborough, soutiennent les membres les plus fanatiques de l'Église anglicane, tel le pasteur Sacheverell qui s'acquiert une grande popularité en attaquant en chaire le gouvernement (1709). En avril 1710 la reine se brouille avec les Marlborough, puis en juin elle renvoie ses ministres whigs et en octobre dissout le Parlement. La nouvelle Chambre des communes, élue en novembre 1710, est **en majorité tory**, pacifiste et anglicane. Des pourparlers secrets sont engagés avec la France et des préliminaires de paix signés en octobre 1711, au moment même où le public applaudit le pamphlet de Jonathan Swift, la *Conduite des Alliés*, dans lequel l'auteur écrit notamment :

> Je pose pour ma part, en principe, qu'aucune personne en son bon sens, qu'elle soit whig ou tory (puisqu'il est nécessaire d'employer ces mots stupides) ne peut être d'avis de continuer la guerre, dans les conditions où nous la faisons actuellement, à moins d'y gagner personnellement, ou d'espérer que le conflit fera naître un nouveau retournement de la situation politique à l'avantage de son Parti, ou enfin à moins qu'on soit ignorant de l'état actuel du royaume et des raisons qui nous y ont fait tomber. Dans les deux premiers cas, comme c'est une affaire d'intérêt, je n'ai rien à en dire. Mais dans le troisième cas, je pense qu'il est tout à fait nécessaire que le public soit averti franchement et impartialement de la situation dans laquelle nous nous trouvons, de la façon dont nous avons été traités par ceux à qui nous avons confié pendant tant d'années la disposition de notre sang et de notre trésor, et quelles conséquences cette façon d'agir aura vraisemblablement pour nous et notre postérité [...] Après dix ans d'une guerre où nous n'avons connu que des succès, il est invraisemblable qu'on vienne nous dire que nous ne pouvons pas obtenir une paix avantageuse.

La destitution de Marlborough en 1712 rend enfin la paix possible : le traité d'Utrecht négocié par le ministre tory Henri Saint-John, futur vicomte Bolingbroke, est signé le 31 mars 1713 (11 avril, selon le calendrier grégorien), malgré la vive opposition des whigs.

A l'intérieur, les tories mènent une politique favorable aux propriétaires fonciers (modification, en leur faveur, du droit électoral) et à l'Église anglicane (interdiction de la « conformité occasionnelle » en 1711, *Schism Act* de 1714 interdisant aux dissidents de tenir des écoles publiques ou privées). **Bolingbroke** qui entretient des relations avec les jacobites songe même, pour mieux assurer le pouvoir des tories, à faire abolir l'Acte d'établissement et à rappeler le Prétendant, avec l'accord de la reine émue un peu tard du sort fait à son demi-frère. Mais Anne meurt le 1er août 1714 ; le jour même, les lords du Conseil privé, en majorité whigs, puis le Parlement proclament l'électeur de Hanovre, fils de Sophie morte quelques mois plus tôt, roi de Grande-Bretagne sous le nom de **George Ier**.

La civilisation anglaise

a) Les règnes de Guillaume et d'Anne correspondent à un **nouvel essor de l'économie britannique.** Déjà, sous Charles II, l'application des Actes de navigation, les acquisitions dans l'Océan Indien et en Amérique du Nord, la mise en valeur de la Jamaïque ont favorisé les progrès du grand commerce maritime. Prenant peu à peu la place des Hollandais durement touchés par la guerre à partir de 1672, les Anglais ont accaparé une partie du commerce européen, notamment en Méditerranée. L'exploitation minière, la métallurgie, les constructions navales, l'industrie textile (avec les débuts de l'industrie du coton) continuent leurs progrès, permettant des exportations de plus en plus importantes. Newcastle, grand port charbonnier, Bristol, spécialisé dans le trafic triangulaire, Londres surtout, qui concentre les trois quarts de l'activité industrielle et commerciale du royaume, sont en plein développement. Dans l'agriculture, le mouvement des *enclosures* et l'évolution vers l'élevage se poursuivent.

Cette activité économique n'enrichit pas la masse de la population, mais accroît encore **la puissance de la classe capitaliste** (gentilshommes campagnards, manufacturiers, marchands) qui, en 1688-1689, s'assure le contrôle du pouvoir politique. Certes, la guerre contre la France met en lumière des divergences entre les intérêts des propriétaires fonciers (les *landed men*) et ceux des financiers et des hommes d'affaires (les *moneyed men*), mais il n'y a pas pour autant d'opposition irréductible, il n'y a pas non plus entre eux de barrière sociale, et la recherche du profit est l'objectif commun aux uns et aux autres Maîtres du pouvoir par l'intermédiaire du Parlement, ils veillent au respect de la liberté d'entreprise, mais ils savent en même temps créer les conditions favorables à cette libre activité et au développement général : ils instaurent des tarifs douaniers protecteurs, ils organisent en 1696 le **Board of Trade,** véritable ministère du commerce, ils se font octroyer par des puissances étrangères d'importants avantages commerciaux (Portugal, 1703 ; Espagne 1713), ils favorisent la création en 1694 de **la Banque d'Angleterre.** A l'origine, celle-ci a surtout pour but de permettre au gouvernement de Guillaume III d'assumer les lourdes dépenses entraînées par la guerre et de remédier à la pénurie de numéraire dont souffre l'Angleterre comme le reste de l'Europe. Les dépôts des souscripteurs (1 200 000 livres au départ) sont en effet utilisés par le Trésor, contre intérêt de 8 % ; en échange, la Banque qui reste une entreprise privée («Le gouverneur et la Compagnie de la Banque d'Angleterre») reçoit de l'État le privilège d'émettre des billets remboursables à vue et le droit d'escompter les lettres de change, d'acheter et vendre des lingots, de faire des prêts aux particuliers. Ainsi, la Banque est une institution à la fois de dépôt, d'émission et de crédit qui supplante bientôt celle d'Amsterdam comme grande banque mondiale et devient l'instrument privilégié du développement du capitalisme commercial, industriel et agricole de la Grande-Bretagne.

b) **La civilisation intellectuelle et artistique** reflète largement cet épanouissement de la classe capitaliste qu'anime l'esprit puritain imprégné d'individualisme utilitaire et pratique. **La Royal Society** fondée en 1662 contribue, selon son but, à « l'avancement des sciences ». **Newton** publie en 1687 ses *Philosophiae naturalis principia mathematica*, charte de la science expérimentale. **Locke** est dans ses différentes œuvres l'interprète de l'idéal politique et moral de la bourgeoisie triomphante d'après 1689, de même que **Steele** et **Addison**, fondateurs en 1711 du *Spectator*. Quant à Jonathan **Swift** (1667-1745) et Daniel **De Foe** (1659-1731) — le premier, polémiste tory lucide et amer ; le second, commerçant conformiste en politique, non conformiste en religion — ils n'écrivent leurs œuvres majeures qu'après 1714.

L'art d'un Christopher **Wren** est lui aussi essentiellement utilitaire. La reconstruction du centre de Londres, après le grand incendie de 1666, donne à l'architecte l'occasion de donner sa mesure : si le plan d'ensemble qu'il propose est refusé, du moins reconstruit-il 51 des églises détruites et notamment la cathédrale *Saint-Paul* (1675-1711), cependant qu'à partir de 1694 il édifie pour Guillaume III le nouveau château d'*Hampton-Court*. Le meilleur élève de Wren, John **Vanbrugh** (1664-1726) construit pour la bourgeoisie whig des résidences spacieuses et confortables, associant la pierre et la brique : c'est le style « reine Anne ».

Au début du XVIIIe siècle, c'est à la valeur de ses savants, de ses penseurs et de ses écrivains, tout autant qu'à l'originalité de ses institutions politiques, que l'Angleterre doit le rayonnement qu'elle commence à exercer sur l'élite cultivée du continent.

LECTURES COMPLÉMENTAIRES

Voir les ouvrages cités à la fin du chapitre V.

CHAPITRE XI

LA DERNIÈRE PARTIE DU RÈGNE DE LOUIS XIV, 1685-1715

1 — Les difficultés intérieures : la crise financière et économique

La signature de la trêve de Ratisbonne, en août 1684, marque l'apogée du Roi-Soleil. Plusieurs événements contribuent eux aussi à faire des années **1682-1686** l'un des grands tournants du règne, notamment l'installation de la cour à Versailles en 1682, la mort de Colbert en 1683, la révocation de l'édit de Nantes en 1685, la formation de la Ligue d'Augsbourg en 1686.

La dernière partie du règne, la plus longue (1682/1686-1715), sera le temps des épreuves et des deuils, des renoncements inévitables et des résistances tolérées.

Le roi et la cour à Versailles

a) **Louis XIV** a 44 ans en 1682. Ce n'est plus le jeune et brillant cavalier des années 1660, c'est un homme quelque peu alourdi par l'âge, mais qui reste d'une majesté intimidante et d'une étonnante vitalité. Depuis 1680, il commence à s'assagir et à songer à son salut : au lendemain de la mort de la reine Marie-Thérèse, il épouse secrètement Mme **de Maintenon** (1683). Françoise d'Aubigné (1635-1719), veuve du poète Scarron, a élevé les bâtards du roi et de Mme de Montespan ; elle a été admise à la cour et faite marquise de Maintenon en 1674. Devenue l'épouse du roi qui a apprécié la dignité de sa vie et ses qualités de bon sens, elle joue désormais un rôle politique discret mais non négligeable : elle contribue à la chute de certains ministres et s'efforce d'orienter Louis XIV vers une politique pacifiste et dévote. Son influence, que renforce celle des confesseurs jésuites La Chaise, puis Le Tellier, est surtout sensible dans l'atmosphère qu'elle essaie de faire régner à la cour.

Celle-ci a quitté Saint-Germain en mai 1682, pour s'installer définitivement à **Versailles**, où les travaux se poursuivront encore de longues années. Les règles de l'étiquette commencent à se figer en un cérémonial bien réglé tendant à la glorification de la majesté royale. Les fêtes, toujours aussi somptueuses (sauf lors des sombres années 1706-1714), n'ont plus le caractère de fantaisie et de licence qu'elles avaient au début du règne et sont trop souvent tristes et ennuyeuses. **Les courtisans** de plus en plus nombreux, qui s'entassent au château dans d'incroyables conditions d'inconfort, se font dévots à l'imitation du roi, ou du moins feignent de l'être.

La famille royale vit courbée sous l'autorité du maître. Le Grand Dauphin, Monseigneur, « noyé dans la graisse et dans l'apathie [...], sans vice ni vertu » (Saint-Simon), a trois fils, élèves de Fénelon : le duc de Bourgogne (né en 1682), le duc d'Anjou (né en 1683), le duc de Berry (né en 1684). Monsieur meurt en 1701 et son fils, le duc de Chartres, devient duc d'Orléans ; libertin et « fanfaron de vices », mais cultivé et intelligent, il est tenu à l'écart par le roi sous l'influence de Mme de Maintenon. Le Grand Condé meurt en 1686. Les bâtards du roi font figure à la cour, notamment les deux fils « légitimés » de Mme de Montespan, le duc du Maine (le préféré du roi, qui l'a marié à une petite-fille du Grand Condé) et le comte de Toulouse.

LA DERNIÈRE PARTIE DU RÈGNE DE LOUIS XIV, 1685-1715

L'arrivée à Versailles, en 1697, de la jeune Marie-Adélaïde de Savoie qui épouse le duc de Bourgogne contribue à égayer un peu le vieux roi et la cour. Mais en 1711-1714, des **deuils successifs** viennent frapper la famille royale : le 14 avril 1711, c'est la mort du Grand Dauphin emporté par la variole ; en février 1712, à six jours d'intervalle, celle de la duchesse et du duc de Bourgogne, victimes eux aussi de la variole et, quelques semaines plus tard, celle de leur fils aîné, le duc de Bretagne ; le 4 mai 1714, celle du duc de Berry. L'héritier du Trône est alors un enfant de cinq ans, dernier fils du duc de Bourgogne, le second duc d'Anjou, futur Louis XV (*cf.* tableau, p. 249). Au milieu de ces deuils familiaux, comme dans les grandes épreuves intérieures et extérieures qui ont précédé, Louis XIV fait preuve d'une grande dignité et d'un courage voisin de l'impassibilité. D'ailleurs, son caractère se durcit en un orgueil sans faille et un égoïsme féroce qui font écrire à Saint-Simon, observateur impitoyable de la fin du règne :

> Sans la crainte du diable que Dieu lui laissa jusque dans ses plus grands désordres, il se serait fait adorer et aurait trouvé des adorateurs [...] Il était à soi-même sa fin dernière.

Pour échapper aux exigences de la vie de Versailles, le roi se rend de temps à autre à Marly avec un petit nombre de courtisans choisis (« Sire, Marly ? » quémande-t-on timidement dans les jours précédents).

b) En même temps que la résidence permanente de la cour, Versailles devient le siège du **gouvernement.** Avec la mort de Colbert (1683) et celle de Le Tellier (1685), l'équipe léguée par Mazarin a tout entière disparu. Comme dans la première partie du règne personnel, le roi continue à n'appeler au Conseil d'en haut que trois ou quatre **ministres d'État** qui, à part le contrôleur général puis chancelier Pontchartrain (mort en 1714), appartiennent presque tous soit au clan Le Tellier (Louvois jusqu'à sa mort en 1691, à la veille d'être disgracié), soit au clan Colbert (son frère Croissy, ses neveux Torcy et Desmaretz, son gendre le duc de Beauvillier, seul grand seigneur admis au Conseil). D'ailleurs, le roi gouverne de plus en plus seul, abandonnant l'exécution des décisions à une poignée de grands commis. Ceux-ci sont installés dans « l'aile des ministres » et dirigent des bureaux spécialisés et dotés d'un important personnel de secrétariat.

Cette bureaucratisation de l'administration est sensible aussi en province. **L'intendant**, présent désormais partout (la création de la dernière des 30 intendances, celle de Bretagne, date de 1689) et restant souvent de longues années dans le même poste, est à la tête de nombreux services dirigés dans certains cas par un subdélégué général ; d'autre part il a sous ses ordres des subdélégués, officiers désormais rétribués (édit de 1704) et placés à la tête d'une circonscription territoriale : la subdélégation, correspondant soit à une élection, soit à un bailliage. John Law pourra dire, à juste titre, à d'Argenson en 1720 :

> Jamais je n'aurais cru ce que j'ai vu quand j'étais contrôleur des finances. Sachez que ce royaume de France est gouverné par trente intendants. Vous n'avez ni parlements, ni États, ni gouverneurs. Ce sont trente maîtres des requêtes commis aux provinces, de qui dépendent le malheur ou le bonheur de ces provinces, leur abondance ou leur stérilité.

La crise financière

La situation financière léguée par Colbert à ses successeurs se trouve terriblement aggravée dans la dernière partie du règne par l'énorme effort qu'impose l'interminable guerre contre l'Europe coalisée de 1688 à 1714 (1697-1702 fait figure de simple trêve) ; à cela, s'ajoutent les dépenses que le roi ne consent guère à réduire, les constructions (Versailles, Marly) et la cour (pensions et gratifications de toutes sortes). **Les contrôleurs généraux successifs**, Le Peletier (1683-1689) intègre et prudent, Pontchartrain (1689-1699) intelligent mais sans illusions, Chamillart (1699-1708) honnête mais débordé, Desmaretz enfin (1708-1715) habile et actif, ne sont pas à beaucoup d'égards indignes de Colbert, mais ils sont aux prises avec une tâche insurmontable : faire soutenir une guerre de plus en plus difficile et coûteuse à un peuple de plus en plus épuisé.

a) Un meilleur rendement de **l'impôt** serait évidemment le premier remède au déficit. Mais les effets de nouvelles augmentations fiscales (tailles, baux de la Ferme générale) sont en grande partie illusoire : les peuples pressurés ne peuvent donner davantage, les retards dans les paiements s'accumulent. La solution est soit dans une meilleure répartition des impôts existants, soit dans une refonte de tout le système fiscal. Les grands dénombrements et enquêtes partiels ou généraux (telle l'enquête faite par les intendants en 1697 à l'instigation du duc de Beauvillier) veulent préparer cette meilleure répartition en fonction de la population et de la richesse de chacun. De leur côté, des réformateurs — tels Boisguilbert dans son *Détail de la France* (1699) et dans son *Factum* (1707), Vauban dès 1694 et plus tard dans son *Projet d'une dîme royale* (1707) — dénoncent la malfaisance d'un système fiscal basé sur l'inégalité, l'exemption et l'arbitraire, et proposent la création d'un impôt direct et universel se substituant à la taille.

En créant **la capitation** (janvier 1695), Pontchartrain reprend certaines de ces idées. L'impôt nouveau veut être un impôt général, payé par tous les Français, sauf les indigents. A cet effet, les sujets du roi sont divisés en 22 classes d'après leur rang social et non leurs revenus réels : la première classe comprend le dauphin, les princes du sang, les ministres, les fermiers généraux, imposés annuellement à 2 000 livres chacun ; la vingt-deuxième classe regroupe les soldats, les manouvriers et les journaliers, imposés à une livre. Ce système aboutit à d'évidentes absurdités : c'est ainsi que tous les médecins étant inscrits dans la même classe paient la même somme, quelle que soit en fait l'importance de leur clientèle. Aussi la capitation soulève-t-elle tout de suite de nombreuses critiques, plus vives encore lorsqu'on apprend que le clergé et certaines provinces s'en affranchissent par abonnements (c'est-à-dire en versant une fois pour toutes une somme fixée). Abolie en 1698 après la paix de Ryswick, la capitation est pourtant rétablie dès 1701.

Cependant, en octobre 1710, au moment le plus dramatique de la guerre de Succession d'Espagne, Louis XIV se résout à créer **le dixième.** Imaginé par Desmaretz s'inspirant directement des idées de Vauban, cet impôt pèse sur tous les revenus, répartis en trois catégories (revenus fonciers, revenus industriels, gages et pensions) et est égal au dixième de ceux-ci. Très mal accueilli, dans la mesure notamment où il oblige le contribuable à faire une déclaration de ses revenus, le nouvel impôt n'en représente pas moins la première atteinte sérieuse aux privilèges fiscaux. Mais très vite le clergé est autorisé à s'en racheter, et son exemple sera suivi par d'autres catégories sociales.

Au total, établis pour la durée de la guerre, **capitation et dixième** survivent en fait au rétablissement de la paix ; loin de se substituer à la taille, ils s'ajoutent à elle et sont perçus en même temps ; universels et égalitaires dans le principe, ils ne le sont nullement en réalité, du fait des exemptions et des abonnements ; enfin, leur produit est très inférieur à ce qui avait été escompté. La cause profonde de l'échec est que l'égalité fiscale n'est pas compatible avec un régime social lui-même fondé sur l'inégalité.

b) Le rendement des impôts, anciens et nouveaux, est trop faible pour que le roi puisse se passer des **ressources extraordinaires.** On multiplie les émissions de rente à des taux de plus en plus onéreux pour l'État, quitte à en réduire ultérieurement le taux initial ; on impose des emprunts forcés aux Cours supérieures, aux villes, aux nouveaux nobles ; on lance des loteries, on vend des lettres d'anoblissement ; on crée de nouveaux offices la plupart inutiles, voire ridicules, mais selon le mot de Pontchartrain : « Toutes les fois que V. M. crée un office, Dieu crée un sot pour l'acheter ».

Les mutations de monnaies et le développement du crédit sont également employés pour se procurer des ressources et pallier la disette monétaire de plus en plus grave en France et en Europe. Alors que de 1652 à 1687 la valeur nominale du louis d'or et de l'écu d'argent, fixée par ordonnance royale, n'a pas été modifiée (sauf une courte tentative de Colbert), à partir de 1687 louis et écus sont l'objet de perpétuelles **manipulations** dans le sens soit de la hausse, soit de la baisse, selon l'intérêt du moment, le Trésor étant à la fois débiteur pour ses paiements et créancier pour les impôts. Un mémorialiste angevin, témoin désabusé des malheurs de son temps, écrit :

> On a battu et rebattu toutes les espèces si souvent qu'il fallait être arithméticien pour savoir compter et habile connaisseur pour les bien connaître tant il y en avait de différentes espèces qu'on augmentait ou diminuait selon le besoin de l'État [...] Les sols marqués un sol, ont monté à 18 deniers et revenu à 15. Quand on appelle ordinairement un écu, c'est dire qu'on entend 3 livres ; or les écus de 3 livres ou 60 sols, ont monté jusqu'à 5 livres ou 100 sols. Les louis d'or qui avant la guerre valaient 11 livres, ont monté à 20 livres.

On compte au total, entre 1687 et 1715, une quarantaine de mutations : soit affaiblissement, soit plus souvent renforcement de la valeur de la livre par rapport à l'or et à l'argent, la tendance générale aboutissant à une lente dévaluation de la livre : c'est ainsi que la valeur du louis d'or, qui était de 11 livres en 1686, est fixée à 16 en 1714, à 20 en 1715. On joue aussi sur la refonte des espèces et la remise en circulation de pièces contenant moins de métal pour la même valeur. Enfin, on oblige les possesseurs de vaisselles d'or et d'argent à porter celles-ci aux hôtels des Monnaies, le roi lui-même donnant l'exemple dès 1689.

Les tentatives pour développer **le crédit** consistent d'abord à donner valeur de monnaie aux billets de commerce, puis à lancer en 1701 des billets de monnaie, simples reçus d'espèces déposés aux Monnaies, remboursables à court terme et portant intérêt. Hanté par l'exemple de la Banque d'Amsterdam et de la Banque de Londres, Desmaretz essaie de mettre sur pied une Banque royale, dotée de l'émission de billets gagés par l'or et convertibles à volonté ; l'appui des grands banquiers est pour cela nécessaire ; le protestant Samuel Bernard joue un moment le rôle de véritable banquier de la cour, mais il frôle la faillite en 1709. Cette même année, douze receveurs généraux (dont le protestant rouennais Legendre) fondent à l'instigation du contrôleur général une Caisse dite Caisse Legendre, qui met en circulation les billets émis par les officiers et receveurs des Finances et garantis à la fois par le crédit de l'État et par celui des financiers fondateurs de la Caisse.

Mais ces essais ne constituent pas la grande banque d'État rêvée par Boisguilbert. En fait, la monarchie aux abois dépend de plus en plus des gens de finance qui lui permettent de faire face aux échéances les plus urgentes et profitent de la situation pour faire (non sans d'ailleurs de grands risques) des fortunes scandaleuses au milieu de la misère générale.

c) Impôts et expédients ne réussissent pas à empêcher l'augmentation accélérée du **déficit.** En 1715, malgré le retour de la paix et la réduction des dépenses militaires, la situation financière est catastrophique : le revenu des impôts jusqu'en 1718 est mangé d'avance, le total de la dette atteint le chiffre vertigineux de deux milliards de livres. L'État est au bord de la banqueroute.

La crise de l'économie française

a) **Les difficultés économiques,** déjà sensibles à partir de 1672, s'aggravent dans la dernière partie du règne. Cette aggravation s'explique d'abord par l'état de **guerre**, qui a des effets néfastes non seulement sur les finances mais aussi sur l'activité économique : l'encerclement de la France et la suprématie navale de l'Angleterre après La Hougue (1692) coupent l'économie française d'une grande partie du marché européen et menacent ses relations lointaines avec ses colonies et le reste du monde ; l'activité manufacturière souffre de la diminution des exportations (jointe à celle de la consommation intérieure, du fait de l'appauvrissement). De plus, **la politique financière** a de graves répercussions sur l'activité générale : le prélèvement fiscal accru détourne vers les dépenses militaires des sommes considérables ; les perpétuelles mutations monétaires finissent par paralyser les transactions. Enfin, l'exode de nombreux manufacturiers et négociants huguenots au lendemain de **la révocation de l'édit de Nantes** cause un lourd préjudice à certaines régions de grande activité, notamment en Languedoc, à Rouen, à Lyon, à Tours, à Sedan (où 400 familles quittent la ville, laissant 2 000 ouvriers sans travail).

A ces causes immédiates, s'ajoute le poids de **la conjoncture** : la baisse des prix, des revenus, des salaires se poursuit, avec la dépression générale qu'elle provoque. Même si cette baisse est moins accentuée que dans la période précédente, même si certains secteurs et certains produits présentent dès 1700 des symptômes de hausse et de reprise annonciateurs du renversement conjoncturel des années 1730, il n'en reste pas moins que dans son ensemble la fin du règne s'inscrit comme son début dans la grande phase de dépression des années 1650-1730.

Beaucoup plus graves encore sont **les crises cycliques** répétées, crises classiques de l'économie de type ancien, mais particulièrement fréquentes entre 1692 et 1713. Tous les contemporains ont noté le « dérèglement des saisons » en ces années tragiques : printemps et été « pourris » ou hivers exceptionnellement rigoureux compromettent ou même anéantissent les récoltes, entraînant disette et hausse brutale du prix des grains, avec toutes leurs conséquences économiques et démographiques ; à cela s'ajoutent les effets de meurtrières épidémies. La famine de 1693-1694 est une catastrophe qui frappe la plus grande partie du royaume et provoque une véritable hécatombe. Les années 1698-1699 voient une nouvelle crise de subsistances, moins grave cette fois. En 1700-1701 et à nouveau en 1707, le Nord et l'Ouest sont durement frappés par des épidémies de dysenterie. En 1708, une récolte presque partout médiocre est suivie du froid terrible de janvier-février 1709, qui gèle les blés semés à l'automne précédent et provoque une disette générale jusqu'en 1710. Les moissons de 1712 et de 1713 sont à nouveau déficitaires dans beaucoup de régions.

Toutes ces causes conjuguées expliquent **le déclin** de l'économie française : déclin industriel, les industries les plus touchées étant les industries de luxe, notamment la soierie (Lyon, Tours), les dentelles (Alençon), les tapisseries ; déclin commercial qui se traduit par la chute des exportations de produits alimentaires et manufacturés vers l'Angleterre, la Hollande et la plupart des pays européens.

b) La crise économique sous ses différents aspects provoque une **misère générale** qui contraste avec l'opulence des gens de finance. Clercs, nobles et bourgeois propriétaires ont de plus en plus de mal à se faire payer des redevances de plus en plus dévaluées. Rentiers, manufacturiers, commerçants sont victimes des retranchements de rentes, des manipulations monétaires et du marasme général. Mais ce sont les classes populaires urbaines et rurales qui sont les plus touchées : elles sont écrasées d'impôts, décimées par les crises, souvent sans pain, sans vêtement, sans travail. Le désespoir auquel elles sont acculées se traduit par des soulèvements nombreux et violents, notamment en 1709. Le nombre des mendiants et des vagabonds s'accroît tellement qu'il représente en 1698 près du dixième de la population, selon Vauban observateur lucide et digne de foi. La misère que rencontrent d'Aguessau et Lefèvre d'Ormesson dans le Maine et l'Orléanais, en 1687, n'a rien d'exceptionnel :

> Nous avons vérifié que presque partout le nombre des familles a diminué considérablement, sans compter celles qui sont sorties à cause de la religion. Que sont-elles devenues ? La misère les a dissipées ; elles sont allées demander l'aumône et ont péri ensuite dans les hôpitaux ou

ailleurs. On ne voit presque plus, dans les petites villes et à la campagne, de jeux, ni de divertissement ; tout y languit ; tout y est triste parce que la joie et le plaisir ne se trouvent que dans l'abondance, et à peine a-t-on le nécessaire [...] Les paysans vivent de pain fait avec du blé noir ; d'autres qui n'ont même pas de blé noir, vivent de racines de fougères bouillies avec de la farine d'orge ou d'avoine et du sel. Mais où l'on connaît le mieux que partout ailleurs la misère des paysans, c'est dans leurs maisons, où l'on voit une misère extrême. On les trouve couchés sur la paille, point d'habits que ceux qu'ils portent, qui sont fort méchants ; point de meubles, point de provisions pour la vie : enfin tout y marque la nécessité.

c) Toutefois, il y a quelques lumières dans ce sombre tableau qu'il convient de ne point noircir à l'excès. D'abord l'économie d'Ancien Régime a une grande plasticité qui lui permet de surmonter assez vite les crises cycliques même les plus graves, comme celle de 1693-1694. De plus, certains secteurs de l'économie et certaines régions connaissent une **réelle prospérité**, même aux heures les plus sombres de la période. En 1697, profitant de la paix retrouvée, les marins des ports atlantiques reprennent la route des Antilles et surtout commencent à commercer en contrebande avec les ports hispano-américains de l'Océan Pacifique, et même au-delà avec la Chine : le voyage vers **la « mer du Sud »** (Pacifique) par le détroit de Magellan se révèle une source de très gros profits, malgré les risques de toutes sortes. En 1700, le Conseil du commerce tombé en sommeil est réorganisé : les représentants des grands ports atlantiques y jouent tout de suite un rôle de premier plan et attirent l'attention du roi et de ses ministres non seulement sur les inconvénients du dirigisme colbertiste, mais aussi sur les bénéfices immédiats (argent en barres ou en espèces) à attendre du commerce avec l'Amérique espagnole. Ces arrière-pensées commerciales ont sans doute influé sur la décision de Louis XIV d'accepter le testament de Charles II. En tout cas, la montée de Philippe V sur le trône de Madrid se traduit bientôt par l'ouverture des colonies espagnoles au commerce français et par l'octroi à la Compagnie de Guinée du privilège de l' « asiento », c'est-à-dire de la traite des noirs. Certes, la guerre qui reprend en 1702 (en grande partie précisément pour des raisons économiques) limite pour les commerçants français les bénéfices qu'ils auraient pu tirer de tels avantages. Pourtant, le marché espagnol désormais ouvert sans concurrence, l'immense marché hispano-américain accessible malgré les flottes anglaise et hollandaise réclament les produits des manufactures françaises, notamment les draps et les toiles : de ce fait, certaines régions textiles (Picardie, campagnes de l'Ouest, Languedoc), fortement sollicitées, connaissent une prospérité qui contraste avec le marasme général.

Mais les clauses des traités de 1713 ferment l'Amérique espagnole aux négociants français et portent à ceux-ci un coup direct que compensent mal la contrebande vers les colonies ibériques et le commerce avec les Antilles. « Le principal objet de la guerre présente, avait déclaré Louis XIV quelques années plus tôt, est celui du commerce des Indes et des richesses qu'elles produisent » ; la défaite française signifie l'abandon de ces grandes espérances et contribue à assombrir encore le triste tableau qu'offre l'économie du royaume dans les deux dernières années du règne.

2 _ Les difficultés intérieures : les affaires religieuses

Les affaires religieuses réservent elles aussi bien des mécomptes au vieux roi devenu dévot et ultramontain : la querelle janséniste rebondit, et le protestantisme réussit à survivre sous le nouveau régime d'intolérance légale.

Ultramontanisme et quiétisme

a) Au lendemain de la mort du pape Innocent XI (1689), Louis XIV décide de rechercher avec ses successeurs Alexandre VIII, puis le conciliant Innocent XII une formule de transaction pour mettre fin au **conflit** qui, depuis 1673, l'oppose à **la papauté.** C'est chose faite enfin, en 1693 : le pape accepte l'extension du droit de régale et investit les évêques nommés depuis 1682 ; en revanche, le roi et l'épiscopat français rétractent la Déclaration des quatre articles dont l'enseignement ne sera plus obligatoire. Cette solution qui marque un recul sensible du gallicanisme (mais non son effondrement) est facilitée par l'attitude de nombreux évêques qui, tel Fénelon, voient dans les « libertés » de l'Église gallicane un danger de « servitude » à l'égard du pouvoir temporel. De plus, la réconciliation de 1693 traduit l'évolution de Louis XIV lui-même : sous l'influence de Mme de Maintenon et de ses confesseurs jésuites, le roi devenu dévot veut se rapprocher de Rome dont il a besoin pour lutter contre les diverses dissidences religieuses.

b) C'est le cas notamment dans l'affaire du **quiétisme.** Une dame de la cour, Mme Guyon introduit en France certaines des idées du mystique espagnol Molinos (1628-1696), selon lesquelles il faut accorder beaucoup moins d'importance aux pratiques et aux œuvres qu'à la contemplation du « pur amour » de Dieu. Fénelon, précepteur du duc de Bourgogne, les duchesses de Chevreuse et de Beauvillier, Mme de Maintenon elle-même sont séduits, mais certains évêques s'alarment et, à la demande de Fénelon lui-même, une Commission de censure présidée par Bossuet (très méfiant par tempérament à l'égard des effusions mystiques) se réunit en 1695 à Issy et condamne le « quiétisme » de Mme Guyon. La controverse rebondit lorsque Fénelon, nommé archevêque de Cambrai, publie en 1697 une *Explication des Maximes des saints* dans laquelle il reprend les articles d'Issy et tente de justifier Mme Guyon. Bossuet réplique par la *Relation sur le quiétisme*, et une très vive polémique s'engage entre les deux prélats. Louis XIV, inquiet de la tournure des événements, demande au pape de se prononcer. En 1699, Innocent XII censure vingt-trois propositions tirées des *Maximes*, sans toutefois les qualifier d'hérétiques. C'est pour Bossuet une demi-victoire. Fénelon, disgracié et exilé à Cambrai, se soumet avec beaucoup de docilité et de dignité. Les autres quiétistes imitent sa soumission, et l'affaire n'a pas de prolongements.

Le second jansénisme

a) Il n'en est pas de même du jansénisme. En fait — on l'a vu — la paix de l'Église n'a rien résolu et depuis 1669, les jansénistes n'ont rien renié de leurs positions dogmatiques et morales. En 1679, le roi inquiet du rayonnement de Port-Royal interdit au monastère de recevoir des novices et contraint Arnauld à l'exil. Au lendemain de la mort d'Arnauld (1694) et de Nicole (1695), l'oratorien **Quesnel** fait figure de chef du « parti ». Son *Nouveau Testament en français avec des réflexions morales sur chaque verset* (nouvelle édition augmentée en 1693) rencontre un grand succès et reçoit l'approbation de plusieurs évêques. Dans ce livre, Quesnel reprend l'essentiel des idées de Jansénius et d'Arnauld sur la grâce, mais il défend aussi certaines thèses gallicanes et les idées démocratiques de Richer sur le rôle des curés aux côtés des évêques. Ainsi, ce second jansénisme ou **quesnellisme** diffère assez profondément du premier et apparaît à juste titre aux théologiens romains, aux jésuites et à de nombreux évêques français comme un ensemble confus et redoutable d'augustinisme, de gallicanisme et de richérisme, capable de mettre en question non seulement le dogme catholique, mais la primauté du pape et toute la constitution hiérarchique de l'Église. En revanche, le succès de ce second jansénisme dans les milieux parlementaires s'explique en partie par ses tendances gallicanes, et au sein du bas-clergé par ses tendances richéristes (à cet égard, la décision prise par le roi en 1695 de donner aux évêques pleins pouvoirs sur les œuvres d'assistance et sur le clergé paroissial de leurs diocèses provoque la colère des curés, et n'est certainement pas étrangère au ralliement de nombre d'entre eux au quesnellisme).

b) En 1701, le conflit se rallume au sujet de l'affaire dite du **Cas de conscience.** Le 20 juillet 1701, quarante théologiens de la Sorbonne répondent par l'affirmative à une question qui leur a été posée par le curé d'une paroisse de Clermont : peut-on accorder l'absolution sur son lit de mort à un ecclésiastique qui accepte la condamnation des cinq propositions, tout en gardant un silence respectueux sur leur attribution précise à Jansénius ? Les jésuites, Fénelon, Bossuet s'élèvent contre une telle réponse, et une vive polémique s'engage. Louis XIV, inquiet des idées « républicaines » de certains jansénistes et fidèle à sa nouvelle politique ultramontaine, demande au pape Clément XI une condamnation formelle du silence respectueux, qu'il obtient en 1705 par la bulle *Vineam Domini.* Sommées de signer la bulle, les dix-sept dernières religieuses de Port-Royal-des-Champs refusent et, le 29 octobre 1709, sont dispersées en divers couvents par les archers du lieutenant de police ; quelques mois plus tard, le monastère, l'église et le cimetière sont entièrement détruits sur l'ordre du roi :

> Il fut enjoint aux familles qui avaient des parents enterrés à Port-Royal-des-Champs, *raconte Saint-Simon*, de les faire exhumer et porter ailleurs, et on jeta dans le cimetière d'une paroisse voisine tous les autres, comme on put, avec l'indécence qui se peut imaginer. Ensuite on procéda à raser la maison, l'église et tous les bâtiments, comme on fait les maisons des assassins des rois : en sorte qu'enfin il n'y resta pas pierre sur pierre. Tous les matériaux furent vendus, et on laboura et sema la place ; à la vérité, ce ne fut pas de sel : c'est toute la grâce qu'elle reçut.

c) Les jansénistes, loin de désarmer, profitent de l'émotion provoquée par la destruction de Port-Royal. De plus, ils se savent soutenus plus ou moins ouvertement par quelques évêques, dont le cardinal de Noailles, archevêque de Paris. Pour essayer d'en finir, Louis XIV, poussé par le père Le Tellier, décide de s'adresser à nouveau au pape Clément XI. Celui-ci, après beaucoup d'hésitations, promulgue le 8 septembre 1713 la bulle

Unigenitus, qui condamne 101 propositions extraites des *Réflexions morales* du père Quesnel :

> Nous déclarons par la présente Constitution, qui doit avoir son effet à perpétuité, que nous déclarons toutes et chacune des propositions ci-dessus rapportées, comme étant respectivement fausses, captieuses, [...] injurieuses à l'Église et à ses usages, outrageantes non seulement pour elles mais pour les puissances séculières, séditieuses, impies, blasphématoires, [...] enfin comme renouvelant diverses hérésies, principalement celles qui sont contenues dans les fameuses propositions de Jansénius, prises dans le sens auquel elles ont été condamnées. Nous défendons à tous les fidèles de l'un et de l'autre sexe de penser, d'enseigner ou de parler sur les dites propositions autrement qu'il n'est porté dans cette Constitution.

En fait, la bulle soulève immédiatement en France une vive opposition. Le parlement de Paris refuse, par gallicanisme, d'enregistrer la « constitution » pontificale. L'épiscopat se divise : sur la cinquantaine d'évêques hâtivement réunis en Assemblée à Paris le 16 octobre, neuf — dont Noailles — s'opposent à l'acceptation de la bulle. Louis XIV, profondément irrité, impose l'enregistrement au Parlement (1714) et relègue les évêques opposants dans leurs diocèses par lettres de cachet. En 1715, 112 évêques ont accepté la bulle — quelques-uns avec des réserves — et une quinzaine sont d'accord avec Noailles pour la refuser. Mais au-delà de cette opposition épiscopale, une opposition plus violente se fait jour parmi le bas clergé et parmi les fidèles. Louis XIV songe alors à traduire les évêques opposants devant un concile national, mais sa mort fait échouer le projet.

La question protestante

a) Le protestantisme est pour le roi une autre source de difficultés et de désillusions. Très vite — on l'a vu — il est apparu que la révocation de l'édit de Nantes, loin de réaliser l'unité de foi en enregistrant officiellement l'extirpation effective de l'hérésie, a posé brutalement une question protestante : non seulement l'exode des huguenots a été massif, mais dans le royaume ils restent **nombreux et opiniâtres**, en dépit de la fiction qui consiste à les désigner sous l'expression de « nouveaux convertis ». Très vite plusieurs évêques, notamment Le Camus et Bossuet, et même des laïcs, comme Pontchartrain, signalent le redoutable danger qu'il y a à contraindre ces nouveaux convertis à l'assistance aux offices et surtout à la réception des sacrements :

> Ce n'est pas seulement par maxime d'Église, *écrit Pontchartrain*, mais par des raisons fondamentales de religion qu'on ne doit jamais

contraindre (aux sacrements) les nouveaux convertis. Il n'y a pas de plus grand crime que le sacrilège, ni qui soit plus capable d'attirer la colère de Dieu sur le royaume, et rien n'a donné aux nouveaux convertis une idée plus indigne de la conduite de l'Église et de la sainteté de nos mystères, que de s'être vus contraints de les profaner par le faux zèle de quelques catholiques. On sait même que c'est uniquement à ce faux zèle et non à la révocation de l'édit de Nantes qu'on doit attribuer la désertion de tant de fugitifs qui n'ont pu se résoudre à faire une profession publique d'hypocrisie et à recevoir des sacrements pour lesquels on ne leur avait pas donné le temps de laisser croître et fortifier leur foi.

En 1698, après une large consultation des évêques et des intendants, Louis XIV signe le 13 décembre une déclaration, dans laquelle il rappelle toute la rigueur des principes mais recommande d'**éviter toute contrainte** dans leur application à l'égard de « ceux de la religion prétendue réformée » (dont il reconnaît ainsi implicitement l'existence dans son royaume).

b) En fait, cet assouplissement au régime de l'intolérance légale instituée par l'édit de Fontainebleau ne résout pas le problème et n'arrête pas les violences. Celles de l'abbé du Chayla, archiprêtre de Mende, massacré en juillet 1702 par des huguenots exaspérés, provoquent **la révolte des Cévennes**, entre Mende et Alès. Entraînés non par des pasteurs (exécutés ou en fuite) mais par des prédicants et des prophètes (souvent des femmes ou des enfants), encadrés non par des nobles ou des bourgeois mais par des petits artisans comme Abraham Mazel et Jean Cavalier ou des bergers comme Pierre Laporte dit Roland, les paysans cévenols (**les Camisards**) réussissent pendant près de trois ans (juillet 1702-janvier 1705), en pleine guerre de Succession d'Espagne, à tenir en échec plusieurs armées royales. Finalement, Villars et 20 000 hommes sont nécessaires pour mettre fin à cette guerre impitoyable : Roland tué, Cavalier soumis, la résistance n'est plus le fait que de quelques bandes armées qui, avec Mazel, tiennent le pays jusqu'en 1710.

c) La résistance des Camisards, loin de fléchir Louis XIV, le confirme dans sa **politique d'intolérance** : l'ordonnance de mars 1715 sur les relaps aggrave même l'article 10 de l'édit de Fontainebleau en décidant que seront désormais considérés en bloc comme catholiques, tous les anciens réformés restés en France depuis 1685. Pourtant, si l'exode et les persécutions ont depuis cette date considérablement affaibli le protestantisme français, ils ne l'ont pas anéanti : un culte public clandestin reparaît en pays cévenol avec les assemblées du Désert, cependant qu'en Dauphiné, en Poitou, à Paris même évêques et intendants ferment les yeux sur l' « entêtement » des religionnaires et cherchent à freiner le zèle excessif de certains curés. En août 1715, quelques jours avant la mort du roi, le pasteur Antoine Court tient dans une carrière aux portes de Nîmes un synode réunissant les principaux pasteurs du Midi et de nombreux fidèles. L'Église calviniste française est « replantée », la politique d'unité religieuse tentée par le roi a échoué.

Le catholicisme au début du XVIIIe siècle

Au rebondissement de la querelle janséniste, à l'échec de la politique protestante s'ajoutent pour l'Église de France d'autres raisons de **malaise** et d'**inquiétudes.** La réforme catholique s'essouffle : le grand mouvement mystique du XVIIe siècle retombe, et la défaite de Fénelon dans l'affaire du quiétisme contribue à jeter un discrédit certain sur les différentes formes de mysticisme ; les controverses soulevées par le second jansénisme troublent bien des consciences ; l'ère des grandes réalisations pastorales est close ; tout au plus peut-on citer la fondation par Jean-Baptiste de La Salle (1651-1719) des Frères des Écoles chrétiennes pour l'éducation des pauvres (1695) et les grandes missions de Louis-Marie Grignion de Montfort (1673-1716) en Poitou, Aunis et Haute-Bretagne. Vers 1700, s'ouvre pour la réforme catholique une période de stabilisation, voire de déclin.

Mais il y a plus grave. Les nouveaux courants de pensée : cartésianisme, déisme, rationalisme, esprit de libre examen représentent pour l'Église et pour tout l'ordre établi auquel elle est liée un redoutable danger que Bossuet vieilli et désabusé, mais toujours combatif, dénonce avec vigueur. Certes, le danger n'affecte encore que quelques milieux littéraires parisiens. Pourtant, cette « crise de conscience » que traverse la France comme le reste de l'Europe (*cf.* chapitre XII) est, dès la fin du règne du Grand Roi, annonciatrice de temps nouveaux.

3 _ Les difficultés extérieures

La guerre, qui commence dans les derniers mois de 1688 et qui va durer plus de 25 ans (sauf une courte interruption entre 1697 et 1702), oppose la France à deux coalitions européennes successives et se déroule dans des conditions politiques et militaires bien différentes de celles des années 1661-1684. C'est une lutte épuisante pour les divers belligérants, mais surtout pour la France qui, après une série de revers en 1702-1709, réussit à redresser suffisamment la situation pour traiter dans des conditions honorables.

Les nouvelles conditions politiques et militaires

a) Alors que dans la guerre de Hollande, la France a eu à faire face à une coalition limitée, c'est **contre l'Europe presque entière** qu'elle doit lutter à partir de 1688. La Ligue d'Augsbourg, expression d'ailleurs impropre pour désigner la grande alliance cimentée en 1689-1690 par une série de traités particuliers, regroupe la Maison d'Autriche (empereur et roi d'Espagne), la Savoie et la plus grande partie de l'Empire (notamment la Bavière et le Brandebourg, anciens alliés de la France), enfin le bloc protestant anglo-hollandais animé par Guillaume d'Orange. La grande alliance qui se reconstitue en 1701 après qu'un prince français fut monté sur le trône de Madrid n'est guère moins redoutable pour la France, car si l'Espagne est maintenant son allié non son adversaire, c'est un allié faible dont on ne peut attendre aucun soutien efficace et qu'il convient au contraire d'aider le plus possible.

Si presque toute l'Europe s'unit ainsi contre Louis XIV, c'est d'abord pour mettre un terme aux ambitions démesurées du Roi-Soleil dont on ne doute plus, après les annexions et les provocations de 1680-1688, qu'il ne vise à la domination de tout le continent. Or l'Europe de 1689 n'est plus celle de 1661, date à laquelle le roi de France pouvait écrire en toute vérité : « La paix était établie avec mes voisins vraisemblablement pour aussi longtemps que je le voudrais moi-même ». **L'impérialisme français** se heurte désormais à **d'autres impérialismes.** Les victoires sur les Turcs et la reconquête de la Hongrie (prise de Bude, 1686) assurent à **l'empereur Léopold** un immense prestige et un grand accroissement de puissance ; après la période de recueillement et d'effacement consécutive aux traités de Westphalie, la monarchie autrichienne entend reprendre dans l'Empire et en Europe le premier rôle qu'elle estime lui revenir et espère, en plaçant un archiduc à Madrid, mieux souder les deux branches de la Maison d'Autriche et reconstituer en quelque sorte l' « empire » de Charles-Quint. De leur côté, **les puissances maritimes**, Angleterre et Provinces-Unies, s'inquiètent des progrès accomplis par la France dans le domaine maritime et colonial et, plus encore, des avantages commerciaux qu'elle pourrait tirer de la succession espagnole ; unissant leurs intérêts, elles veulent évincer un concurrent dangereux et éventuellement se partager ses dépouilles.

b) **Les conditions militaires de la guerre** ont également évolué. Certes, en 1688, l'armée et la flotte françaises restent les premières d'Europe, mais cette supériorité est peu à peu remise en question. **Sur terre**, le problème majeur est celui des effectifs. Pour le résoudre, Louvois décide d'organiser en 1688 **la milice** : les paroisses de certaines provinces doivent désigner parmi leurs habitants un ou plusieurs hommes célibataires de 20 à 30 ans, appelés à servir dans l'armée et équipés aux frais des paroissiens. Ainsi, 25 000 miliciens sont levés pendant la guerre de la Ligue d'Augsbourg. Du fait de leur faible valeur militaire, ils ne sont d'abord utilisés que pour la défense des places fortes ; mais à partir de 1702, les levées se généralisent dans tout le royaume malgré l'opposition des populations, et les miliciens servent à renforcer les armées en campagne. Grâce à la milice, mais surtout au racolage et au mercenariat étranger, le roi réussit à mettre sur pied en 1702 le chiffre énorme de 380 000 hommes, de valeur d'ailleurs très inégale. Mousquet et pique sont définitivement remplacés en 1701-1703 par **le fusil** complété par la baïonnette à douille (mise au point par Vauban en 1687). L'artillerie s'organise en corps autonome avec les deux régiments Royal-Artillerie et Royal-Bombardier. Enfin, avec Luxembourg, Catinat et quelques autres, le roi dispose encore d'excellents généraux même s'ils ne valent pas Condé ou Turenne.

Mais ces effectifs nombreux, cet armement moderne, ce commandement de valeur ne suffisent plus à assurer à l'armée française le premier rang qu'elle tenait depuis Rocroi. En effet, **l'Europe coalisée** a désormais pour elle le nombre (qui lui permet d'aligner des soldats sans cesse plus nombreux) ; l'entraînement des troupes impériales aguerries dans leurs campagnes contre les Turcs ; la supériorité incontestable de ses généraux, Guillaume d'Orange, Louis de Bade, Maximilien-Emmanuel de Bavière lors de la guerre de la Ligue d'Augsbourg, et surtout le prince Eugène et Marlborough lors de la guerre de Succession d'Espagne (à ces derniers, la France ne peut opposer après la mort de Luxembourg en 1695, et la retraite de Catinat en 1702, que des courtisans incapables comme Villeroy et Tallard ou des généraux habiles mais inégaux comme Vendôme et Villars). Pas plus que les Français, il est vrai, leurs adversaires ne savent tirer pleinement parti de l'augmentation de la puissance de feu liée au fusil à tir rapide et aux effectifs de plus en plus nombreux ; les armées deviennent beaucoup moins manœuvrières qu'à l'époque précédente, les campagnes-éclair et les batailles de destruction sont de plus en plus rares, et l'on en revient le plus souvent à la « stratégie des accessoires » : sièges des villes, « terre brûlée », lente occupation du terrain conquis. La France, aux pires moments de la guerre de Succession d'Espagne, réussit ainsi à éviter non les défaites mais la destruction de ses armées et, bien protégée par la « frontière de fer » dont Vauban achève de ceinturer le royaume, à échapper presque complètement à l'invasion.

Stratégie et tactique évoluent aussi **sur mer.** Les grandes batailles d'escadres, nombreuses entre 1650 et 1680, se font également plus rares à partir de 1689. Aussi, malgré les belles victoires de Tourville, Louis XIV poussé par Pontchartrain et Vauban décide-t-il après l'échec de La Hougue (1692) de substituer à la guerre d'escadre jugée beaucoup trop coûteuse et inutile **la guerre de course** immédiatement rentable. Pourvus de lettres de marque les autorisant à courir sus aux bateaux de commerce ennemis, les corsaires de Dunkerque (Jean Bart) ou de Saint-Malo (Duguay-Trouin) prennent à l'abordage et capturent des milliers de vaisseaux avec leurs cargaisons, selon une technique bien décrite par l'un d'eux, le chevalier de Forbin :

> Au moment que les vaisseaux se joignent, on jette les grappins, attachés à une grosse chaîne amarrée ; de telle sorte que les bâtiments ne sauraient se séparer sans un accident imprévu. Alors mes soldats font feu sur l'avant et sur l'arrière de l'ennemi, dans lequel ils font pleuvoir un orage de grenades jetées sans interruption, et en si grande quantité qu'il ne saurait les soutenir longtemps. Dès que je m'aperçois qu'il commence à s'ébranler, je m'avance le premier, en criant à l'équipage : Allons, enfants, à bord ! A ce mot, les soldats et les matelots, pêle-mêle, sautent dans le vaisseau abordé, et le carnage commence. Pour lors je reviens sur mes pas pour obliger tout le monde à suivre et à soutenir les premiers ; et tous combattent jusqu'à ce qu'ils se soient enfin rendus maîtres du vaisseau.

Pourtant, si les corsaires français infligent de lourdes pertes à l'ennemi, ils ne réussissent pas à ruiner son commerce ; de plus, l'abandon dans lequel la France laisse peu à peu sa flotte de ligne permet aux Anglais et aux Hollandais de recouvrer la maîtrise de la mer qu'ils avaient un moment perdue.

c) Les nouvelles conditions de la guerre de 25 ans qui oppose Louis XIV à l'Europe entraînent pour tous les belligérants des charges de plus en plus lourdes et font passer au premier plan **les problèmes financiers.** Cependant que Louis XIV cherche des ressources par tous les moyens, notamment la création de nouveaux impôts, Guillaume III fonde en 1694 la Banque d'Angleterre afin d'être en mesure de faire face aux dépenses militaires par l'appel au crédit. L'épuisement des parties en présence explique largement le retour à la paix en 1697 et à nouveau en 1713-1714.

La guerre de la Ligue d'Augsbourg et la paix de Ryswick, 1688-1697

La guerre — dite de la Ligue d'Augsbourg par les Français, d'Orléans par les Allemands (à cause de la duchesse d'Orléans, princesse palatine), de Neuf Ans ou du roi Guillaume par les Anglais — se déroule à la fois sur le continent et sur mer ; mais dès 1693, les opérations se ralentissent, cependant que s'ouvrent les premiers pourparlers de paix.

a) En prenant brusquement **l'offensive sur le Rhin** en octobre 1688, Louis XIV espère devancer les coalisés et remporter sur eux des avantages décisifs. Dans ce but, l'occupation des évêchés de Cologne et de Liège se double de **la dévastation du Palatinat** afin d'empêcher qu'il serve de base de départ aux Impériaux ; durant l'hiver 1688-1689, villes et villages sont systématiquement incendiés ; le 4 mars 1689, le maréchal de Tessé écrit d'Heidelberg à Louvois :

> Vous pouvez compter que rien du tout n'est resté du superbe château d'Heidelberg. Il y avait hier à midi, outre le château, 432 maisons brûlées ; le feu y était encore. Le pont est si détruit qu'il ne pourrait l'être davantage, et les trois plus grands et plus beaux moulins que j'aie jamais vus, ont été consumés et les meules mises en pièces, tout le grain emporté, le fourrage totalement consumé et fort peu de vin resté.

L'incendie du Palatinat préconisé par Louvois soulève dans toute l'Allemagne une profonde indignation et une haine durable contre la France, et décide les derniers princes encore hésitants à se rallier à la coalition. Au même moment, la facilité avec laquelle Guillaume d'Orange chasse Jacques II et le remplace sur le trône d'Angleterre (novembre 1688-février 1689) est pour Louis XIV une profonde déception. Il décide alors de rester sur la défensive aux frontières (à l'abri notamment du glacis du Palatinat) et de tenter de restaurer Jacques II qui s'est réfugié en France. Grâce à l'appui de la flotte française, celui-ci débarque le 22 mars 1689 en **Irlande** où il est accueilli avec enthousiasme par la population catholique ; le 3 avril, il prend Dublin, mais il manque bientôt d'hommes et d'argent et perd du temps dans l'Ulster. L'année suivante, il doit regagner précipitamment la France après s'être fait battre par Guillaume III à Drogheda sur la Boyne, le 10 juillet 1690. Pourtant, le même jour, l'escadre française de Tourville et de Châteaurenault défait la flotte anglo-hollandaise au large du **cap Beachy-Head** (ou Béveziers) et ravage plusieurs points de la côte anglaise. Pendant ce temps, la coalition contre Louis XIV s'est organisée : le 12 mai 1689, l'empereur et les Provinces-Unies signent le traité d'alliance de Vienne auquel adhèrent bientôt l'Angleterre, puis la Savoie. De plus, Vienne et Madrid se rapprochent étroitement : Charles II, veuf de Marie-Louise d'Orléans en 1689, se remarie en 1690 avec Marie-Anne de Bavière-Neubourg, sœur de l'impératrice, et le duc de Bavière Maximilien-Emmanuel, gendre de l'empereur et commandant des armées impériales, est nommé en 1692 gouverneur des Pays-Bas espagnols.

Ainsi, la guerre rapide espérée par Louis XIV dégénère en une **guerre longue**, difficile et indécise. **Aux Pays-Bas**, le maréchal de Luxembourg remporte, le 2 juillet 1690, la brillante victoire de Fleurus. L'année suivante, Louis XIV et Vauban assiègent et prennent Mons (8 avril 1691), puis Namur (juin 1692). Deux tentatives de Guillaume III pour envahir la France par le Nord sont arrêtées par Luxembourg à Steinkerque (3 août 1692) et à Neerwinden (19 juillet 1693). **Dans les Alpes**, Catinat envahit la Savoie et le Piémont, battant le duc Victor-Amédée II à Staffarde le 18 août 1690 ; mais en 1692, il ne peut empêcher une invasion du Dauphiné par les Savoyards qui s'emparent un moment d'Embrun et de Gap ; en 1693, il passera à nouveau à l'offensive, entrant en Piémont et battant le duc de Savoie à La Marsaille, près de Mondovi, le 4 octobre. Au sud, une armée française pénètre en **Catalogne.** Au début de mai 1692, Louis XIV qui a décidé de tenter un débarquement en Angleterre donne l'ordre à Tourville de quitter Brest pour le Cotentin afin d'y embarquer Jacques II et les troupes réunies à cet effet. Mais le 29 mai, les 44 vaisseaux français se heurtent au large de **Barfleur** à une flotte anglo-hollandaise deux fois plus nombreuse ; malgré cette infériorité numérique, Tourville a l'avantage, mais douze de ses unités, endommagées, doivent chercher refuge dans la rade de **La Hougue** où, les 2 et 3 juin, elles sont incendiées par l'ennemi après un violent combat. L'échec de La Hougue, exagérément grossi par les Anglais, a d'importantes conséquences : il rend impossible le débarquement en Angleterre et incite Louis XIV à abandonner la guerre d'escadre pour la guerre de course. Tourville lui-même donne l'exemple : en juin 1693, il attaque au large de Lagos (Portugal) un convoi anglo-hollandais de plus de 200 bâtiments et fait main basse sur un grand nombre d'entre eux.

b) **Dès 1693** les adversaires, conscients que les armes ne peuvent apporter de résultats décisifs et épuisés financièrement par leurs efforts de guerre, engagent des **pourparlers** plus ou moins secrets. Mais Louis XIV, qui s'est réconcilié avec le pape et semble opter pour la modération, refuse pourtant de reconnaître Guillaume III comme roi d'Angleterre. Les opérations militaires reprennent donc en 1694, mais très mollement. Si Louis XIV ne peut plus compter envahir l'Angleterre, de leur côté les coalisés perdent espoir d'envahir la France (bien que Guillaume ait repris Namur, le 4 août 1695) ; de plus, la guerre de course atteint durement les puissances maritimes. La décision du duc de Savoie de quitter la coalition va donner le signal de la paix. Par **le traité de Turin** (29 août 1696), Louis XIV rend à Victor-Amédée II les conquêtes de Catinat et lui donne Pignerol et Casal ; le mariage du duc de Bourgogne avec Marie-Adélaïde de Savoie scelle la réconciliation. L'Angleterre inquiète des succès français en Amérique du Nord (prise des territoires de la baie d'Hudson et de Terre-Neuve, menaces sur New York et Boston), la Hollande avide de paix et redoutant une offensive française vers les Pays-Bas, l'Espagne directement menacée par la prise de Barcelone (août 1697) se décident, le 21 septembre 1697, à signer la paix négociée depuis quelques mois à Ryswick (près de La Haye) entre le Français Boufflers et l'Anglo-Hollandais Bentinck (Lord Portland) ; le mois suivant, l'empereur cède à son tour (30 octobre).

c) **Les traités de Ryswick** marquent le premier arrêt dans la politique conquérante de Louis XIV qui, contraint par l'hostilité de l'Europe et l'épuisement du royaume, semble découvrir le prix de la sagesse et de la modération. En effet, il accepte de restituer toutes les « réunions » des années 1679-1689 (à l'exception de Strasbourg) et toutes les conquêtes de la guerre, c'est-à-dire Montbéliard, Fribourg, Brisach, Kehl, Philippsbourg, Deux-Ponts et le Palatinat rendus à l'empereur ou aux princes allemands, la Lorraine (moins Sarrelouis) rendue à son duc, Luxembourg et ses dépendances, Courtrai, Mons, Ath, Charleroi et la Catalogne rendus à l'Espagne. La France retrouve donc **les frontières de Nimègue**, moins Fribourg, Brisach et Pignerol, mais plus Strasbourg et Sarrelouis. Par ailleurs, les deux affaires qui ont servi de prétexte à la guerre sont définitivement réglées au détriment de Louis XIV, qui reconnaît Joseph-Clément de Bavière comme électeur de Cologne et évêque de Liège et abandonne, moyennant indemnité, les prétentions de la duchesse d'Orléans sur le Palatinat. Les Provinces-Unies se voient accorder par la France d'importants avantages commerciaux et le droit de tenir garnison dans quelques places fortes des Pays-Bas espagnols, voisines de la frontière française (places dites de la Barrière). Enfin, Louis XIV rend à l'Angleterre les conquêtes faites à ses dépens en Amérique du Nord et surtout, suprême humiliation, accepte de reconnaître Guillaume III et de ne plus soutenir les prétentions des Stuarts.

La paix de Ryswick marque donc, par rapport à la trêve de Ratisbonne, un important recul que le roi a accepté sans avoir été vraiment vaincu. Certes, il a réussi à conserver l'essentiel, c'est-à-dire l'Alsace et Strasbourg, et le prestige de ses armées est intact. Mais le temps de la magnificence et de l'hégémonie françaises est bien révolu ; celui de l'équilibre commence, dans une Europe où il faut désormais compter avec l'Angleterre en plein essor et la monarchie autrichienne agrandie et puissante et où l'ouverture imminente de la succession d'Espagne représente le souci majeur de tous les chefs d'États.

La Succession d'Espagne et la Grande Alliance de La Haye, 1698-1701

a) A partir de 1696, **l'état de santé du roi Charles II** — qui n'a toujours pas d'enfants — devient de plus en plus alarmant. Alors que Léopold Ier, qui avait pourtant en 1668 admis l'idée d'un partage, entend maintenant user de ses droits pour réclamer le moment venu l'ensemble de la succession pour son second fils, Louis XIV a pris clairement conscience au lendemain de la paix de Ryswick que l'intérêt bien compris de la France consiste à demander une partie seulement de l'héritage : en effet, les États européens ne toléreraient certainement pas que la totalité des possessions espagnoles reviennent soit à un Bourbon, soit à un Habsbourg de Vienne, au risque de compromettre l'équilibre européen établi à Ryswick. Avec beaucoup d'habileté et de sagesse, Louis XIV prend l'initiative d'entamer des négociations avec ses deux grands adversaires de la veille, l'Angleterre et la Hollande, particulièrement intéressées non seulement à l'équilibre de l'Europe mais aussi au sort futur des Pays-Bas et des colonies espagnoles. Malgré l'extrême méfiance de Guillaume III à l'égard de Louis XIV, les négociations aboutissent le 13 octobre 1698 à un compromis aux termes duquel l'essentiel de l'héritage (Espagne, Pays-Bas, colonies) reviendrait au prince électoral de Bavière, alors âgé de six ans, fils du duc Maximilien-Emmanuel et neveu de Charles II par sa mère ; Naples, la Sicile et le Guipuzcoa au Dauphin ; le Milanais à l'archiduc Charles. Si le duc de Bavière est d'accord, ni l'empereur qui veut tout pour son fils, ni Charles II qui en accord avec son peuple veut préserver l'intégrité de sa monarchie n'acceptent de reconnaître **le traité de partage.** Celui-ci est d'ailleurs bientôt remis en question par la mort prématurée du petit prince bavarois, le 6 février 1699. Louis XIV, faisant preuve d'une extrême modération, s'accorde alors avec l'Angleterre et la Hollande pour que l'archiduc Charles devienne roi d'Espagne, sous la double réserve qu'il s'engagera à ne jamais réunir son royaume aux possessions autrichiennes, et que la part prévue pour le Dauphin en 1698 se trouvera augmentée du Milanais, avec possibilité d'échange de Naples et de la Sicile contre la Savoie et Nice, et du Milanais contre la Lorraine (25 mars 1700). Mais une fois de plus, l'empereur et le roi d'Espagne refusent, chacun de leur côté, de donner leur garantie à ce **nouveau traité de partage.**

b) Cependant, à Madrid, Charles II est tiraillé entre l'influence de la reine, belle-sœur de l'empereur, qui intrigue non sans maladresse en faveur de son neveu l'archiduc Charles, et celle d'un **Parti national espagnol** à la fois opposé à toute idée de partage, hostile à la solution autrichienne et favorable à une succession française ; ce point de vue est exprimé dans un mémoire adressé au roi d'Espagne en mai 1700 :

> Prions le Roi Très Chrétien de consentir à ce que la succession entière de la monarchie d'Espagne passe à son second petit-fils [...] Toutes les provinces composant la monarchie d'Espagne et le peuple espagnol réclament l'accomplissement d'un semblable projet, et la Providence paraît avoir miraculeusement disposé l'esprit de la multitude vers ce résultat, car il ne peut y avoir d'autres raisons du changement général qui s'est opéré chez les Espagnols, animés jadis d'un sentiment de haine et d'aversion si prononcé contre les Français [...] L'union indissoluble de cette vaste monarchie doit être, avant toute autre chose, le but de tous nos efforts ; c'est en elle que réside notre gloire nationale ; nous y sommes tous également intéressés, depuis la grandesse de ce royaume jusqu'à la dernière classe du peuple. Cette union nous impose le devoir de déférer la succession au sang de la Maison de France.

Après avoir vaincu ses derniers scrupules à l'égard de ses cousins de Vienne et sollicité l'avis du pape, Charles II se décide enfin le 2 octobre 1700 à refaire son **testament** : il interdit absolument tout partage de l'héritage espagnol et désigne comme son successeur **Philippe duc d'Anjou**, second fils du Dauphin, à condition qu'il renonce à tous ses droits à la couronne de France. A défaut du duc d'Anjou, l'ensemble de l'héritage reviendra à son cadet le duc de Berry ; et en cas de refus de l'un et de l'autre, à l'archiduc Charles ; ou enfin si ce dernier se récuse, au duc de Savoie Victor-Amédée II, arrière-petit-fils d'une fille de Philippe II. Quelques semaines plus tard, le 1er novembre, Charles II « moribond depuis sa naissance » achève de mourir.

c) Le testament est connu en France le 9. **Louis XIV**, alors à Fontainebleau avec la cour, se trouve **devant un choix** d'une exceptionnelle gravité : soit refuser le testament de Charles II et s'en tenir au traité de partage de 1700, soit accepter le testament et violer ce même traité. Dans les deux cas, c'est la certitude d'une guerre avec l'empereur ; mais dans le premier cas, la France pourra compter sur l'appui de l'Angleterre et de la Hollande ; par contre, les Impériaux installés en Espagne et aux Pays-Bas menaceront directement le royaume. Dans le second cas, les puissances maritimes risquent fort de se ranger aux côtés de l'empereur ; en revanche, l'Espagne ne sera plus adversaire, mais alliée. En dehors de ces incidences immédiates, la décision de Louis XIV va engager l'avenir : ou bien la France s'assure l'annexion de la Lorraine et de la Savoie grâce au traité de 1700 et aux possibilités d'échange qu'il offre, ou bien elle renonce à ces agrandissements substantiels mais s'assure l'avantage, considérable à tous égards, de voir régner à Madrid un Bourbon, non un Habsbourg. Après avoir pris conseil de ses ministres, le roi, certainement sensible en dernière analyse au prestige dynastique, se décide pour **l'acceptation du testament** et rend sa décision publique, le 16 novembre :

« Messieurs, dit-il aux courtisans en leur montrant le duc d'Anjou, voilà le roi d'Espagne ». Il justifie ainsi sa décision dans une lettre, adressée le 14 à son ambassadeur en Hollande :

> J'avais examiné avec la dernière attention tous les inconvénients et tous les avantages ou de s'en tenir au traité ou d'accepter le testament. Je voyais dans le premier parti, l'utilité d'unir plusieurs États considérables à ma couronne, d'affaiblir une puissance de tout temps jalouse de la mienne. Je considérais les liaisons prises avec le roi d'Angleterre et avec les États-Généraux et l'idée de conserver la tranquillité générale en exécutant ponctuellement le traité de partage [...] (Mais il aurait fallu) pour exécuter le traité, conquérir tous les États dépendant de la couronne d'Espagne pour les distribuer ensuite selon le partage. Cette résolution excitait nécessairement une guerre dont il était impossible de prévoir jamais la fin. Rien n'était plus opposé à l'esprit du traité. Je vois au contraire qu'en acceptant le testament [...] tout prétexte de guerre cesse ; que l'Europe n'a point à craindre la réunion de tant d'États sous une même puissance ; que la mienne n'est point augmentée ; qu'il est par conséquent plus avantageux à toute l'Europe et même plus conforme à l'objet du traité de suivre la disposition faite par le feu roi d'Espagne.

d) De fait, le calcul du roi semble au début devoir se vérifier. En dehors de l'empereur qui, dès la nouvelle de l'acceptation du testament, rompt avec la France, la plupart des États européens, y compris l'Angleterre et les Provinces-Unies, **reconnaissent** le duc d'Anjou comme roi d'Espagne sous le nom de **Philippe V.** Il est vrai que le roi Guillaume et le grand pensionnaire Heinsius ne l'ont fait qu'à contrecœur sous la pression de leurs peuples avides de paix, et qu'ils n'attendent que le moment favorable pour sortir de cette neutralité et entraîner leurs pays dans la guerre. Une série de **maladresses de Louis XIV** va leur permettre d'y réussir. Le 1er février 1701, celui-ci fait enregistrer solennellement par le parlement de Paris le maintien des droits de Philippe V à la couronne de France, contrairement à une stipulation du testament. En même temps, il envoie des troupes françaises prendre la place des garnisons hollandaises dans les forteresses de la Barrière (5 et 6 février) et se fait bientôt accorder par son petit-fils le gouvernement de fait des Pays-Bas. Mais il y a plus grave : à la demande de Louis XIV, Philippe V octroie aux marchands français des privilèges importants dans les colonies espagnoles et notamment, en septembre 1701, l' « asiento » ou monopole de l'introduction des esclaves noirs. Ainsi, c'est l'immense marché de l'Amérique espagnole qui s'ouvre aux négociants français ; les marchands hollandais qui avaient jusque-là l'*asiento*, et les marchands anglais qui commercent activement en contrebande dans tout le Nouveau Monde se sentent directement menacés dans leurs intérêts économiques et se rangent à l'idée de la guerre préconisée par Heinsius et Guillaume. Moins d'un an après la mort de Charles II, l'empereur, l'Angleterre et les Provinces-Unies signent le 7 septembre 1701 le traité de **la Grande Alliance de La Haye** par lequel ils conviennent d'accorder une « satisfaction juste et raisonnable aux prétentions de l'empereur à la succession d'Espagne » et donnent deux mois à Louis XIV pour négocier avec eux à cet effet ; passé ce délai, ils entreront en guerre contre la France :

> Article 5 — Les alliés feront entre autres choses, leurs plus grands efforts pour reprendre et conquérir les provinces du Pays-Bas espagnol, dans l'intention qu'elles servent de digue, de rempart, et de barrière pour séparer et éloigner la France des Provinces-Unies comme par le passé [...] Pareillement, les alliés feront tous leurs efforts pour conquérir le duché de Milan avec toutes ses dépendances, comme étant un fief de l'Empire, pour la sûreté des provinces héréditaires de S.M. Impériale, et pour conquérir les royaumes de Naples et de Sicile et les îles de la mer Méditerranée avec les terres dépendantes de l'Espagne le long de la côte de Toscane, qui peuvent servir à la même fin et être utiles pour la navigation et le commerce des sujets de S.M. Britannique et des Provinces-Unies.
>
> Article 6 — Pourront le roi de la Grande-Bretagne et les seigneurs États-Généraux conquérir à force d'armes selon ce qu'ils auront concerté entre eux, pour l'utilité et la commodité de la navigation et du commerce de leurs sujets, les pays et les villes que les Espagnols ont dans les Indes et tout ce qu'ils pourront y prendre sera pour eux et leur demeurera.

Par une dernière maladresse, Louis XIV répond en reconnaissant comme roi d'Angleterre Jacques III, le jour même de la mort de son père Jacques II à Saint-Germain-en-Laye le 16 septembre. Guillaume III et le peuple anglais tout entier, ouvertement bravés, se préparent activement à la guerre. La mort de Guillaume, le 19 mars 1702, n'entame pas la détermination des coalisés, dirigés désormais par un triumvirat composé par le Hollandais **Heinsius**, l'Anglais **Marlborough** et le prince **Eugène de Savoie** au service de l'empereur. Le 15 mai 1702, les trois signataires de la Grande Alliance de La Haye, auxquels se joignent bientôt le roi de Danemark, l'électeur de Brandebourg et la plupart des princes allemands, déclarent conjointement la guerre à la France et à l'Espagne.

La guerre de Succession d'Espagne, 1702-1713

a) Au début, l'avantage revient à la France et à ses alliés, Espagne de Philippe V, Bavière de Maximilien-Emmanuel signataire des traités de 1698 et de 1700 et, plus réticente, Savoie de Victor-Amédée II. En Italie, Vendôme bat à Luzzara le 15 août 1702 le prince Eugène qui, dès l'été précé-

1 1697-1699 : Défaite turque et traité de Carlovitz.
2 1700-1709 : Campagne de Charles XII de Suède.
3 1701-1714 : Guerre de Succession d'Espagne.

D'après Ch. MORAZÉ et Ph. WOLFF, *XVII*^e^ *et XVIII*^e^ *Siècles*, Paris, A. Colin, 1953, p. 220.

L'EUROPE PENDANT LA GUERRE DE SUCCESSION D'ESPAGNE

dent, a envahi le Milanais. En Allemagne, Villars venu à l'aide du duc de Bavière est vainqueur à Friedlingen (octobre 1702), puis à **Hochstädt** (20 septembre 1703), sans réussir toutefois à marcher sur Vienne. Mais en 1703, la défection du duc de Savoie qui, le 8 novembre, se joint à la coalition rend très difficile la défense du Milanais, cependant que l'alliance du Portugal avec les coalisés (16 mai 1703) et plus spécialement avec l'Angleterre (traité Méthuen, 27 décembre) permet aux adversaires de Philippe V de prendre le territoire portugais comme base de départ.

Les Franco-Espagnols connaissent dès lors une **série de revers.** Le 1er août 1704, une flotte anglaise s'empare de Gibraltar. Le 13 août, la brillante victoire du prince Eugène et de Marlborough à **Blenheim** (près de Hochstädt) sur Marcin et Tallard force les Français à abandonner la Bavière et à se replier précipitamment au-delà du Rhin. L'année suivante, la Catalogne se soulève contre Philippe V et le 4 octobre 1705, les Anglais occupent Barcelone où, le 9, l'archiduc Charles se fait proclamer roi d'Espagne sous le nom de Charles III ; quelques mois plus tard, l'action conjointe des troupes anglo-autrichiennes depuis le Portugal et la Catalogne chasse Philippe V de Madrid, où Charles III entre le 28 juin 1706 ; il est vrai qu'un soulèvement de la ville en faveur du roi Bourbon permet à celui-ci de rentrer dans sa capitale dès le 3 août. Mais à la fin de 1706, Charles III continue à tenir la Catalogne, le royaume de Valence, le Milanais (victoire du prince Eugène à Turin, le 7 septembre) et les Pays-Bas évacués par les Franco-Espagnols après la victoire de Marlborough sur Villeroy à **Ramillies** le 23 mai 1706. En 1707, Villars fait une incursion sans lendemain en Wurtemberg et Philippe V réussit à refouler Charles III et les Anglo-Portugais dans Barcelone, quelques places de Catalogne et Gibraltar. Mais les coalisés envahissent un moment la Provence et s'emparent du royaume de Naples.

En cette même année 1707, **le roi de Suède Charles XII** vainqueur des Danois, des Russes et des Polonais (*cf.* volume suivant, *Le XVIIIe Siècle*) semble devoir devenir l'arbitre de l'Europe : Louis XIV lui fait faire des propositions afin qu'il intervienne directement dans l'Empire ; mais de son côté, Marlborough se rend lui-même auprès du roi de Suède et, en échange de quelques concessions faites par l'empereur Joseph Ier (qui a succédé à Léopold en 1705), réussit à le convaincre de se détourner de l'Occident et des affaires allemandes, et d'attaquer Pierre le Grand qui vient d'envahir la Pologne.

Sans espoir de quelque diversion suédoise en Europe centrale, la France connaît en **1708** une des années les plus sombres de la guerre. Le duc de Bourgogne, auquel on a adjoint Vendôme, tente de reconquérir les Pays-Bas ; mais les deux hommes, qui ne s'entendent pas, ne peuvent empêcher Marlborough et le prince Eugène de faire leur jonction, de les battre à Audenarde (10 juillet 1708), et de venir mettre le siège devant **Lille** qui capitule le 22 octobre (la citadelle défendue par Boufflers tiendra jusqu'en décembre) ; au lieu de l'offensive prévue sur les Pays-Bas, c'est la France qui est envahie. Quelques semaines plus tard, le terrible hiver de 1709 vient encore aggraver la situation déplorable du royaume et la misère du peuple accablé d'impôts et menacé de famine.

b) Louis XIV, qui dès 1705 a fait à Heinsius des propositions secrètes et officieuses, décide de faire cette fois officiellement des **ouvertures de paix.** A cet effet, il envoie à La Haye en mai 1709 son ministre Colbert de Torcy, fils de Croissy et gendre de Pomponne, qui a succédé à son père en 1696. En échange d'une simple suspension d'armes de deux mois, Heinsius, Marlborough et le prince Eugène exigent l'expulsion de Jacques III Stuart, la destruction du port de Dunkerque, nid de corsaires, la reconnaissance de l'archiduc Charles comme roi d'Espagne, la cession de Strasbourg et de l'Alsace à l'empereur, de Lille, Maubeuge, Tournai, Condé, Valenciennes aux Provinces-Unies, enfin, la promesse — à vrai dire assez vague — d'une aide militaire française pour chasser éventuellement d'Espagne Philippe V. Sur l'ordre du roi, Torcy, qui avait accepté les premières exigences (sauf celle concernant l'Alsace), repousse la dernière et quitte La Haye. Dans une lettre pleine de dignité adressée le 12 juin à tous les évêques, gouverneurs et intendants, Louis XIV explique les raisons qui le contraignent à continuer la guerre :

> J'aurais accepté pour rétablir (la paix) des conditions bien opposées à la sûreté de mes provinces frontières ; mais plus j'ai témoigné de facilité et d'envie de dissiper les ombrages que mes ennemis affectent de conserver de ma puissance et de mes desseins, plus ils ont multiplié leurs prétentions. En sorte qu'ajoutant par degré de nouvelles demandes aux premières, ils m'ont également fait voir que leur intention était seulement d'accroître aux dépens de ma couronne, les États voisins de la France et de s'ouvrir des voies plus faciles pour pénétrer dans l'intérieur de mon royaume toutes les fois qu'il conviendrait à leurs intérêts de commencer une nouvelle guerre. [...] Je passe sous silence les insinuations qu'ils m'ont faites de joindre mes forces à celles de la Ligue et de contraindre le roi, mon petit-fils, à descendre du trône, s'il ne consentait pas volontairement à vivre désormais sans États et à se réduire à la condition d'un simple particulier. Il est contre l'humanité de croire qu'ils aient eu seulement la pensée de m'engager à former avec eux une pareille alliance, mais quoique ma tendresse pour mes peuples ne soit pas moins vive que celle que j'ai pour mes propres enfants, quoi que je partage tous les maux que la guerre fait souffrir à des sujets aussi fidèles, et que j'aie fait voir à toute l'Europe que je désirais sincèrement de les faire jouir de la paix, je suis persuadé qu'ils s'opposeraient eux-mêmes à des conditions également contraires à la justice et à l'honneur du nom français.

Un demi-succès vient d'ailleurs prouver que la France n'est pas encore militairement abattue : le 11 septembre 1709, Villars, attaqué à **Malplaquet** (près de Maubeuge) par des forces très supérieures aux siennes et commandées par le prince Eugène et Marlborough, bat en retraite en bon ordre, après leur avoir infligé des pertes telles qu'il peut écrire à Louis XIV : « Si Dieu nous fait la grâce de perdre encore une pareille bataille, V. M. peut compter que les ennemis sont détruits ». Le roi essaie d'en profiter pour renouer les négociations. Aux **conférences de Geertruydenberg** en Hollande (mars-juillet 1710), ses plénipotentiaires vont jusqu'à offrir son aide financière pour aider les coalisés à chasser Philippe V de Madrid, mais l'inflexible Heinsius exige que la France conduise elle-même les opérations militaires contre le petit-fils du roi. Celui-ci déclare préférer « faire la guerre à ses ennemis qu'à ses enfants » et rompt les pourparlers. Le triumvirat n'allait pas tarder à regretter son obstination.

c) En effet, pendant que les armées françaises, épuisées mais s'appuyant sur les forteresses de Vauban, réussissent à préserver à peu près le sol national, en Espagne Vendôme, envoyé au secours de Philippe V (qui a dû pour la seconde fois abandonner Madrid à Charles III, le 28 septembre 1710), enlève le 9 décembre 1710 la ville de Brihuega et remporte le lendemain sur les Anglo-Autrichiens la victoire décisive de **Villaviciosa** ; une fois de plus, Charles III se replie sur Barcelone. Mais plus que ce succès, **le revirement de l'Angleterre** va contribuer à sauver la France du désastre. L'opinion publique anglaise commence en effet à se lasser de cette guerre interminable ; de plus, en 1710, la reine Anne se brouille avec Marlborough et sa femme, cependant que les élections donnent l'avantage aux tories, partisans de la paix. Au début de 1711, un émissaire français engage à Londres, avec l'accord de Torcy, des pourparlers secrets. Enfin, la mort de l'empereur Joseph Ier sans héritier direct, le 17 avril 1711, modifie complètement les données du problème espagnol. En effet, son frère, l'archiduc Charles (Charles III d'Espagne, pour les coalisés) lui succédant comme souverain des possessions autrichiennes et bientôt comme empereur sous le nom de Charles VI, aucune puissance européenne (l'Angleterre moins qu'aucune autre) ne peut envisager qu'il reste en même temps roi d'Espagne, reconstituant ainsi l' « empire » de Charles-Quint.

Les exploits des corsaires français (notamment l'incendie de Rio-de-Janeiro par Duguay-Trouin, en septembre 1711) achèvent de déterminer l'Angleterre : le 8 octobre 1711, elle signe avec la France **les préliminaires de Londres** sur la base de la reconnaissance de Philippe V en échange d'avantages politiques et commerciaux et propose l'ouverture de négociations générales à Utrecht en janvier 1712. L'empereur et Heinsius faisant traîner les pourparlers en avançant des exigences inacceptables dans l'espoir d'un succès militaire décisif, l'Angleterre rappelle ses troupes (Marlborough, accusé de malversations, s'exile) et signe le 17 juillet 1712 un armistice avec la France.

Au même moment, le prince Eugène décide de tenter un dernier effort. A la tête de 130 000 soldats impériaux et hollandais, il prend Le Quesnoy et met le siège devant Landrecies, dernière place protégeant la vallée de l'Oise. Louis XIV, qui a conscience de l'extrême gravité de la situation, confie à Villars le commandement des dernières troupes disponibles, quelque 70 000 hommes. Trompant l'ennemi par une manœuvre habile, Villars coupe le prince Eugène de ses approvisionnements et le bat à **Denain**, le 24 juillet 1712. Les atermoiements des derniers coalisés se retournent contre eux : la victoire de Denain va permettre à la France d'obtenir la paix dans des conditions honorables, qu'on n'aurait pu espérer quelques années plus tôt.

4 _ La paix d'Utrecht et le nouvel équilibre européen

En vertu des traités de 1713-1714, **Philippe V** est reconnu comme **roi d'Espagne**, mais il doit abandonner à l'Autriche les Pays-Bas et ses possessions italiennes, et accorder à l'Angleterre d'importants privilèges commerciaux dans l'Amérique espagnole. A la prépondérance française des années 1660-1684, fait place désormais un nouvel équilibre entre trois grandes puissances ; la France, l'Autriche et l'Angleterre.

Les traités d'Utrecht et de Rastadt, 1713-1714

Les négociations, ouvertes à **Utrecht** dès le 29 janvier 1712, sont facilitées par la détermination de l'Angleterre d'aboutir à un règlement rapide et par la lassitude de la Savoie, du Portugal et du Brandebourg-Prusse. A son tour la Hollande, dont les troupes ont été fortement éprouvées à Denain, se résigne à traiter. Seul l'empereur Charles VI, qui s'obstine à ne pas vouloir reconnaître Philippe V, décide de continuer la guerre. Louis XIV qui, en février 1713, a contraint le prétendant Stuart à quitter le royaume et, le 15 mars, a fait enregistrer par le Parlement la renonciation de ses héritiers à la couronne d'Espagne signe, **le 11 avril 1713**, une série de **traités** avec l'Angleterre, les Provinces-Unies, le Portugal, la Savoie et la Prusse. De son côté, Philippe V traite le 13 juillet avec l'Angleterre et la Savoie. Enfin, après deux succès de Villars (prise de Landau en août et de Fribourg en octobre), l'empereur se résout lui aussi à traiter avec la France : les négociations entre le prince Eugène et Villars commencent en novembre et aboutissent au traité signé à **Rastadt**, le 6 mars 1714 et complété par celui de **Bade** (en Suisse) entre la France et l'Empire, le 7 septembre. Bien que Philippe V (qui, le 26 juin 1714, a signé la paix avec les Provinces-Unies) refuse de traiter avec l'empereur qui, de son côté, ne veut pas le reconnaître en droit comme roi d'Espagne, l'ensemble des textes signés à Utrecht et à Rastadt n'en met pas moins fin au conflit qui a déchiré l'Europe pendant plus de dix ans.

a) **Les clauses politiques** des traités visent surtout la Succession d'Espagne dont le problème a été à l'origine de la guerre. **Philippe V est reconnu** comme légitime successeur de Charles II par toutes les puissances signataires (sauf l'empereur), sous la réserve de renoncer formellement à tous ses droits à la couronne de France. En échange, Louis XIV s'engage à ne plus soutenir les Stuarts et à accepter l'ordre de succession établi en Angleterre par l'Acte d'établissement de 1701 :

> Le Roi Très Chrétien promet de plus, tant en son nom que pour ses héritiers et successeurs, de ne jamais troubler, ni molester ladite Reine de la Grande-Bretagne, ses héritiers et successeurs issus de la ligne protestante qui posséderont la couronne de la Grande-Bretagne et les États qui en dépendent ; et de ne donner ni lui, ni aucun de ses successeurs, directement ou indirectement [...] aucune assistance, secours, faveur, ni conseil à aucune personne ni personnes, quelles qu'elles puissent être, qui sous quelque prétexte ou cause que ce soit, voudraient s'opposer à l'avenir de ladite succession.

Par ailleurs, les puissances reconnaissent le titre de roi à deux princes européens, le duc de Savoie comme roi de Sicile et l'électeur de Brandebourg comme roi en Prusse. Enfin, le duc de Hanovre se voit confirmer sa nouvelle dignité électorale et le duc de Bavière, fidèle allié de Louis XIV, recouvre ses États et son titre d'Électeur.

b) **Les clauses territoriales** enregistrent **le démembrement de la monarchie espagnole** que Charles II avait voulu éviter. Philippe V ne conserve que l'Espagne (moins Gibraltar et Minorque cédés aux Anglais) et ses domaines coloniaux. Malgré ses protestations, il doit abandonner à Charles VI le royaume de Naples, la Sardaigne, les présides de Toscane, le Milanais et les Pays-Bas, et à Victor-Amédée de Savoie la Sicile. Les Provinces-Unies n'obtiennent comme satisfaction de leur long effort dans la guerre que le droit de replacer leurs garnisons dans les places de la Barrière (traités anglo-hollandais du 30 janvier 1713 et austro-hollandais du 15 novembre 1715). Le roi de Prusse reçoit la Gueldre espagnole, voisine de son duché de Clèves, mais renonce à toutes les prétentions qu'il tenait de Guillaume III sur la principauté d'Orange, en échange de la reconnaissance de sa souveraineté sur la principauté jurassienne de Neuchâtel.

De son côté, **la France** abandonne à l'Angleterre le territoire de la baie d'Hudson, l'Acadie, Terre-Neuve (sous réserve d'un droit de pêche) et, aux Antilles, l'île de Saint-Christophe, et s'engage à détruire le port de Dunkerque. Elle consent également à restituer au nouveau possesseur des Pays-Bas les villes de Tournai, Menin, Ypres et Furnes. Par contre, elle conserve définitivement toutes les autres acquisitions du règne de Louis XIV dans le cadre des traités de Westphalie, de Nimègue et de Ryswick, et obtient du duc de Savoie une légère rectification de frontière (acquisition de Barcelonette).

c) **Les clauses commerciales** des traités intéressent directement **l'Angleterre** et lui accordent des avantages de premier ordre. Elle obtient de la France le retour au tarif douanier de 1664, le droit de jouir des conditions de la « nation la plus amie » et, par l'article 6 du traité d'Utrecht, la renonciation aux avantages commerciaux consentis par Philippe V aux marchands français :

> S. M. Très Chrétienne demeure d'accord et s'engage que son intention n'est pas de tâcher d'obtenir, ni même d'accepter à l'avenir que pour l'utilité de ses sujets, il soit rien changé, ni innové dans l'Espagne ni dans l'Amérique espagnole, tant en matière de commerce qu'en matière de navigation, aux usages pratiqués en ces pays sous le règne du feu roi d'Espagne Charles II.

En fait, dès mars 1713, l'Angleterre s'est fait accorder par Philippe V ces mêmes avantages, encore augmentés : conditions privilégiées pour ses navires à Cadix, *asiento* pour trente ans et territoire sur le Rio de La Plata pour « garder et rafraîchir » les Noirs avant de les vendre, enfin droit d'envoyer une fois par an en Amérique espagnole un vaisseau de 500 tonneaux, dit « vaisseau de permission » pour y trafiquer librement.

Ces diverses clauses des traités d'Utrecht et de Rastadt montrent que si **la victoire de la Grande Alliance de La Haye** n'est pas totale puisqu'un Bourbon règne à Madrid, elle n'en est pas moins incontestable : la séparation des deux couronnes de France et d'Espagne a été solennellement reconnue par tous, la monarchie espagnole est démembrée, la France de Louis XIV a perdu tous les avantages territoriaux ou commerciaux qu'elle tenait ou avait pu espérer de la succession espagnole et se trouve ramenée à ses frontières de 1697. Certes, Philippe V ne semble pas vouloir accepter le démembrement de ses possessions, pas plus que Charles VI, l'abandon de ses prétentions sur le trône de Madrid. Certes, la paix n'est pas encore rétablie à l'est du continent où Charles XII de Suède, vaincu à Poltava en 1709, se bat toujours contre ses voisins, Russes, Polonais, Danois. Pourtant, les traités de 1713-1714 marquent une date importante dans l'histoire de l'Europe, dans la mesure où ils établissent un nouvel équilibre des puissances.

Le nouvel équilibre européen

Alors que l'Europe de 1600 se caractérisait par l'existence de deux grandes puissances, Maison de France et Maison d'Autriche, et l'Europe de 1660 et de 1684 par la prépondérance française, l'Europe de 1714 est celle de l'équilibre entre des puissances dont aucune — pas même l'une des trois plus importantes (France, Autriche, Angleterre) — ne peut prétendre imposer son hégémonie sur le continent.

a) **La France**, agrandie de Lille, Strasbourg et Besançon, a des frontières beaucoup moins vulnérables qu'un demi-siècle plus tôt et a réussi à briser définitivement le vieil encerclement des Habsbourg en plaçant un Bourbon sur le trône de Madrid ; de plus, le prestige de sa langue, de ses écrivains et de ses artistes continue à lui assurer dans le domaine de l'esprit une primauté incontestée. Mais épuisée par une interminable lutte de 25 ans, elle doit renoncer aux rêves de domination du Roi-Soleil et même plus simplement à l'annexion un moment escomptée de la Lorraine et de la Savoie, cependant que ses alliés traditionnels en Europe de l'Est sont eux-mêmes vaincus et affaiblis.

La monarchie autrichienne doit à ses victoires sur les Turcs et sur les Franco-Espagnols de substantiels agrandissements territoriaux en Hongrie, en Italie, aux Pays-Bas, qui en font l'État le plus vaste et le plus peuplé de l'Europe. Mais cette grandeur recèle une faiblesse fondamentale : l'absence d'unité ; de plus, le morcellement de l'Allemagne en États souverains continue à vider de toute réalité le pouvoir de l'empereur, et la reconnaissance de Philippe V par les pays européens met le point final aux espoirs des Habsbourg de reconstituer la suprématie de la Maison d'Autriche.

L'Angleterre est devenue en 1714 une Puissance de premier plan, dont la grandeur est avant tout maritime et commerciale. Les avantages que, dans ce domaine, elle tire du traité Methuen avec le Portugal et du traité d'Utrecht avec l'Espagne viennent confirmer et accélérer une ascension spectaculaire depuis les années 1660. La prépondérance du commerce britannique un peu partout dans le monde s'affirme déjà nettement : en Baltique, en Méditerranée, dans l'Océan Indien (au détriment des Hollandais), dans l'Atlantique et en Amérique (au détriment des Français, des Portugais, des Espagnols). Londres, avec son *Stock Exchange* et sa Banque d'Angleterre, s'est peu à peu substituée à Amsterdam comme centre économique mondial. Découvrant un peu tard la puissance britannique, Louis XIV songe même pour lui faire pièce à se rapprocher de l'Autriche, mais sa mort en 1715 met fin au projet.

b) A côté de la France, de l'Autriche et de l'Angleterre, les autres États européens font figure de **puissances secondaires.** Mais si l'heure du déclin semble avoir sonné pour certains d'entre eux, d'autres apparaissent, à des titres divers, riches de réalisations et de promesses. Le déclin des **Provinces-Unies** est relatif, mais incontestable : l'agriculture, l'industrie, le commerce hollandais restent prospères ; Amsterdam est l'un des ports les plus actifs de l'Europe, et les Indes néerlandaises le plus beau domaine colonial et le plus grand entrepôt d'épices ; les savants, les artistes, les gazetiers hollandais sont connus, appréciés, lus dans toute l'Europe. Mais les Provinces-Unies n'ont retiré aucun avantage du règlement du conflit épuisant pour elles, dans lequel Guillaume d'Orange les a entraînées à la remorque de l'Angleterre, alors que celle-ci en obtenait le maximum de profits ; déjà durement touchées par l'essor économique de la France à l'époque de Colbert, elles sont définitivement dépassées par ce concurrent plus redoutable encore. Déclin aussi pour **la Suède** après la fulgurante carrière de Charles XII, pour **la Pologne** qui s'enfonce peu à peu dans l'anarchie, pour **la Turquie** minée de l'intérieur et menacée de l'extérieur. Déclin enfin pour **l'Espagne**, épuisée, démembrée, et où l'affaiblissement de l'État se double d'une profonde décadence économique.

Par contre, trois États semblent en pleine ascension : **la Savoie** de Victor-Amédée, roi de Sicile, et surtout la Prusse et la Russie. Le nouveau titre royal de Frédéric de **Prusse** est comme le symbole de la place de premier ordre qu'occupe désormais en Allemagne l'ancien État brandebourgeois, agrandi, riche et puissant. Quant à **la Russie**, elle commence sous la rude poigne de Pierre le Grand à se tourner vers l'Europe et à se mêler plus étroitement à la vie économique et politique du continent.

Rayonnement intellectuel et artistique de la France, puissance de la monarchie autrichienne en Europe centrale, prépondérance de l'Angleterre sur toutes les mers du globe, montée de la Prusse et de la Russie, décadence irrémédiable de l'empire ottoman, telles sont au début du XVIIIe siècle les principales composantes d'une Europe qui cherche dans l'équilibre le secret de la paix.

LECTURES COMPLÉMENTAIRES

Voir les ouvrages cités à la fin des chapitres VIII et IX.

CHAPITRE XII

LA CIVILISATION EUROPÉENNE DANS LA SECONDE MOITIÉ DU XVIIe SIÈCLE

1 _ Classicisme et baroque

La France de 1660 voit triompher l'idéal classique fait de clarté, de mesure, d'obéissance aux règles, aussi bien dans les lettres que dans les arts. Non sans certaines survivances de l'esthétique baroque, Versailles symbolise le triomphe de cet art classique à la gloire de la monarchie. Cependant, dans le reste de l'Europe catholique, notamment dans les États des Habsbourg, l'art baroque s'épanouit et donne certains de ses chefs-d'œuvre.

L'idéal classique

Lentement élaboré dans la première moitié du siècle, l'idéal classique l'emporte en France à partir de 1660. Il répond à la fois au souci d'ordre et d'unité de Louis XIV et aux goûts d'une bourgeoisie de plus en plus riche et influente depuis la défaite de l'aristocratie au cours de la Fronde.

a) Le classicisme s'appuie, comme toute la civilisation de l'Europe depuis le *Quattrocento*, sur **le culte de l'Antiquité**, modèle inégalé. Comme l'écrit Boileau :

> Lorsque des écrivains ont été admirés durant un fort grand nombre de siècles et n'ont été méprisés que par quelques gens d'un goût bizarre, car il se trouve toujours des goûts dépravés, alors non seulement il y a de la témérité, mais il y a de la folie à vouloir douter du mérite de ces écrivains. Que si vous ne voyez point les beautés de leurs écrits, il ne faut pas conclure qu'elles n'y sont point, mais que vous êtes aveugle et que vous n'avez point de goût. Le gros des hommes à la longue ne se trompe point sur les ouvrages d'esprit. Il n'est plus question à l'heure qu'il est, de savoir si Homère, Platon, Cicéron, Virgile, sont des hommes merveilleux : c'est une chose sans contestation, puisque vingt siècles en sont convenus ; il s'agit de savoir en quoi consiste ce merveilleux qui les a fait admirer de tant de siècles.

Ce culte de l'Antiquité se retrouve en littérature dans l'emprunt fait à Aristote de la « règle des trois unités » ou dans la paraphrase par Boileau de l'*Art poétique* d'Horace, et d'une façon plus générale dans l'imitation des genres et des manières d'écrire des Anciens. En architecture, on en revient — par-delà la fantaisie qu'y avait introduite le baroque — aux formules antiques revues par la Renaissance : fronton triangulaire, ordres superposés, colonnade, coupole, terrasse. En sculpture et en peinture, les allégories mythologiques sont plus que jamais à la mode, de même que les portraits à l'antique : Coysevox, faisant la statue de Louis XIV, le représente en empereur romain, couvert du manteau impérial par-dessus la cuirasse.

b) Le souci de **clarté** et de **rigueur** caractérise plus encore l'idéal classique. Pour y atteindre, il faut se soumettre au contrôle de **la raison** :

> L'homme, *écrit en 1656 l'écrivain Pellisson*, comme il a pour les choses du corps un instrument universel qui est la main avec lequel il se sert de tous les autres, a aussi pour les choses de l'esprit un instrument universel qui est la raison [...] Quand nous voyons quelqu'un exceller en une sorte d'ouvrages et ne réussir nullement en d'autres [...], nous concluons que s'il n'agit point par hasard, il agit au moins par une faculté aveugle et par la seule imagination qui est la partie que nous avons commune avec les bêtes, Mais ce qui nous arrache malgré nous toute notre estime et toute notre admiration, c'est un esprit qui agissant par ce principe général et universel dont je viens de parler et possédant les idées de tous les divers genres d'écrire, passe de l'un à l'autre avec une extrême facilité.

La raison qui doit donc l'emporter sur l'imagination, faculté réputée inférieure et dangereuse, est le fondement même des **règles** qu'il convient de suivre pour atteindre le « beau idéal ». Obéir à la raison et aux règles qu'elle dicte, c'est rejeter tout ce qui est exceptionnel, excessif, spontané, irréfléchi, et rechercher au contraire ce qui est clair, sobre, vraisemblable et a valeur générale (l'écrivain doit notamment s'attacher à la peinture de l'homme dans ce qu'il a d'universel). Dans de telles perspectives, l'imitation de **la nature** qui mêle le beau au laid, l'horrible à l'agréable doit être soigneusement contrôlée. Le théoricien Félibien écrit à propos du « peintre parfait » :

> La principale étude du peintre doit être de débrouiller et de connaître en quoi consiste *le vrai*, *le beau*, et *le simple* de cette même Nature, laquelle tire toutes ses beautés et toutes ses grâces du fond de sa pureté et de sa simplicité [...] Mais quoique la Nature soit la source de la beauté, l'art, dit-on communément, la surpasse. Car la Nature est ordinairement défectueuse dans les objets particuliers, dans la formation desquels elle est détournée par quelques accidents contre son intention qui est toujours de faire un ouvrage parfait.

c) Mais l'idéal classique vise aussi **le grandiose** et **le majestueux**, sans jamais tomber dans l'exagération ou la démesure. Le « grand goût » établit une hiérarchie dans les genres et dans les sujets : la tragédie à personnages historiques s'exprimant en alexandrins l'emporte sur la comédie, surtout si elle est en prose ; l'éloquence sacrée, notamment l'oraison funèbre, est un genre noble par excellence ; en peinture, les portraits et les tableaux de mythologie et d'histoire (ancienne ou contemporaine) passent avant les paysages et les natures mortes, genre « bas » qu'il faut laisser, selon Félibien, aux peintres que leur génie ne rend pas « capables de plus grands sujets ».

Cette recherche de la grandeur se trouve accentuée par **l'action personnelle de Louis XIV**, qui entend faire servir la littérature et les arts à la glorification de son règne et qui témoigne d'ailleurs souvent d'un goût éclairé et sûr. Il fait travailler directement à Paris et à Versailles les plus grands architectes, peintres et sculpteurs de son siècle ; il encourage et récompense écrivains et artistes, qui sont de leur côté soucieux avant tout de « plaire » à ce public (numériquement fort restreint) que constituent « le roi, la cour et la ville » ; il soutient les Académies qui contribuent au succès de l'idéal classique et donnent à tout le mouvement littéraire et artistique l'unité de direction nécessaire. L'Académie française, fidèle à ses origines, continue de travailler à l'élaboration d'une langue claire, simple, débarrassée des obscurités et des archaïsmes, et veille au respect que l'on doit aux règles et au bon goût. L'Académie de peinture et de sculpture fondée en 1648 et l'Académie d'architecture fondée en 1671 deviennent, avec Le Brun et Colbert, les écoles du « grand goût », cependant que la création de l'Académie de France à Rome permet aux artistes français d'apprendre sur place les grandes leçons de l'Antiquité et de la Renaissance.

d) Enfin, le classicisme est plus largement **un idéal de vie** : l'« **honnête homme** » endigue la morale chevaleresque du héros cornélien de l'âge précédent et propose un idéal de mesure, de raison, de maîtrise de soi :

> L'honnêteté, *écrit vers 1660 le chevalier de Méré*, est le comble et le couronnement de toutes les vertus. Car peu s'en faut que nous ne comprenions sous ce mot les plus belles qualités du cœur et de l'esprit et tout ce qu'on peut souhaiter pour être d'un aimable commerce tant parmi les hommes que parmi les femmes [...] Il ne suffit pas de se défaire de ce qu'on a de mauvais, il faut exceller en tous les avantages du cœur et de l'esprit, d'une manière agissante et commode, plutôt qu'en philosophe spéculatif ni farouche : il sied bien d'être vertueux et de s'en cacher, cela se connaît assez, sans qu'on l'affecte.

Ainsi, l'idéal de l'honnête homme, dépassant singulièrement le simple code de civilité, aboutit à une morale positive et universelle, toute classique.

La littérature classique

Dans les années 1660-1685, une pléiade d'écrivains assure **en France** le triomphe éclatant mais fragile de la littérature classique, dont **Boileau** (1636-1711) se fait le théoricien ; au vrai, son *Art poétique* paru en 1674 ne fait que codifier les grands principes d'une esthétique élaborée depuis plus d'un demi-siècle.

a) **Le théâtre**, manifestation de la vie sociale, est un des genres les plus prisés du public. **Corneille** (1606-1684), vieillissant, continue à écrire des tragédies toujours applaudies mais doit bientôt s'incliner devant la gloire d'un rival plus jeune et plus heureux. Jean **Racine** (1639-1699), ancien élève des Petites Écoles de Port-Royal, rompt avec ses maîtres jansénistes et se consacre au théâtre : d'*Andromaque* (1667) à *Phèdre* (1677), il fait jouer à l'Hôtel de Bourgogne sept tragédies, qui joignent à la pureté de la forme la profondeur de l'analyse psychologique ; après la cabale provoquée par *Phèdre*, il abandonne le théâtre, se réconcilie avec les jansénistes et devient « historiographe du roi » (conjointement avec Boileau). **Molière** (1622-1673), d'abord comédien ambulant, s'installe à Paris, au Palais-Royal (1661) ; sa compagnie, d'abord « troupe de Monsieur », devient « troupe du roi » en 1665 ; il est l'auteur comique préféré du jeune Louis XIV qui le défend contre les ennemis que lui valent les audaces de *Dom Juan* (1665) et du *Tartuffe* (1664-1669) ; cette dernière pièce, notamment, provoque une « cabale des dévots » animée par Anne d'Autriche, l'archevêque de Paris Péréfixe et le premier président Lamoignon. Dans ses nombreuses comédies, Molière, qui veut « corriger les vices » en divertissant, s'en prend aux travers de ses contemporains, mais au-delà dépeint l'avare, le misanthrope ou la femme savante de tous les temps. De même, **La Fontaine** (1621-1695), dont les *Fables* inspirées de Phèdre et d'Ésope sont autant de petites comédies, fait œuvre de moraliste d'une prudente sagesse et, en croquant les hommes de son temps, atteint une vérité universelle.

b) **L'éloquence sacrée** a en **Bossuet** (1627-1704) son représentant le plus éminent. De 1662 à 1670, il est le prédicateur officiel de la cour et prononce notamment, outre de très nombreux sermons, les oraisons funèbres d'Henriette de France (1669) et de sa fille Henriette d'Angleterre (1670). Devenu précepteur du Dauphin en 1670, puis évêque de Meaux en 1681, il est chargé de prononcer l'oraison funèbre de la reine Marie-Thérèse en 1683 et celle du Grand Condé en 1687. Soucieux de convaincre son auditoire, Bossuet s'oblige à développer des idées simples en des discours bien construits qu'anime un puissant lyrisme qui a sa source dans la Bible et les Pères de l'Église.

c) Dans ses *Pensées* écrites à la fin de sa vie et publiées par ses amis jansénistes en 1670, **Pascal** (1623-1662) essaie de convaincre les libertins de la vérité du christianisme ; il se montre, dans cette apologie inachevée, un logicien serré et surtout un admirable écrivain, lyrique et passionné. **Mme de Sévigné** (1626-1696) dans ses *Lettres* et **Mme de La Fayette** (1643-1693 dans ses romans (notamment *La Princesse de Clèves*) se montrent, elles aussi, de grands écrivains classiques, alliant les qualités du style à une profonde connaissance du cœur humain.

d) Le classicisme littéraire, phénomène essentiellement français, touche **les autres pays européens**, surtout par l'intermédiaire de la France. Dans la seconde moitié du siècle, les écrivains classiques sont lus, traduits et imités en Italie, en Allemagne, en Angleterre où **Dryden** (1631-1700) est le meilleur représentant du goût classique ; l'Espagne elle-même se mettra à l'école de la France après l'avènement de Philippe V. C'est à juste titre que Voltaire pourra écrire dans son *Siècle de Louis XIV* :

> Dans l'éloquence, dans la poésie, dans la littérature, dans les livres de morale et d'agrément, les Français furent les législateurs de l'Europe.

Versailles et l'art classique

a) En 1665, Louis XIV et Colbert qui veulent achever la construction du **Louvre** font venir de Rome le Bernin. Celui-ci, reçu magnifiquement, établit plusieurs projets mais rencontre très vite l'hostilité des artistes français, notamment **Claude Perrault** (1613-1688) ; il repart pour l'Italie en octobre 1665.

sans avoir pu faire accepter ses plans qui sont apparus incommodes et trop coûteux :

> Le dessin du Cavalier Bernin, *écrira Colbert le 23 juin 1666*, quoique beau et noble, était néanmoins si mal conçu pour la commodité du roi et de son appartement au Louvre, qu'avec une dépense de dix millions, il le laissait aussi serré dans l'endroit qu'il devait occuper au Louvre, qu'il était sans faire cette dépense [...] Le Cavalier ne voulait faire les choses qu'à sa fantaisie [...] On ne pouvait nier que son dessin ne fut beau et magnifique [...] mais il avait cherché à faire de grandes salles et de grands lieux pour tout le reste et ne faisait rien pour le roi.

En 1667, une équipe d'architectes français (dont Claude Perrault) est chargée d'édifier la façade qui, avec ses grandes lignes horizontales, sa colonnade, son fronton triangulaire et son attique, résume dans sa sobriété les grandes données de l'architecture classique. Même si des raisons autres qu'esthétiques ont joué un rôle décisif dans la décision de Louis XIV et de Colbert, l'échec du voyage du Bernin et, quelque temps après, l'accueil défavorable fait à la statue équestre du souverain envoyée de Rome par le grand artiste n'en ont pas moins une grande portée et marquent bien, qu'à cette date, la France a « écarté la tentation **baroque** ».

b) D'ailleurs, le roi délaisse de plus en plus Paris et le Louvre (dont les travaux sont bientôt abandonnés) et, malgré les obstacles de toutes sortes, s'attache à faire du modeste pavillon de chasse construit pour son père à **Versailles** entre 1624 et 1632 une résidence digne de lui. En 1661, il enlève à Fouquet les artistes qui ont construit pour ce dernier le château de Vaux-le-Vicomte, l'architecte Louis **Le Vau** (1612-1670), le peintre et décorateur Charles **Le Brun** (1619-1690), le jardinier André **Le Nôtre** (1613-1700), et les charge de transformer Versailles. Outre la constitution d'un immense parc giboyeux de 6 000 hectares et d'un jardin dessiné par Le Nôtre, les premiers remaniements (1661-1668) de Le Vau consistent à embellir extérieurement le château, à en modifier l'aménagement intérieur et à édifier, de chaque côté d'une avant-cour plus large que la cour elle-même, des communs en brique et pierre dans le même style que le château. En 1668, Versailles est déjà une somptueuse demeure, théâtre de fêtes magnifiques, telles *Les Plaisirs de l'île enchantée*. Pourtant, Louis XIV, qui songe à en faire la résidence définitive de la cour et du gouvernement, donne l'ordre à Le Vau d'agrandir considérablement l'édifice tout en le respectant et de prévoir des bâtiments administratifs. Le Vau, aidé de son élève François **D'Orbay** (1634-1697), « enveloppe » alors le château de Louis XIII du côté des jardins de deux vastes pavillons d'ordonnance italo-antique, reliés entre eux par une terrasse à l'italienne. A la mort de Le Vau en 1670, l'œuvre est presque achevée, mais l'aménagement de l'intérieur — notamment du grand appartement du roi — n'est pas commencé. Ce sera le fait de Le Brun qui, dirigeant une armée de peintres, sculpteurs, tapissiers, ébénistes, réalise un ensemble où la variété des détails se fond dans une grandiose unité à la gloire du Roi-Soleil.

En 1678, la fin de la guerre de Hollande permet à Louis XIV de donner aux travaux un nouvel essor. Il charge Jules **Hardouin-Mansart** (1646-1708), jeune architecte de 32 ans, petit-neveu de François Mansart, d'ajouter au palais de Le Vau deux ailes immenses, au midi et au nord ; la première est bâtie de 1678 à 1681, la seconde de 1684 à 1689 ; cet agrandissement considérable nécessite d'énormes travaux de terrassement pour élargir l'étroite butte portant le château primitif. En même temps, Hardouin-Mansart et d'Orbay édifient — sur la grande terrasse ménagée par Le Vau entre les deux pavillons de « l'enveloppe » — une grande galerie, traditionnelle dans les demeures princières, et qui sera décorée de glaces sur les murs et de peintures de Le Brun au plafond. Lorsqu'en 1682, Versailles devient officiellement la résidence de la cour, c'est encore et pour longtemps un immense chantier, auquel travaillent, en 1685, 36 000 ouvriers et 6 000 chevaux. En 1689, la construction de la chapelle est commencée par Hardouin-Mansart et son neveu Robert **de Cotte** (1656-1735), mais, interrompue par la guerre de la Ligue d'Augsbourg, elle n'est achevée pour le gros œuvre qu'en 1702, pour la décoration qu'en 1710.

c) Vers 1700, Versailles est bien **le cadre incomparable** qu'avait souhaité Louis XIV. L'auteur anonyme d'une *Relation* sur les fêtes du carnaval de 1683 écrivait déjà :

> Il y avait deux ou trois ans que je n'avais été à Versailles ; j'y allai donc pour voir le grand appartement du roi, nouvellement bâti, l'assemblée nombreuse et les illuminations qui s'y font trois fois la semaine, dont j'avais ouï tant faire de bruit. Rien ne peut être plus beau dans le monde, plus magnifique, ni plus surprenant. Le vestibule, la salle, les chambres, la galerie et le cabinet qui est au fond, sont d'une longueur infinie ; figurez-vous quel est l'éclat de cent mille bougies dans cette grande suite d'appartements ; je crus que tout y était embrasé, car un grand soleil au mois de juillet est moins éclatant. Les ameublements d'or et d'argent avaient encore leur éclat particulier, comme la dorure et les marbres. Toutes les décorations y étaient riches et somptueuses ; on y voyait des tapisseries, statues, tableaux, de l'argenterie, des vases, des fleurs, brasiers, lustres, chandeliers, portières, tapis, tous différents et rares.

Majesté, symétrie, mesure, tels sont les caractères d'un ensemble où tout concourt à la gloire du souverain dont la chambre sert de centre au palais comme le soleil à l'univers. Bâtiments et jardins s'ordonnent autour d'un grand axe qui part de la statue du roi dans la cour d'accès, passe par sa chambre et se prolonge par le Tapis vert et le Grand Canal. L'immense façade du **château** du côté des jardins est d'une ordonnance toute classique, avec ses trois étages, ses hautes fenêtres encadrées de pilastres, ses toits en terrasses limités par une balustrade ; la monotonie qui aurait pu naître de la prédominance des lignes horizontales est évitée grâce aux avant-corps légèrement en saillie et aux trophées des toitures. **Les jardins** participent directement à la réussite de l'ensemble et contribuent à faire de Versailles la grande manifestation de l'art classique. Les arbres et les parterres, les eaux et les sculptures jouent leur rôle dans leur ornementation. Fontaines, bassins et jeux d'eau alimentés entre autres par les eaux de la Seine grâce à la machine de Marly (achevée en 1682) sont conçus comme un lien entre la nature et l'architecture, et donnent vie aux jardins, en même temps que tout un peuple de statues inspirées de l'antique. Les plus grands sculpteurs de l'époque, Pierre **Puget** (1622-1694), François **Girardon** (1628-1715), Antoine **Coysevox** (1640-1720), multiplient les nymphes, les Neptune, surtout les Apollon, dieu maître du soleil et protecteur des arts. Ainsi, galerie des glaces, salons et appartement du roi, chapelle, jardins sont les théâtres successifs, où se déroulent les journées du souverain et **les fêtes** profanes et religieuses qui constituent la grande occupation de la cour.

d) **La musique** joue dans ces fêtes un rôle de premier plan. Au moment où l'opéra créé par Monteverdi triomphe en Italie avec Pietro **Cavalli** (1602-1676) et un peu plus tard Alessandro **Scarlatti** (1660-1725), Jean-Baptiste **Lulli** (1632-1687), d'origine florentine, est le rénovateur du genre introduit en France à l'époque de Mazarin. Nommé surintendant de la musique du roi en 1661 et directeur de l'Académie royale de musique, il donne en 1673 le premier opéra français digne de ce nom, *Cadmus et Hermione*, sur un livret de Quinault, et compose dans les années suivantes une dizaine d'opéras. En même temps, il écrit, pour les fêtes de Versailles, d'innombrables ballets de cour et compose de la musique religieuse (motets et oratorios), genre illustré surtout en Italie par **Carissimi** (1605-1674) et en Allemagne par Heinrich **Schütz** (1585-1672). L'influence de Lulli est considérable sur tous les musiciens de son temps, non seulement français comme Marc-Antoine **Charpentier** (1636-1704), Michel-Richard **Delalande** (1657-1726), François **Couperin** (1668-1733) ou André **Campra** (1660-1744), mais aussi étrangers comme l'Anglais Henry **Purcell** (1658-1695), l'Allemand Dietrich **Buxtehude** (1637-1707) ou, à un moindre titre, les Italiens Arcangelo **Corelli** (1653-1713) et Giuseppe **Torelli** (1658-1709) qui mettent au point le concerto instrumental ou *concerto grosso*.

e) La réussite de Versailles et des autres résidences royales, Trianon et Marly, ne doit pas faire oublier celle des grandes **constructions parisiennes** de la même époque, qui illustrent chacune à leur manière l'esthétique classique : *portes Saint-Denis* (1670) et *Saint-Martin* (1674) construites par François **Blondel** (1618-1686) ; *collège des Quatre-Nations* (aujourd'hui Institut) édifié entre 1663 et 1684 sur les plans de Le Vau ; *hôtel des Invalides* dont les architectes sont Libéral **Bruant** (1639-1716) de 1671 à 1676, puis Hardouin-Mansart qui achève l'église et construit le dôme à partir de 1677 ; *place Louis-le-Grand* (aujourd'hui place Vendôme) et *place des Victoires*, « places royales » dessinées en 1685 par Hardouin-Mansart.

L'influence sur l'art européen de ce grand art classique versaillais et parisien est sensible dès la fin du XVIIe siècle (en Angleterre, Christopher Wren, le grand architecte de *Saint-Paul* de Londres, s'inspire de Versailles en construisant *Hampton-Court*) ; mais ce n'est vraiment qu'au siècle suivant que les souverains européens s'attacheront à se doter de résidences plus ou moins imitées de celle du Roi-Soleil.

f) Si éclatant qu'il soit, le triomphe en France de l'art classique s'accompagne de la survivance de certains **éléments baroques** : l'aménagement intérieur de maintes églises parisiennes et provinciales ornées de retables richement sculptés et polychromés, la vogue des « constructions éphémères » traitées avec somptuosité telles que décors de théâtre, arcs de triomphe et pompes funèbres, quelques réalisations provinciales et sans lien direct avec le « grand art monarchique » témoignent de cette survivance. A Versailles même, les multiples frises, alcôves, trophées d'un Jean Lepautre (1617-1682), les tapisseries d'un Jean Berain (1640-1711), certains aménagements du parc, telle statue de Puget (son *Milon de Crotone* notamment), voire la musique de cour d'un Lulli ou d'un Delalande ont, dans le cadre rigoureux et classique voulu par Le Brun, toute l'exubérance et la fantaisie de l'art baroque.

L'art baroque en Europe méditerranéenne et centrale

a) Né à Rome, l'art baroque continue à s'imposer dans la seconde moitié du siècle à presque toute **la péninsule Italienne**, sauf dans certains centres comme Florence qui reste fidèle aux leçons de rigueur du *Quattrocento* mais ne produit aucune œuvre notable. A Rome même, Pierre de Cortone et le jésuite Andrea **Pozzo** (1642-1709) transforment peu à peu en la décorant, l'église du *Gesu*, si caractéristique à l'origine de l'esprit sévère de la Contre-Réforme, et en font un des ensembles les plus fastueux et les plus représentatifs du baroque romain. A Turin, le père **Guarini** (1624-1683), architecte plein d'audace, édifie pour abriter le Saint-Suaire une étonnante chapelle ; un peu plus tard, **Juvara** (1676-1736) se fera une réputation presque égale à celle du Bernin cinquante ans plus tôt, en édifiant à partir de 1716 la monumentale basilique de la *Superga*. A Venise, Longhena achève *Sainte-Marie « della Salute »*, mais ce n'est qu'au siècle suivant que les Vénitiens donneront à la peinture baroque italienne ses plus brillants représentants. Dans le royaume de Naples, la petite ville de Lecce mérite à juste titre l'épithète de « Florence baroque » par ses multiples églises dont la décoration est d'une étonnante exubérance. En Sicile, tout le Sud-Est de l'île ravagé par un séisme en 1693 est reconstruit par des architectes et des décorateurs locaux : la petite cité de Noto au sud de Syracuse et le centre de Catane présentent ainsi des ensembles cohérents où le plan de la ville, la construction et la décoration des églises et des palais répondent à une même vision baroque.

b) Dans **la péninsule Ibérique**, l'art architectural et décoratif se renouvelle et atteint son apogée à la fin du XVIIe et au début du XVIIIe siècle, dans l'art churrigueresque qui est comme un aboutissement du baroque et dont Salamanque est le centre principal : dans le grand retable de *San-Esteban* de Salamanque, José de **Churriguera** (1665-1723), aîné de trois frères architectes et décorateurs, multiplie à l'infini les motifs d'ornementation, ne laissant sans sculpture aucun espace, accumulant anges dorés et enroulements végétaux. Ce caractère luxuriant et somptuaire se retrouve dans toutes les productions churrigueresques, notamment dans le *Transparent* de la cathédrale de Tolède, sorte de chapelle reliquaire où une lumière qui semble irréelle tombe sur un amoncellement d'anges.

c) C'est entre 1650 et 1730 que le baroque s'épanouit vraiment en **Europe centrale** et plus spécialement dans les États des Habsbourg (Autriche, Bohême, Hongrie), pays de civilisation catholique, monarchique et seigneuriale, largement ouverts à l'influence italienne. Commencé après le retour à la paix en 1648, le mouvement se trouve confirmé et accéléré par la victoire sur les Turcs sous les murs de Vienne en 1683 et bientôt par la reconquête de la Hongrie qui engendrent une impression générale de sécurité et un sentiment exaltant de victoire. De très grands architectes, Johann **Fischer von Erlach** (1656-1723), Lucas von **Hildebrandt** (1668-1745) édifient **à Vienne** l'église *Saint-Charles-Borromée*, le palais du *Belvédère* pour le prince Eugène, les palais *Schwarzenberg* et *Schönbrunn*, **à Prague** l'église *Saint-Nicolas de Mala Strana*, sur le Danube l'abbatiale de **Melk**. Sculpteurs et décorateurs animent de statues, de peintures, de boiseries sculptées, de retables tous ces édifices qui, loin d'être des imitations serviles du Bernin ou de Borromini, sont des variations originales sur les thèmes baroques.

Il en est de même **en Pologne** catholique, où les traditions locales donnent sa coloration particulière à l'art polonais comme dans le palais construit pour Jean Sobieski à Wilanow entre 1684 et 1696.

2 _ Les progrès des sciences

Les progrès scientifiques favorisés par l'appui actif des autorités et de l'opinion publique se poursuivent, notamment avec Newton qui est, après Galilée et Descartes, le grand fondateur de la science moderne, expérimentale et mathématique.

Les nouvelles conditions du travail scientifique

a) Les progrès scientifiques de la seconde moitié du XVIIe siècle sont directement tributaires de la révolution intellectuelle qu'ont constituée l'œuvre de **Galilée** et celle de **Descartes.** Même lorsqu'ils dépassent ou contredisent certaines des conclusions de leurs grands devanciers, les savants des années 1650-1720 le font grâce à **la méthode** que ceux-ci leur ont léguée. Vers 1680, dans ses *Entretiens sur les sciences*, l'oratorien Bernard Lamy écrit :

> A présent, on ne croit plus savoir une chose que lorsqu'on la peut expliquer mécaniquement. C'est Descartes qui a ouvert ce chemin ; c'est à sa méthode qu'il se faut attacher ; je dis à sa méthode, car pour la plupart de ses explications, il les faut regarder non comme la vérité, mais comme des conjectures véritables. Ce qu'il dit est toujours ingénieux selon les hypothèses qu'il a faites ; mais ce n'est pas à dire que ce qu'il avance soit vrai [...] C'est donc encore une fois à la méthode de ce philosophe qu'il se faut attacher dans la physique plutôt qu'à ses opinions particulières. On en trouvera plusieurs de fausses, à mesure qu'on fera plus de découvertes.

b) Par ailleurs, **les conditions matérielles et morales** du travail scientifique s'améliorent. Certes, les savants sont encore presque tous des amateurs et opèrent généralement en marge des universités, qui restent souvent le refuge des positions aristotéliciennes les plus attardées. Mais l'invention ou le perfectionnement d'**instruments** de mesure et d'observation les dotent maintenant d'outils sans lesquels la plupart des grandes découvertes du siècle n'auraient pu être réalisées : lunette astronomique (1609-1630), télescope (Newton, 1671), microscope (vers 1660), baromètre (1640-1680), thermomètre (vers 1640, en attendant Fahrenheit en 1714), pendule (vers 1650), machine arithmétique (Pascal, 1644). La construction de ces instruments est rendue possible par d'importants progrès techniques en .Italie, puis en Hollande, dans le travail du verre notamment.

Mieux outillés, les savants sont aussi mieux **aidés et soutenus** ; ils peuvent compter désormais sur l'appui des autorités, d'autant plus que leur audace dans le domaine de l'esprit s'accompagne généralement du plus grand respect pour l'ordre établi. En Italie, où la tradition du mécénat et des académies est ancienne, le grand duc de Toscane Ferdinand II fonde en 1657 l'*Accademia del Cimento*, qui pendant les dix années de sa courte existence a une influence considérable sur tous les milieux scientifiques de l'époque. En Angleterre, le roi Charles II signe en 1662 la charte de fondation de la *Royal Society* de Londres qui jouera un rôle moteur dans les progrès des sciences et des techniques et qui dès 1665 prend l'initiative de la publication d'un grand périodique consacré aux travaux des savants, les *Philosophical Transactions* ; en 1675, l'Observatoire de Greenwich est créé à proximité de la capitale anglaise. En France, Colbert soucieux de tout ce qui peut servir la gloire du roi favorise en 1665 la parution du *Journal des savants* et fonde en 1666 l'Académie des sciences :

> Ce 22 décembre 1666, *rapporte le procès-verbal de la première séance*, il a été arrêté dans la Compagnie : 1. Qu'elle s'assemblera deux fois la semaine, le mercredi et le samedi. 2. Que l'un de ces deux jours, savoir le mercredi, on traitera des mathématiques ; le samedi, on travaillera à la physique. 3. Comme il y a une grande liaison entre ces deux sciences, on a jugé à propos que la Compagnie ne se partage point et que tous se trouvent à l'assemblée les mêmes jours.

En 1667, Colbert fait commencer la construction de l'Observatoire de Paris. De plus, il fait pensionner par le roi les plus grands savants français et même étrangers, et s'efforce d'attirer ces derniers en France, tels le Hollandais Christian Huygens qui séjourne à Paris de 1665 à 1681 et le Niçois Jean-Dominique Cassini qui s'y installe définitivement en 1672 comme directeur de l'Observatoire. Enfin, de son côté le roi de Prusse Frédéric 1er fonde, en 1701, l'Académie de Berlin à l'instigation de Leibniz.

En apportant ainsi un appui efficace aux savants, les autorités ne font que traduire un sentiment général : dans tous les pays d'Europe, la science a peu à peu conquis, depuis les années 1640-1660, un secteur de plus en plus large de l'opinion publique, comme en témoigne par exemple l'éclatant succès que remporte en 1686 l'ouvrage de vulgarisation du Français Fontenelle, *Entretiens sur la pluralité des mondes.* Il devient de bon ton de parler de sciences dans les salons : ainsi, à Paris, chez la marquise de Sablé ou à la fin du règne de Louis XIV, à Sceaux, chez la duchesse du Maine. Et déjà grandit la vogue des cabinets de physique et de curiosités.

c) Appuyés par les autorités, soutenus par l'intérêt du public, les savants correspondent entre eux, au-dessus des frontières, depuis ces **grands foyers** que sont d'abord l'Italie, puis la Hollande, la France, l'Angleterre, le français et l'anglais se substituant peu à peu au latin dans les échanges et les publications du monde savant. Enfin, à la fin du siècle, la science se trouve dotée par le génie de Newton d'une vaste synthèse dans laquelle semblent pouvoir s'inscrire tous les progrès scientifiques ultérieurs.

Newton

a) **Isaac Newton** (1642-1727), ancien élève à Cambridge, y revient en 1667 comme professeur de mathématiques à Trinity College, après avoir passé dans son village natal du Lincolnshire deux années très fructueuses (1665-1666) au cours desquelles il fait ses principales découvertes tant en mathématiques et en astronomie qu'en mécanique et en optique. Mais ce n'est qu'en juillet 1687 qu'il publie ses *Philosophiae naturalis principia mathematica*, dans lesquels il présente sa théorie de la gravitation universelle.

Le premier mérite de Newton est d'avoir forgé l'instrument nécessaire à de nouveaux progrès scientifiques, **le calcul infinitésimal.** Déjà Kepler, Descartes, Pascal avaient introduit dans la géométrie et les mathématiques l'idée de quantités infiniment petites et infiniment grandes et l'idée de mouvement (ainsi, le cercle est composé d'un nombre infini de triangles qui tous ont leur sommet au centre et leur base à la circonférence). Dépassant ces données, Newton formule dès 1665-1666 les règles du calcul des fluxions qui consiste à considérer tout accroissement d'une variable (ou fluxion) comme engendré par un mouvement continuel (ou flux). De son côté, Leibniz, s'inspirant de la même méthode infinitésimale, aboutit vers 1674-1677 aux mêmes résultats. Le calcul différentiel et intégral est né.

Newton peut ainsi apporter une solution au problème du **mouvement des astres**, posé mais non résolu par Galilée. C'est encore en 1665-1666 qu'il a l'idée première de la gravitation. De nouveaux calculs et de nouvelles recherches — notamment sur la propagation de la lumière — étant venus confirmer ses premières conclusions, il se décide à écrire et à publier ses *Principia mathematica* (1687). Il y énonce, comme hypothèse mathématique,

la loi de la gravitation universelle : tous les corps s'attirent en raison directe de leur masse et en raison inverse du carré de leurs distances. Grâce à cette loi, Newton explique les mouvements elliptiques des planètes, les détails du mouvement de la lune, l'origine des marées, le problème des deux corps. En même temps il énonce clairement **le principe d'inertie** déjà supposé par les expériences de Galilée : tout corps continue son état de repos ou de mouvement rectiligne uniforme tant qu'un agent extérieur n'agit pas sur lui pour le contraindre à changer d'état.

Ainsi au système du monde aristotélicien basé sur le géocentrisme, la dualité du monde physique (corps terrestres corruptibles formés des quatre éléments et corps célestes incorruptibles) et la théorie des mouvements naturels, Newton oppose définitivement, en marge de l'héliocentrisme supposé par Copernic et démontré par Galilée, l'unité fondamentale du monde physique et le principe d'inertie.

b) Les *Principia mathematica* sont en même temps une grande leçon de **méthode scientifique.** Newton y fait preuve de la plus grande méfiance à l'égard des théories que l'épreuve des faits ne justifie pas et accorde à l'observation et à l'expérience une importance que Descartes, emporté par sa passion raisonnante et mathématique, avait souvent méconnue. Il préconise une démarche scientifique qui se décompose en étapes successives : observation du phénomène, interprétation par la raison, formulation en une loi mathématique, éventuellement vérification par l'expérience. C'est son horreur des théories et des hypothèses hasardeuses *(hypotheses non fingo)* qui l'amène à remonter directement à la cause première pour expliquer la gravitation universelle :

> L'ordre qui règne dans les choses matérielles indique assez qu'elles ont été créées par une volonté pleine d'intelligence. Il convenait à Celui qui avait créé de mettre en ordre, et dès lors il est contraire à toute bonne philosophie de chercher une autre origine du monde que celle indiquée ici, de prétendre qu'il pouvait être tiré du chaos par les simples lois de la nature, et une fois formé continuer d'exister durant des siècles par la seule vertu de ces mêmes lois.

c) **La gloire** de Newton, président de la *Royal Society* à partir de 1703, membre du Parlement de 1688 à 1705, est très vite éclatante auprès de ses compatriotes qui, à sa mort en 1727, lui réservent les honneurs de l'inhumation à Westminster. Il n'en est pas de même au début, dans le reste du monde savant. Le newtonianisme se heurte, en effet, sur le continent à de nombreuses résistances. Pour Huygens, Leibniz et d'autres, la gravitation — action à distance — rappelle fâcheusement les qualités occultes chères à la physique aristotélicienne ; d'autre part, le système de Newton va à l'encontre du mécanisme cartésien qui niait l'existence du vide et expliquait tout phénomène physique par des « tourbillons » nés de l'interaction de deux éléments primordiaux, l'étendue et le mouvement. Cependant, les découvertes de la fin du siècle et du début du siècle suivant vont peu à peu battre en brèche la physique de Descartes et confirmer la grandiose synthèse d'Isaac Newton, cadre clair et mathématique de toute la science moderne jusqu'à Einstein.

Les progrès scientifiques

a) En **mathématiques**, Christian **Huygens** (1629-1695), l'un des plus grands savants du XVIIe siècle, à la fois mathématicien, astronome et physicien, compose le premier traité complet de calcul des probabilités (1657). Le calcul infinitésimal, dont Newton et Leibniz ont simultanément posé les bases, est développé et mis au point par Jacques **Bernoulli** (1654-1705) et son frère Jean (1667-1748), d'une famille anversoise réfugiée à Bâle, premiers d'une lignée de grands mathématiciens ; Jacques publie la première intégration d'une équation différentielle (1691) et ouvre la voie au calcul des variations.

En **astronomie**, Huygens étudie l'anneau de Saturne, la rotation de Mars et la nébuleuse d'Orion. L'Anglais Edmond **Halley** (1656-1742) observe en 1682 la comète à laquelle son nom est resté attaché, en calcule l'orbite elliptique et en annonce le retour pour 1758 ou 1759 ; Jean-Dominique **Cassini** (1625-1712) découvre deux satellites de Saturne et publie de nombreux mémoires sur Vénus, Mars et Jupiter ; la mesure d'un arc de méridien entre Amiens et Paris permet au Français Jean **Picard** (1620-1682) de déterminer une valeur très exacte du rayon de la terre (1670). Mais l'essentiel ici est l'œuvre de Newton, véritable fondateur de l'astronomie moderne.

b) Parmi les phénomènes **physiques, la lumière** est l'un des plus étudiés. En 1675, le Danois **Römer** (1644-1710), alors à Paris, en détermine la vitesse par l'observation des éclipses des satellites de Jupiter. Mais la nature même de la lumière divise les savants : Huygens dans son *Traité de la lumière* (1690) y voit un phénomène ondulatoire, de même que l'Anglais Robert **Hooke** (1635-1703), alors que pour Newton il s'agit d'une émission de molécules lumineuses. En **mécanique**, Huygens découvre la force centrifuge et entrevoit le principe d'inertie formulé un peu plus tard par Newton.

En **chimie**, l'Irlandais Robert **Boyle** (1627-1691), précurseur de la chimie moderne, énonce dès 1662 — avant le Français Edme **Mariotte** (1620-1684) — la loi de compressibilité des gaz selon laquelle le volume d'une masse gazeuse est, à température constante, inversement proportionnel à sa pression. (Le

Français Denis **Papin** (1647-1714), un moment collaborateur de Boyle, met alors au point sa « marmite », ancêtre de la machine à vapeur, mais ne réussit pas à lui donner une portée pratique). Dans le *Speclical Chymist* (1661), Boyle montre l'inanité de la théorie aristotélicienne des éléments et fait apparaître pour la première fois la conception moderne d'élément chimique ; en 1672, il montre que l'air est nécessaire à la respiration et à la combustion. Ce dernier phénomène est étudié par l'Allemand Georges-Ernest **Stahl** (1660-1734) qui, en 1697, développe sa théorie du **phlogistique** : les métaux, le charbon et tous les corps susceptibles de brûler sont chargés d'un fluide insaisissable, le phlogistique ; un corps brûle parce que le phlogistique s'en dégage ; ainsi, un oxyde chauffé avec du charbon passe à l'état de métal parce qu'en brûlant le charbon abandonne son phlogistique dont l'oxyde s'empare. Cette théorie qui fait de l'oxyde un corps simple est différente de la réalité, sans en être pourtant très éloignée ; l'erreur de Stahl vient de ce qu'il s'est préoccupé uniquement des changements de forme des corps brûlés, non des changements de poids : s'il avait utilisé la balance, il aurait constaté que l'oxyde diminue de poids au lieu d'en gagner et que le métal, dans l'expérience inverse, en gagne au lieu d'en perdre. La chimie moderne quantitative — et non pas seulement qualitative — n'est pas encore née. Il n'en reste pas moins que d'indéniables progrès ont été réalisés dans l'explication des phénomènes chimiques, préparant ainsi l'œuvre de Lavoisier au siècle suivant.

c) **Les sciences de la vie** elles aussi progressent, en dépit de l'excès de l'esprit de système. L'Anglais John **Ray** (1627-1705) est l'un des premiers à donner une classification des animaux basée sur une définition claire de l'espèce (1686) ; peu de temps après, le Français Joseph de **Tournefort** (1656-1708) propose en 1694 une classification botanique également basée sur le genre et l'espèce. En zoologie, le Hollandais Jan **Swammerdam** (1637-1680) étudie l'anatomie et la biologie des insectes et cherche à expliquer leurs métamorphoses. En anatomie humaine, la mise au point du microscope permet à l'Italien Marcello **Malpighi** (1628-1694) d'étudier les tissus vivants et au Hollandais Antoine **Van Leeuwenhoek** (1632-1723) de découvrir en 1677 les spermatozoïdes et en 1688 les globules sanguins. Déjà le problème de la génération commence à opposer les savants en ovistes et animalculistes : pour les premiers, le fœtus est entièrement préformé dans l'œuf ; pour les seconds, il l'est dans le spermatozoïde (ou animalcule).

Quant à **la médecine**, elle reste encore largement impuissante malgré l'apparition de nouveaux médicaments (l'antimoine, le quinquina, l'ipécacuana). Mais elle est surtout esclave des théories et de la tradition. L'enseignement médical est trop souvent sclérosé, surtout en France (la Hollande faisant exception). Aristote, Hippocrate, Galien restent les autorités au nom desquelles de nombreux milieux médicaux repoussent toutes les découvertes récentes. Boileau exagère à peine la situation à l'université de Paris dans son *Arrêt burlesque* de 1675 :

> Vu par la Cour la requête présentée par les régents, maîtres ès arts, docteurs et professeurs de l'Université, tant en leurs noms que comme tuteurs et défenseurs de la doctrine de maître Aristote [...], contenant que depuis quelques années, une inconnue nommée la Raison aurait entrepris d'entrer par la force dans les écoles de ladite Université [...] ; qu'elle aurait changé et innové plusieurs choses en et au dedans de la nature, ayant ôté au cœur la prérogative d'être le principe des nerfs et laquelle elle aurait cédée et transportée au cerveau ; et ensuite par une procédure nulle de toute nullité, aurait attribué audit cœur la charge de recevoir le chyle, appartenant ci-devant au foie, comme aussi de faire voiturer le sang par tout le corps, avec plein pouvoir audit sang d'y vaguer, errer et circuler impunément par les veines et les artères ; n'ayant d'autre droit ni titre pour faire lesdites vexations que la seule expérience, dont le témoignage n'a jamais été reçu dans lesdites écoles [...] ; plus, par un attentat et voie de fait énorme contre la Faculté de Médecine, se serait ingérée de guérir, et aurait réellement et de fait guéri quantité de fièvres intermittentes avec vin pur, poudre, écorce de quinquina et autres drogues inconnues audit Aristote et à Hippocrate, son devancier, et ce, sans saignée, purgations, ni évacuations précédentes [...]

Cependant, certains médecins, tels l'Anglais Thomas **Sydenham** (1624-1689) ou le Hollandais Herman **Boerhaave** (1668-1738), se révèlent déjà des cliniciens attentifs. Boerhaave, dont la réputation est immense dans toute l'Europe, disait :

> Le but de la médecine est de soigner le patient ; la théorie doit s'incliner devant le lit du malade.

Principe riche d'avenir et qui permettra, à la fin du XVIIIe siècle, la véritable naissance de la médecine clinique.

3 _ La crise de la conscience européenne

A partir de 1680 environ, sous l'influence du cartésianisme, certains esprits sont amenés à remettre en question, au nom de la raison, le principe d'autorité, fondement de tout l'ordre établi. Cette crise de la conscience européenne prélude au mouvement philosophique du XVIIIe siècle.

Les origines de la crise

a) Bien que **Descartes**, croyant sincère, ait été persuadé que sa philosophie était conciliable avec les données de la révélation et l'enseignement de l'Église, l'opposition des milieux ecclésiastiques traditionnels aux idées cartésiennes éclate au lendemain de la mort du philosophe (1650). De nombreuses universités dénoncent le danger, pour la foi, du doute méthodique et du rationalisme cartésien. Les jésuites eux-mêmes, par attachement à saint Thomas et à Aristote, attaquent à leur tour d'abord discrètement, puis ouvertement les idées de leur ancien élève de La Flèche. Condamné par l'université de Louvain en 1662, par la Sorbonne en 1669-1672, Descartes est mis à l'index en 1663, et l'enseignement du cartésianisme dans les universités françaises est interdit à plusieurs reprises par Louis XIV à partir de 1667 ; les oratoriens et quelques congrégations qui l'enseignaient doivent s'incliner, non sans murmurer, en 1675-1678. En fait, ce n'est plus à cette date que combat d'arrière-garde : en dépit des condamnations, **le cartésianisme s'est répandu** partout ; les œuvres du philosophe sont publiées, lues, voire enseignées dans toute l'Europe et dans tous les milieux, en France comme en Allemagne, en Angleterre comme en Hollande, en Italie comme à Genève. Ce que l'on applaudit sous le nom de cartésianisme, c'est moins un mécanisme plus ou moins bien compris et bientôt dépassé que la grande leçon du **rationalisme.** A ce titre, tous les grands penseurs de la seconde moitié du XVIIe siècle et du siècle suivant sont plus ou moins directement disciples de Descartes.

b) Par ailleurs, les progrès de **la science** découvrant grâce au télescope et au microscope les « espaces infinis » et les infiniment petits, les récits de nombreux **voyageurs** en pays lointains (Perse, Inde, Chine, Amérique) vantant les valeurs de civilisations toutes différentes de la civilisation de l'Europe chrétienne, la survivance discrète en Angleterre et en France d'une **tradition libertine** faite de scepticisme encouragent chez certains esprits le rejet plus ou moins déclaré du principe d'autorité et du respect de la tradition et la remise en question, à la lumière de la raison, des idées religieuses, politiques, sociales, voire esthétiques.

La critique des croyances traditionnelles

a) Dans une lettre écrite le 21 mai 1687 au marquis d'Allemans, disciple de Malebranche, Bossuet dénonce en ces termes **le danger** que le cartésianisme est susceptible de faire courir à l'Église :

> Je vois un grand combat se préparer contre l'Église, sous le nom de philosophie cartésienne. Je vois naître en son sein et de ses principes, à mon avis mal entendus, plus d'une hérésie, et je prévois que les conséquences qu'on en tire contre les dogmes que nos pères ont tenus, la vont rendre odieuse et faire perdre à l'Eglise tout le fruit qu'elle en pouvait espérer pour établir dans l'esprit des philosophes la divinité et l'immortalité de l'âme. De ces mêmes principes mal entendus, un autre inconvénient terrible gagne sensiblement les esprits, car sous prétexte qu'il ne faut admettre que ce qu'on entend clairement, ce qui réduit à de certaines bornes est très véritable, chacun se donne la liberté de dire : « J'entends ceci et je n'entends pas cela », et sur ce seul fondement, on approuve ou on rejette tout ce qu'on veut. Il s'introduit sous ce prétexte une liberté de juger qui fait que, sans égard à la tradition, on avance témérairement tout ce qu'on pense.

L'oratorien français Nicolas **Malebranche** (1638-1715) est le disciple le plus direct de Descartes. Dans sa *Recherche de la vérité* (1674) et ses *Méditations chrétiennes* (1683), il s'efforce de concilier la physique cartésienne et la métaphysique augustinienne. Si le souci de Descartes a été la domination de l'homme sur la nature, celui de Malebranche est la réintégration de la nature en Dieu. Mais ses adversaires (Arnaud, Bossuet) lui reprochent certaines hardiesses de pensée et taxent de panthéisme sa conception d'un Dieu omniprésent et soumis à l'ordre universel.

Autrement plus redoutable apparaît le message de Spinoza. Baruch **Spinoza** (1632-1677) appartient à une riche famille de juifs portugais réfugiés à Amsterdam. Après de brillantes études à l'école juive de la ville, son attitude jugée trop libre à l'égard des pratiques religieuses et l'influence qu'il exerce sur un certain nombre de ses coreligionnaires lui valent d'être excommunié de la synagogue (1656). Il fréquente alors les milieux chrétiens, lit Descartes et, tout en gagnant sa vie grâce à des travaux d'optique, consacre ses loisirs à la méditation. En 1670, il publie son *Traité théologico-politique*. Cet ouvrage, qu'il a écrit pour défendre le pouvoir menacé de son ami et protecteur Jean de Witt, a une portée dépassant singulièrement les circonstances qui l'ont fait naître et lui assure une grande réputation dans toute l'Europe. Mais son œuvre majeure est l'*Éthique*, qui n'est publiée qu'au lendemain de sa mort (1677). Résolument rationaliste, Spinoza montre que les religions révélées et les croyances traditionnelles, simples instruments du despotisme des rois, sont impuissantes à résoudre le problème de Dieu et de l'âme ; seules la raison et la réflexion personnelle permettent d'accéder à la connaissance de Dieu et par là au salut. Pour sa part, il voit dans le monde et dans les êtres qui le composent l'expression même de la substance divine, ce qui lui vaudra d'être accusé de panthéisme. Par ailleurs, l'originalité de Spinoza réside dans la manière « géométrique » qu'il utilise pour démontrer ses idées : il entend en effet appliquer à la philosophie la méthode mathématique, ce qui donne à ses exposés une impeccable rigueur.

b) C'est à partir des années 1680 que **les « rationaux »** — comme les appellera Pierre Bayle — engagent **le combat contre les « religionnaires »**. Les coups les plus rudes portés à la religion viennent de Hollande, terre de refuge pour tous les esprits libres et d'où partent clandestinement vers les pays voisins livres et journaux :

> Il nous est venu depuis peu de Hollande, *écrit Bossuet en 1693*, un livre intitulé : *Histoire critique des principaux commentateurs du Nouveau Testament*, par M. Simon, prêtre. C'est un de ces livres qui, ne pouvant trouver approbateur dans l'Église catholique, ni par conséquent de permission pour être imprimés parmi nous, ne peuvent paraître que dans un pays où tout est permis, et parmi les ennemis de la foi. Cependant, malgré la sagesse et la vigilance du magistrat, ces livres pénètrent peu à peu ; ils se répandent, on se les donne les uns aux autres ; c'est un attrait pour les faire lire qu'ils soient recherchés, qu'ils soient rares, qu'ils soient curieux : en un mot, qu'ils soient défendus.

L'ouvrage auquel Bossuet fait allusion n'est pas le premier de l'oratorien français Richard **Simon** (1638-1712). Son *Histoire critique du Vieux Testament*, parue en 1678, fonde l'exégèse biblique. Certes, dans le même temps, les bénédictins de Saint-Maur et notamment dom **Mabillon** (1632-1707) inaugurent leurs travaux d'érudition et de critique, expurgeant des Vies de saints les légendes qui les encombraient et fondant l'histoire ecclésiastique sur de solides bases scientifiques. Mais Richard Simon s'attaque, lui, à la Bible, livre inspiré, dépôt de la parole de Dieu, et l'étudie en philologue, comme n'importe quel document historique, indépendamment de toute théologie et de tout dogme. L'ouvrage et les suivants, qui dénoncent certaines altérations des différentes versions de la Bible et mettent en cause l'attribution à Moïse de certains livres du *Pentateuque*, suscitent les violentes réactions des catholiques et des protestants :

> Qu'il étale tant qu'il veut sa vaine science, *fulmine Bossuet*, et qu'il fasse valoir sa critique, il ne s'excusera jamais, je ne dirai pas d'avoir ignoré avec tout son grec et son hébreu les éléments de la théologie, mais je dis d'avoir renversé les fondements de la foi et avec le caractère d'un prêtre, d'avoir fait le personnage d'un ennemi de l'Église.

Exclu de l'Oratoire, ses livres mis à l'index, Simon se retire dans une cure de Normandie et reste fidèle à l'Église, tout en poursuivant son œuvre d'exégète.

Tout aussi dangereuses sont les attaques menées contre les miracles. La comète étudiée par Halley en 1682 est l'occasion pour Pierre **Bayle** (1647-1706), protestant français réfugié en Hollande, de publier en 1683 ses *Pensées* (...) *à l'occasion de la comète*, suivies d'une *Addition* en 1694. Il tourne en ridicule la croyance selon laquelle les comètes sont les présages de calamités, puis, élevant le débat, il en arrive à nier toute valeur au consentement universel, à la tradition, au miracle, au surnaturel. L'ironique et impertinente *Histoire des oracles* écrite en 1686 par **Fontenelle** (1657-1757) aboutit à peu près aux mêmes conclusions. En 1695-1697, Bayle, qui dirige depuis 1683 une gazette au rayonnement européen : les *Nouvelles de la république des lettres*, publie les deux volumes de son *Dictionnaire historique et critique*, un des ouvrages les plus importants du XVIIe siècle ; érudit passionné d'exactitude, il veut redresser les erreurs de fait et les omissions des autres dictionnaires, notamment celui de Moréri (1674) ; le livre n'est donc pas conçu au départ comme une œuvre de combat, mais il va le devenir : Bayle y dénonce en effet les erreurs et les falsifications de la tradition et défend la raison, seule capable d'atteindre à une certaine connaissance de Dieu, la morale naturelle séparée de toute métaphysique, la tolérance fondée sur l'impossibilité où se trouvent les théologiens d'apporter des certitudes absolues. Bayle est peut-être resté pour sa part un chrétien authentique, mais son ouvrage lu dans toute l'Europe n'en contribue pas moins à semer le doute, à ruiner les dogmes et à miner la religion révélée.

De leur côté, les libres penseurs anglais comme John **Toland** (1670-1722) et Anthony **Collins** (1676-1729) se rallient au rationalisme et à un déisme vague qui exclut les dogmes et les miracles. Quant à John **Locke** (1632-1704), s'il se montre toute sa vie protestant fidèle et sincère, il favorise pourtant lui aussi les progrès du déisme par le rationalisme et l'empirisme dont témoigne son *Essai philosophique concernant l'entendement humain* (1690.)

c) Devant ces attaques encore insidieuses ou indirectes — mais multipliées — contre le principe d'autorité, la révélation et les dogmes, catholiques et protestants essaient d'opposer un **barrage** efficace. Fénelon, Arnauld, les jésuites, l'infatigable Bossuet surtout luttent la plume à la main. Les pasteurs français Pierre Jurieu et Élie Benoist essaient de réfuter Bayle. Le protestant allemand Gottfried-Wilhelm **Leibniz** (1646-1716), l'un des plus grands savants et des plus grands penseurs de son temps, esprit d'une curiosité vraiment universelle, examine un moment avec Bossuet la possibilité d'une union des Églises romaine et réformées, et expose dans ses *Essais de* *théodicée* (1710) et sa *Monadologie* (1714) une philosophie idéaliste et optimiste qui veut être une apologie du christianisme et qui s'efforce de concilier l'existence du mal et la bonté de Dieu, les exigences de la science et celles de la révélation.

En fait, vers 1715, la lutte entre « rationaux » et « religionnaires » est encore extrêmement circonscrite : elle n'intéresse que quelques milieux intellectuels et ecclésiastiques et n'affecte en rien la vie religieuse des masses. Pourtant, le mouvement philosophique y est déjà en germe, et le *Dictionnaire* de Bayle, notamment, sera l'arsenal où puiseront tous les incrédules du XVIIIe siècle.

La critique de la monarchie absolue

La crise de conscience de l'Europe ne se limite pas au fait religieux ; elle aboutit aussi à une remise en question des idées politiques et spécialement de la monarchie absolue.

a) John **Locke** tire les leçons de la révolution anglaise de 1688-1689, qui a substitué en fait le droit de la nation au droit divin des rois, et formule une théorie du gouvernement civil répondant aux nouvelles conditions de la vie politique anglaise, bien différentes de celles dans lesquelles son compatriote Thomas **Hobbes** (1588-1679) avait écrit son *Léviathan* (1655), théorie absolutiste de l'État. Dans l'*Essai sur la véritable origine, l'étendue et la fin du gouvernement civil* (1690), Locke montre qu'à l'état de nature les hommes sont libres et égaux entre eux et se dirigent par la raison, mais que la nécessité les oblige à se constituer en société ; celle-ci, qui ne peut résulter que d'un libre contrat, doit respecter les droits naturels de l'homme : la vie, la liberté, la propriété. Il écrit :

> La liberté de l'homme en société, c'est de n'être soumis qu'au seul pouvoir législatif, établi d'un commun accord dans l'État, et de ne reconnaître aucune autorité ni aucune loi en dehors de celles que crée ce pouvoir [...] Il est clair, dès lors, que la monarchie absolue, considérée par certains comme le seul gouvernement au monde, est en fait incompatible avec la société civile, et qu'elle ne peut même pas, par suite, constituer une forme de pouvoir civil [...] Dès que cesse la loi, la tyrannie commence, s'il y a transgression au détriment d'autrui. Dès lors, tout personnage au pouvoir qui abuse de l'autorité concédée par la loi, et se sert de la force dont il dispose pour imposer aux sujets des obligations non prévues par la loi, cesse par là-même d'être un magistrat. Et puisqu'il agit sans autorité, on peut lui résister comme à tout homme qui empiète par la force sur les droits d'un autre.

De plus, il préconise la séparation des pouvoirs législatif et exécutif, la séparation de l'Église et de l'État, et la liberté de conscience et de culte.

Les idées politiques de Locke, appuyées sur l'exemple anglais, ont très vite un retentissement considérable.

b) La critique de la monarchie absolue est aussi le fait, dans un tout autre contexte, de certains milieux **français.** Si **La Bruyère** (1645-1696) se contente dans ses *Caractères* (1688) de critiquer âprement la société de son temps dominée par la puissance de l'argent et, beaucoup plus timidement, certains aspects de l'absolutisme (« Le troupeau est-il fait pour le berger ou le berger pour le troupeau ? »), si **Boisguillebert** et **Vauban** réclament non des réformes politiques, mais une profonde réforme sociale qui instituerait l'égalité de tous devant l'impôt, quelques **grands seigneurs** groupés dans les années 1690-1712 autour du duc de Bourgogne, Beauvillier, Chevreuse, Saint-Simon, **Fénelon,** souffrent impatiemment « le long règne de vile bourgeoisie » (Saint-Simon) et le despotisme sans contrôle du vieux monarque. Ils rêvent d'une monarchie dans laquelle l'aristocratie retrouverait ses anciennes prérogatives : le pouvoir du roi serait tempéré par des États généraux et provinciaux, où les nobles auraient la majorité, et qui voteraient les impôts et contrôleraient les affaires ; des Conseils formés de nobles aideraient le roi dans l'exercice du gouvernement ; la vénalité des charges serait abolie, et les intendants, supprimés ; l'économie soigneusement gérée par l'État devrait être essentiellement agricole. En germe dans le *Télémaque* (1699) de Fénelon, exposé systématiquement dans les *Tables de Chaulnes* (plan de réformes rédigé en novembre 1711 par Chevreuse et Fénelon pour être soumis au duc de Bourgogne, nouveau dauphin), ce programme rétrograde inspirera certaines réalisations éphémères de la Régence (la polysynodie) et nourrira, jusqu'à la fin de l'Ancien Régime, tout un courant d'opposition aristocratique à la monarchie absolue.

La critique de l'idéal classique

Le rejet de la tradition et du principe d'autorité, en même temps qu'une évolution du goût amènent aussi en France une remise en question de certains aspects du classicisme littéraire et artistique.

a) **La querelle des Anciens et des Modernes** est, à cet égard, significative. En 1687, Charles Perrault dans un poème lu à l'Académie, le *Siècle de Louis le Grand*, affirme que les poètes du XVIIe siècle sont supérieurs aux poètes de l'Antiquité ; l'année suivante, Fontenelle, dans sa *Digression sur les Anciens et sur les Modernes*, condamne l'autorité des premiers au nom de la raison cartésienne :

> Les Anciens ont tout inventé, c'est sur ce point que leurs partisans triomphent. Donc ils avaient beaucoup plus d'esprit que nous. Point du tout ; mais ils étaient avant nous. J'aimerais autant qu'on les vantât

> sur ce qu'ils ont bu les premiers l'eau de nos rivières, et que l'on nous insultât sur ce que nous ne buvons plus que leurs restes. Si l'on nous avait mis en leur place, nous aurions inventé [...] Rien n'arrête tant le progrès des choses, rien ne borne tant les esprits que l'admiration excessive des Anciens. Parce qu'on s'était tout dévoué à l'autorité d'Aristote, et qu'on ne cherchait la vérité que dans ses écrits énigmatiques et jamais dans la nature, non seulement la philosophie n'avançait en aucune façon, mais elle était tombée dans un abîme de galimatias et d'idées inintelligibles, d'où l'on a eu toutes les peines du monde à la retirer.

Boileau proteste immédiatement et rappelle les grands thèmes de l'idéal classique ; à leur tour, La Fontaine et Racine disent tout ce qu'ils doivent aux Anciens. En 1713, l'affaire rebondit à propos d'Homère, et, en 1714, Fénelon tente avec adresse et sérénité de réconcilier les deux camps dans sa *Lettre à l'Académie*. La querelle, pour mesquine et même mal posée qu'elle apparaisse à bien des égards, n'en est pas moins importante : elle marque la fin de l'équilibre classique et annonce le XVIIIe siècle.

b) Dans le domaine **artistique**, la tutelle étroite exercée en France par Louis XIV et Colbert, Le Brun et les académies se relâche peu à peu après la mort de Le Brun en 1690. Désormais plus que la cour, c'est la ville qui fait le goût : les commandes officielles diminuent au profit de celles des grands bourgeois, des financiers enrichis, de certains nobles. A côté du grand art officiel, se fait jour un art plus simple qui veut être avant tout art de liberté et d'agrément. Ce que l'on appellera bientôt le « goût moderne » est surtout sensible dans **la décoration** ; la chapelle de Versailles est le premier grand édifice où apparaisse ce retour offensif de la grâce, de la fantaisie et du pittoresque, en attendant les premières manifestations du style rocaille. En **peinture**, face aux **poussinistes**, disciples du grand peintre classique et attachés à la primauté du dessin, **les rubénistes** se réclament du chef de file de la peinture baroque et insistent sur l'importance de la couleur. Si le grand rival de Le Brun, Pierre **Mignard** (1612-1695) qui lui succède comme peintre du roi en 1690, n'est qu'un décorateur assez fade, Nicolas de **Largillière** (1656-1746) et Hyacinthe **Rigaud** (1659-1743) se révèlent de grands coloristes ; quant à Antoine **Watteau** (1684-1721), admirateur de Rubens et des Vénitiens, il peint ses premières « fêtes galantes » dont la poésie et la grâce mélancolique appartiennent à un tout autre univers que celui de l'académisme de Louis XIV et de Le Brun. Cependant, en Europe centrale et méditerranéenne, l'évolution du baroque vers l'exubérance du rococo commence à se combiner avec l'influence de la grande architecture classique de Paris et de Versailles. Ainsi vers 1715, en France comme dans une partie de l'Europe, se dessine cette synthèse du classicisme architectural et du baroque décoratif qui caractérisera l'art européen de la première moitié du XVIIIe siècle.

LECTURES COMPLÉMENTAIRES

SAULNIER (Verdun-L.), *La Littérature française du siècle classique*, Paris, P.U.F. (« Que sais-je ? »), 7e éd. revue, 1963, 128 p.

PARISET (François-Georges), *L'Art classique*, Paris, P.U.F. (« Les neuf muses ») 1965, 181 p.

TEYSSEDRE (Bernard), *L'Art français au siècle de Louis XIV*, Paris, Le livre de poche, 1967, 382 p.

GEBELIN (François), *Versailles*, Paris, Alpina, 1965, 153 p.

HAZARD (Paul), *La Crise de la conscience européenne, 1680-1715*, Paris, Boivin, 1935, 474 p.

RODIS-LEWIS (Geneviève), *Descartes et le rationalisme*, Paris, P.U.F. (« Que sais-je ? ») 1966, 128 p.

CONCLUSION

« Le Roi est mort » : c'est ainsi que se répand partout en Europe, dans les premiers jours de septembre 1715, la nouvelle de la mort de Louis XIV. La phrase est assez explicite même hors de France, tant les cours ont pris l'habitude, depuis plus d'un demi-siècle, de vivre les yeux tournés vers Paris, Fontainebleau ou Versailles. En même temps que le vieux monarque, c'est une certaine forme de prépondérance française qui achève de disparaître. Au *Nec pluribus impar* du Roi-Soleil, les puissances ont opposé, en 1713-1714, la notion d'équilibre européen. Au vrai, depuis la trêve de Ratisbonne (1684), la prépondérance politique de la France n'a cessé de se dégrader.

A bien d'autres égards, la situation de l'Europe change profondément dans les années 1683-1689 marquées par la mort de Colbert et la révocation de l'édit de Nantes, par l'échec des Turcs devant Vienne et la prise du pouvoir par Pierre le Grand, par la révolution d'Angleterre et l'avènement d'une monarchie fondée sur la souveraineté nationale, par la publication des *Principia mathematica* de Newton et de l'*Essai sur le gouvernement civil* de Locke. Et, pendant le quart de siècle qui va de ces années charnières aux traités d'Utrecht et à la mort de Louis XIV, c'est une certaine Europe qui s'effrite peu à peu avec le refus de l'hégémonie politique de la France, l'effacement des Provinces-Unies au profit de l'Angleterre maritime et coloniale, la crise de conscience européenne et le rejet déjà véhément chez certains du principe d'autorité. Avec le « Grand Roi » disparaît le dernier acteur d'une pièce sur laquelle le rideau est à demi tombé depuis longtemps. C'est une pièce nouvelle qui se joue autour de lui cependant qu'il se survit : le XVIIIe siècle est déjà commencé.

Annexes

Frontières de l'Empire
Autres frontières
Les frontières sont celles de 1648
Les noms de bataille sont soulignés
ROYAUME DE DANEMARK
BLÉKINGIE
SCANIE
Copenhague
SEELAND
FIONIE
SLESVIG
MER BALTIQUE
Slesvig
Gottorp
Kiel
HOLSTEIN
Stralsund
Rostock
Wismar
Lübeck
Kammin
POMÉRANIE
POMÉRÉLIE
Glückstadt
Hambourg
Stettin
MECKLEMBOURG
FRISE ORIENTALE
Emden
COMTÉ D'OLDENBOURG
ARCHEVÊCHÉ DE BRÊME
Brême
ÉVché DE VERDEN
Verden
Lunebourg
Wittstock
Oder
Bärwalde
Elbe
Groningue
FRISE
GRONINGUE
PROVINCES-UNIES
BRANDEBOURG
Zaandam
Haarlem
Amsterdam
OVER IJSSEL
PRINCIPAUTÉ DE LUNEBOURG
ALTMARK
Fehrbellin
MITTELMARK
Spandau
Berlin
NEUMARK
Küstrin
Posen
HOLLANDE
Leyde
UTRECHT
Utrecht
La Haye
Delft
Ryswick
Rotterdam
GUELDRE
Osnabrück
Minden
Cté DE RAVENSBERG
Hanovre
Brunswick
Brandebourg
Francfort
POLOGNE
Münster
Tolhuis
Lutter
Magdebourg
Halberstadt
Wittenberg
ZÉLANDE
Dordrecht
Nintègue
Dché DE CLÈVES
Dessau
Sagan
Flessingue
Middelbourg
Bréda
Bois-le-Duc
DE GÉNÉRALITÉ
PAYS
ÉVché DE PADERBORN
Paderborn
Mansfeld
Breitenfeld
Ostende
GUELDRE
Rhin
Gœttingen
LUSACE
Bruges
Gand
Anvers
Dché DE BERG
Cté DE MARK
Cté DE WALDECK
Cassel
Mühlhausen
Lützen
Leipzig
Breslau
PAYS-BAS
Malines
Louvain
Maastricht
ARché DE COLOGNE
Cologne
ÉLECTORAT DE SAXE
Dché DE SILÉSIE
Courtrai
BRABANT
Bruxelles
Aix-la-Chapelle
Dché DE JULIERS
Juliers
HESSE-CASSEL
Eisenach
Erfurt
Weimar
Dresde
Pirna
Friedland
Lille
Steinkerque
Neerwinden
Gotha
Lens
Tournai
HAINAUT
Seneffe
Ramillies
Fleurus
Liège
Limbourg
HESSE-DARMSTADT
THURINGE
Denain
Mons
Charleroi
Namur
Fulda
Meiningen
Glatz
Malplaquet
Maubeuge
ARché

L'EUROPE CENTRALE AU XVIIe SIÈCLE

REPÈRES

DATES	EUROPE : LES ÉTATS	EUROPE : LES RELATIONS INTERNATIONALES
1600	1598 Mort de Philippe II ; Philippe III	
	1603 Mort d'Élisabeth ; Jacques Ier	
1605		
		1609 Trêve de Douze Ans entre l'Espagne et les Provinces-Unies
1610	1610 Mort d'Henri IV ; Louis XIII	
	1611 Mort de Charles IX de Suède ; Gustave-Adolphe	
	1613 Michel Romanov élu tsar	
1615		1618 Début de la guerre de Trente Ans
	1619 Ferdinand II, empereur	
1620	1621 Mort de Philippe II ; Philippe IV et Olivarès	1620 Bataille de la Montagne Blanche
	1624 Richelieu rentre au Conseil	
1625	1625 Mort de Jacques Ier ; Charles Ier	
1630		1630-1632 Campagne de Gustave-Adolphe en Allemagne
		1635 La France déclare la guerre à l'Espagne
1635		
	1637 Mort de Ferdinand II ; Ferdinand III	
1640	1640 Frédéric-Guillaume, électeur de Brandebourg. Révolte de la Catalogne et du Portugal.	
	1642 Mort de Richelieu	
	1642-1649 Guerre civile en Angleterre	
	1643 Disgrâce d'Olivarès. Mort de Louis XIII Louis XIV	1643 Bataille de Rocroi
1645	1648-1653 La Fronde en France	1648 Traités de Westphalie
1650	1650 Mort de Guillaume II d'Orange-Nassau	
	1653 Jean de Witt, Grand Pensionnaire	1652-1654 Première guerre anglo-hollandaise
1655	1657 Mort de Ferdinand III ; Léopold Ier	
	1658 Mort de Cromwell	1659 Traité des Pyrénées
		1660 Traités d'Oliva et de Copenhague
1660	1660 Restauration de Charles II en Angleterre	
	1661 Mort de Mazarin ; début du règne personnel de Louis XIV	
1665	1665 Mort de Philippe IV ; Charles II	1665-1667 Deuxième guerre anglo-hollandaise
	1666 Incendie de Londres	1667-1668 Guerre de Dévolution
1670		
	1672 Guillaume III d'Orange, *stathouder*	1672-1674 Troisième guerre anglo-hollandaise
		1672-1678 Guerre de Hollande

CHRONOLOGIQUES

EUROPE : LA VIE DE L'ESPRIT	AFRIQUE - ASIE - AMÉRIQUE	DATES
1602-1605 Shakespeare : principales tragédies	1600 Création de la Cie anglaise des Indes orientales	**1600**
	1602 Création de la Cie hollandaise des Indes orientales	
	1603 Mort d'Ahmed El-Mançour. Début au Japon de l'ère du shogounat	
1605 Cervantes : *Don Quichotte*	1605 Mort d'Akbar	**1605**
1607 Monteverdi : *Orfeo*	1608 Champlain fonde Québec	
1609 Galilée met au point la lunette astronomique. Kepler : *Astronomia nova*		
1610 Rubens : *La Descente de croix*		**1610**
		1615
	1619 Fondation de Batavia par les Hollandais	
1623-1624 Le Bernin : le *Baldaquin* de Saint-Pierre	1620 Le *Mayflower*	**1620**
	1624 Massacre des Anglais d'Amboine. Les Hollandais à la Nouvelle-Amsterdam. Les Anglais à Jamestown	
1628 Harvey : *De Motu cordis*	1629 Mort de Chah-Abbas Ier	**1625**
1632 Galilée : *Dialogue.* Rembrandt : *La Leçon d'anatomie*	1630 Fondation de Boston par les Anglais	**1630**
	1630-1654 Les Hollandais au Brésil	
1633 Fondation de l'Académie française		
1636 Corneille : *Le Cid*		**1635**
1637 Descartes : *Discours de la Méthode*	1638 Le Japon fermé aux étrangers	
1640 Jansenius : *Augustinus*		**1640**
	1642 Fondation de Montréal par les Français	
	1644 Avènement en Chine de la dynastie mandchoue	
1648 Expériences de Pascal au Puy-de-Dôme	1645 Début en Asie de la querelle des rites	**1645**
		1650
	1652 Les Hollandais au Cap	
1656 Pascal : Les *Provinciales*	1655 Les Anglais à la Jamaïque	**1655**
	1656-1676 Les Keuprulu, Grands Vizirs	
1661-1670 Travaux de Le Vau à Versailles	1659 Aureng-Zeb, Grand Mogol	
1662 Fondation de la *Royal Society* de Londres	1661 Bombay, comptoir anglais	**1660**
	1664 Création des Cies françaises des Indes orientales et des Indes occidentales. New-York aux Anglais	
1665 Molière : *Dom Juan*		
1666 Fondation de l'Académie des Sciences de Paris		**1665**
1667 Racine : *Andromaque.* Milton : Le *Paradis perdu.* Début du Raskol en Russie		
1670 Pascal : *Pensées.* Bossuet : *Oraison funèbre d'Henriette d'Angleterre*		**1670**
	1672 Moulay-Ismaïl, sultan du Maroc	
	1674 Pondichéry, comptoir français	

REPÈRES

DATES	EUROPE : LES ÉTATS	EUROPE : LES RELATIONS INTERNATIONALES
1675	1676 Mort du tsar Alexis	
		1683 Siège de Vienne
1680	1683 Mort de Colbert	1684 Trêve de Ratisbonne
1685	1685 Mort de Charles II d'Angleterre; Jacques II. Révocation de l'édit de Nantes	
	1688-1689 Révolution d'Angleterre	1689-1697 Guerre de la Ligue d'Augsbourg
	1689 Pierre le Grand s'empare du pouvoir	
1690		
1695	1696 Mort de Jean Sobieski	1699 Traité de Carlovitz
	1697 Mort de Charles XI ; Charles XII	1700-1709 Campagnes de Charles XII
1700	1700 Mort de Charles II d'Espagne	1702-1714 Guerre de Succession d'Espagne
	1701 Frédéric Ier, roi de Prusse	
	1702 Mort de Guillaume III	
1705	1705 Mort de Léopold Ier ; Joseph Ier	
	1707 Union de l'Angleterre et de l'Écosse	
1710	1711 Mort de Joseph Ier ; Charles VI	1713 Traités d'Utrecht
	1714 Mort d'Anne ; George Ier	1714 Traité de Rastadt
1715	1715 Mort de Louis XIV ; Louis XV	

CHRONOLOGIQUES *(suite)*

EUROPE : LA VIE DE L'ESPRIT	AFRIQUE - ASIE - AMÉRIQUE	DATES
1675 Römer calcule la vitesse de la lumière		**1675**
1677 Racine : *Phèdre*. Spinoza : *Éthique*. Leeuwenhoek découvre les spermatozoïdes		
1678-1689 Travaux d'Hardouin-Mansart à Versailles	1681-1682 Exploration de la Louisiane	**1680**
		1685
1687 Newton : *Philosophiae naturalis principia mathematica*	1689 Traité russo-chinois de Nertchinsk	
1690 Locke : *Essai sur l'entendement humain, Essai sur le gouvernement civil*		**1690**
1695-1697 Bayle : *Dictionnaire historique et critique*		**1695**
	1704 Condamnation des rites chinois	**1700**
	1707 Mort d'Aureng-Zeb	
		1705
1713 Bulle *Unigenitus*		**1710**
		1715

ORIENTATION BIBLIOGRAPHIQUE

Nous nous contenterons d'indiquer ici les quelques grands ouvrages qui paraissent indispensables et qui comportent eux-mêmes d'importantes bibliographies spécialisées, auxquelles l'on pourra se reporter.

1. Ouvrages généraux

- PRÉCLIN (Edmond) et TAPIÉ (Victor-L.), *Le XVIIe Siècle. Monarchies centralisées, 1610-1715*, Paris, P.U.F. (« Clio »), 2e éd., 1949, LII-813 p.
- HAUSER (Henri), *La Prépondérance espagnole, 1559-1660*, Paris, P.U.F. (« Peuples et civilisations », Histoire générale publiée sous la direction de Louis HALPHEN et Philippe SAGNAC, t. IX), 3e éd., 1946, 655 p.
- SAGNAC (Philippe) et SAINT-LÉGER (A. DE), *Louis XIV, 1661-1715*, Paris, P.U.F. (« Peuples et civilisations »..., t. X), 3e éd. 1949, 701 p.
- GROUSSET (René) et LÉONARD (Émile-G.) (sous la direction de), *Histoire universelle*, tome III : *De la Réforme à nos jours*, Paris, N.R.F. (« Encyclopédie de la Pléiade »), 1958, 2 306 p.
- CARSTEN (F.-L.), (sous la direction de), *The Ascendancy of France, 1648-1688*, Cambridge, University Press (« The new Cambridge modern history », vol. V), 1961, 630 p. (vol. IV et VI, à paraître).
- VÉNARD (Marc), *Les Débuts du monde moderne (XVIe et XVIIe siècles)*, Paris, Bordas-Laffont (« Le Monde et son histoire », coll. dirigée par M. MEULEAU, t. VI et VII) 1967, 2 vol., 606 et 608 p.

---

2. Civilisation

- MOUSNIER (Roland), *Les XVIe et XVIIe siècles*, Paris, P.U.F. (« Histoire générale des civilisations » publiée sous la direction de M. CROUZET, t. IV), 4e éd., 1965, 686 p.
- CHAUNU (Pierre), *La Civilisation de l'Europe classique*, Paris, Arthaud (« Les grandes civilisations » dirigée par R. BLOCH), 1966, 705 p.
- BRAUDEL (Fernand), *Civilisation matérielle et capitalisme (XVe-XVIIIe siècles)*, tome I, Paris, A. Colin « Destins du Monde », 1967, 464 p. (Tome II à paraître.)

---

3. Relations internationales

- ZELLER (Gaston), *Les Temps modernes* : 1. *De Christophe Colomb à Cromwell*; 2. *De Louis XIV à 1789*, Paris, Hachette (« Histoire des relations internationales » publiée sous la direction de P. RENOUVIN, tomes II et III), 1953-1955, 327 et 377 p.

---

4. Démographie et économie

- REINHARD (Marcel), ARMENGAUD (André) et DUPAQUIER (Jacques), *Histoire générale de la population mondiale*, Paris, Éditions Montchrestien, 3e éd., 1968, 708 p.
- HEATON (Herbert), *Histoire économique de l'Europe* : 1. *Des origines à 1750*, Paris, A. Colin, 1950, x-321 p.

5. Religions et philosophie

- WILLAERT (Léopold), *Après le Concile de Trente. La restauration catholique, 1563-1648*, Paris, Bloud et Gay (« Histoire de l'Église », fondée par FLICHE et MARTIN, dirigée par Jean-Baptiste DUROSELLE et Eugène JARRY, XVIII/1), 1960, 491 p.
- PRÉCLIN (Edmond) et JARRY (Eugène), *Les Luttes politiques et doctrinales aux XVIIe et XVIIIe siècles*, Paris, Bloud et Gay (« Histoire de l'Église »..., t. XIX, livres 1 et 2), 1955-1956, 838 p. en 2 vol.
- TÜCHLE (Hermann), BOUMAN (C.A.) et LE BRUN (Jacques), *Réforme et Contre-Réforme*, Paris, Ed. du Seuil (« Nouvelle Histoire de l'Église », t. III), 1968, 624 p.
- LÉONARD (Émile-G.), *Histoire générale du protestantisme*. Tome II : *L'établissement 1564-1700*, Paris, P.U.F., 1961, 453 p.
- BRÉHIER (Émile), *Histoire de la philosophie*. Tome II : *La philosophie moderne* (1. *Le XVIIe siècle*), Paris, P.U.F., 1960, 317 p.

6. Arts

- LAVEDAN (Pierre), *Histoire de l'art*. Tome II : *Moyen Age et Temps Modernes*, Paris, P.U.F. (« Clio »), 2e éd., 1950, XI-583 p.
- HUYGHE (René) (sous la direction de), *L'Art et l'homme*, tome III, Paris, Larousse, 1961, 511 p.
- ARGAN (Giulio Carlo), *L'Europe des capitales, 1600-1700*, Paris, Albert Skira (« Arts, idées, histoire »), 1964, 222 p.
- *Histoire de la musique*. Tome II : *Des origines à Jean-Sébastien Bach*, Paris, N.R.F (« Encyclopédie de la Pléiade »), 1960, 2 236 p

7. Sciences et techniques

- TATON (René) (sous la direction de), *Histoire générale des sciences*. Tome II : *La science moderne de 1450 à 1800*, Paris, P.U.F., 1958, 800 p.
- DAUMAS (Maurice) (sous la direction de), *Histoire générale des techniques*. Tome II : *Les premières étapes du machinisme*, Paris, P.U.F., 1965, 750 p.

8. Histoire de France

- LAVISSE (Ernest) (sous la direction de), *Histoire de France depuis les origines jusqu'à la Révolution*, tomes VI/2, VII/1, VII/2 et VIII/1, Paris, Hachette, 1905-1908.
- REINHARD (Marcel) (sous la direction de), *Histoire de France*, tome I, Paris, Larousse, 1954, 514 p.
- DUBY (Georges) et MANDROU (Robert), *Histoire de la civilisation française*, Paris, A. Colin, 1958, 2 vol., 360 et 383 p. ; nouv. éd. (Coll. « U »), 1968, 2 vol., 350 et 378 p.
- MÉTHIVIER (Hubert), *L'Ancien Régime*, Paris, P.U.F. (« Que sais-je ? »), 1961, 128 p.
- LATREILLE (André), DELARUELLE (E.) et PALANQUE (J.-R.), *Histoire du catholicisme en France*. Tome II : *Sous les rois très Chrétiens*, Paris, Éditions Spes, 1960, 508 p.
- SÉE (Henri), *Histoire économique de la France*. Tome I : *Le Moyen Age et l'Ancien Régime*, Paris, A. Colin, 1948, 453 p.
- BLOCH (Marc), *Les caractères originaux de l'histoire rurale française*, Paris, A. Colin, nouvelle édition, 1952-1956, 2 vol., 261 et 230 p.
- MANDROU (Robert), *La France aux XVIIe et XVIIIe siècles*, Paris, P.U.F. (« Nouvelle Clio »), 1967, 335 p.

- GOUBERT (Pierre) *L'Ancien Régime*, t. I, Paris, A. Colin (Collection « U », 1969 272 p.
- LABROUSSE (Ernest), LÉON (Pierre), GOUBERT (Pierre) *Histoire économique et sociale de la France moderne*, Paris, P,U.F., 1969, 2 vol.

9. Atlas

- *Westermanns Atlas zur Weltgeschichte*, Berlin, Westermann Verlag, 1956, 160 p.
- *Grosser historischer Weltatlas*, Munich, Bayerischer Schulbuch Verlag, 1962, 202-32 p.

RÉFÉRENCES DES TEXTES CITÉS

Chapitre I

P. 8 : Gothier et Troux, *Recueils de textes d'histoire*, tome III, Paris, Dessain, 1959, p. 101. — P. 14 : *Textes et documents d'histoire, Agrégation 1959*, Paris, Hachette, 1960, p. 158. — P. 18 : *Lettres choisies du XVIIe siècle*, Paris, Hachette («Classiques Vaubourdolle »), 1953, p. 9. — P. 20 : Dechappe, *L'Histoire par les textes, de la Renaissance à la Révolution*, Paris, Delagrave, 1939, p. 62. — P. 27 : O. de Serres, *Le Théâtre d'agriculture*, Lyon, nouv. éd., 1646, p. 88.

Chapitre II

P. 38 : *Anthologie de la poésie baroque*, tome I, Paris, A. Colin, 1961, p. 145. — P. 47 : G. de Santillana, *Le Procès de Galilée*, Paris, Club du meilleur livre, 1955, p. 32. — P. 47 : G. de Santillana, *op. cit.*, p. 383. — P. 48 : Descartes, *Œuvres et Lettres*, Paris, N.R.F. (« Bibliothèque de la Pléiade »), 1952, pp. 141 et 144. — P. 48 : Descartes *op. cit.*, p. 137. — P. 51 : Bariéty et Coury, *Histoire de la médecine*, Paris, A. Fayard, 1963, p. 501. — P. 52 : Molière, *Œuvres complètes*, tome II, Paris, N.R.F. (« Bibliothèque de la Pléiade »), 1959, p. 867. — P. 52 : L. Febvre, *Au cœur religieux du XVIe siècle*, Paris, S.E.V.P.E.N., 1957, p. 296. — P. 53 : A. Adam, *Les Libertins au XVIIe siècle*, Paris, Buchet-Chastel, 1964, p. 150. — P. 54 : J. Delumeau, *Naissance et affirmation de la Réforme*, Paris, P.U.F., 1965, p. 228. — P. 55 : P. Cochois, *Bérulle*, Paris, Seuil, 1963, p. 65. — P. 56 : J. Calvet, *Morceaux choisis des auteurs français*, Paris, de Gigord, 1933, p. 236. — P. 58 : Isaac et Bonifacio, *Dix-Septième et Dix-Huitième Siècles*, Paris, Hachette, 1952, p. 129. — P. 60 : A. Adam, *op. cit.*, p. 40.

Chapitre III

P. 67 : Grimmelshausen, *Les Aventures de Simplicius Simplicissimus*, trad. Colleville, Paris, Sulliver, 1951, p. 37. — P. 72 : G. Pagès, *La Guerre de Trente Ans*, Paris, Payot, 1949, p. 71. — P. 75 : Dechappe, *op. cit.*, p. 513. — P. 81 : G. Livet, *La Guerre de Trente Ans*, Paris, P.U.F., 1963, p. 42. — P. 82 : Montglat, *Mémoires*, éd. Michaud-Poujoulat, Paris, Didier, 1866, p. 43. — P. 87 : Dechappe, *op. cit.*, p. 522. — P. 88 : Dechappe, *op. cit.*, p. 523. — P. 92 : Dechappe, *op. cit.*, p. 550. — P. 94 : G. Livet, *op. cit.*, p. 59.

Chapitre IV

P. 101 : Dechappe, *op. cit.*, p. 116. — P. 104 : V.-L. Tapié, *La France de Louis XIII et de Richelieu*, Paris, Flammarion, 1952, p. 254. — P. 106 : Richelieu, *Testament politique*, Paris, Médicis, 1947, p. 48. — P. 109 : Retz, *Mémoires*, Paris, Club du livre, 1963, p. 65. — P. 110 : Montglat, *op. cit.*, pp. 176 et 177. — P. 111 : A. Ducassé, *Le XVIIe siècle, Pages choisies*, Paris, Bordas, 1946, p. 81. — P. 112 : Dechappe, *op. cit.*, p. 126. — P. 115 : G. Patin, *Correspondance*, éd. Brette, Paris, A. Colin, 1901, p. 117. — P. 116 : A. Feillet, *La Misère au temps de la Fronde et saint Vincent de Paul*, Paris, Didier, 1865, p. 502. — P. 120 : A. Feillet, *op. cit.*, p. 404. — P. 123 : L. Chaigne, *Saint Vincent de Paul*, Paris, Mame, 1960, p. 58. — P. 124 : H. Arnauld, *Mandements*, Angers, 1683, p. 87.

RÉFÉRENCES DES TEXTES CITÉS

Chapitre V

P. 132 : G. WALTER, *La Révolution anglaise*, Paris, A. Michel, 1963, p. 35. — P. 134 : GOTHIER et TROUX, *op. cit.*, p. 156. — P. 136 : G. WALTER, *op. cit.*, p. 152. — P. 138 : ISAAC et BONIFACIO, *op. cit.*, p. 142. — P. 140 : G. WALTER, *op. cit.*, p. 255. — P. 144 : MONTCHRESTIEN, *Traicté d'oeconomie politique*, éd. Funck-Brentano, Paris, Plon, 1889, p. 208. — P. 144 : MONTCHRESTIEN, *op. cit.*, pp. 143 et 307. — P. 146 : *Textes et documents d'histoire, Agrégation 1959*, Paris, Hachette, 1960, p. 166. — P. 149 : G. WALTER, *op. cit.*, p. 529. — P. 149 : ISAAC et BONIFACIO, *op. cit.*, p. 147. — P. 151 : G. WALTER, *op. cit.*, p. 436. — P. 152 : G. WALTER, *op. cit.*, p. 324.

Chapitre VI

P. 160 : *L'Espagne au temps de Philippe II*, Paris, Hachette (« Ages d'or et Réalités »), 1965, p. 40. — P. 163 : LOUIS XIV, *Mémoires*, Paris, Club français du livre, 1960, p. 30. — P. 165 : H. PIRENNE, *Histoire de la Belgique*, tome IV, Bruxelles, Lamertin, 1911, p. 410. — P. 168 : E. LALOY, *La Révolte de Messine*, tome I, Paris, Klincksieck, 1929, p. 454. — P. 171 : N. JONARD, *La Vie quotidienne à Venise au XVIIIe siècle*, Paris, Hachette, 1965, p. 26. — P. 175 : A. LATREILLE, *L'Explication de textes historiques*, Paris, Hachette, 1944, p. 86. — P. 185 : L. KONOPCZYNSKI, *Le Liberum veto*, Paris, H. Champion, 1930, p. 235. — P. 188 : Z. SCHAKOVSKOY, *La Vie quotidienne à Moscou au XVIIe siècle*, Paris, Hachette, 1963, p. 71. — P. 189 : R. PORTAL, *Les Slaves, peuples et nations*, Paris, A. Colin, 1965, p. 144.

Chapitre VII

P. 195 : J. CHARDIN, *Voyages en Perse*, Paris, 10/18, 1965, p. 287. — P. 198 : C. COQUERY, *La Découverte de l'Afrique*, Paris, Julliard, 1965, p. 176. — P. 201 : TAVERNIER, *Voyages*, tome III, Paris, 1713, p. 339. — P. 205 : *Textes et documents d'histoire, Agrégation d'histoire 1960*, Paris, Hachette, 1962, p. 102. — P. 206 : DANIEL-ROPS, *L'Église de la Renaissance et de la Réforme*, tome II, Paris, A. Fayard, 1955, p. 360. — P. 206 : ETIEMBLE, *Les Jésuites en Chine*, Paris, Julliard, 1966, p. 41. — P. 210 : AUBERT, DURIF, LABAL, LOHRER, *Textes historiques, XVIe, XVIIe XVIIIe siècles*, Paris, Hachette, 1961, p. 67. — P. 212 : *Textes et documents d'histoire, Agrégation d'histoire* 1958, Paris, Hachette, 1960, p. 147. — P. 213 : *op. cit.*, p. 152. — P. 213 : A. LATREILLE, *op. cit.*, p. 91. — P. 214 : *Textes et documents d'histoire, Agrégation d'histoire* 1957, Paris, Hachette, 1959, p. 142.

Chapitre VIII

P. 220 : LOUIS XIV, *op. cit.*, p. 10. — P. 222 : LOUIS XIV, *op. cit.*, p. 16. — P. 226 : Mme DE SÉVIGNÉ, *Lettres choisies*, Paris, Hatier, 1947, pp. 166-167. — P. 227 : E. TAVERNIER, *Marseille et la Provence sous la royauté*, Aix, C.R.D.F., s.d., p. 112. — P. 230 : P. CLEMENT, *Lettres, instructions et mémoires de Colbert*, tome II, Paris, 1861, p. CCLV. — P. 231 : P. CLEMENT, *op. cit., passim.* — P. 232 : P. BOISSONNADE, *Colbert*, Paris, Rivière, 1932, p. 328. — P. 233 : P. CLEMENT, *op. cit.*, tome VII, 1873, p. 288. — P. 235 : J. MEUVRET, « Les idées économiques en France au XVIIe siècle », dans *XVIIe siècle*, 1966, n° 70-71, p. 14. — P. 240 : GOTHIER et TROUX, *op cit.*, p. 202. — P. 241 : LOUIS XIV, *op. cit.*, p. 43. — P. 243 : DECHAPPE, *op. cit.*, p. 82.

Chapitre IX

P. 250 : Louis XIV, *op. cit.*, p. 11. — P. 250 : Louis XIV, *op. cit.*, p. 218. — P. 255 : Gothier et Troux, *op. cit.*, p. 220. — P. 257 : Louis XIV, *op. cit.*, p. 59. — P. 261 : Louis XIV, *op. cit.*, p. 213. — P. 264 : Mme de Sévigné, *op. cit.*, p. 293. — P. 267 : *L'Alsace du passé au présent. Le XVIIe siècle*, Strasbourg, C.R.D.P., 1966, p. 34. — P. 268 : Dechappe, *op. cit.*, p. 548.

Chapitre X

P. 274 : S. Pepys, *Journal*, trad. Villoteau, Paris, Gallimard, 1948, p. 266. — P. 275 : S. Pepys, *op. cit.*, p. 307. — P. 276 : Gothier et Troux, *op. cit.*, p. 169. — P. 283 : R. Murris, *La Hollande et les Hollandais au XVIIe et au XVIIIe siècles, vus par les Français*, Paris, H. Champion, 1925, p. 236. — P. 284 : Temple, *Remarques sur l'état des Provinces-Unies des Pays-Bas*, La Haye, 1692, p. 95.— P. 285 : R. Murris, *op. cit.*, p. 237. — P. 286 : Sagnac et Saint-Léger, *Louis XIV*, Paris, P.U.F., 1949, p. 375. — P. 287 : R. Murris, *op. cit.*, p. 244. — P. 288 : Gothier et Troux, *op. cit.*, p. 171. — P. 290 : Dechappe, *op. cit.*, p. 465. — P. 292 : Swift, *Œuvres*, Paris, N.R.F. (« Bibliothèque de la Pléiade »), 1965, p. 689.

Chapitre XI

P. 298 : Saint-Simon, *Mémoires*, tome II, Paris, N.R.F. (« Bibliothèque de la Pléiade »), 1948, p. 1 008. — P. 299 : Tocqueville, *L'Ancien Régime et la Révolution*, Paris, Gallimard, 1952, p. 110. — P. 301 : Lehoreau, *Cérémonial de l'Église d'Angers*, Paris, Klincksieck, 1967, p. 108.— P. 303: Dechappe, *op. cit.*, p. 336. — P. 307: Saint-Simon, *op. cit.*, tome III, 1950, p. 331. — P. 308 : Thomas, *La Querelle de l'Unigenitus*, Paris, P.U.F., 1949, p. 33. — P. 308: Latreille, Delaruelle, Palanque, *Histoire du catholicisme en France*, tome II, Paris, Spes, 1960, p. 458. — P. 313 : de Wismes, *Jean Bart et la guerre de course*, Paris, Julliard, 1965, p. 72. — P. 314 : Saint-Simon, *Mémoires*, tome XXVIII, éd. Boislisle, Paris, 1916, p. 534. — P. 318 : E. Lavisse, *Histoire de France*, tome VIII/1, Paris, Hachette, p. 71. — P. 319 : Legrelle, *La Diplomatie française et la succession d'Espagne*, tome IV, Paris, 1892, p. 50. — P. 320 : Legrelle, *op. cit.*, p. 170. — P. 323 : Dangeau, *Journal*, tome XII, Paris, 1860, p. 448. — P. 326 : Gothier et Troux, *op. cit.*, p. 231. — P. 327 : Gothier et Troux, *op. cit.*, p. 232.

Chapitre XII

P. 332 : H. Bénac, *Le Classicisme*, Paris, Hachette (« Classiques France »), 1949 p. 9. — P. 332 : H. Bénac, *op. cit.*, p. 11. — P. 333 : Arondel, Bouillon, Rudel, *XVIe, XVIIe, XVIIIe siècles*, Paris, Bordas, 1959, p. 313. — P. 334 : Méré, *Œuvres*, tome III, Paris, Les Belles Lettres, 1930, p. 77. — P. 335 : Voltaire, *Œuvres choisies*, Paris, Hatier, 1920, p. 558. — P. 336 : Chantelou, *Journal du voyage en France du cavalier Bernin*, Paris, Stock, 1930, p. 298. — P. 337 : Lemonnier, *L'Art français au temps de Louis XIV*, Paris, Hachette, 1911, p. 222. — P. 341 : B. Lamy, *Entretiens sur les sciences*, éd. Girbal et Clair, Paris, P.U.F., 1966, p. 261. — P. 342 : *Catalogue de l'exposition Histoire et prestige de l'Académie des Sciences* 1966, p. 54. — P. 344 : Dupré, *Encyclopédie des citations*, Paris, Trévise, 1959, p. 357. — P. 347 : Bariéty et Coury, *op. cit.*, p. 485. — P. 349 : Bédier et Hazard, *Littérature française*, tome II, Paris, Larousse, nouv. éd. 1949, p. 7. — P. 350 : Hazard, *La Crise de la conscience européenne*, Paris, Boivin, 1935, p. 91. — P. 350 : Latreille, Delaruelle, Palanque, *op. cit.*, p. 445. — P. 352 : Gothier et Troux, *op. cit.*, p. 175. — P. 353 : Fontenelle, *Digression sur les Anciens et les Modernes*, éd. Shackelton, Oxford, Clarendon Press, 1955, pp. 164 et 175.

TABLE DES FIGURES

Liste des cartes[1]

Liste des tableaux

1. Sur les quatre premières cartes, les îles Baléares, possessions espagnoles, devraient comporter des hachures.

TABLE DES MATIÈRES

TABLE DES MATIÈRES

Masson & Armand Colin Éditeurs
34 bis, rue de l'Université
75007 Paris
N° 1547
Dépôt légal : mars 1997

SNEL S.A.
Rue Saint-Vincent 12 – B-4020 Liège
tél. 32(0)4 343 76 91 - fax 32(0)4 343 77 50
février 1997

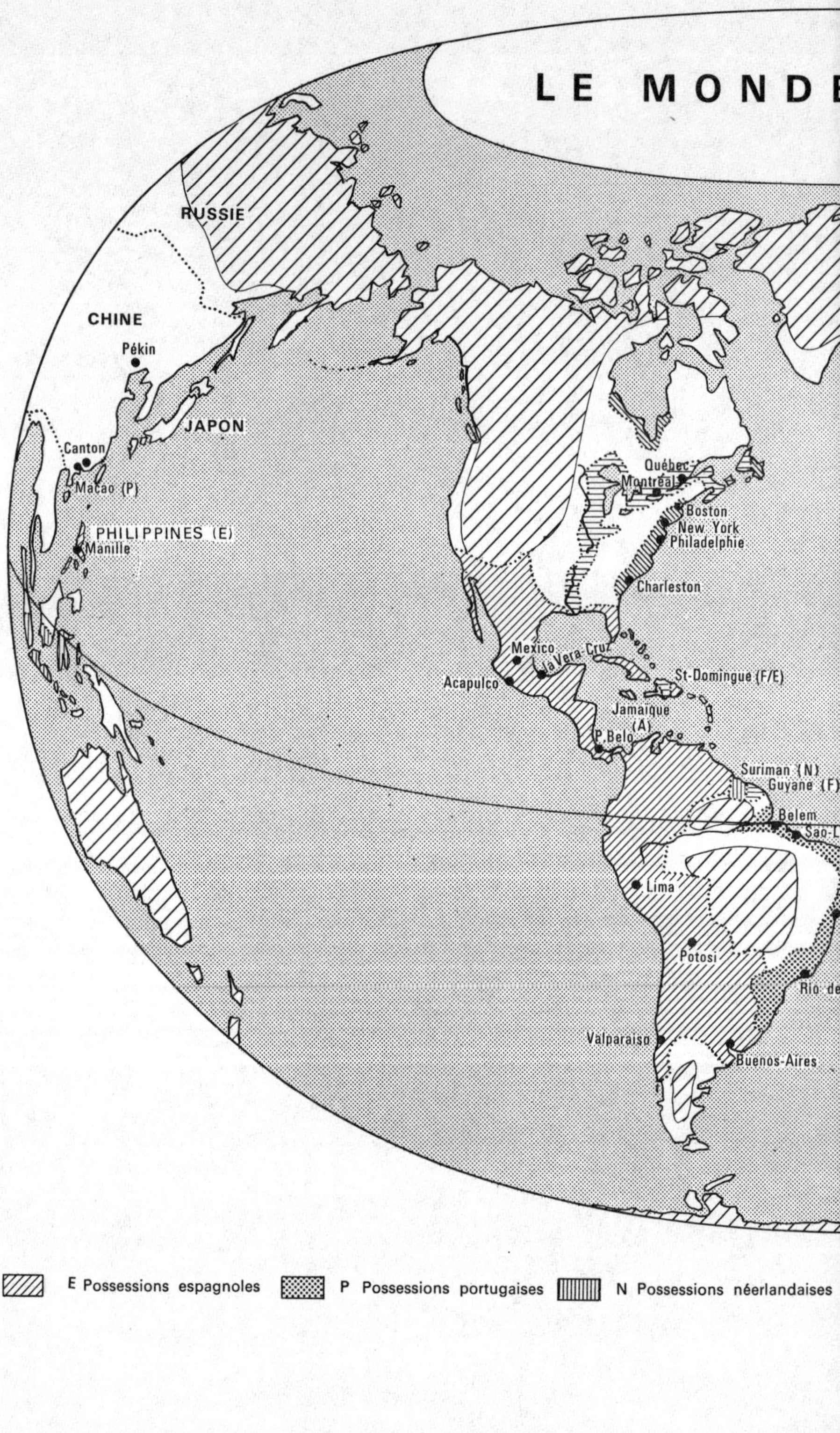
LE MONDE
RUSSIE
CHINE
Pékin
JAPON
Canton
Macao (P)
PHILIPPINES (E)
Manille
Québec
Montreal
Boston
New York
Philadelphie
Charleston
Mexico
la Vera-Cruz
Acapulco
St-Domingue (F/E)
Jamaique (A)
P.Belo
Suriman (N)
Guyane (F)
Belem
Sao-L
Lima
Potosi
Rio de
Valparaiso
Buenos-Aires
E Possessions espagnoles
P Possessions portugaises
N Possessions néerlandaises

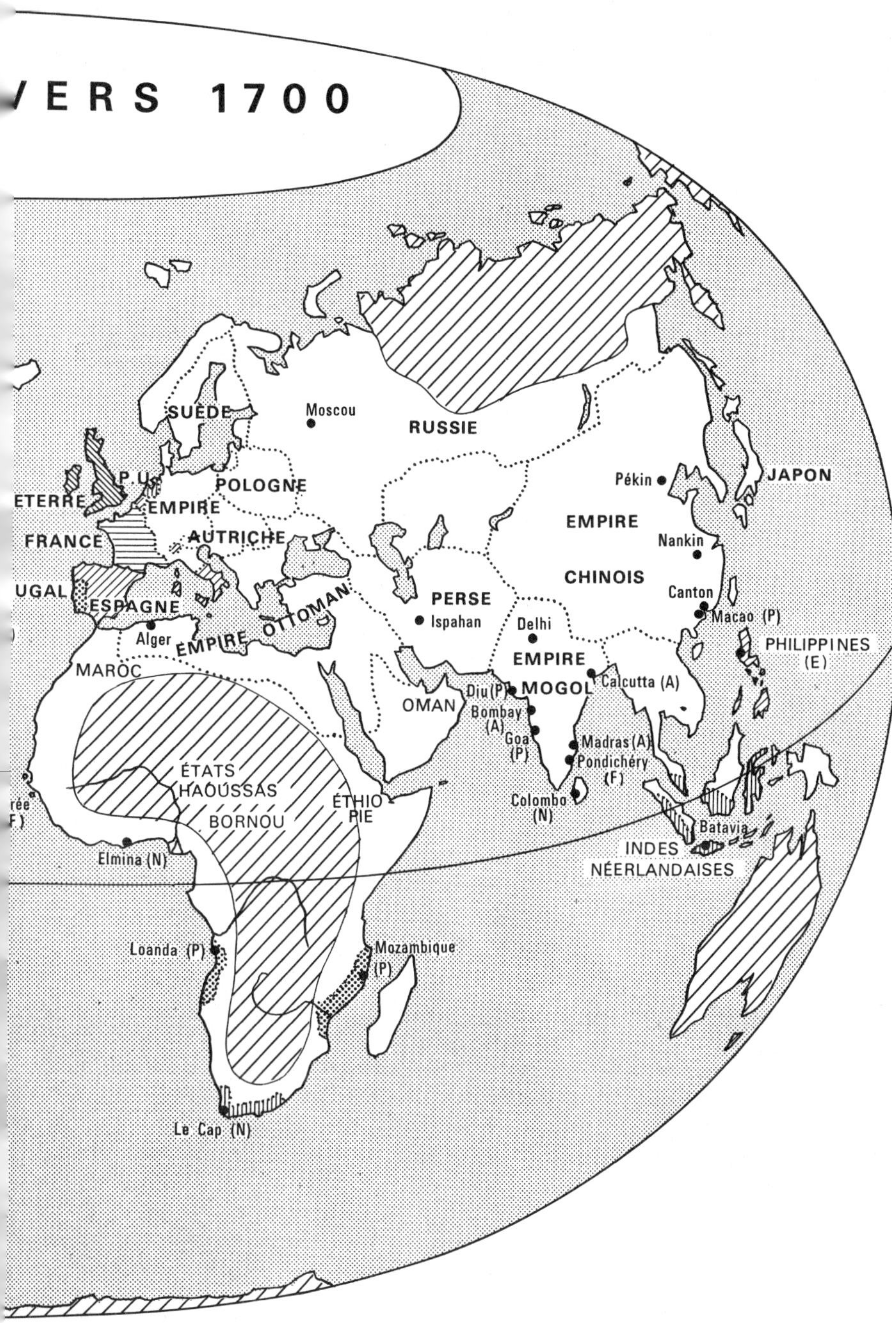

A Possessions anglaises F Possessions françaises Régions inconnues des Européens